Bernd Rink

SÜDENGLAND

Kunst, Geschichte und Landschaft
von Dover bis zu den
Isles of Scilly

ARTEMIS
Kunst-& Reiseführer

Inhalt

Stonehenge

Legende zur nebenstehenden Karte

* Barnstaple *S. 290* — [49]
*** Bath *S. 238* — [42]
Bodmin *S. 334* — [60]
* Bodmin Moor *S. 330* — [57]
Bognor Regis *S. 82* — [13]
** Bradford-on-Avon *S. 234* — [41]
** Brighton *S. 72* — [12]
** Bristol *S. 249* — [43]
Brookland *S. 51* — [8]
*** Canterbury *S. 27* — [3]
** Cheddar *S. 262* — [44]
** Chichester (***Kathedrale) *S. 83* — [14]
Cowes *S. 171* — [28]
** Dartmoor Forest *S. 313* — [54]
** Dartmouth *S. 310* — [52]
* Devizes *S. 232* — [41]
* Dorchester *S. 188* — [32]
* Dover *S. 20* — [1]
Eastbourne (***Beachy Head) *S. 67* — [11]
Englefield Green *S. 105* — [17]
** Exeter (***Kathedrale) *S. 299* — [51]
* Exmoor *S. 286* — [48]
Farnham *S. 115* — [19]
* Folkestone *S. 53* — [8]
* Guildford *S. 106* — [18]
* Hastings *S. 63* — [10]
* Isle of Portland *S. 197* — [33]
* Isle of Purbeck *S. 185* — [31]
Isle of Sheppey *S. 35* — [4]
Isle of Thanet *S. 24* — [2]
** Isles of Scilly *S. 349* — [64]
* Land's End *S. 348* — [63]
* Lewes *S. 71* — [11]
Lingfield *S. 103* — [17]
* The Lizard *S. 339* — [61]
* Lyme Regis *S. 199* — [34]
Malmesbury *S. 227* — [40]
* Marlborough (***Avebury Stone Circle) *S. 223* — [39]

Morwenstow *S. 330* — [58]
* New Forest *S. 148* — [24]
Newquay *S. 333* — [59]
North Downs *S. 120* — [20]
Ottery St. Mary *S. 296* — [50]
* Padstow *S. 332* — [59]
** Penzance *S. 343* — [63]
** Petworth (***Petworth House) *S. 94* — [15]
** Plymouth *S. 317* — [55]
* Polperro *S. 328* — [56]
* Poole *S. 179* — [29]
Portsmouth *S. 136* — [22]
Redruth *S. 340* — [62]
* Rochester *S. 36* — [5]
* Royal Tunbridge Wells *S. 46* — [7]
Ryde *S. 153* — [25]
** Rye *S. 58* — [9]
*** Salisbury *S. 212* — [37]
Sandown *S. 157* — [26]
* Sandwich *S. 23* — [1]
Sedgemoor *S. 275* — [46]
Sevenoaks *S. 44* — [6]
* Shaftesbury *S. 204* — [35]
* Sherborne *S. 201* — [35]
Shoreham *S. 78* — [13]
* Southampton *S. 141* — [23]
* St. Ives *S. 341* — [63]
*** Stonehenge *S. 220* — [38]
** Stourhead *S. 207* — [36]
** Taunton *S. 279* — [47]
Tintagel *S. 331* — [58]
Totnes *S. 311* — [53]
Truro *S. 338* — [61]
* Wareham *S. 183* — [31]
The Weald *S. 97* — [16]
* Wells (***Kathedrale) *S. 264* — [45]
* Weymouth *S. 196* — [33]
* Wimborne Minster *S. 181* — [30]
*** Winchester *S. 122* — [21]
Yarmouth *S. 163* — [27]
Yeovil *S. 278* — [46]

Ausführliches **Orts- und Objektregister** am Ende des Bandes.

Polesden Lacey

»Furry Dance« in Helston

Das »Weiße Pferd« von Bratton/Wiltshire *(S. 224)*

Zwischen Windmill Hill und Gegenwart

Fünf Jahrtausende südenglischer Geschichte

Der englische Süden, jenes von grünen »rollenden Hügeln« durchzogene Land zwischen Themse und Ärmelkanal, zwischen den weißen Klippen von Dover und den Granitblöcken der Isles of Scilly, ist ein geschichtsträchtiges Land. Denn bevor sich in Großbritannien alles um die noch immer wuchernde Metropole Groß-London zu drehen begann, war der Süden Schauplatz von Ereignissen, die das Schicksal der Nation bestimmten. Hier sind die ersten Spuren menschlicher Besiedlung auf den britischen Inseln erhalten – zu Recht spricht man daher von der Wiege Großbritanniens –; hier baute man die massigen Burgen und Festungswälle, die unerbetene Eindringlinge vom Kontinent abwehren sollten; und hier liegen die Häfen, von denen aus ein Weltreich erobert wurde. Dank der britischen Liebe zur Tradition ist die wechselvolle Geschichte dieses an Kulturdenkmälern aller Art außerordentlich reichen Raumes bis heute lebendig geblieben. Grund genug, sie in ihren Grundzügen kurz darzustellen.

Frühe Zeit

Südengland war bereits in der Jungsteinzeit ein bedeutendes Siedlungsgebiet, dessen Kulturen sehr hohes Niveau hatten. Auch nach der Zertrennung des Armorika-Massivs (das vom heutigen Südirland bis nach Zentralfrankreich reichte) zogen Hirtenvölker über den nun entstandenen Ärmelkanal in die Jura- und Kreidehügel von Sussex und Wiltshire. Dort legten sie befestigte Ansiedlungen und Versammlungsorte an, die sogenannten »*causewayed camps*«: auf Hügeln gebaute Lagerstätten, die von konzentrischen, auf ihren Innenseiten zusätzlich durch Erdwälle verstärkten Gräben umgeben waren. Die älteste bekannte Anlage dieser Art (Hembury/Devon) wird auf 3300–3000 v. Chr. datiert. Sie ist damit älter als die im 19. Jh. entdeckte Anlage auf dem Windmill Hill bei Avebury/Wiltshire *(S. 226)*, nach der heute noch vielfach die frühesten neolithischen Funde in Großbritannien benannt sind. Nirgends auf den britischen Inseln hat man Camps, Grabstätten und Steinsetzungen in so großer Zahl entdeckt wie im englischen Süden. Die bedeutendsten von ihnen – neben dem Camp Maiden Castle in Dorset *(S. 196)* und dem Steinkreis von Avebury vor allem die Anlage von Stonehenge *(S. 220)* – sind über die Grenzen des Landes hinaus bekannt.

Über Bronzezeit und Eisenzeit hinweg setzte sich die Besiedlung des südlichen England fort. Zahlreiche Hügelforts und befestigte Halbinseln (letztere vor allem in Cornwall) geben davon ebenso Zeugnis wie die Berichte antiker Geschichtsschreiber. So zitiert Diodorus Siculus im 1. Jh. v. Chr. einen Bericht des Hekataios von Milet (um 500 v. Chr.), der »oberhalb des Landes der Kelten im Ozean eine Insel unter dem Großen Bären« schildert. Sie sei »von den Hyperboräern bewohnt« und besitze ein Apollo-Heiligtum, »einen prächtigen Rundtempel« – womit gut Stonehenge im Lande Britannien gemeint sein kann. Und die Isles of Scilly, die der Südwestspitze vorgelagerten Insel, waren den Griechen als *Cassiterides*, als »Zinn-Inseln«, ein Begriff – ein Hinweis darauf, daß der Handel mit *stagnum* (oder *stannum*), wie die Römer es nannten (daher die Bezeichnung »Stannery Towns« für die Zinnzentren Cornwalls und Devons, *S. 313, 335*), schon in frühester Zeit betrieben wurde.

Römische Zeit

Eine erste Unterwerfung der Inselstämme unter die Herrschaft Roms gelang *Julius Caesar* zwar bereits im Jahre 55 v. Chr. (Landung bei Deal, *S. 23*, und Unterwerfung des *Cassivellaunus* und des Stammes der *Trinovantes* im heutigen Essex), jedoch kamen die römischen Aktivitäten danach vorwiegend wegen innenpolitischer Prioritäten für fast 100 Jahre zum Stillstand. So begann die eigentliche römische Eroberung Britanniens erst im Jahre 43 unter Kaiser *Claudius*. Claudius selbst leitete den Vorstoß nach Norden, und sein Feldherr *Vespasian* (der spätere Kaiser), vor dessen militärischer Übermacht Potentaten wie *Cogidubnus von Verica* (Sussex) kapitulieren mußten, nahm den englischen Süden ein. Die Taten des Vespasian sind nur aus sekundären Quellen bekannt, und außer dem Namen *Vectis* (Isle of Wight), der im Zusammenhang mit bedingungsloser Kapitulation auftaucht, sind keine Ortsnamen überliefert. Eine Biographie Vespasians erwähnt lediglich die Unterwerfung zweier starker Stämme sowie die Einnahme von mehr als 20 Festungen *(oppida)*. Die Stämme waren höchstwahrscheinlich die *Durotriges* und *Belgae*, womit für die Festungen die heutigen Grafschaften Dorset und Wiltshire in Frage kommen.

Gegen Ende des 1. Jh. war die römische Kolonisierung des Südens weitgehend abgeschlossen. Die wichtigsten Stadtgründungen waren erfolgt, deren jeweiliger Ursprung als Garnison *(castra)* in etlichen Fällen am Suffix ›chester‹ abzulesen ist: *Durovernum* (Canterbury), *Noviomagus* (Chichester), *Venta* (Winchester), *Calleva Atrebatum* (Silchester), *Aquae Sulis* (Bath) und *Isca Dumnoniorum* (Exeter).

Daß die römische Herrschaft in Britannien jedoch keineswegs als unumstößlich gelten konnte, beweisen die gewaltigen Küstenbefestigungen, die bereits vom 2. Jh. an gegen Überfälle von See her an der Nordseeküste und an der Kanalküste notwendig wurden. Im südenglischen Bereich sind dies *Regulbium* (Reculver, *S. 26*) und *Rutupiae* (Richborough Castle, *S. 24*) in Kent sowie *Anderida* (Pevensey, *S. 65*) in Sussex und *Portus Adurni* (Portchester, *S. 139*) in Hampshire. Vom hohen Standard der römischen Zivilisation zeugen andererseits Landhäuser wie Lullingstone *(S. 45)*, Bignor *(S. 96)* und Fishbourne *(S. 90)* oder das große Bad in Bath *(S. 238)*.

Angelsächsische Zeit

Nach dem Abzug der Römer im Jahre 410 war die mittlerweile christliche Provinz Britannia für die Dauer einer Generation sich selbst überlassen, bevor sie 449 das wehrlose Opfer der bei Ebbsfleet *(S. 24)* eindringenden Angeln und Sachsen wurde. Der Überlieferung nach wurden diese von *Hengist und Horsa*, halb-legendären Persönlichkeiten, angeführt.

Es begann die angelsächsische Epoche der englischen Geschichte, die wegen unzureichender Quellenlage im englischen Sprachgebrauch als »Dark Ages« bezeichnet wird. Dies wird deutlich durch die Tatsache, daß die Kirchengeschichte Englands des *Beda Venerabilis* aus dem frühen 8. Jh. und die Überlieferungen des Byzantiners *Prokopios* aus dem 6. Jh. die einzigen ernstzunehmenden Darstellungen der »Neuankömmlinge« (Beda) sind. Doch schon in der Frage der Herkunft dieser Neuankömmlinge stimmen sie nicht überein. Die ›Anglo-Saxon Chronicle‹, Ende des 9. Jh. begonnen und neben Bedas Kirchengeschichte die wichtigste Quelle überhaupt, macht dem gegenüber keine Aussage zur Herkunft Hengists und Horsas. Sie erwähnt lediglich, sie seien von *Vortigern*, einer halb-legendären Königsfigur des englischen Südwestens, zur Unterstützung ins Land gerufen worden, hätten sich schließlich aber gegen ihn gewandt.

Mit ihrer weitgehenden Verwüstung des eroberten Landes und der Zerstörung christlich-römischer Siedlungen und Kultstätten leiteten die heidnischen Eindringlinge den ersten von drei Abschnitten der angelsächsischen Geschichte Englands ein. Der zweite Abschnitt, häufig unter der Bezeichnung »Die Entstehung Englands« aufgeführt, begann mit der Rechristianisierung der britischen Insel unter Papst *Gregor I*. Er entsandte den Benediktiner *Augustinus* als Missionar nach Britannien, der wie Hengist und Horsa in Ebbsfleet landete und außerhalb der ehemaligen römischen Metropole *Durovernum* (Canterbury) ein Klo-

9

ster *(S. 31)* gründete, in dessen Nähe später die Kathedrale entstand. Augustinus wurde der erste Erzbischof von Canterbury, dessen Nachfolger bis auf den heutigen Tag die höchsten geistlichen Würdenträger im Lande sind.

Die Bedeutung des Christentums war außer auf kulturellem Gebiet (Alphabetisierung) in dem sich immer stärker herausbildenden Bestreben nach einer Zentralregierung zu verzeichnen. (Der englische Süden, bestehend aus den Königreichen Kent, Sussex und Wessex, war zu dieser Zeit Teil einer Heptarchie – zusammen mit Middlesex, Mercia, Lindsey und Northumbria –, die aus der Existenz unterschiedlicher Stammeskönigreiche nach der angelsächsischen Invasion resultierte.) Um 674, als *Winfrid Bonifatius* in Crediton *(S. 305)* geboren wurde, war das Königreich Mercia bereits in eine Führungsrolle hineingewachsen, die zu Beginn des 9. Jh. auf Wessex überging. Dessen König *Egbert* war 827 de facto erster König von England. Hauptstadt des Reiches war nun Winchester, die Hauptstadt von Wessex.

Zu dieser Zeit bahnte sich bereits der dritte Abschnitt an, der in der englischen Geschichtsschreibung »skandinavische Ära« genannt wird. Skandinavische Invasoren griffen den englischen Norden an, konnten aber von König *Alfred dem Großen* (871–99), König *Athelstan* (925–40) und König *Edgar* (959–75) vorübergehend unter Kontrolle gehalten werden. In den ersten Jahren des 11. Jh. aber gelang den Dänen *Sweyn* und *Canute (Knut)* die Eroberung Englands, und Knut regierte von 1016 bis 1035. Sein Sohn *Harthaknut* jedoch mußte sich 1042 der wiedererstarkten Dynastie des Hauses Wessex beugen, die in der Person *Eduards des Bekenners*, der am Hof der Herzöge der Normandie aufgewachsen war, auf den englischen Thron zurückkehrte. Unter seiner Regierung breitete sich normannischer Einfluß in Kirche, Rechtsprechung und Verwaltung aus, der allerdings auf die erklärte Gegnerschaft Haralds (s. u.) traf.

Die herausragende Einrichtung der Zeit Eduards des Bekenners war die Gründung der Gemeinschaft der *Cinque Ports*, die bis heute zeremoniellen Bestand hat: Die in Kent bzw. Sussex gelegenen Hafenstädte Sandwich *(S. 23)*, Dover *(S. 20)*, Hythe *(S. 53)*, Romney *(S. 52)* und Hastings *(S. 63)*, denen unter Richard I. Löwenherz Rye *(S. 58)* und Winchelsea *(S. 61)* assoziiert wurden, erhielten weitreichende Vollmachten und Privilegien im Bereich der Justiz und des Steuerwesens gegen die Verpflichtung, dem König im Bedarfsfall 57 Schiffe voll ausgerüstet zur Verfügung zu stellen und 15 Tage pro Jahr die anfallenden Kosten dafür zu übernehmen. Die Leitung des Bundes, der gemeinhin als die Keimzelle der Royal Navy gilt (wiewohl er später nicht der einzige Schiffslieferant war) unterstand einem Lord Warden, der im

Das Wappen der »Cinque Ports« an der Guildhall von Sandwich *(S. 23)*

Normalfall gleichzeitig Gouverneur der Burg von Dover war. Die
größte Machtfülle entfalteten die Cinque Ports im Hundertjährigen
Krieg.

Normannische Zeit

Nach dem Tod Eduards des Bekenners (1066) ließ sich sein Schwager
Harald (II.) zum König krönen. Jedoch überging er dabei die Nachfol-
gerechte des Normannenherzogs Wilhelm, dem Eduard den englischen
Thron versprochen hatte. Der Wandteppich von Bayeux schildert
anschaulich die nun folgenden Ereignisse: den Bau der normannischen
Invasionsflotte, Wilhelms Landung bei Pevensey *(S. 65)* und die ent-
scheidende *Schlacht bei Hastings* (im heutigen Ort Battle, *S. 65*), die mit
Haralds Tod das Ende des angelsächsischen Königtums und den Beginn
der Normannendynastie unter *Wilhelm dem Eroberer* markierte.

11

Ausschnitt aus dem Teppich von Bayeux: Wilhelms Reiter greifen die englischen Fußsoldaten an.

Erstmals wurde England nun von einem König regiert, der keine Bindung zu den ursprünglichen Königreichen hatte. Das Resultat war eine straffe Organisation von Gesellschaft und Politik, denn Wilhelm betrachtete das gesamte Land als erobertes Terrain, dem er seinen Willen aufzwingen konnte bzw. mußte. Die zahlreichen normannischen Wehrburgen und das ›Domesday Book‹, Englands erstes Kataster, sind wichtige Zeugen dieser Bemühungen.

Auf die Normannen folgte mit dem Haus Anjou-Plantagenet unter Heinrich II. die größte territoriale Ausdehnung Englands. Heinrichs durch Erbschaft erworbene Ländereien in Frankreich sowie das Lehen Irland bedeuteten gleichzeitig die größte Machtfülle eines englischen Königs, die jedoch sogleich den Grundstein für die jahrhundertelangen Auseinandersetzungen mit Frankreich lieferte. Die rigorose Demonstration der Königsmacht gipfelte in der Ermordung des Erzbischofs *Thomas à Becket* in Canterbury im Jahre 1170. Dennoch blieb die Macht der Zentralgewalt nicht unumstritten: 1215 mußte König Johann Ohneland den 25 Baronen, die die mächtigsten Familien des Landes repräsentierten, mit der Unterzeichnung der *Magna Charta* in Runnymede/Surrey *(S. 105)* ein bedeutendes Zugeständnis machen. Rund 50 Jahre später erlitt Heinrich III. bei Lewes/Sussex *(S. 71)* eine militärische Niederlage gegen den u. a. von den Cinque Ports unterstützten *Simon de Montfort*, der danach das erste englische Parlament einberief. Unter *Eduard I.* (1272–1307) erfuhr die Königsmacht zwar eine erneute Stärkung, doch brachte der unter seinen Nachfolgern beginnende *Hundertjährige Krieg* mit Frankreich in Südengland neben einer wirtschaftlichen und politischen Blüte der Cinque Ports auch erhebliche Verwüstungen der Küstenregionen durch französische Angriffe. In diese Zeit fiel der Bau zahlreicher Wehrburgen, deren bekannteste Bodiam Castle *(S. 62)* in Sussex ist.

Spätmittelalter und frühe Neuzeit

Nach dem Ende des Hundertjährigen Krieges und der Erbfolgeauseinandersetzungen zwischen den Häusern *Lancaster* und *York* (*Rosenkriege*, 1455–85) begann mit *Heinrich VII.* die über 100 Jahre dauernde *Tudor-Zeit*, während der England zur führenden Seemacht aufstieg. Trotz seines brillanten Sieges 1485 in der Schlacht von Bosworth hatte Heinrich VII. bis zum Ende des 15. Jh. mancherlei Opposition zu bestehen. Nahezu parallel zu den Erhebungen im Norden Englands (Lovell und Simnel) versuchte von Cornwall aus *Perkin Warbeck* als Gegenkönig Richard IV. den Thron der Tudors zu erobern *(S. 334)*.

Das herausragende Ereignis des frühen 16. Jh. war die Trennung *Heinrichs VIII.* von der römischen Kirche und die damit verbundene Auflösung der Klöster in den Jahren 1536/39. Besonders im englischen Süden zeugen unzählige Abteiruinen bzw. aus säkularisierten monastischen Besitzungen hervorgegangene Herrensitze davon. Gleichzeitig entstanden entlang der englischen Südküste rund 20 gewaltige Küstenbefestigungen, die ein erneutes Eindringen der Franzosen verhindern sollten, mit denen sich Heinrich VIII. im Krieg befand.

Im weiteren Verlauf des 16. Jh. wurde Südengland erneut Frontlinie, als die Auseinandersetzungen mit Spanien 1588 im Angriff der spanischen Armada gipfelten. Sie wurde jedoch von den in Plymouth, Dartmouth oder Portsmouth gebauten englischen Flottenverbänden unter Howard of Effingham und Drake geschlagen *(S. 317)*. England sicherte dieser Sieg die Vorherrschaft auf den Weltmeeren.

Gleichzeitig erlebte das Land unter *Elisabeth I.* (1558–1603) eine große kulturelle Blüte. Das humanistische Bildungsgut der europäischen Renaissance fand in England (auch dank einer früh hochentwik-

Die »Mary Rose«,
Flaggschiff Heinrichs VIII.,
in einer zeitgenössischen
Darstellung

13

kelten Buchdruckkunst) weite Verbreitung; Literatur, Theologie und Philosophie entfalteten sich; und mit *William Shakespeare* (1564–1616) wirkte in England einer der größten Dramatiker aller Zeiten.

Bürgerkrieg und Revolution

Das 17. Jh. zog den englischen Süden mehrfach in den Mittelpunkt der Geschichte des Landes. Das *Zeitalter der Stuarts* ist gekennzeichnet von religiösen Wirren (die u. a. zur Auswanderung der Pilgerväter auf der *Mayflower* von Southampton und Plymouth aus im Jahre 1620 führten) und vor allem dem sich zuspitzenden Machtkampf zwischen Parlament und Krone, der im Englischen Bürgerkrieg gipfelte. Die ersten entscheidenden Schlachten des Krieges, die auf einen Sieg des Königs über das Parlament unter *Oliver Cromwell* hindeuteten (Roundway Hill bei Devizes, *S. 233*, und Lansdown Hill bei Bath, beide 1643) fanden ebenso im englischen Süden statt wie der endgültige Zusammenbruch der Sache des Königs mit der Kapitulation der letzten royalistischen Stützpunkte in Cornwall. Die Fehlentscheidung, auf der Insel Wight vor seinen Verfolgern Zuflucht zu suchen *(S. 168)*, kostete *Karl I.* Thron und Leben.

Die Restauration der Monarchie 1660 begann mit der Landung *Karls II.* in Kent. Nach seinem Tod 1685 versuchte dessen protestantischer (illegitimer) ältester Sohn, der *Duke of Monmouth*, seinem Onkel *Jakob II.*, einem Katholiken, den Thron streitig zu machen. Er landete in Lyme Regis *(S. 199)*, doch sein Marsch auf London endete in der Schlacht von Sedgemoor in Somerset *(S. 275)*. Drei Jahre später landete der ebenfalls protestantische *Wilhelm von Oranien* in Brixham *(S. 309)*. Er gelangte unter Mithilfe John Churchills, des späteren Duke of Marlborough, als *Wilhelm III.* (zusammen mit seiner Ehefrau *Maria II.*) auf den englischen Thron – ein Ereignis, das die englische Geschichtsschreibung als die *Glorreiche Revolution von 1688* feiert.

18. Jh. bis heute

Nach einer Phase der relativen Ruhe unter den ersten *Hannoveraner Königen* (ab 1714) gelangte der englische Süden erst gegen Ende des 18. Jh. wieder stärker in den Blickpunkt der Geschichte. Im Gefolge der Französischen Revolution brachten die kriegerischen Auseinandersetzungen mit Frankreich erneut die Gefahr einer französischen Invasion. Zeugen der deshalb bis zum Ende der napoleonischen Ära reichenden Verteidigungsanstrengungen sind die Martellotürme in Kent und Sussex sowie der *Royal Military Canal* zwischen Hythe und Rye *(S. 53)*.

Das ausgehende 18. und das beginnende 19. Jh. brachten der eng-

George Cruikshank, »The Court at Brighton à la Chinese« – karikaturistische
Auseinandersetzung mit den Geschmacksvorstellungen der Regency-Zeit *(S. 74)*

lischen Südküste unter *Georg III.* und dem Prinzregenten (später
Georg IV.) teilweise durch das persönliche Auftreten beider Monarchen die Entwicklung zum bevorzugten »watering place« der britischen
Hauptinsel ein. Die Ausbreitung der georgianischen Architektur und
des *Regency Style* nicht nur in den Küstenorten ist eng mit diesem
Prozeß verbunden. Gleiche Popularität erfuhr um die Mitte des 19. Jh.
die Insel Wight, als Königin *Viktoria* dort ihren Privatwohnsitz nahm.

Die technische Entwicklung bescherte dem englischen Süden mit
dem Bau eines großzügigen Eisenbahnnetzes (u. a. der Great Western
Railway Isambard Kingdom Brunels) eine wirtschaftliche Blüte, die im
großen und ganzen den Grundstock für die heutige bevorzugte wirtschaftliche Situation Südenglands darstellt.

In der 2. Hälfte des 19. Jh. setzte nach dem Staatsstreich Napoleons III. und dem darauf folgenden Ausbau des Kriegshafens Cher-
bourg eine neuerliche Festungsbauwelle unter dem damaligen Außenminister *Palmerston* ein, von der in Südengland vornehmlich die Forts
im Solent und auf der Insel Wight Zeugnis geben. Im 2. Weltkrieg hatte
der englische Süden wegen seiner Rüstungsindustrie und Hafenanlagen
die Hauptlast deutscher Bombenangriffe zu tragen (Southampton,
Exeter, Bristol), und viele berühmte Baudenkmäler gingen zu dieser
Zeit für immer verloren.

15

Die englischen Könige und Königinnen

Regierungsdaten

Angelsächsische und dänische Könige

827– 839 Egbert
839– 858 Ethelwulf
866– 871 Ethelred I.
871– 899 Alfred der Große
899– 924 Eduard der Ältere
925– 940 Athelstan
939– 946 Edmund
946– 955 Edred
955– 959 Edwy
959– 975 Edgar
975– 978 Eduard der Märtyrer
978–1016 Ethelred II.
       1016 Edmund Ironside
1016–1035 Knut
1035–1040 Harald I.
1040–1042 Harthaknut
1042–1066 Eduard der Bekenner
       1066 Harald II.

Normannische Könige

1066–1087 Wilhelm der Eroberer
1087–1100 Wilhelm II.
1100–1135 Heinrich I.
1135–1154 Stephan von Blois

Anjou-Plantagenet

1154–1189 Heinrich II.
1189–1199 Richard I. Löwenherz
1199–1216 Johann Ohneland
1216–1272 Heinrich III.
1272–1307 Eduard I.
1307–1327 Eduard II.
1327–1377 Eduard III.
1377–1399 Richard II.

Lancaster

1399–1413 Heinrich IV.
1413–1422 Heinrich V.
1422–1461 Heinrich VI.

York

1461–1483 Eduard IV.
       1483 Eduard V.
1483–1485 Richard III.

Tudor

1484–1509 Heinrich VII.
1509–1547 Heinrich VIII.
1547–1553 Eduard VI.
1553–1558 Maria I. die Katholische
1558–1603 Elisabeth I.

Stuart

1603–1625 Jakob I.
1625–1649 Karl I.

1649–1653 *Commonwealth*
1653–1658 Oliver Cromwell
          Lord Protector
1658/59   Richard Cromwell
          Lord Protector
1659–1660 *Interregnum*

1660–1685 Karl II.
1685–1688 Jakob II.
1689–1702 Wilhelm III. von Oranien, bis 1694 zus. mit seiner Frau Maria II.
1702–1714 Anna

Hannover-Windsor

1714–1727 Georg I.
1727–1760 Georg II.
1760–1820 Georg III.
1820–1830 Georg IV.
1830–1837 Wilhelm IV.
1837–1901 Viktoria
1901–1910 Eduard VII.
1910–1936 Georg V.
       1936 Eduard VIII.
1936–1952 Georg VI.
seit   1952 Elisabeth II.

Canterbury: Westfenster im Kapitelhaus der Kathedrale mit Darstellungen von Königen und Bischöfen *(S. 31)*   ▷

Grafschaft Kent

Fläche: 3732 km²; Einwohner: ca. 1,5 Mill.; Hauptstadt: Maidstone

»Gateway to England«: Diesen Beinamen trägt die dem europäischen Festland am nächsten gelegene Grafschaft Englands mit vollem Recht. Vor Kent ist der Ärmelkanal an seiner schmalsten Stelle nicht mehr als 33 km breit. Bei klarem Wetter rückt der Kontinent auf Sichtweite heran, und so ist die Grafschaft seit den Frühzeiten des Tourismus das buchstäblich naheliegende Durchreisegebiet für fast alle Besucher der britischen Inseln. Entsprechend ausgebaut sind die Fährhäfen von Kent: *Dover unterhalb der berühmten »Weißen Klippen«, der nicht weniger beeindruckend gelegene Hafen des westlichen Nachbarn *Folkestone, dann Ramsgate auf der Isle of Thanet und schließlich der in letzter Zeit unerwartet populär gewordene Hafen von Sheerness auf der Isle of Sheppey (Route Vlissingen – Sheerness).

Nicht alle Besucher jedoch, die im Verlauf der Jahrtausende in Kent den ersten Fuß auf englischen Boden setzten, kamen in friedlicher Absicht. So ist es verständlich, daß man den Annäherungsversuchen des »Kontinents« gerade in Kent oft genug eher argwöhnisch gegenübersteht. »Der Kanal ist«, so einst Churchill, »keine Wasserstraße, sondern eine Weltanschauung«, und daran ändert auch der umstrittene englisch-französische Kanaltunnel (»Channel Tunnel« = »Chunnel«) nichts, dessen Fertigstellung für 1993 vorgesehen ist – trotz der feierlichen Vertragsunterzeichnung in der Kathedrale von Canterbury im Februar 1986. Dennoch: Der Tatsache, daß die Invasoren nicht nur Schlachtfelder, sondern auch Zeugnisse ihrer Baukunst hinterließen, verdankt Kent einen Großteil seiner Sehenswürdigkeiten. Ein Relikt aus römischer Zeit etwa, der *Leuchtturm auf dem Schloßberg von Dover (S. 20), ist

das älteste römische Bauwerk in Großbritannien. Auch das *»Roman Painted House« in Dover (S. 20), die Festung Richborough Castle (S. 24) bei Sandwich und die *Römervilla von Lullingstone (S. 45) zeugen vom hohen Niveau der Architektur der ersten bekannten Invasoren. Dagegen war die angelsächsische Invasion aus der Mitte des 5. Jh. hauptsächlich durch die Zerstörung römischen Erbes gekennzeichnet, jedoch brachte die normannische Eroberung von 1066 erneut den Beginn einer Kultur ins Land, deren stolze Zeugen die Burgen und Sakralbauten von ***Canterbury (S. 27) und **Rochester (S. 37), aber auch kleinerer Orte wie *Barfreston (S. 33) oder St. Margaret's-at-Cliffe (S. 22) sind. Doch nicht nur wegen der normannisch-gotischen Kathedralen und der überdurchschnittlich zahlreichen normannischen Dorfkirchen ist Kent für den Kunstinteressierten sehenswert. Es sind auch die Höhepunkte der Profanarchitektur wie die Paläste von **Knole (S. 44), *Chilham (S. 34), *Sissinghurst (S. 50) oder **Leeds (S. 43), die Burgen Heinrichs VIII. (Walmer und *Deal, S. 22) oder auch die Fülle präraffaelitischer Kirchenfenster (Morris, Burne-Jones), z. B. in Langton Green oder Speldhurst (S. 47), die Kent in jeder Beziehung sehenswert machen. Und mit dem mittelalterlichen ***Canterbury, dessen rote Dächer sich zu Füßen der mächtigen Kathedrale ausbreiten (s. Titelbild), liegt in Kent gleich eine der sehenswertesten südenglischen Städte überhaupt.

Aber auch landschaftlich ist Kent durchaus reizvoll. Die Kreidehügel der North Downs, ein beliebtes Wandergebiet, treffen bei Margate und Broadstairs auf die Nordsee und in den steilen Kreidefelsen von Dover auf den Ärmelkanal. Kent trägt einen weiteren keineswegs übertriebenen Beinamen: »Garten Englands«. Die Hopfenproduktion ist die weitaus größte in England. In der Umgebung der Hauptstadt Maidstone entstand folgerichtig eines der Zentren der englischen Bierbrauerei. Entsprechend gehören die alten Darrehäuser mit ihren weißen Holzkappen zum Erscheinungsbild der kentischen Landschaft. Ein beträchtlicher Teil der Apfelerträge – Kent ist ein Zentrum des Obstanbaues – wird zu Cider verarbeitet. Eine ernsthafte Konkurrenz zu den Apfelweinen aus Somerset oder Devon ist er jedoch nicht.

Wie die übrigen südenglischen Grafschaften erfreut sich Kent im Gegensatz zum englischen Norden einer durchaus sichtbaren Prosperität. Die Nähe zu London wirkt sich ebenso aus wie die Beliebtheit der Bäder an der Küste (Margate, Broadstairs, Ramsgate, St. Margaret's Bay, *Folkestone) und des alten und in mancher Hinsicht besonderen Kurortes *Royal Tunbridge Wells *(S. 46).*

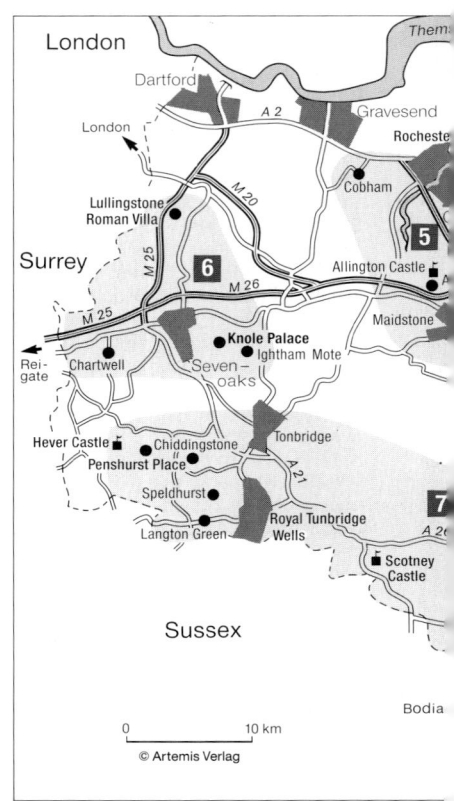

© Artemis Verlag

Grafschaft Kent

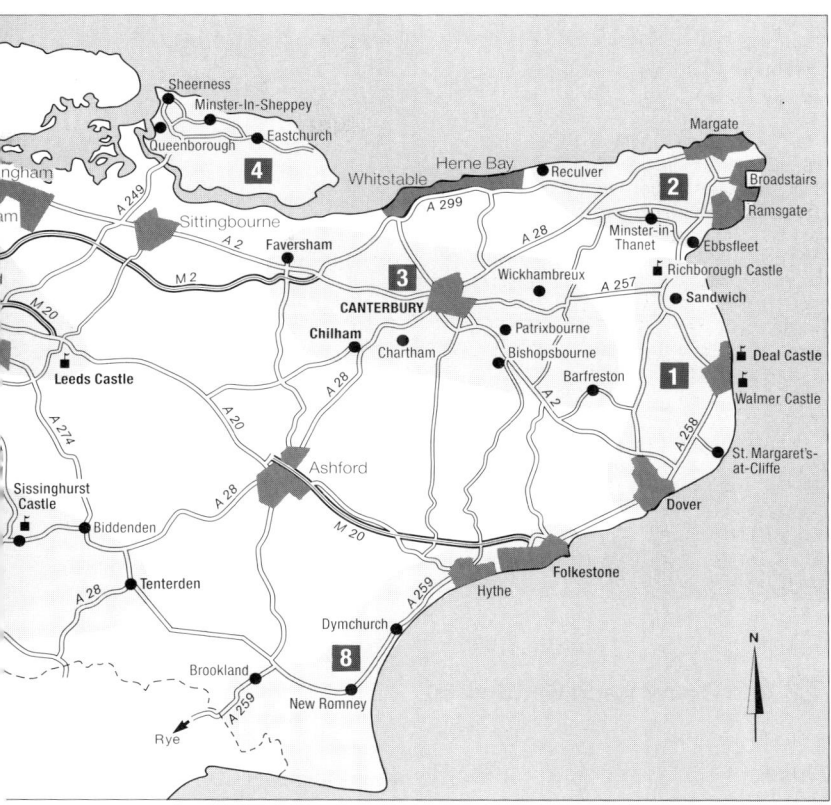

1 Von Dover nach Sandwich

* Dover

Das römische *Dubris* im Dour-Tal zwischen Castle Hill und Western Heights, jenen Kreidefelsen, deren höchste Erhebung nach der berühmten Szene aus ›King Lear‹ *Shakespeare-Cliff* genannt wird, entstand, etwa 80 Jahre nach der Invasion des Vespasian, um das Jahr 125 n. Chr. Sichtbare Relikte aus der Römerzeit sind der *Leuchtturm (Pharos*, 1. Jh.) auf dem Castle Hill mit seinem mittelalterlichen Obergeschoß sowie ein 1971 in der New Street entdecktes Wohnhaus aus dem 2. Jh.: das *Roman Painted House*, das vor allem seiner gut erhaltenen Wandmalereien wegen einen Besuch lohnt. Aus der sächsischen Zeit ist, ebenfalls auf dem Castle Hill gelegen, die um 1000 entstandene Kirche *St. Mary-in-Castro* erhalten, ein schlichter, unter Verwendung römischer Ziegel errichteter Bau mit Querschiff und Vierungsturm. Das mächtige **Schloß* (EH), 1168 unter Heinrich II. mit dem quadratischen Bergfried begonnen und im 13. und 14. Jh.

Dover Castle (12.–14. Jh.)

durch gigantische innere und äußere Ringmauern vergrößert, ist seit dem Mittelalter der Sitz des Warden of the Cinque Ports (*S. 10*; Residenz ist Walmer Castle, *S. 22*). Sein normannischer Bergfried – er gilt als der am besten erhaltene in England – beherbergt eine umfangreiche Sammlung zur Landesgeschichte. Wer zu Fuß zum Schloß hinaufsteigt, kann auch schon vorher mit dem Studium beginnen: Am Fußweg liegt, reichlich harmlos als ›*Queen Elizabeth's Pocket Pistol*‹ bezeichnet, eine ca. 4 m lange Bronzekanone, die König Philipp II. von Spanien Elisabeth I. zum Geschenk machte. In einem Wäldchen (Northfall Meadow) nordöstlich des Schloßbergs befindet sich ein Denkmal für *Louis Blériot*, dem 1909 der erste Flug über den Ärmelkanal gelang. *Matthew Webb*, der 1875 dieselbe Strecke als erster schwimmend zurücklegte, wird mit einem Denkmal auf der East Cliff Promenade geehrt.

Die *Stadt* Dover, die heute nahezu ausschließlich vom Fährhafen lebt und damit Daniel Defoes abfälliges Urteil aus dem Jahre 1724, der Hafen sei »in schlechtem Zustand, gefährlich und von geringem Nutzen«, ungültig gemacht hat, wurde im 2. Weltkrieg stark zerstört. (Denkmal ›Es flogen gegen Engeland‹ an der Marine Parade) Nur wenige alte Gebäude sind noch erhalten. Von diesen ist *Waterloo Crescent* (1834–38) in der gleichnamigen Straße am Hafen ebenso erwähnenswert wie das *Rathaus*, das Hubert de Burgh 1203 als Pilgerherberge (›Maison Dieu‹) gründete. In der im 12. Jh. begonnenen Kirche *St. Mary* in der Cannon Street sind einige interessante Grabdenkmäler aus dem 17. und 18. Jh. zu sehen. Wer sich mit der Ortsgeschichte näher vertraut machen will, sei auf die große Sammlung im *Dover Museum* in der Ladywell Street verwiesen.

Ein wenig beachteter Gebäudekomplex ist das *Dover College* in der Nähe des Bahnhofs Dover Priory abseits der A 20 nach Folkestone. Dieses College, das 1868 auf dem Gelände der 1131 gestifteten Benediktiner-Abtei St. Martin's Priory gegründet wurde, verfügt über ein vollständig erhaltenes Refektorium aus dem 12. Jh. Das Torhaus (14. Jh.) sowie die Große Halle (spätes 12. Jh.) wurden 1880 von G. E. Street umfassend restauriert.

St. Margaret's-at-Cliffe (an der B 2058, 5 km NO Dover)

In dem kleinen Dorf oberhalb der malerischen St. Margaret's Bay steht die normannische Dorfkirche *St. Mary* (um 1140; Taufstein von 1663; Westfenster im Stil des 13. Jh. von 1860). Das Nord- und besonders das Westportal fallen durch reichen normannischen Schmuck auf. Der großzügige Innenraum (Kirchenschiff mit mächtigen Rundbögen; schlichter Obergaden; zwei niedrige Seitenschiffe) findet seine angemessene Fortsetzung im außergewöhnlich breiten, vier Joche langen Altarraum.

* Deal und Walmer Castle (EH; an der A 258, 14 bzw. 12 km NO Dover)

Zusammen mit *Sandown Castle* (2 km N Deal), von dem nur noch Ruinen erhalten sind, wurden die Festungen Walmer und Deal 1539 von Heinrich VIII. als Teile seiner großen Küstenfort-Reihe errichtet. Das wie das Fort von Deal in einem tiefen runden Graben stehende **Walmer Castle** mit seinen mehrere Meter starken Mauern (am besten erkennbar an den seewärts gewandten Stückpforten) ist seit seiner Umwandlung in ein bewohnbares Schloß (1730) offizielle Residenz des Lord Warden of the Cinque Ports (seit 1979 Königinmutter Elizabeth). Einer der berühmtesten Lord Wardens war der Herzog von Wellington, der im Gegensatz zu den meisten anderen Amtsinhabern Walmer Castle tatsächlich bewohnte. Sein Zimmer (in dem er 1852 starb) mit Lehnsessel, spartanischem Feldbett und herzoglichem Rasierspiegel nimmt unter den zu besichtigenden Räumen eine Sonderstellung ein.

Deal Castle, Küstenbefestigung aus der Zeit Heinrichs VIII.

*__Deal Castle__ ist das umfangreichste der seinerzeit über 20 Forts an der englischen Südküste. Es besteht aus einem Bergfried, der aus sechs halbkreisförmigen Bastionen zusammengesetzt ist und eine kleine Ausgabe der gleichermaßen konstruierten großen Ringmauer darstellt, die ihrerseits durch einen tiefen Graben geschützt wird. Der Grundriß aller Innenräume (von denen einige eine gute Ausstellung zur Geschichte der Befestigungsanlagen beherbergen) basiert folglich auf Kreissegmenten unterschiedlicher Größe und Form.

* __Sandwich__ (im Dreieck A 256/257/258, 20 km N Dover)

Die kleine Stadt, einst bedeutende Hafenstadt (Gründungsmitglied der Cinque Ports) liegt heute ca. 2 km vom Meer entfernt an einer Schleife des River Stour. Das flache Schwemmland ist heute im Besitz vornehmer Golfklubs, die alle zwei Jahre (abwechselnd mit St. Andrews in Schottland) die Offene Britische Golfmeisterschaft austragen. Von der großen mittelalterlichen Bedeutung der Stadt (wichtigster Hafen für den Wollexport) zeugt heute noch der fast vollständig erhaltene und größtenteils begehbare *Verteidigungswall* von 1384.

Ein __Rundgang__ (ca. 1 Stunde) beginnt wegen guter Parkmöglichkeit am besten an der *Guildhall* (restauriert 1911/12), die das *Wappen der Cinque Ports*, drei halbe Löwen und drei halbe Schiffe, an der Nordostwand trägt *(Abb. S. 11)*. Über die Delf Street (Häuser aus dem 18. Jh.) geht man an der *St. Peter's Church* vorbei nach Südosten in die King Street (dreistöckige Häuser, 18. Jh.). Über Millwall trifft man auf den Verteidigungswall, der zum River Stour führt. Die Knightrider Street zweigt rechtwinklig nach Norden ab. An ihrer Westseite steht die normannische Kirche *St. Clement* und weiter nördlich (gegenüber Upper Strand Street) das Herrenhaus *The Salutation*, 1911 von Edwin Lutyens im Queen-Anne-Stil entworfen. An der Ecke Upper Strand Street / Fisher Street bestimmt das *Old Customs House* mit seiner Backsteinfassade (18. Jh.) das Bild, am Ende der Straße *Fisher Gate* (1384), das einzige erhaltene Stadttor von Sandwich. Der *Town Wall* führt am Fluß entlang zur Zugbrücke über den Stour *(The Barbican)* mit ihrem großflächigen Schachbrettmuster (16. Jh.). Hier war bis 1975 noch Brückenzoll zu entrichten. Die Strand Street hinter The Barbican führt gegenüber dem massigen *Bell Hotel* (1880) zur Kirche *St. Mary the Virgin* (Altarretabel von 1756), vorbei an der Harnet Street mit einigen stark vorkragenden Fachwerkhäusern aus dem 17. Jh. Hinter der Kirche trifft man auf *The King's Arms*, ein Fachwerkhaus von 1592, das mit einer Eckknagge, die einen Satyr zeigt, als schönstes Haus der Stadt gilt. Über Church Street und Delf Street oder (an der Delf Street vorbei) über Loop Street, Town Wall und Moat Sole geht es zur Guildhall zurück.

Richborough Castle (EH; 2 km NW Sandwich)

ist die Ruine der Römerfestung *Rutupiae* und Gegenstück zu *Regulbium* (Reculver, *S. 26*). Rutupiae wurde im 3. Jh. gegen die zunehmenden Sachsenangriffe mit tiefen Gräben und über 3 m dicken Mauern befestigt. Große Teile der Mauern stehen noch. Ein kleines Museum zeigt die Ausgrabungsfunde der Jahre 1922–38.

2 Die Isle of Thanet

Ebbsfleet (an der A 256, 6 km N Sandwich)

Der Überlieferung nach liegt Ebbsfleet, heute Hovercraft-Terminal, am Ort der Sachseninvasion *»Hengist und Horsa«* von 449 *(S. 9)*. Zur Erinnerung an dieses Ereignis wurde 1949 ein *Wikingerschiff* aus Skandinavien hier aufgestellt.

Minster-in-Thanet (an der B 2048, 4 km W Ebbsfleet)

ist wegen der monumentalen normannischen Kirche *St. Mary* (ca. 1150–1230; Ergänzungen im 19. Jh.) bekannt. Die Querhäuser des normannischen Baues sind noch gut erhalten.

Ramsgate (an der A 256, 19 km N Sandwich)

Das Seebad Ramsgate, Schauplatz einiger Szenen aus *Jane Austens* ›Pride and Prejudice‹ (1813), und ›Mansfield Park‹ (1814), entstand im wesentlichen im 19. Jh. Das älteste Gebäude aber, die Kirche *St. Lawrence*, ist normannisch (sehenswerte Brasse: Nicholas Manston, † 1444; Joan St. Nicholas, † 1493). Die röm.-kath. Kirche *St. Augustine's* ist das Werk *A. W. N. Pugins* (1812–52), des Miterbauers der Londoner Parlamentsgebäude und Protagonisten des Gothic Revival in England. Er errichtete die Kirche – ein Musterstück neugotischer Architektur mit einer Innenausstattung, z. B. dem Taufbecken, die einer Kathedrale würdig wäre – aus eigenen Mitteln. Er liegt in der Kirche begraben. Sein Privathaus *The Grange* (1843) in der Nähe der Kirche, ein gelber Ziegelbau, fällt durch seinen zinnenbesetzten Südostturm auf.

Das Werk von Pugins großem Konkurrenten *Sir George Gilbert Scott* ist *Christ Church* am Vale Square (1846; Early English).

Broadstairs (zwischen Ramsgate und Margate)

In dem kleinen, oberhalb sieben sandiger Buchten gelegenen Seebad begegnet man auf Schritt und Tritt dem Namen *Charles Dickens*. Hier nämlich verbrachte der große Romancier regelmäßig seine Ferien; und hier auch schrieb er einige seiner Romane ganz oder teilweise. ›Nicholas Nickleby‹ (1839) z. B. entstand im Albion Hotel, ›The Old Curiosity

Charles Dickens
(1812–70)

Shop‹ (1840) im Archway House, und sein vielleicht berühmtestes Werk, ›David Copperfield‹ (1850), wurde im düster aussehenden *Bleak House (Dickens-Museum) vollendet. Jedes Jahr im Herbst feiert man hier ein Dickens-Festival mit Aufführungen in historischen Kostümen. – Die Kirche *St. Peter*, im 19. Jh. zu ihrem Nachteil restauriert, ist normannischen Ursprungs.

Margate (6 km N Ramsgate)

ist die größte und architektonisch interessanteste Stadt der Isle of Thanet. Ein Klippenweg von Broadstairs endet im Stadtteil Cliftonville, wo die ersten großen Crescents aus dem frühen 19. Jh. und einige Sunken Gardens anzutreffen sind. Über *Fort Crescent* setzt sich die Reihe der herrschaftlichen Häuser, von denen einige heute als Sprachschulen dienen, bis zum kleinen Hafen hin fort. Von hier aus, auf dem Weg ins alte Stadtzentrum (Cecil Square), lassen sich viele Entdeckungen machen: *Tudor House* (ausgeschildert) in der King Street, ein Fachwerkhaus aus dem 16. Jh. (zur Besichtigung geöffnet), *The Limes* und *The India House* (1767) in der Hawley Street, die die King Street kreuzt. Schließlich die stark restaurierten mittelalterlichen Gebäude der *Salmstone Grange* in der Nash Road.

Die Kirche *St. *John the Baptist* in der High Street, im 12. Jh. gegründet und mit gotischen Umbauten, weist neben einem Perpendicular-Taufbecken, das die Wappen von England und der Cinque Ports trägt, eine der größten Brass-Sammlungen des Landes auf, mit Kuriositäten wie dem Brass-Skelett des 1446 verstorbenen Richard Notfelde.

Am Grotto Hill findet man mit *The Grotto* einen phantastischen Folly von ca. 1800: unterirdische Grotten, die in den Kreideboden gehauen und durch Serpentinenpassagen miteinander verbunden sind. Geometrische Muster und Blumenornamente, aus Muscheln zusammengestellt, bedecken die Wände.

Auf dem Friedhof von *All Saints* im westlichen Vorort Birchington liegt der präraffaelitische Dichter *Dante Gabriel Rossetti* begraben († 1882). Sein Grabmal, ein keltisches Kreuz, schuf sein Freund Ford Madox Brown.

Reculver (an der A 299, 9 km W Margate)

hat seinen Namen von dem Römerfort *Regulbium* (EH; 3. Jh.), dem Gegenstück zu *Rutupiae* (Richborough Castle, *S. 24*). Wie von der imposanten sächsischen Kirche *St. Mary* sind von dem Fort jedoch nur Ruinen erhalten.

*** **Canterbury** Stadtplan: Umschlag hinten

Lage: Im Schnittpunkt von A 257, A 290, A 28; Anschluß an die A 2 London – Dover

Geschichte: Bereits vor der römischen Gründung *Durovernum Cantiacorum* (nach 43 n. Chr.) existierte eine Siedlung, die der Eisenzeit zugerechnet wird. Mit dem Sachseneinfall (Mitte 5. Jh.) wurde Durovernum zu *Cantwaraburg*, und auf die kurze Spanne des spätrömischen Christentums in der Provinz Britannia (u. a. belegt durch die Ursprünge der heutigen St.-Martins-Kirche in Canterbury, die als älteste Kirche Englands gilt) folgte die sächsische heidnische Zeit. 597 landete der römische Missionar *Augustinus* in Britannien. Er begann nach Darstellung des Kirchenhistorikers Beda Venerabilis mit dem Bau der Kathedrale. *König Ethelbert von Kent* (560 – 616) nahm das Christentum an, und Augustinus wurde erster Erzbischof von Canterbury. Er begründete die Suprematstradition des Erzbistums. Nach skandinavischen Überfällen (851; 1011) und der Normanneninvasion (1066) erhielt Canterbury eine neue Stadtmauer. Erzbischof Lanfranc leitete mit dem Wiederaufbau der Kathedrale die Grundlegung des Bauwerkes in seiner heutigen Form ein.

Nach der Ermordung des Erzbischofs *Thomas à Becket* in der Kathedrale am 29. Dezember 1170 wurde Canterbury Wallfahrtsort. Franziskaner und Dominikaner gründeten ihre ersten englischen Klöster in der Stadt, und *Geoffrey Chaucer*, Englands größter Dichter des Mittelalters, schrieb über die Pilger, die in Scharen kamen, seine berühmten ›Canterbury Tales‹. 1549 führte der erste anglikanische Erzbischof, Thomas Cranmer, das ›Book of Common Prayer‹ ein. Mit der Ankunft flämischer und französischer Hugenotten im 16. und 17. Jh., die das Weberhandwerk mitbrachten, kam Canterbury zu einigem Wohlstand. Im 2. Weltkrieg erlitt die Stadt mehrere Bombenangriffe, von denen die Kathedrale jedoch verschont blieb. Seit 1965 ist Canterbury Sitz der University of Kent.

*** **Kathedrale** ① *(Titelbild)*

Geschichte: Die normannische Kathedrale, auf deren Fundamenten Schiff und Querhäuser des heutigen Baues stehen, wurde 1070 – 77 unter Erzbischof Lanfranc an der Stelle der 1067 niedergebrannten angelsächsischen Kathedrale errichtet. Chor (**A**) und östliche Querhäuser (**B**; 1130 geweiht) sind das Werk von Lanfrancs Nachfolger Anselm. Das Innere des Chors brannte 1074 aus und wurde von dem Franzosen William de Sens 1175 – 78 wiederhergestellt. Dessen Nachfolger William the Englishman erweiterte den Chor nach Osten, um dem Schrein Thomas à Beckets Platz zu geben. Zwischen 1391 und 1405 wurde Lanfrancs Kirchenschiff (**C**) durch einen Perpendicular-Bau ersetzt, ebenso wie nördliches (nach 1414) und südliches (1468) Querhaus (**D**, **E**). In diese Bauzeit fällt auch die Errichtung des 75 m hohen Vierungsturms (**F**; Bell Harry Tower, um 1494 – 1503, von John Wastell) und des 47 m hohen SW-Turmes (**G**; 1424 – 34). Mit dem von George Austin 1832 – 41 ausgeführten Umbau des NW-Turmes (**H**) in eine Kopie des SW-Turmes ging das letzte große Element von Lanfrancs Kathedrale verloren. – Die Kathedrale ist aus Caen-Stein erbaut.

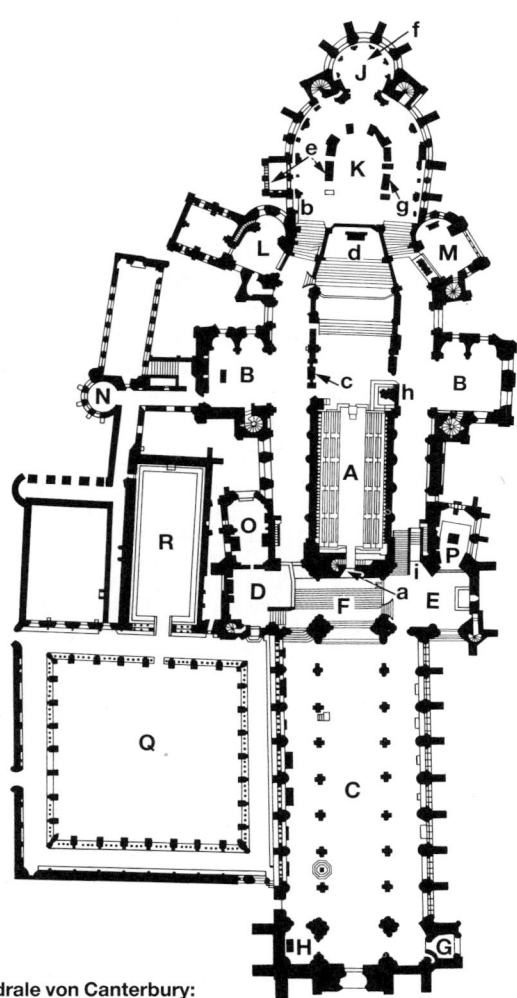

Kathedrale von Canterbury:
Grundriß

A	Chor	**L**	Andreaskapelle	**c**	Grabmal Erz-
B	Östl. Querschiffe	**M**	Anselmkapelle		bischof Chichele
C	Hauptschiff	**N**	Wasserturm	**d**	Altar
D	NW-Querschiff (Martyrium)	**O**	Marienkapelle	**e**	Grab und Votivkapelle
E	SW-Querschiff	**P**	Michaelskapelle		Heinrichs IV.
F	Vierung (Bell Harry Tower)	**Q**	Kreuzgang	**f**	Augustinus' Thron
G	SW-Turm (Haupteingang)	**R**	Kapitelhaus	**g**	Grabmal des
H	NW-Turm				Schwarzen Prinzen
J	Corona	**a**	Chorschranke	**h**	Thron des Erzbischofs
K	Dreifaltigkeitskapelle	**b**	Becket-Fenster	**i**	Eingang der Krypta
L	Andreaskapelle				

Außenansicht: Die Osterweiterung der Kathedrale unter William the Englishman endete mit einer *Corona* (**J**) von 8 m Durchmesser. An die *Dreifaltigkeitskapelle* (**K**) schließen sich die nördliche *Andreaskapelle* (**L**) und die südliche *Anselmkapelle* (**M**) an. Es folgen die nahezu identischen *östlichen Querschiffe* (**B**), die sich nur durch die Fenster unterscheiden: Während das südliche Rundbögen aufweist, haben die Fenster des nördlichen Spitzbögen. Nördlich dieses Querschiffs steht der runde *Wasserturm* (**N**). Der Chor wird an seinem westlichen Ende im Norden von der *Marienkapelle* (**O**) und im Süden von der *Michaelskapelle* (**P**), beide zwei Joche lang, flankiert, an die sich die westlichen Querhäuser anschließen. Schließlich das *Schiff* (**C**), acht Joche lang, dessen Seitenschiffe durch hohe vierbahnige Fenster, die den gesamten Raum zwischen den Strebepfeilern beanspruchen, geprägt werden. Diesen Fenstern entsprechen die Fenster des Obergadens. Das Tor im *SW-Turm* (**G**), Haupteingang der Kathedrale, ist von zwei übereinander angeordneten Nischenreihen umgeben, die sich bis zur Westfassade fortsetzen. Die Figuren links und rechts des Eingangs zeigen König Ethelbert und Königin Bertha von Kent. An der Nordseite des Schiffs befindet sich der *Kreuzgang* (**Q**), von dem aus man nach Osten hin das parallel zum Chor stehende *Kapitelhaus* (**R**) betritt.

Innenraum: Nach dem Eintritt durch das SW-Portal reicht der Blick nach Osten durch das Schiff zunächst bis zur steinernen *Chorschranke* (**a**), Ende des 14. Jh. unter Prior Chillenden errichtet. Die Statuen in den Nischen der Chorschranke sollen die Könige Ethelbert, Eduard den Bekenner, Richard II., Heinrich IV., Heinrich V. und Heinrich VI. darstellen. Die Pfeiler des Schiffs mit ihren sich nach oben verjüngenden Diensten umschließen die ursprünglichen normannischen Stützen. Durch das nördliche Seitenschiff gelangt man zur Vierung und hat auf den Stufen, die zu Lettner und Chor hinaufführen, einen ungehinderten Blick in den *Bell Harry Tower* (**F**), und auf das Fächerornament an seiner Decke. Eine Gedenkplatte im *Martyrium* (**D**) im NW-Querhaus, an das sich die *Marienkapelle* (**O**) mit ihrem schönen Fächergewölbe anschließt, erinnert an die Ermordung Thomas à Beckets. Die Fenster des Chors entstanden um 1180 (Darstellungen aus der Bibel als ›Biblia pauperum‹). Gegenüber dem NO-Querschiff befindet sich das *Grabdenkmal des Erzbischofs Chichele* (**c**), eines der prominenteren geistlichen Herren von Canterbury. Die sog. ›Pilgrims' Steps‹ führen am *Altar* (**d**) vorbei zur *Dreifaltigkeitskapelle* (**K**) hinauf. Im unteren Teil des ersten der ›Miracle Windows‹ genannten Fenster auf der Nordseite ist Erzbischof Becket abgebildet (**b**). Dahinter folgt die *Votivkapelle König Heinrichs IV.* (**e**), die Eduard dem Bekenner geweiht ist. Das Grabmal

Gedenkfenster für Thomas à Becket

des Königs, der als einziger Monarch in der Kathedrale begraben liegt, und seiner Frau Johanna von Navarra – beide in Alabaster dargestellt – befindet sich gegenüber der Kapelle. In der Mitte der Dreifaltigkeitskapelle stand der Schrein Thomas à Beckets. Vorbei an der Corona, in der *Augustinus' Thron* (**f**) steht, führt der Umgang der Dreifaltigkeitskapelle zurück nach Westen und zum wohl populärsten Grabdenkmal der Kathedrale (**g**), das in seiner Zeit bewußt hinter dem Becket-Schrein errichtet wurde: In voller Rüstung liegt hier *Eduard, der ›Schwarze Prinz‹*, Sohn Eduards III. und Vater Richards II., begraben. Der Prinz trug über 30 Jahre lang als Feldherr für seinen Vater die militärische Verantwortung im Hundertjährigen Krieg mit Frankreich und gelangte selbst nicht mehr auf den Thron, da er 1376, ein Jahr vor seinem Vater, starb. Über seinem Grabmal hängt die Nachbildung seiner Rüstung und seiner Insignien. Am Fuß der Stufen betritt man die *Anselmkapelle* (**M**), in der eine normannische Wandmalerei erhalten ist, die den Apostel Paulus zeigt und erst 1888 freigelegt wurde. Vorbei am *Thron des Erzbischofs* (**h**) gelangt man von Süden her ins Presbyterium und von dort in den *Chor* (**A**), dessen Gestühl zu großen Teilen 1879 von Sir George Gilbert Scott neu geschaffen wurde. Darüber erhebt sich der unter Prior Eastry 1304/05 im Stil des Decorated geschaffene Lettner, der den Chor zu den Seitenschiffen hin vor den Pilgern abschirmen sollte.

Die *Krypta*, größte ihrer Art und eigentlich eine Unterkirche, erreicht man über die Stufen (**i**) vom SW-Querschiff aus. Ihr Vorbild dürfte die Krypta von St. Maria im Kapitol in Köln gewesen sein, der sie bis in Details hinein ähnelt. Sehenswert sind hier neben Wandmalereien des 12. Jh. vor allem die romanischen Kapitelle, wenn auch heute ein Teil der Krypta durch Glaswände zu Ausstellungszwecken abgetrennt ist. Der *Kreuzgang* (**Q**), ursprünglich Early English von 1226–36, wurde zwischen 1390 und 1411 unter Prior Chillenden in seine heutige Form gebracht. Er ist vor allem wegen seiner 825 heraldischen Schlußsteine berühmt, die an die Familien der Spender erinnern, aus deren Mitteln der Umbau größtenteils finanziert wurde. An seiner Nordseite befindet sich die Tür zum 1075 begonnenen, jedoch nach 1300 stark veränderten und vergrößerten *Kapitelhaus* (**R**), dessen aus dieser Zeit stammendes Tonnengewölbe aus irischer Mooreiche nach Westminster Hall das zweitgrößte in England ist. Zwei siebenbahnige Fenster, deren Buntglas u. a. englische Könige zeigt *(Farbtafel nach S. 16)*, dominieren Ost- und Westseite des beeindruckenden Saales. Hier wurde 1935 T. S. Eliots ›Murder in the Cathedral‹ uraufgeführt.

✴ Domfreiheit (Cathedral Precinct) ②

Die in ihrem östlichen Teil an die alte Stadtmauer heranreichende Domfreiheit wird beherrscht von den Ruinen des *Siechenhauses* (normannisch) und der 1600 auf den Fundamenten der Kapelle des Priors Alphege erbauten *Howley Harrison Library*. In der Nähe der Ruinen stehen die *Wolfson Library* (1964–66, Tudorstil) und die *Table Hall* (1342/43, heute *Cathedral Quoir School*). Die *King's School*, 1541 von Heinrich VIII. gegründet, zählt zu ihren berühmten Schülern u. a. Christopher Marlowe, Hugh Walpole und Somerset Maugham, der seine Schulzeit 1915 in ›Of Human Bondage‹ schilderte und Canterbury darin als ›Tercanbury‹ beschrieb. Nach ihm wurde 1961 die Bibliothek gegenüber dem ›Norman Staircase‹ benannt, die u. a. Maughams eigene Büchersammlung sowie Manuskripte seiner Romane enthält.

✴ St. Augustine's ⑤

Man verläßt die Domfreiheit entweder durch das prächtige Perpendicular-Torhaus **✴✴*Christ Church Gate* ③** (1517) oder durch das *Quenin Gate* ④ in der Stadtmauer in Richtung *✴St. Augustine's Abbey und College* ⑤. Ältester Teil des St. Augustine's College ist das Torhaus (Great Gateway oder Fyndon Gate) von 1300–09 (Decorated). Einige der Gebäude, wie die meisten des Ensembles mit Fassaden aus Feuerstein, weisen noch Elemente aus der Gründungszeit auf. Der größere Teil besteht aus neugotischen Erweiterungsbauten. Von der 598 gegründeten St. Augustine's Abbey (EH; Eingang Longport) und der Kirche St. Pancras (7. Jh.) sind nur noch die zu Beginn des 20. Jh. freigelegten Grundmauern erhalten. Zur Normannenzeit wurden die Kirchengebäude abgerissen und durch Neubauten ersetzt. Die Reste der Krypta sind die ältesten normannischen Krypta-Reste Englands.

Von den Ruinen der Abtei aus ergibt sich ein guter Überblick über die gelben Ziegelsteinbauten des *Christ Church College* ⑥ (1962–64).

*** **Die Stadt**

Der mittelalterliche *St. George's Tower* ⑦ (Ecke St. George's Street / Canterbury Lane) mit seiner weit herausragenden Uhr ist der Rest der durch Bomben zerstörten Kirche St. George. In ihr wurde Christopher Marlowe 1564 getauft. Im Friedhof von *St. Thomas of Canterbury* ⑧ (röm.-kath.) gegenüber wurde 1924 der große Romancier Joseph Conrad begraben. Über Burgate Street (Fußgängerzone) kommt man zur Butchery Lane. Hier wurden nach den Bombenangriffen des 2. Weltkriegs Reste eines dem 2./3. Jh. zugerechneten Römerhauses entdeckt, dessen kleines Mosaik der unterirdischen Sehenswürdigkeit den Namen gegeben hat: *Roman Pavement* ⑨. Burgate Street endet am Buttermarket und am **Christ Church Gate* ③. Gegenüber beginnt die mittelalterliche enge *Mercery Lane* ⑩, deren Häuser sich in den oberen vorkragenden Stockwerken beinahe berühren. In den Fachwerkhäusern auf der westlichen Straßenseite ist das *Chequers Inn* untergebracht. Die Häuser erhielten in der georgianischen Zeit eine neue Fassade.

Herausragendes Gebäude der High Street ist *Queen Elizabeth's Guest Chamber* ⑪ mit seinen bunten Stuckarbeiten in den vorkragenden oberen Stockwerken. Gegenüber liegt das *Museums- und Bibliotheksgebäude* ⑫, in der dahinter abzweigenden Stour Street das frühere *Poor Priests' Hospital*, heute *Buffs Regimental Museum* ⑬, und, jenseits des Stour, das ehem. Franziskanerkloster *Greyfriars* ⑭ mit seinen steil aufragenden Early-English-Giebeln. Rechts der St. Peter's Street, in die die High Street übergeht, ist der Blickfang jenseits der Brücke über den Stour das wahrscheinlich in der 2. Hälfte des 16. Jh. entstandene Fachwerkhaus *The Weavers* ⑮ (auch ›Old Weavers' House‹). Sein Name erinnert an die Hugenotteneinwanderung. Es steht direkt am Fluß. Im Hof befinden sich die Anlegestelle einer historischen ›Weavers' Ferry‹ und ein ›Ducking Stool‹. Mit ihm tauchte man in früheren Zeiten Ehebrecherinnen in den Fluß. Gegenüber, zu beiden Seiten des Stour erbaut, steht *Eastbridge Hospital* ⑯ (vor 1180 entstanden, An- und Umbauten bis ca. 1660). Das Ende der Straße wird vom *Westgate* ⑰ (1375–81) beherrscht. Mit seinen zwei stadtauswärts gerichteten runden Ecktürmen, Portcullis (Fallgatter), Zugbrückenanlage und Pechnasen gilt es als das besterhaltene Stadttor Englands. Es diente lange Zeit als Gefängnis und wird seit 1906 als Museum genutzt. Von seinem Dach aus ergibt sich ein guter Ausblick auf die Kathedrale. Die nebenan gelegene Kirche *Holy Cross* ⑱ (14. Jh.) wurde im 19. Jh. mehrfach verändert und restauriert. Stadtauswärts führt die St. Dunstan's Street zu *St. Dunstan* ⑲, wo der Kopf Thomas Mores bestattet sein soll, und zum *Agnes Hotel* ⑳, bekannt durch viele Szenen in Dickens' ›David Copperfield‹.

Der Royal Pavilion in Brighton *(S. 72)*

An den *Westgate Gardens* ㉑ entlang läßt sich der alte Stadtkern von außen umrunden. Auf der linken Seite der Rheims Way steht *St. Mildred* ㉒ (Early English bis Perpendicular) mit einer auffälligen Schachbrettmusterfassade. Kurz darauf beginnt die *Stadtmauer*. In ihrem ersten Abschnitt steht die *Ruine des Normannenschlosses* ㉓. Die Stadtmauer ist ab hier bis zur St. George's Street begehbar. In ihrem Schutz erstrecken sich die *Dane John Gardens* ㉔, benannt nach dem Erdhügel Dane John, den man lange für einen prähistorischen Grabhügel hielt. Im Park stehen ein Denkmal für Christopher Marlowe und George Stephensons Lokomotive ›Invicta‹. Sie war auf der 1830 gebauten Bahnlinie Canterbury-Whitstable eingesetzt.

Umgebung von Canterbury

Wickhambreux (abseits der A 257, 7 km O Canterbury)

ist ein reizvolles Dorf inmitten der für Kent typischen Obstplantagen. Die Kirche *St. Mary*, ein Werk des späten 14. Jh., ist durch die Art-Nouveau-Glasmalerei des großen vierteiligen Ostfensters bekannt (Verkündigung Mariens, 1896, von Arild Rosenkrantz).

Patrixbourne (abseits der A 2, 5 km SO Canterbury)

Die Dorfkirche *St. Mary*, um 1200 aus Flint und Sandstein erbaut, erinnert in der Gestaltung des Südportals an die Kirche in Barfreston (s. u.). Das Südschiff wurde im Perpendicular ausgebaut.

Bishopsbourne (abseits der A 2, 7 km SO Canterbury)

Hier wirkte der Theologe *Richard Hooker*, der Autor der ›Lawes of Ecclesiastical Polity‹ (1595) als Pfarrer von *St. Mary* (spätes 13. Jh.; Turmfenster von Morris/Burne-Jones). Der spätgeorgianische Nachfolgerbau von Hookers Pfarrhaus war ab 1920 der letzte Wohnsitz von *Joseph Conrad*, der 1924 hier starb.

Barfreston (abseits der A 2, 11 km SO Canterbury)

Eine – im wörtlichen Sinne – kleine Attraktion ist die auf einer Anhöhe in einer unübersichtlichen Straßenbeuge gelegene normannische Pfarrkirche *St. Nicholas (12. Jh.; untere Hälfte des Mauerwerks Flint, obere Hälfte behauener Sandstein). Spektakulär – im Vergleich jedenfalls zu dem eher schlichten Innenraum – sind Ostgiebel (großartiges Radfenster) und Südportal: Dessen Bogenfeld zeigt Christus in der Mandorla, umgeben nicht wie sonst üblich von den vier Evangelisten, sondern von

Blättern, auf denen Engel, Menschen- und Tierfiguren abgebildet sind. Das dreiteilige Gewände ist reich verziert: Blätter als Begrenzung des Bogenfeldes, 12 Medaillons mit Tieren, die Musikinstrumente spielen, und andere Phantasieszenen. Im Scheitelpunkt, zwischen den Medaillons, ein sitzender Bischof. Die äußere Medaillonreihe schließlich zeigt Tierkreiszeichen abwechselnd mit den charakteristischen Tätigkeiten eines jeden Monats.

Barfreston: Ostgiebel der St. Nicholas Church (12. Jh.)

Chartham (abseits der A 28, 5 km SW Canterbury)

In Chartham am Stour sind die Häuser um die 1294 in vollendeter Kreuzform erbaute Kirche *St. Mary* gruppiert. Das besondere Merkmal dieser Kirche ist das für Kent typische Maßwerk der Fenster (gespaltene »Nase«). Unter den zahlreichen Grabmälern der Kirche nimmt der Brass für Sir Robert de Septvans († 1306) eine Sonderstellung ein: Die fast 2 m lange Platte ist die viertälteste ihrer Art. Sie zeigt einen Ritter in voller Rüstung mit Übermantel und Epauletten.

** Chilham (abseits der A 28, 10 km SW Canterbury)

ist ein außergewöhnlich reizvolles Dorf. **The Square, der Dorfplatz, wird von Fachwerkhäusern begrenzt. Zwei schmale Sträßchen, von malerischen Cottages unterschiedlichen Alters gesäumt, führen vom kleinen Plateau des Platzes hinunter zur Hauptstraße – alles in allem ein wunderschönes Ensemble, überragt vom Perpendicular-Turm der Dorfkirche *St. Mary*, in deren Innerem zahlreiche prachtvolle Grabmäler aus dem 17. und dem 19. Jh. zu sehen sind.

*Chilham Castle (nicht zu besichtigen) wurde 1616 gebaut. Über dem Eingang steht neben dem Namen des Bauherrn und seiner Frau der Spruch: »The Lord is my house of defence and my castle.« Der Landschaftsgarten, angelegt von ›Capability‹ Brown, ist bekannt für seine Greifvogelkolonie.

34

* **Faversham** (an der A 2, 15 km NW Canterbury)

ist ebenfalls ein malerisches Städtchen. Im Mittelalter hatte der Ort eine
große Bedeutung: König Stephan (1135–54) gründete hier eine Abtei,
in der er auch begraben wurde. Die Abtei ist nicht mehr erhalten, doch
andere Gebäude, von denen etliche aus dem 16. Jh. stammen, ergeben
ein reizvolles Stadtbild: die *Guildhall* am Markt, dann *Queen Elizabeth's Grammar School* von 1587, die Kirche *St. Mary of Charity*, deren
besondere Attraktion eine mit Szenen aus dem Leben Christi bemalte
Säule von 1300 ist, und schließlich die **High Street* mit dem Blickfang
der Stadt: Haus Nr. 80 (1538/40), das Haus *Thomas Ardens*, dessen
Leben und Tod 1592 von einem unbekannten Autor zum Thema der
›Tragedy of Mr. Arden of Feversham‹ gemacht wurde.

4 Die Isle of Sheppey

Die ca. 45 km² große Insel ist durch eine Straßenbrücke (A 249) mit dem Festland verbunden, die die Meerenge The Swale überspannt. Nur der etwas höher als die südliche Inselhälfte gelege- ne Nordteil ist bewohnt und durch ein gutes Straßennetz erschlossen. Der südliche Teil liegt kaum höher als der Meeresspiegel und ist Marsch- und Ödland.

Eastchurch

Eine großzügig angelegte Kirche ist die *All Saints Church* von 1431
(Perpendicular-Chorschranke; Westfenster von 1872 im Stil von William Morris; sehenswerte Grabdenkmäler). Auf *Shurland Hall* (einige
hundert Meter nordöstlich der Kirche), soll Heinrich VIII. mit Anna
Boleyn, seiner zweiten Frau, die Flitterwochen verbracht haben.

Minster-in-Sheppey

Letztes Relikt eines florierenden sächsischen Klosters, das im 7. Jh. von
der verwitweten Königin Sexburga gegründet wurde, ist die Kirche *St.
Mary and St. Sexburga*, in ihrer heutigen Form ein Bau des 13.–15. Jh.
mit verschiedenen noch erkennbaren früheren Elementen (z. B. zuge-
mauerten Torbögen). Die Chorschranke stammt aus dem späten
14. Jh., aus dem 12. Jh. eine Skulptur der Muttergottes mit dem Kind
unter einem Baldachin. Verschiedene aufwendige Grabdenkmäler
(z. B. Sir Robert de Shurland, † 1300, einer der Helden der ›Ingoldsby
Legends‹ von Richard Barham) sowie sehr alte Brasse (1330 und 1335)
geben der Kirche fast den Charakter eines Mausoleums.

35

Sheerness

an der äußersten NW-Spitze der Insel ist ein wichtiger Fährhafen (Verbindungen nach Vlissingen/Holland). In der Marine Parade lebte und schrieb *Uwe Johnson* bis zu seinem Tod im Jahre 1984. Interessante Baudenkmäler sind die röm.-kath. Kirche *St. Henry and St. Elizabeth* (1863/64, Early English Style), ein hervorragendes Beispiel der Baukunst Edward Welby Pugins (Sohn Augustus Welby Pugins), sowie (außerhalb der Stadt, an der Küstenstraße nach Minster) der *Folly ›Ship on Shore‹* von ca. 1850: ein Haus aus faßförmigen Zementblöcken, die von einem gestrandeten Frachter stammen, der Zementfässer geladen hatte. Deren Inhalt wurde durch das Meerwasser fest und diente einem unbekannten Exzentriker als Baumaterial.

Queenborough

Der Name der Stadt geht auf Philippa von Hainault, die Frau Eduards III., zurück, die hier während des Hundertjährigen Krieges eine große Verteidigungsburg gegen französische Angriffe bauen ließ, die aber 1650 wieder abgerissen wurde. Ein schematisiertes Relief von Queenborough Castle ist am Taufbecken (1610) der Kirche *Holy Trinity* (17. Jh.) zu sehen. Einen Besuch lohnt auch der mit Grabdenkmälern geradezu angefüllte Friedhof neben der Kirche.

5 **Rochester und Umgebung**

* **Rochester**

Lage: An A 2 und M 2 (›Medway Towns By-Pass‹) an der Medway-Mündung

Geschichte: Die nach der Invasion von 43 n. Chr. gegründete Römerstadt *Durobrivae* war Nachfolgerin einer Siedlung der Belgae. Unter dem Sachsenführer Hrof wurde *Hrof-caestre* gegründet (daher ›Rochester‹). Zwischen 600 und 604 erfolgte die Befestigung durch König Ethelbert von Kent, unter dessen Herrschaft 604 mit der Missionskirche St. Andrew der Vorgängerbau der Kathedrale von Rochester entstand. Die Kathedrale selbst (von der Defoe später sagen sollte, sie sei »zwar alt, aber nichts Besonderes«) wurde zur Normannenzeit erbaut. Unter Heinrich VIII. entstand das King's School College. Zu dieser Zeit baute man in Rochester auch erstmals Kriegsschiffe (heute Royal Dockyard). Einer der berühmtesten Bischöfe von Rochester war John Fisher, der 1535 zusammen mit Sir Thomas More wegen seiner Verweigerung des Suprematseides auf Heinrich VIII. des Hochverrats angeklagt und in London hingerichtet wurde.

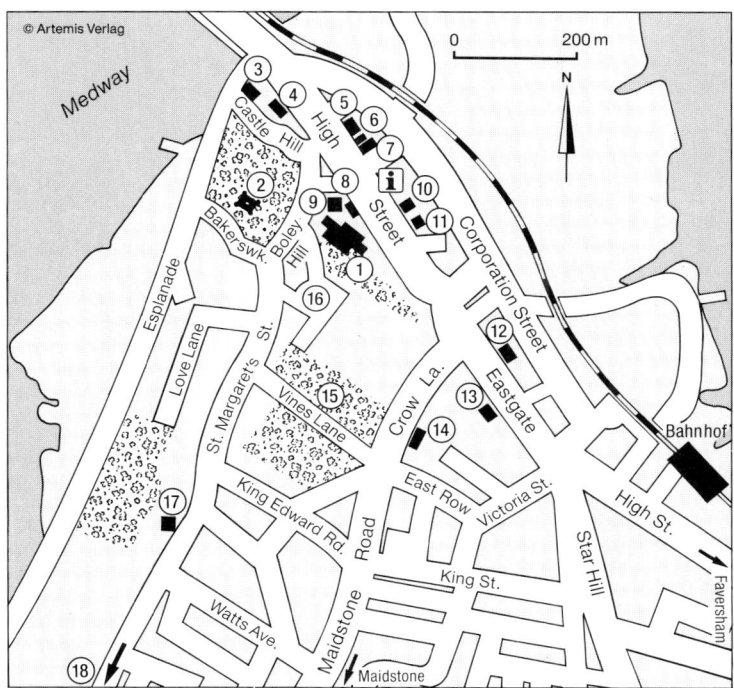

© Artemis Verlag

0   200 m

N

Medway

Castle Hill

High

Bakerswk.

Boley

Hill

Esplanade

Love Lane

St. Margaret's St.

Vines Lane

King Edward Rd.

Watts Ave.

Maidstone Road

Maidstone

Street

Corporation Street

Crow La.

Eastgate

East Row

King St.

Victoria St.

Star Hill

High St.

Faversham

Bahnhof

Rochester: Stadtplan

- ** ① Kathedrale *(S. 37)*
- * ② Rochester Castle *(S. 40)*
- ③ Bridge Chapel *(S. 40)*
- ④ Royal Victoria & Bull Hotel *(S. 40)*
- ⑤ Guildhall *(S. 40)*
- ⑥ George Inn *(S. 40)*
- ⑦ Old Corn Exchange *(S. 40)*
- ⑧ Chertsey's Gate *(S. 40)*
- ⑨ St. Nicholas *(S. 40)*
- ⑩ Watt's Charity *(S. 41)*
- ⑪ La Providence *(S. 41)*
- * ⑫ Eastgate House *(S. 41)*
- ⑬ Uncle Pumblechook's House *(S. 41)*
- * ⑭ Restoration House *(S. 41)*
- ⑮ The Vines *(S. 41)*
- ⑯ Prior's Gate *(S. 41)*
- ⑰ St. Margaret's *(S. 41)*
- ⑱ Fort Clarence *(S. 41)*

** Kathedrale ①

Geschichte: Unter Bischof Gundulf (1077–1108) wurde der normannische Bau begonnen (Teil der heutigen Krypta; »Gundulf's Tower«). Aus der späteren normannischen Bauphase stammt der Westteil des Langhauses, aus dem frühen 13. Jh. der gotische Umbau vornehmlich des Ostteils. Danach wurde die Marienkapelle angefügt. Verschiedene Fenstererweiterungen geben Zeugnis der Umbautätigkeit bis ins Perpendicular. Eine umfassende Restaurierung (Vierungsturm, Ostgiebel, Westfront, Türme) wurde im 19. Jh. vorgenommen (u. a. durch Cottingham, Pearson und Scott).

37

Rochester: Blick von der Burg auf die Kathedrale

Außenansicht: Das großartige normannische *Westportal* (**A**), das französischem Vorbild folgt und von Ecktürmen flankiert wird, zeigt Salomon und die Königin von Saba als einander gegenüberstehende Säulenfiguren. Im Bogenfeld sieht man Christus in der Mandorla als Herrn des Jüngsten Gerichts, getragen von Engeln und umgeben von den Symbolen der vier Evangelisten. Die Figuren rechts und links des Portals stellen die 12 Apostel dar. Über dem Portal erhebt sich das achtbahnige große Perpendicular-Fenster. Auf den Grundmauern des *normannischen Langhauses* (**B**) wurde im 15. Jh. der Obergaden neu erbaut.

Nach Osten folgt an der Südseite vor dem *Querschiff* (**C**) die *Marienkapelle* (**D**), dahinter auf gleicher Höhe mit dem Chor die *Sakristei* (**E**) im Süden und *Gundulf's Tower* (**F**) im Norden. Es folgt das *östliche Querschiff* (**G**), dahinter der *Altarraum* (**H**), flankiert im Norden von der *Johannes-Kapelle* (**J**) und im Süden vom *Kapitelsaal* (**K**) mit einem 1342 von Bischof Hamo de Hythe gestifteten Portal.

Innenraum: Links vom Hauptportal ist im Fußboden ein Teil des Grundrisses der sächsischen Kirche des 7. Jh. mit einem Messingstreifen markiert. Die unterteilten Bögen der Galerie sind wie die Arkaden durchgängig mit Zickzackmuster verziert. Der Obergaden stammt aus dem Perpendicular, das Holzdach aus der Zeit des spätgotischen Umbaus. Das *Taufbecken* (**a**) wurde 1893 geschaffen, das Westfenster des südlichen Seitenschiffs (von C. E. Kempe) 1901. Das herausragende Grabmal (**b**) im südlichen Seitenschiff gilt *Lady Ann Henniker* († 1792): ein weißer Sarkophag vor einer schwarzen Pyramide, flankiert von den allegorischen Figuren Wahrheit und Zeit (von Thomas Banks). Über eine Treppe gelangt man in den *Chor* (**L**), dessen Seitenschiffe durch Wände abgetrennt sind. Sir George Gilbert Scott schuf den steinernen *Lettner* (**c**; 1876), auf dem die Orgel steht. Das Chorgestühl, von Scott erweitert, enthält Teile von 1227, die die ältesten Englands sind. Der

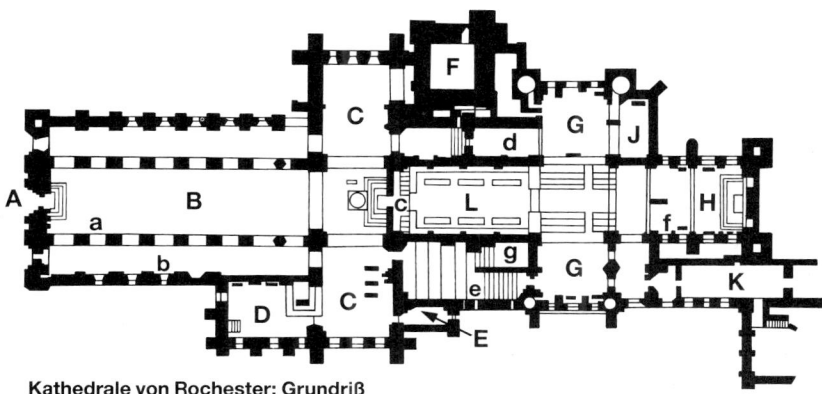

Kathedrale von Rochester: Grundriß

A Westportal	**J** Johanneskapelle	**d** Grabmal Bischof
B Langhaus	**K** Kapitelsaal	Hamo de Hythe
C Westl. Querschiff	**L** Chor	**e** Wandmalerei aus dem
D Marienkapelle		13. Jh. und Grabmal
E Sakristei	**a** Taufbecken	eines Bischofs
F Gundulf's Tower	**b** Grabmal Lady	**f** Levitenstuhl
G Östl. Querschiff	Ann Henniker	**g** Eingang der Krypta
H Altarraum	**c** Lettner	

NO-Pfeiler trägt als Wandmalerei das Glücksrad (13. Jh.): Fortuna in der Mitte, zwei Figuren klettern auf den Speichen nach oben, während eine Königsfigur oben kurz vor dem Absturz steht. Das *Grabmal* (**d**) im nördlichen Seitenschiff aus dem 14. Jh. wird mit *Bischof Hamo de Hythe* († 1352) in Verbindung gebracht. Im südlichen Seitenschiff ist eine *Wandmalerei* (Kruzifix) aus dem 13. Jh. (**e**) erhalten sowie das *Grabmal eines Bischofs ohne Kopf* (wahrscheinlich John de Bradfield, † 1283) aus Purbeck-Marmor. Die beiden Teile des östlichen Querhauses werden von sechsteiligen Gewölben überspannt. An jedes schließt sich im Osten eine Kapelle an. Auf der Südseite des *Altarraums* (**H**) befindet sich im zweiten der vier Joche der *Levitenstuhl* (**f**; 1373–79) mit dem Wappen des Bischofs Brinton. Ein Treppenabgang (**g**) im südlichen Chorseitenschiff führt in die *Krypta*.

* Rochester Castle ② (EH)

Die viereckige normannische Wehrburg gegenüber der Kathedrale ist mit 52 m die höchste in England. Sie wurde 1127 unter Heinrich I. zum Schutz der in der Niederung des River Medway verwundbaren Verbindungslinie von London nach Dover (›Watling Street‹) gebaut. Bei einer Belagerung durch Johann Ohneland (1215) wurde der SO-Turm untergraben und zerstört. Der folgende Neubau erhielt eine runde Bastion, die sich optisch stark vom Rest der Anlage abhebt. Vom oberen Umgang der Burg ergibt sich ein guter Rundblick über Medway-Tal, Kathedrale und Stadt.

* Die Stadt

Der nördliche Ausgang der Castle Gardens führt zur Esplanade am River Medway. Gegenüber dem Tor steht am Castle Hill die *Bridge Chapel* ③ von 1387 (1937 restauriert). Durch eine Seitenstraße gelangt man auf die High Street (Fußgängerzone). Das *Royal Victoria & Bull Hotel* ④ (18. Jh.) ist das Bull Hotel aus den ›Pickwick Papers‹ – die erste Begegnung in Rochester mit Charles Dickens, der sich regelmäßig hier aufhielt. Gegenüber liegen die *Guildhall* ⑤ (1687), das *George Inn* ⑥ (Krypta von ca. 1320) und die *Old Corn Exchange* ⑦ (1706) mit einer über den Bürgersteig hinausragenden Uhr. Sie trägt das Wappen ihres Erbauers, Admiral Sir Cloudesley Shovell. An der Kreuzung mit North Gate und Boley Hill führt der Durchgang durch *Chertsey's Gate* ⑧ (oder College Gate, 15. Jh.), das Jasper's Gate House aus Dickens' ›Edwin Drood‹, zur Kathedrale, vorbei an der Kirche *St. Nicholas* ⑨ (1423).

Jenseits der Kreuzung folgen auf der linken Seite *Watt's Charity* ⑩ (beschrieben in Dickens' ›Christmas Stories‹) und *La Providence* ⑪, 1840 im italienischen Stil gebaut.

Über die Einmündung Blue Boar Lane hinaus geht die High Street in Eastgate über. Hier steht auf der linken Seite *Eastgate House ⑫, ein Herrenhaus aus dem 16. Jh., das Nun's House in Dickens' ›Edwin Drood‹, in dem heute das Stadtmuseum untergebracht ist.

Im Garten steht das Schweizerhäuschen (›Dickens Chalet‹) aus Gadshill, in dem Dickens lebte, auf der anderen Straßenseite mit *Uncle Pumblechook's House* ⑬ (16. Jh.) ein Schauplatz aus Dickens' ›Great Expectations‹. Gegenüber dem Eastgate House zweigt die Crow Lane ab und führt zum *Restoration House ⑭ (16. Jh.), dem schönsten Stadthaus Rochesters, in dem Karl II. 1660 nach der Rückkehr aus dem Exil übernachtet haben soll. Der Diarist Samuel Pepys, der sich 1667 als Angestellter der Admiralität in Rochester aufhielt, berichtet, er habe im Garten des Hauses »eine schöne junge Frau getroffen und geküßt«. Dickens beschrieb das Haus in ›Great Expectations‹ als das Satis House der Miss Havisham. Durch die Platanenallee des Parks *The Vines* ⑮ erreicht man über die Minor Canon Row das *Prior's Gate* ⑯, das am besten erhaltene monastische Tor des 15. Jh. in Rochester. Die kleine Straße führt nach Osten zur Kathedrale zurück. Nach Westen mündet sie in die St. Margaret's Street, die auf die Anhöhe vor der Stadt führt. Vorbei an der Kirche *St. Margaret* ⑰ (15. Jh., restauriert und umgebaut 1823–24) gelangt man zum *Fort Clarence* ⑱, das 1812 im Stil Vanbrughs als Befestigung gegen napoleonische Angriffe errichtet wurde.

Cobham (an der B 2009, 6 km W Rochester)

ist ein kleines Dorf mit einer kuriosen Mischung attraktiver Häuser des 18. und 19. Jh., unter diesen eine beachtliche Reihe der für Kent typischen ›oast houses‹, der Darre- oder Hopfenhäuser. Das bekannteste dürfte die Kneipe *Leather Bottle Inn* sein, von Dickens in ›Pickwick Papers‹ als Zufluchtsort des Tracy Tupman unsterblich gemacht.

Oberhalb des abschüssigen Friedhofs an der Westseite der Dorfstraße steht mit der Pfarrkirche *St. Maria Magdalena (Mitte 13. Jh.) eine der schönsten gotischen Kirchen der Grafschaft Kent. An den Chor mit seinen hohen Lanzettfenstern schließt sich das vier Joche lange Kirchenschiff mit seinen Seitenschiffen an. Der Obergaden stammt aus dem Perpendicular, die Chorschranke wurde 1860 von Sir George Gilbert Scott restauriert. Das achteckige Taufbecken ist eine Arbeit des 13. Jh., die prächtige Piscina und der Levitenstuhl, beide unter Baldachinen, stammen aus dem 14. Jh. Die unbestrittene Attraktion der

Kirche aber sind 17 Brasse und aus dem 14. und 15. Jh., eine Zahl, die in England nirgendwo übertroffen wird. Die meisten befinden sich im Chor, sind in 2 Reihen angeordnet und Mitgliedern der Familie de Cobham gewidmet. Besonders hervorzuheben ist der Brass für Sir Nicholas Hawberk († 1407), der Sir Nicholas in Ritterrüstung unter einem Baldachin mit der Dreifaltigkeit und zu Füßen seinen kleinen Sohn zeigt. *Cobham College* jenseits der Kirche, seit 1598 Stiftungs-Altersheim, wurde 1362 von Sir John de Cobham für ursprünglich fünf Priester (ab 1389 elf) gegründet, die für die Seelen seiner Vorfahren Messen lesen sollten. Die Gebäude sind um rechteckige Innenhöfe herum angeordnet und durch einen Prozessionspfad miteinander verbunden.

*Cobham Hall (16. Jh.), ein großartiges spätelisabethanisches Herrenhaus, liegt in einem von Humphry Repton angelegten Park. Weithin sichtbar sind die elisabethanischen Schornsteine. Das Prunkstück des Hauses ist der *Goldene Salon* (vergoldete Stuckdecke von 1672), der ab 1778 als Musikzimmer genutzt wurde. Er erhielt eine Orgel, einen Kamin aus weißem Marmor von Richard Westmacott und 1791 die Marmorverkleidung der Wände. Auf dem Gelände des Parks ca. 1 km südöstlich des Hauses steht ein – allerdings nie benutztes – Mausoleum (von James Wyatt).

Aylesford (an der A 229, 2 km N Maidstone)

In dem malerischen Dorf am Medway (mittelalterliche Brücke) steht mit der *Aylesford Friary* eine der ersten beiden englischen Karmeliterabteien. *Allington Castle*, eine im 13. Jh. erbaute Wehrburg, ist der Geburtsort des elisabethanischen Sonettdichters Sir Thomas Wyatt.

Maidstone (an M 20 und A 20, 40 km SO London)

In Maidstone, bis 1538 Residenz der Bischöfe von Canterbury und heute die Grafschaftshauptstadt von Kent (75 000 Einw.), begann Wat Tyler, der Führer des Bauernaufstandes gegen die Steuerpolitik Richards I., 1381 seinen Marsch auf London mit einem berühmt gewordenen Schlachtruf: »Als Adam grub und Eva spann, wer war da der Edelmann?« Im Mittelalter entwickelte die Stadt sich zu einer zentralen Marktstadt. Niederländische Einwanderer breiteten das Weberhandwerk aus, und ab dem 19. Jh. wurde Maidstone zu einem der Zentren der englischen Brauereiindustrie und Papierherstellung.

Das architektonische Prunkstück der Stadt ist die 1395 begonnene *All Saints Church, die mit 70 m Länge und 30 m Breite größte Pfarrkirche in Kent. Altarraum und Mittelschiff (6 Joche) werden von großzügigen Seitenschiffen flankiert; große vierbahnige Fenster nehmen den gesamten Platz zwischen den Strebepfeilern ein. Eine grundlegende Restaurierung durch J. L. Pearson brachte der Kirche 1886 eine neue Dachkonstruktion und einen neuen Lettner und 1896 das pompöse steinerne Altarretabel. Aus dem Mittelalter erhalten sind das Chorgestühl mit Miserikordien sowie der Levitenstuhl, aus dem 17., 18. und 19. Jh. einige ansehnliche Grabdenkmäler. – Im *Chillington Manor House Museum* (St. Faith's Street) erinnert eine große Sammlung an den Essayisten *William Hazlitt.* Er wurde 1778 in Maidstone geboren.

** **Leeds Castle** (an der A 20, 11 km SO Maidstone)

Auf zwei kleinen Inseln in einem künstlichen See gelegen, auf dem sich schwarze Schwäne und Graugänse tummeln, dahinter ein 200 ha großer Park mit Golfplatz – so zeigt sich Leeds Castle, nach einem Urteil Lord Conways »the loveliest castle in the world«. Auf jeden Fall ist das Schloß eine Touristenattraktion, über die man das Dörfchen Leeds (3 km NW) mit seiner winzigen sächsisch-normannischen Pfarrkirche

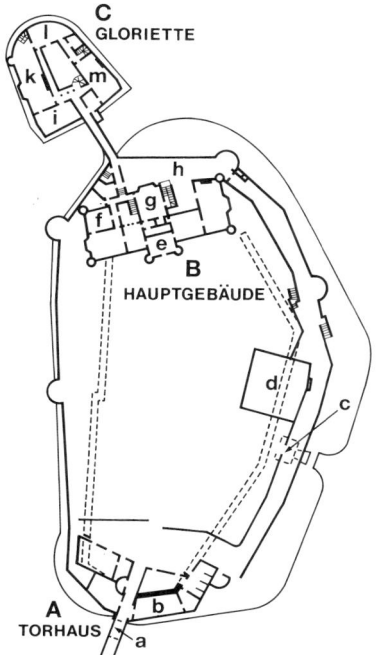

Leeds Castle: Grundriß

A Torhaus
a Zugbrücke (Haupteingang)
b Jakobianische Stallungen

c Baderaum
d Maiden's Tower

B Hauptgebäude
e Eingangshalle
f Gelber Salon
g Heraldikraum
h Küche

C Gloriette
i Privatkapelle des Königs
k Bankettsaal Heinrichs VIII.
l Schlafgemach der Königin
m Queen's Gallery

43

St. Nicholas und den Ruinen einer *Augustiner-Priorei* (gegr. 1119) nur zu gern vergißt. Außerdem beherbergt Leeds Castle etwas auch in England nicht Alltägliches: ein *Hundehalsband-Museum.* Der Name des Schlosses geht auf Led, einen Minister Ethelberts IV. von Kent zurück (857 n. Chr.). Die Familie de Crevecoeur war im Besitz der Lordship of the Manor von ca. 1120 bis 1268. In dieser Zeit entstand der Vorgängerbau der zweistöckigen D-förmigen Gloriette (**C**), die ihr heutiges Aussehen in der Zeit Heinrichs VIII. erhielt, der selbst Lord of the Manor war. Dieser nördlichste Bau des vierteiligen Komplexes war mit der südlichen Insel ursprünglich durch eine Holzbrücke verbunden, die jedoch 1822 beim Bau des Hauptgebäudes (**B**), das der Gloriette in Stil und Höhe angeglichen ist, durch einen zweistöckigen Steinbau ersetzt wurde. Der am östlichen Ende der Insel gelegene, separat stehende quadratische Maiden's Tower (**d**) aus der Tudor-Zeit erhielt seine Zinnen zur Zeit der Errichtung des Hauptgebäudes. Die Insel ist im Süden durch eine schmale Brücke (Torhaus, **A**, 2. Hälfte 13. Jh.) mit dem Park verbunden. Die Innenausstattung ist, soweit sie nicht der Generalrenovierung von 1927 (durch Owen Little) entspringt, im wesentlichen von anderen Häusern nach Leeds gekommen.

6 Umgebung von Sevenoaks

Ightham Mote (NT; abseits der A 227, 13 km W Maidstone)

Das in waldreicher Umgebung gelegene Wasserschlößchen aus dem 14. Jh. gehört zu den am besten erhaltenen seiner Art in England. Der interessanteste Innenraum ist die Halle mit ihrem steinernen Spitzbogen in der Mitte und korrespondierenden hölzernen Bögen rechts und links, die von Karyatiden getragen werden.

** Knole Palace (NT, abseits der A 225, 1 km O Sevenoaks)

war, bevor es 1946 in den Besitz des National Trust überging, eines der größten Privathäuser Englands. Die Keimzelle des Palastes ist ein mittelalterliches Haus, das schon 1291 bekannt war. Zu den Besitzern zählten die Erzbischöfe von Canterbury, Heinrich VIII. und Thomas Sackville, Earl of Dorset, der Vetter Elisabeths I. und Autor des ›Gorboduc‹ (1565), der ersten englischen Blankvers-Tragödie. Er ließ das Haus wesentlich vergrößern und etwa in die heutige Form und Ausdehnung bringen.

44

1706 wurden die Earls of Dorset zu Herzögen erhoben, und vor allem unter Georg I. und Georg II. (1714–60) spielten sie eine große Rolle bei Hofe. Der 3. Herzog, John Frederick Sackville, vergrößerte die bereits beachtliche Sammlung von Möbeln, Porzellan, Silber und Gemälden beträchtlich (allein 22 Bilder von Sir Joshua Reynolds). Die Schriftstellerin Victoria Sackville-West (1892–1962), die in Knole geboren wurde, beschrieb das Anwesen in ihren Büchern ›Knole and the Sackvilles‹ (1923) und ›The Edwardians‹ (1930), und Virginia Woolf wählte Knole als Schauplatz ihres ›Orlando‹ (1928). Das Manuskript, das sie dem Haus schenkte, ist in der Großen Halle zu besichtigen.

Die Hauptattraktionen des mit drei Innenhöfen und drei Galerien mit anschließenden Staatsgemächern überproportional großen Schlosses sind neben den erwähnten Sammlungen die Zimmer Heinrichs VIII., das Spangle-Schlafzimmer und das Zimmer des Venezianischen Botschafters.

∗ Lullingstone Roman Villa
(EH; an der A 225 bei Eynsford, 10 km N Sevenoaks)

Wissenschaftlich ausgegrabene und präsentierte Überreste eines um 80 n. Chr. begonnenen und bis ins 4. Jh. erweiterten römischen Wohnhauses. Erhalten sind mehrere großflächige Mosaiken, die u. a. die Entführung der Europa und Bellerophon im Kampf mit der Chimäre zeigen. Einzig in Großbritannien ist die christliche Kapelle mit Wandmalereifragmenten und dem Christuszeichen Chi-Rho.

Chartwell (NT; abseits der B 2026 bei Westerham, 8 km W Sevenoaks)

ist das *Privathaus Sir Winston Churchills*, das er von 1922 bis zu seinem Tod bewohnte. Das Haus mit gutem Ausblick auf die Hügel des Weald liegt inmitten eines großen Gartens, an dessen unterem Ende sich ein See befindet. Dessen große Attraktion sind – ähnlich wie bei Leeds Castle *(S. 43)* – schwarze Schwäne.

Das Innere des Hauses, für dessen Besichtigung wegen der regelmäßig hohen Besucherzahlen lange Wartezeiten einkalkuliert werden müssen, wurde in dem Zustand belassen, der zu Lebzeiten Churchills herrschte. Zu besichtigen sind seine Bibliothek, sein Wohnzimmer mit dem berühmten Kartenspieltisch sowie sein Atelier, in dem ein unvollendetes Ölgemälde an den Maler Churchill erinnert. Zwei Räume des Hauses sind in ein kleines Museum für Churchills Uniformen und die offiziellen Geschenke, die er im Laufe seiner langen politischen Karriere erhielt, umgewandelt worden.

7 Royal Tunbridge Wells und Umgebung

∗ Royal Tunbridge Wells

Lage: An der A 26, 45 km SO London

Geschichte: Der alte Kurort an den Nordhängen des Weald, durch königliches Dekret von 1909 als Royal Tunbridge Wells geadelt, verdankt seine Entstehung der (gemäß einer Legende zufälligen) Entdeckung eisenhaltiger Quellen im Jahre 1606. Zwei Jahre später schon waren sieben Quellen nutzbar, ihre anerkannte Heilkraft zog immer mehr Besucher an, die aber, da das bewaldete ›Kurgebiet‹ unbesiedelt war, in den umliegenden Ortschaften Quartier nehmen mußten. 1630 hatte das Ansehen der Quellen ein solches Ausmaß erreicht, daß sich mit Königin Henrietta Maria, Gemahlin des 1649 hingerichteten Karl I., der erste königliche Besuch einstellte. Er kampierte mangels geeigneter Unterkunft auf dem heutigen Parkgelände The Common. 1735 dann aber war der berühmte Dandy Richard ›Beau‹ Nash *(S. 241)* Zeremonienmeister, und Daniel Defoe schrieb schon auf seiner Reise von 1724: »Ohne Geld ist man in Tunbridge ein Niemand.« Gäste in Tunbridge Wells waren auch die Schriftsteller Edward Young, John Gay, Fanny Burney, John Evelyn, W. M. Thackeray und Johanna Schopenhauer.

Das architektonische Gesicht von Royal Tunbridge Wells ist das eines Kurortes. Schon im 17. Jh. entstand eine ca. 200 m lange Allee, die von Läden (ursprünglich hölzerne Verkaufsstände) gesäumt wird. Seit 1687 ist sie wegen ihrer Pflasterung aus Pfannenziegeln (von denen einige original erhalten und besonders gekennzeichnet sind) als ∗›The Pantiles‹ bekannt. Die heutige Form dieser ersten englischen Fußgängerzone, die sich vom *Badehaus* (1804) nach Süden erstreckt, geht im wesentlichen auf das 19. Jh. zurück, als Tunbridge Wells seinen Höhepunkt als Kurort schon um fast hundert Jahre überschritten hatte. Das Bemerkenswerte an den Häusern der Pantiles sind ihre Kolonnaden mit den überwiegend toskanischen Säulen. Zwei Gebäude fallen besonders auf: die *Corn Exchange*, 1801/02 als Theater gebaut und 1843 zur Getreidebörse umgewandelt, mit einer Ceres-Statue über dem Eingangsportal, und daneben das *Royal Victoria Hotel*, ein ehemaliges Inn aus der Zeit, als die spätere Königin Viktoria Tunbridge Wells mit ihren Eltern besuchte.

Die heutige Stadt entwickelte sich im frühen 19. Jh. nördlich des Kurzentrums. Von Bedeutung ist die Kirche *King Charles the Martyr* in der London Road. Dieses erste, durch Spenden u. a. von Samuel Pepys finanzierte Gotteshaus von Tunbridge Wells besitzt eine sehr schöne Stuckdecke, die John Wetherel entwarf und Christopher Wrens Stukkateurmeister Henry Doogood ausführte. Sehenswert sind auch die Gebäude an den *Calverley Grounds*, die Decimus Burton ab 1828 zu einem kompletten Vorort gestaltete: Calverley Terrace in der Crescent Road, daneben Calverley Hotel und der als Ladenarkade geplante Calverley Park Crescent.

Speldhurst (2 km NW Tunbridge Wells)

ist um die Kirche *St. *Mary the Virgin* herum angelegt, ein Meisterwerk von John Oldrid Scott, dem jüngeren Sohn Sir George Gilbert Scotts. Die Kirche ist vor allem wegen ihrer Fenster aus der Werkstatt von *William Morris* ein Anziehungspunkt: Westfenster (von C. E. Kempe, 1878), Westfenster des nördlichen Seitenschiffs (Engel von Morris und Christus ˌvon Burne-Jones, 1873), NW-Fenster (Heiligendarstellung von Burne-Jones, 1873), NO-Fenster (›St. Gregor‹ von Burne-Jones und ›Augustinus‹ von Morris, 1873), alle Südfenster des Mittelschiffs (Burne-Jones, 1874/75), SW-Fenster des Chors (›Taufe Christi‹ von Burne-Jones, 1875), Ostfenster des nördlichen Seitenschiffs (Heiligendarstellungen von Burne-Jones, 1876), Ostfenster (›Kreuzigung‹, 1905 nach einem Entwurf von Burne-Jones ausgeführt). – Das *George & Dragon Inn* neben der Kirche, ein Fachwerkhaus von 1212, ist eines der ältesten Gasthäuser Englands.

Langton Green (an der A 264, 3 km W Tunbridge Wells)

Der Ort besitzt – daher der Name – einen besonders großen Dorfanger (›Green‹). An ihm steht die Pfarrkirche *All Saints* (1862, von Sir G. G. Scott). Bemerkenswert auch hier die Glasfenster: Ostfenster der Sakristei (›Maria Magdalena‹ von William Morris, 1862), Chor (›St. Alban‹ und ›St. Stephanus‹ von Sir Edward Burne-Jones, 1865), Westfenster (Morris, 1865), Westfenster des südlichen Seitenschiffs mit den vier Evangelisten (›Markus‹ von Burne-Jones, ›Lukas‹ von Morris, ›Johannes‹ und ›Matthäus‹ von Ford Madox Brown, 1865–1866). Das Ostfenster (von C. E. Kempe, 1904) zeigt die Wurzel Jesse.

* Penshurst Place (abseits der B 2027, 10 km NW Tunbridge Wells)

Die Kernzelle dieses 1341 errichteten Herrenhauses, das im 15. Jh. sein heutiges Aussehen erhielt, ist die 18 m hohe Great Hall. Unter dem ›boy king‹ Eduard VI. kam das Haus an Sir William Sidney. Berühmtestes Mitglied seiner Familie wurde sein Enkel, der Schriftsteller und Soldat *Sir Philip Sidney* (1554–86).
Die Gemäldesammlung des Hauses umfaßt zahlreiche Porträts, u. a.

Hever Castle (14. Jh.), Vaterhaus der Anna Boleyn

von Philip und Robert Sidney sowie ihrer Schwester, der Countess of
Pembroke (Wilton House, S. 217). Erinnerungen an die Familie Sidney
finden sich auch in der Sidney-Kapelle der Pfarrkirche *St. John the
Baptist*. Die Kirche besitzt außerdem zwei gut erhaltene steinerne
Sargdeckelreliefs aus dem 13. Jh.

Den Park südlich des Hauses und das kleine Dorf, das mit seinen teils
in Fachwerk gestalteten Häusern aus der Tudor-Zeit stammen könnte
(zumal der kleine Dorfplatz Leicester Square nach Robert Sidney, Earl
of Leicester, benannt ist), schuf George Devey.

Chiddingstone (abseits der B 2927, 10 km NW Tunbridge Wells)

ist ein kleines Straßendorf aus Fachwerkhäuschen des 16. und 17. Jh.,
heute vollständig im Besitz des National Trust. Die Kirche *St. Mary*
(14. Jh.) wurde 1625 nach einem Brand im jakobianischen Stil restauriert, wobei die unzerstörten Perpendicular-Elemente, so z. B. der
Turm, unberührt blieben. – *Chiddingstone Castle* ist der Umbau eines
Herrenhauses aus dem späten 17. Jh.

* **Hever Castle** (abseits der B 2027, 10 km W Tunbridge Wells)

ist das Vaterhaus der Anna Boleyn, der zweiten Frau Heinrichs VIII. Das verhältnismäßig kleine, von einem Wassergraben umgebene Sandsteingebäude aus dem 14. Jh. wurde 1903 von Frank L. Pearson (J. L. Pearsons Sohn) vollständig renoviert. Östlich des Hauses liegt ein parkähnlicher Garten, dessen italienischer Teil einem Freilichtmuseum für Renaissance-Skulpturen ähnelt. Zu den weiteren Attraktionen des Gartens zählt der 80 Morgen große See, eine Loggia (ebenfalls von Pearson entworfen) und ein Satz Schachfiguren, die aus Hecken zurechtgeschnitten sind. (Bei schönem Wetter ist vor der Besichtigung des Hauses mit langen Wartezeiten zu rechnen.)

In der Kirche *St. Peter* befindet sich mit dem Brass für Sir Thomas Bullen (Anna Boleyns Vater, † 1538) eines der besterhaltenen und am aufwendigsten gearbeiteten Exemplare seiner Art in England.

Tonbridge (an der A 26, 8 km N Tunbridge Wells)

Das Marktstädtchen erhielt in normannischer Zeit wegen seiner strategischen Bedeutung eine Burg. Das Torhaus (ca. 1300) blieb als einziger Bestandteil der Anlage erhalten, als die Burg 1646 von den Truppen Cromwells geschleift wurde. Vom Bergfried stehen nur noch die Grundmauern. Auf dem Burgberg befinden sich die Reste eines eisenzeitlichen Hügelforts.

Der 52 m hohe Turm des ca. 5 km nordöstlich gelegenen *Hadlow Castle*, ein interessanter Folly, entstand 1838/40 nahezu als Kopie des Turms von William Beckfords Fonthill Abbey *(S. 210)*. Er wurde gebaut, weil sein Besitzer, Walter Barton May, von seinem Grundstück aus einen Blick auf das Meer haben wollte.

* **Scotney Castle**
(NT; abseits der A 21 bei Lamberhurst, 12 km SO Tunbridge Wells)

ist die äußerst attraktive Ruine einer Wasserburg des 14. Jh. und Teile eines im 17. Jh. erbauten Wohnhauses (mit jakobianischem Interieur), dem zwischen 1837 und 1844 ein Wohnhaus im Stil des Gothic Revival angefügt wurde *(Farbtafel vor S. 17)*. Bauherr des von Anthony Salvin entworfenen neuen Hauses war Edward Hussey, dessen Familie auch den großen Park mit Rhododendrongarten und See anlegen ließ, der sich unterhalb des Hauses im sogenannten Garden Valley befindet. Der Steinbruch im Tal, aus dem das Baumaterial kam, ist heute vollständig von Rhododendron überwuchert.

* **Sissinghurst Castle** (NT; abseits der A 262, 20 km O Tunbridge Wells)

Der vierstöckige Torturm aus rotem Backstein ist der Rest eines elisabethanischen Herrenhauses mit großem Innenhof, in dem sein Erbauer, Sir Richard Baker, 1573 Königin Elisabeth zu Gast hatte. 1760 diente der Komplex als Lager für 17500 (!) französische Kriegsgefangene. Um 1800 wurde das Haus bis auf den Westflügel, dessen Bestandteil der Torturm ist, abgebrochen. Den endgültigen Abriß verhinderte *Victoria Sackville-West (S. 45)*, die das Anwesen 1930 erwarb und zusammen mit ihrem Mann, dem Biographen und Historiker Sir Harold Nicolson (1886–1968), den Torturm rettete, in dem sie ihr Arbeitszimmer einrichtete. Ab 1933 legten sie den 2,5 ha großen Garten an, der für viele Besucher größere Anziehungskraft besitzt als der Torturm, von dem aus sich ein guter Überblick über den Garten ergibt. Im Turm ist außer dem Arbeitszimmer der Schriftstellerin ein Modell des intakten Hauses sowie die Druckpresse zu besichtigen, auf der Virginia und Leonard Woolf 1922 T. S. Eliots ›The Waste Land‹ und andere frühe Editionen der später renommierten *Hogarth Press* gedruckt hatten. Ein Buntglasfenster im Torturm mit dem Namenszug ›Vita‹ erinnert an die Schriftstellerin, die 1962 in Sissingshurst starb. Ihr Mann starb 1968 im South Cottage.

(Bei gutem Wetter ist in der Saison mit langen Wartezeiten zu rechnen. Die Besichtigung wird mit numerierten Tickets geregelt.)

Biddenden (an der A 262, 4 km O Sissinghurst)

am Fuße des hügeligen Weald haben vor allem die ›*Biddenden Maids*‹ berühmt gemacht: die um 1100 geborenen siamesischen Zwillinge Eliza und Mary Chulkhurst, die im Alter von 34 Jahren in ihrem Heimatort starben und ihr Vermögen den Armen hinterließen. Bis auf den heutigen Tag erhalten die Armen aus dieser Stiftung am Ostermontag eine Brotspende. – Das Dorf entstand im 15. Jh. als eine Ansiedlung flämischer Weber. Die kurze und verhältnismäßig breite Dorfstraße, an deren westlichem Ende die mittelalterliche Pfarrkirche *All Saints* steht, bietet ein attraktives, einheitliches Bild. *Biddenden Place* und – gegenüber – *Hendon Hall* (mit Sommerhäuschen auf der Gartenmauer), beides rote Backsteinbauten des frühen 17. Jh., sind ebenso hervorzuheben wie das Fachwerkhaus *Old Cloth Hall* (16. und 17. Jh.), das Haus eines reichen Tuchherstellers. Verschiedene andere Fachwerkhäuser abseits der Dorfstraße, z. B. *Catweazel Manor* aus dem 16. Jh. mit einem Krüppelwalmdach, sind ebenfalls sehenswert.

Die High Street von Tenterden

* **Tenterden** (an A 28 und B 2067, 7 km SO Biddenden)

Das hübsche Marktstädtchen an den östlichen Ausläufern des Weald ist
der Überlieferung zufolge der Geburtsort des Pioniers der englischen
Buchdruckerkunst, *William Caxton* (1424–91). Im Mittelalter war es
eines der englischen Wollhandelszentren. Das Schaustück der kleinen
Stadt ist die gesamte *High Street*, ein nahezu perfektes Ensemble
zumeist holzverkleideter Häuser verschiedener Abschnitte des 18. Jh.
An ihrer Nordseite, etwa auf halbem Weg, steht die gotische Pfarrkirche *St. Mildred*, einer Äbtissin von Minster-in-Thanet geweiht, mit
einem schönen Perpendicular-Taufbecken.

8 Von Brookland nach Folkestone

Brookland (an B 2080 und A 259, 13 km SO Tenterden)

Eine Besonderheit unter den Pfarrkirchen Englands ist **St. Augustine's
Church*: Sie besitzt einen dreistöckigen Campanile (12.–15. Jh.), der vollständig, von den tragenden Elementen über die Wände bis zu den Dach-
schindeln, aus Holz gebaut wurde. Beim Kirchbau selbst (13.–14. Jh.)

trat wegen des unsicheren Baugrundes (Romney Marsh!), der auch für den getrennten Bau des Glockenturms verantwortlich gewesen sein dürfte, eine deutliche Neigung der Arkaden des Schiffes nach außen ein, so daß die Nordarkade durch zwei Strebepfeiler im Innenraum abgestützt werden mußte. Das Fragment eines Wandgemäldes im Ostteil des südlichen Seitenschiffes (14. Jh.) zeigt die Ermordung Thomas Beckets *(S. 12)*.

Die Kirche besitzt eine erstaunlich große Zahl verschiedener Ausstattungsgegenstände, die man in dem von außen kaum spektakulär zu nennenden Bau nicht vermuten würde: z. B. Gestühl von 1738, Glas aus dem 14. Jh. im Ostfenster des nördlichen Querschiffs, Waage und Gewichte mit dem Datum 1795 sowie ein tragbares Schutzhäuschen, einem Schilderhaus nicht unähnlich, das den Pfarrer bei Beerdigungen vor dem Naßwerden bewahrte. Übertroffen wird alles aber von dem in Großbritannien einzigartigen normannischen Taufbecken aus Blei. Das mit normannisch-französischen und lateinischen Bezeichnungen geschmückte Stück stammt möglicherweise aus der Normandie und wurde um 1200 geschaffen.

New Romney (an der A 259, 10 km O Brookland)

In der ehemaligen Gründungsstadt der Cinque Ports (mit heute verlandetem Hafen) stehen mit den *Southlands Almshouses* (1734; West Street) und den *Dering Almshouses* (1770; St. John's Road) zwei vergleichsweise bescheidene Einrichtungen, die zu der einstigen Größe Romneys in keinem Verhältnis stehen. Großartig jedoch ist die normannische Pfarrkirche *St. Nicholas* (ca. 1160/70), von der die Westfront und vier Joche des Schiffs erhalten sind. Kurze Stützen, abwechselnd rund und achteckig, tragen die gewaltigen Bögen. Eine gotische Erweiterung (14. Jh.) brachte vier zusätzliche Joche und breitere Seitenschiffe, die nach Westen über zwei der normannischen Joche hinausgeführt wurden. Der Neubau schließt mit drei gleichgroßen Giebeln ab, deren Fenster (dreibahnig-fünfbahnig-dreibahnig) exquisites Maßwerk aufweisen.

Dymchurch (an der A 259, 5 km NO New Romney)

ist hauptsächlich wegen der drei erhaltenen *Martellotürme (S. 14, 356)* einen Aufenthalt wert. Die Kirche *St. Peter and Paul* ist normannischen Ursprungs, wurde aber im 19. Jh. zu ihrem Nachteil umgebaut.

Hythe (an der A 259, 5 km NO Dymchurch)

In Hythe, einer weiteren Gründungsstadt der Cinque Ports, beginnt der während der napoleonischen Kriege angelegte *Royal Military Canal*, der bei Rye/Sussex in den River Rother mündet. Westlich des Dorfangers befindet sich der Bahnhof der *Hythe, Romney and Dymchurch Light Railway*, einer Schmalspurbahn, die von Hythe durch die südlichen Romney Marshes im ganzjährigen Linienverkehr nach Dungeness (25 km) am Ende der Lydd-Halbinsel fährt, vornehmlich aber Touristenattraktion ist.

Die kleine Stadt wirkt durch den Gesamteindruck ihrer winkligen Straßen und Gassen, ohne besondere architektonische Blickpunkte aufzuweisen. Eine Ausnahme bildet die Pfarrkirche *St. Leonard* aus dem späten 12. Jh. und dem frühen 13. Jh. mit einem Obergaden als Rarität für eine einfache Dorfkirche. Das Beinhaus nimmt für sich in Anspruch, das einzige öffentlich zugängliche in England zu sein.

* **Folkestone** (an A 259 und A 20, 14 km W Dover, 6 km O Hythe)

Legt man die Passagierzahlen als Maßstab zugrunde, wird Folkestone als Seehafen an der englischen Südküste nur von Dover übertroffen. Dabei begann die Entwicklung der Stadt zum Seebad und zur Hafenstadt erst 1843 mit dem Bau der Eisenbahn. So ist der *Eisenbahnviadukt* von 1843 (erbaut von William Cubitt) ein regelrechtes Denkmal des »neuen« Folkestone.

Der Kern der Stadt (besonders sehenswert: die *Old High Street) liegt rund 300 m westlich der heutigen Harbour Street um die Kirche *St. Mary and St. Eanswythe* herum. In ihr ist – neben interessanten Wandmalereien von 1899–1901, u. a. von C. E. Kempe – ein Fenster zu besichtigen, das an William Harvey, den Entdecker des Blutkreislaufs, erinnert. Er wurde 1578 in Folkestone geboren. (Ein anderer berühmter Einwohner war H. G. Wells, der 1900 herzog und mehrere seiner Romane hier schrieb.)

Entsprechend ihrer geschichtlichen Entwicklung ist die Stadt von Bauten ab Mitte 19. Jh. geprägt. In der Wear Bay Road (nördlich des Hafens) befinden sich die drei östlichsten *Martellotürme (S. 14, 356)* der Verteidigungslinie von 1806–12. Westlich des Hafenbahnhofs dominieren die vierstöckigen Reihenhausanlagen *Marine Parade* (1848) und *Marine Crescent* (um 1870) das Bild am unteren Klippenrand. Die Wohngegend oberhalb der Klippen, *The Leas* (1843; Entwurf Decimus Burton), ist eines der Schaustücke von Folkestone. Man erreicht es über den Pfad hinter dem Marine Crescent oder den Strandlift weiter westlich.

53

Grafschaft Sussex

Fläche: 3811 km^2; Einwohner: ca. 1,3 Mill.; Hauptstadt von East Sussex: Lewes (gleichzeitig Gerichtssitz für die gesamte Grafschaft); Hauptstadt von West Sussex: Chichester

Die weißen Klippen von Dover mögen die bekannteren sein – die ohne Zweifel spektakuläreren Kreideformationen jedoch liegen weiter westlich in Sussex. Zwischen Eastboûrne und Seaford stürzen der ***Beachy Head und die **Seven Sisters *(S. 68)* bis zu 170 m tief ins Meer hinab: dramatisches Ende der rollenden Hügel der South Downs, die Sussex von Westen her durchziehen und die Grafschaft zu einem lohnenden Ziel auch für Wanderfreunde machen.

In der Geschichte der Kunst wie auch der politischen Ereignisse spielte Sussex von jeher eine prominente Rolle. Funde um das Hügelfort Cissbury Ring *(S. 79)* haben gezeigt, daß hier ein Feuersteinabbaugebiet lag, das ähnlich ergiebig war wie die »Grimes Graves« in Norfolk. Und daß die römische Besatzungsmacht diesen Landesteil für besonders wichtig erachtete, belegen die bedeutenden Römervillen von **Bignor *(S. 96)* und **Fishbourne *(S. 90)* ebenso wie weniger spektakuläre Funde, die man beispielsweise in der ***Kathedrale von Chichester gemacht hat *(S. 87)*. In den Mittelpunkt des politischen Interesses rückte Sussex aber erst, als die Römer längst abgezogen waren und ein neuer Eroberer die Insel betrat: der Normanne »William the Conqueror«. Im Jahre 1066 landete er bei Pevensey, besiegte in der Schlacht von Battle (bei Hastings) die Angelsachsen und begründete damit das englische Normannenreich *(S. 65)*. Eine neue Oberschicht bemächtigte sich des Landes und seiner Kultur und hinterließ so herausragende bauliche Erinnerungen wie die mächtigen Burgen von *Lewes *(S. 71)* oder Pevensey *(S. 65)* und die ***Kathedrale von Chichester *(S. 84)*.

Sussex ist bis in die Neuzeit ein wichtiger Schauplatz englischer Geschichte und Kultur geblieben. Die Baudenkmäler der Grafschaft künden davon auf eindrucksvolle Weise. Große Burgen wie die Wasserburg *Bodiam Castle *(S. 62)* oder das herrschaftliche *Herstmonceux Castle *(S. 67)*; das mittelalterliche Städtchen **Rye *(S. 58, Farbtafel nach S. 32)*; Landsitze wie ***Petworth House *(S. 95–96)*, dessen Besitzer Turner und Constable bei sich aufnahm und eine beachtliche Sammlung ihrer Gemälde zusammentrug; Dorfkirchen wie **St. John the Baptist in Clayton *(S. 76)* mit seinen herrlichen normannischen Wandmalereien; die angeblichen Wohnstätten der Anna von Kleve in *Ditchling *(S. 77)* und Lewes *(S. 71)*; schließlich die Küstenbefestigungen Heinrichs VIII. (z. B. Camber Castle *S. 61)*, dessen vierte Frau Anna war – das sind nur einige der zahlreichen Höhepunkte, die Sussex bietet. Und auch an liebenswerten Anekdoten fehlt es nicht. Im Dorfe Northiam *(S. 61)* zum Beispiel erzählt man sich, daß Elisabeth I. hier einst als Dank für gute Bewirtung ihre grünen hochhackigen Schuhe zurückließ.

Ganz entscheidend hat der Regency-Stil das architektonische Gesicht der Grafschaft geprägt. Die berühmten Seebäder, auch heute noch Zentren des Fremdenverkehrs und Sitz zahlreicher Feriensprachschulen – wichtige Wirtschaftsfaktoren der Grafschaft, die bis auf Crawley (Flughafen Gatwick), Shoreham (Flughafen) und Newhaven (Güter- und Passagierhafen) keine wichtigen Industriestandorte hat –, zeugen von dem Siegeszug dieses Baustils ab dem frühen 19. Jh. *Hast-

Der »Beachy Head« bei Eastbourne *(S. 68)*

ings *(S. 63–64)*, Eastbourne *(S. 67)*, Seaford *(S. 68)*, Worthing oder Bognor Regis *(S. 82)* sind hier zu nennen und allen voran natürlich **Brighton *(S. 72–75)*, die Geburtsstadt des Regency. So manche Kuriosität ist aus diesen Seebädern und von ihrer Entstehung zu berichten: Sie waren Spekulationsobjekte (wie Eastbourne) oder Projekte zur höheren Ehre ihrer Initiatoren (wie Bognor Regis, das nach dem Willen seines Erbauers Hotham »Hothampton« heißen sollte), und sie gaben den Ton auch dann an, wenn es um architektonische Extravaganzen, Follies genannt, ging. Der **Royal Pavilion in Brighton *(Farbtafel vor S. 33)* mit seiner Nachahmung Western Pavilion, die unterschiedlichen Follies des ›Mad Jack‹ Fuller (Brightling, Dallington, *S. 65–66)*, das ›Shell House‹ auf dem *Landsitz Goodwood *(S. 92)* oder der »gotische« Tunneleingang von Clayton *(S. 77)* gehören zu bekannteren Exemplaren dieser Kategorie.

55

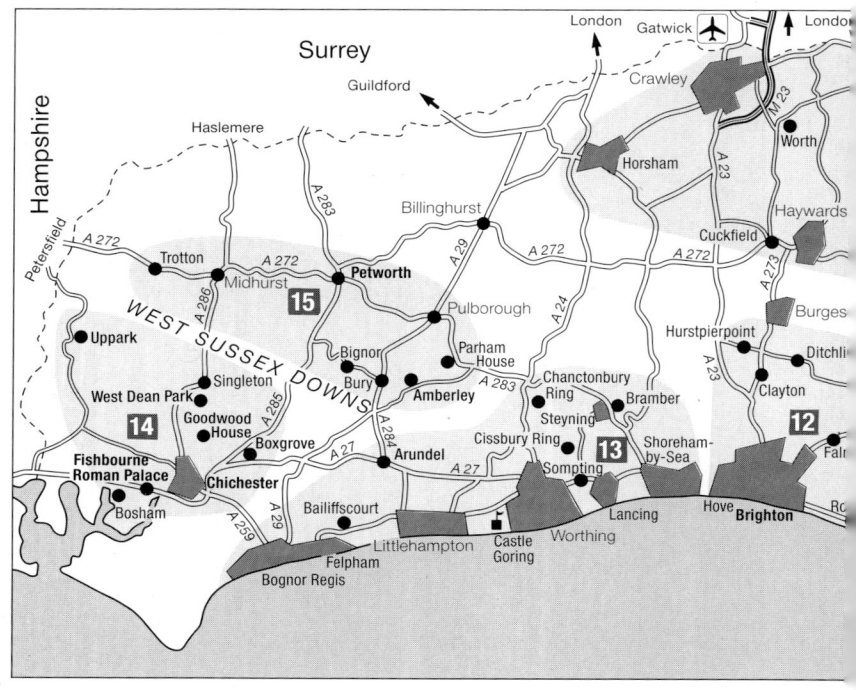

Sussex

9 Rye und Umgebung

** Rye (mit Camber Castle) *(S. 58)*
  Winchelsea *(S. 61)*
  Northiam *(S. 61)*
 * Bodiam Castle *(S. 62)*

10 Hastings und Umgebung

 * Hastings *(S. 63)*
  Bexhill *(S. 64)*
  Pevensey *(S. 65)*
  Battle *(S. 65)*
  Brightling *(S. 65)*
  Dallington *(S. 66)*
  Burwash *(S. 66)*
  Herstmonceux *(S. 67)*
  Hellingly *(S. 67)*

11 Von Eastbourne nach Lewes

  Eastbourne *(S. 67)*
*** Beachy Head *(S. 68)*

  Seaford *(S. 68)*
** The Seven Sisters *(S. 68)*
  Bishopstone *(S. 68)*
  Alfriston *(S. 69)*
  Wilmington *(S. 69)*
  West Firle *(S. 70)*
  Glyndebourne *(S. 70)*
 * Lewes *(S. 71)*
  Rodmell *(S. 71)*

12 Brighton und Umgebung

** Brighton *(S. 72)*
  Hove *(S. 76)*
  Rottingdean *(S. 76)*
  Falmer *(S. 76)*
  Clayton *(S. 76)*
  Ditchling *(S. 77)*
  Hurstpierpoint *(S. 79)*

13 Zwischen Shoreham und Bognor Regis

  Shoreham-by-Sea *(S. 78)*

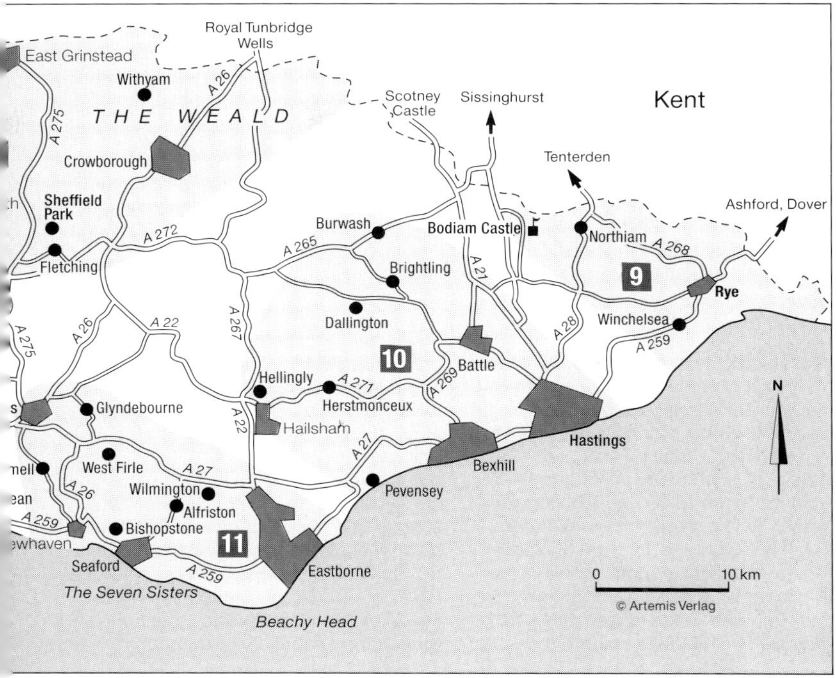
Royal Tunbridge Wells
East Grinstead
Withyam
THE WEALD
A 26
A 275
Crowborough
Sheffield Park
Fletching
A 272
Scotney Castle
Sissinghurst
Kent
Tenterden
Ashford, Dover
Burwash
A 265
Bodiam Castle
Northiam
A 268
Brightling
A 21
9
Rye
Dallington
A 267
A 22
A 26
A 275
Winchelsea
A 28
A 259
10
Battle
Hellingly
A 271
A 269
Herstmonceux
Glyndebourne
Hailsham
A 22
Hastings
N
A 27
West Firle
A 27
Bexhill
Pevensey
Wilmington
A 26
Alfriston
A 259
Bishopstone
11
Seaford
A 259
Eastborne
The Seven Sisters
Beachy Head
0
10 km
© Artemis Verlag

** Rye

Lage: An der A 259, 33 km SW Folkestone

Ein noch immer großenteils innerhalb seiner mittelalterlichen Mauern liegendes Städtchen mit verwinkelten und teilweise noch katzenkopfgepflasterten Gassen, Töpfereien und Antiquariaten, Inns und Tea Rooms – das ist Rye, nach wie vor der Inbegriff des Pittoresken in England.

Geschichte: Viermal – 1339, 1365, 1377 und 1448 – wurde Rye im Mittelalter von den Franzosen überrannt und gebrandschatzt. Denn als assoziiertes Mitglied der Cinque Ports (seit 1191) spielte der Hafen eine wichtige militärische Rolle. Im 16. Jh. jedoch verlandete der Hafen, die Stadt wurde bedeutungslos. Während der napoleonischen Kriege aber kam sie noch einmal in den Abglanz militärischer Aktivitäten: durch den Bau des 37 km langen *Royal Military Canal* (1804). Er sollte die flache und marschige Halbinsel Dungeness zwischen Rye und Hythe/Kent im Falle einer französischen Invasion von England »abschneiden« – ein Unternehmen, an dem Satiriker wie William Cobbett natürlich ihre helle Freude hatten. Ob ein 10 m breiter Kanal, so die rhetorische Frage, die Cobbett aufwarf, wohl dazu geeignet sei, französische Truppen aufzuhalten, die es gewöhnt seien, Rhein und Donau zu überschreiten? Die Frage blieb unbeantwortet, denn der Kanal wurde natürlich nie gebraucht.

Der Überschaubarkeit des Städtchens wegen bietet sich ein **Rundgang** an. Er beginnt beim *Landgate* ① (14. Jh.) im Nordwesten, dem einzigen noch erhaltenen Stadttor. Über East Cliff geht man hügelan mit einem Blick über die Wiesen jenseits der am Fuße des Felsens gelegenen Fishmarket Road. Dort wurde bis 1830 die Salzgewinnung betrieben (›Town Salts‹). Nach links zweigt die East Street von East Cliff ab und geht, vorbei am *Chequer House* ② (dreistöckig mit toskanischem Eingang), in die Market Street über. Hier stehen *Durrant House* ③ (1800), *Flushing Inn* ④ (Fachwerkbau, 15. Jh., mit Tunnelgewölbekeller, 13. Jh., und Wandmalerei im Erdgeschoß von 1536) und das *Rathaus* ⑤, ein zweistöckiger Backsteinbau von 1743 mit einer kleinen Kuppel. Von den Sehenswürdigkeiten im Haus gelten die Amtsinsignien des Bürgermeisters (1767) als wertvollste in Großbritannien. Einer der Amtsstäbe diente als Modell für die Insignien im kanadischen Parlament.

Vor Kopf folgt nun die Lion Street, benannt nach dem Red Lion Inn, an dessen Stelle heute die berühmte Teestube *Simon the Pieman* ⑥ neben *Fletcher's House* ⑦ (15. Jh.) steht. (Der Dramatiker John Fletcher, 1579–1625, wurde in Rye geboren.) Das obere Ende der Lion

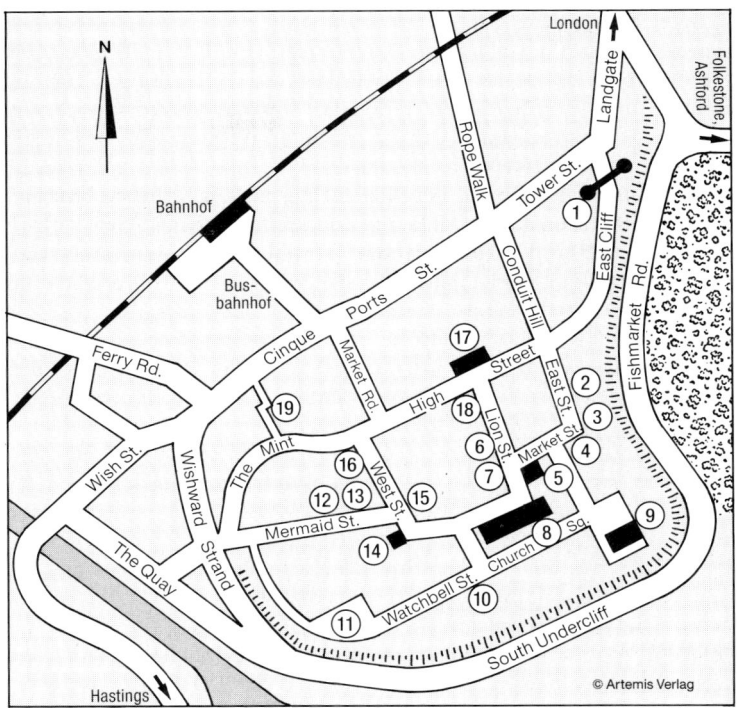

Rye: Stadtplan

① Landgate
② Chequer House
③ Durrant House
④ Flushing Inn
⑤ Rathaus
⑥ Simon the Pieman
⑦ Fletcher's House
* ⑧ St. Mary
⑨ Ypres Tower
⑩ St. Anthony of Padua

⑪ ›The Look-Out‹
⑫ Old Hospital
* ⑬ Mermaid Inn
⑭ Lamb House
⑮ Tower House
⑯ Thomas House
⑰ Old Grammar School
⑱ George Hotel
⑲ The Needles

Street wird eindeutig von der Nordfassade der Pfarrkirche *St. Mary* ⑧ dominiert: unscheinbare normannische Tür, darüber ein gewaltiges spätgotisches Fenster und schließlich der zinnenbewehrte und pyramidenüberdachte Turm mit *einer der ältesten Uhren Englands* (1561). Die Quarter Boys (1760), die den Spruch »For our time is a very shadow that passeth away« aus dem Buch der Weisheit flankieren, sind Kopien

(Originale in der Kirche in Reichweite des 6 m langen Pendels der Uhr).
Der ursprünglich normannische Kirchenbau, von dessen Turm sich ein
hervorragender Ausblick über die Anlage der Stadt und das Umland
ergibt, wurde um frühgotische Seitenkapellen und spätgotische Fenster
und Strebebögen erweitert. Die Kirchenfenster sind eine besondere
Erwähnung wert: zwei Fenster von C. E. Kempe (1889 und 1896 im
südlichen Seitenschiff), im nördlichen Seitenschiff die letzte Gemein-
schaftsarbeit von Sir Edward Burne-Jones und William Morris (1897),
schließlich das große Gedenkfenster im südlichen Querschiff für den
Essayisten Arthur Christopher Benson (1862–1925). Nordöstlich der
Kirche, am Church Square, steht ein ovaler Wasserturm (1735). Von
hier hat man einen guten Blick auf die südliche Stadtmauer und *Ypres
Tower* ⑨, eine ehem. Wehrburg aus dem 13. Jh. Sie fällt auf durch ihre
vier runden Ecktürme. Nach langem Dienst als Stadtgefängnis beherbergt der Tower heute das Museum von Rye.
     Über die Watchbell Street (Häuser aus dem 15. Jh.; röm.-kath. Kir-
che *St. Anthony of Padua* ⑩ von 1929) kommt man zum ›*Look-Out*‹ ⑪,
einem Aussichtspunkt mit Blick auf die Marsch und Camber Castle
(S. 61). In der Watchbell Lane stand die Alarmglocke, die in Kriegszei-
ten geläutet wurde. Von ihr führt die schmale Traders Passage zur
unteren **Mermaid Street*, der schönsten Straße von Rye *(Farbtafel nach
S. 32)*. Die katzenkopfgepflasterte Straße führt vom Kai hinauf ins
Zentrum. Sie ist von zahlreichen jahrhundertealten Häusern, Fach-
werk- und Ziegelbauten, gesäumt. Von ihnen sind *Old Hospital* ⑫, ein
Fachwerkhaus mit drei Giebeln (15. und 16. Jh.), und *The Mermaid
Inn* ⑬, ein traufenständiger Fachwerkbau (15. Jh.) mit alter Schmugg-
lertradition und einer wohlproportionierten Meerjungfrau als vielfoto-
grafiertem Kneipenschild, die bekanntesten.
     In der West Street am oberen Ende der Mermaid Street steht *Lamb
House* ⑭ (18. Jh.; NT), das *Henry James* von 1898 bis zu seinem Tod
(1916) bewohnte. Im Gartenzimmer, das im 2. Weltkrieg durch einen
Bombenangriff zerstört wurde, schrieb er ›The Wings of the Dove‹
(1902), ›The Ambassadors‹ (1903) und ›The Golden Bowl‹ (1904). West
Street führt nach Norden in die High Street. *Tower House* ⑮ gegenüber
der Einmündung Mermaid Street stammt von 1700, und von den
Fachwerkhäusern auf der linken Straßenseite ist *Thomas House* ⑯ eines
der ältesten und attraktivsten der Stadt. Die beiden dominierenden
Bauten in der High Street sind die *Old Grammar School* ⑰ (1635), ein
Backsteinbau mit Zwerchhäusern und einer von großen Pilastern bestimmten Fassade, und das *George Hotel* ⑱ (1719) mit toskanischem
Eingangsbereich. Der westliche Teil der High Street (The Mint wegen
der im 12. Jh. hier existierenden Münze) bringt uns zu der winzigen

Gasse *The Needles* ⑲ mit ebenso winzigen geteerten Häuschen, deren Obergeschosse vorkragen und die älteste zusammenhängende Siedlung der kleinen Stadt darstellen.

Camber Castle (östlich der A 259 zwischen Rye und Winchelsea), die Ruine eines Küstenforts Heinrichs VIII., ist über einen Fußweg von Rye aus zu erreichen.

Winchelsea (an der A 259, 5 km SW Rye)

Wie Rye wurde Winchelsea 1191 assoziiertes Mitglied der Cinque Ports. Im 11. Jh. wurde die Stadt durch Stürme und Fehden so stark zerstört, daß unter Eduard I. 1238 mit dem Neubau einer Handelsstadt begonnen wurde, die als englische Station für den Weinhandel mit der Gascogne vorgesehen war (Weinkeller in den Straßen um St. Thomas). Das südliche Ende der im Schachbrettmuster angelegten Stadt wurde allerdings nie gebaut. Der Hafen verlandete, und von den mittelalterlichen Verteidigungsanlagen blieben lediglich die drei Stadttore *Strand Gate* (guter Ausblick auf die Marsch und – bei klarer Sicht – auf Rye), *New Gate* und *Pipewell* erhalten. Defoe veranlaßte all das zu der Bemerkung, Winchelsea sei »mehr ein Skelett als eine richtige Stadt«.

Die heutige Wirkung Winchelseas geht im wesentlichen von den zahlreichen georgianischen Häusern und deren Nachbauten des 20. Jh. aus (z. B. German Street). Als prächtiger Bau inmitten eines großen Kirchhofs war *St. Thomas geplant. Wie die Stadt wurde die Kirche jedoch nie vollendet. Von den tatsächlich gebauten Teilstücken ist nur noch das Schiff mit seinen Seitenkapellen erhalten. Allerdings sehenswert sind die hier beherbergten Grabdenkmäler für Gervase de Alard († 1310), den mutmaßlich ersten Admiral der Cinque Ports, und dessen Amtsnachfolger.

Northiam (an A 28 und A 268, 10 km NW Rye)

Auf dem Dorfanger von Northiam, dessen Häuser zum großen Teil mit ›weatherboarding‹ verkleidet sind, steht eine Eiche, die über 1000 Jahre alt sein soll. Der Überlieferung nach hat sich Königin Elisabeth I. unter dieser Eiche am 11. August 1573 ein Mahl servieren lassen. Bei dieser Gelegenheit ließ sie ihre grünen hochhackigen Schuhe als Erinnerung an ihren Besuch im Dorf zurück. Noch heute werden sie dort aufbewahrt.

Interessante Bauwerke sind *Brickwall House*, ein 1617 und 1633 entstandener Fachwerkbau (heute Internat), und das Herrenhaus *Great*

Bodiam Castle

Dixter (15. Jh.; 1 km nordwestlich des Dorfes). Letzteres wurde 1910 von Sir Edwin Lutyens um einen im Stil angepaßten Neubau erweitert. Auf der Südseite brachte Lutyens, der auch den Garten anlegte, ein komplettes Fachwerkhaus aus Benenden/Kent ein.

* **Bodiam Castle** (NT; abseits der A 229, 4 km W Northiam)

ist die außergewöhnlich attraktive Ruine einer 1385 begonnenen Wasserburg. Bauherr war der spätere ›Keeper of the Tower of London‹ Sir Edward Dalyngrydge, der Bodiam Castle als Verteidigungsstellung für das Hinterland der Hafenstädte Hastings, Rye und Winchelsea errichten ließ. Der Bau ist quadratisch mit mächtigen Rundtürmen an den Ecken, viereckigen Bastionen im Osten, Westen und Süden und zwei Türmen, die den in der Mitte der Nordseite gelegenen Eingang flankieren. Vom früheren Torhaus sind nur noch Fragmente erhalten. Einige der Türme sind begehbar und erlauben einen Blick in den Burghof. Im SW-Turm befindet sich ein noch intakter Brunnen, der fast den ganzen Turmdurchmesser ausmacht.

[10] Hastings und Umgebung

* Hastings

Lage: An A 21 und A 259, 80 km SO London; 15 km SW Rye

Geschichte: Bereits im 10. Jh. Sitz einer Münze, wurde Hastings im 11. Jh. führendes Mitglied der Cinque Ports. Die Bedeutung des Hafens nahm aber schon im 13. Jh. ab. 1287 brachte ein Sturm Zerstörung. 1339 und 1377 wurde die Stadt von den Franzosen abgebrannt, und Hastings wurde wieder Fischerdorf. Der erneute Aufstieg kam mit dem Badebetrieb in dem westlich der Stadt (nach dem Vorbild von Brighton) geplanten Seebad St. Leonards. Henry James empfahl Hastings in seinen ›Portraits of Places‹ (1883) als einen Ort für den Ruhestand wegen des »milden Klimas, moderaten Preisgefüges und des Bewußtseins einer hohen Zivilisation«.

Die steil zum Meer hin abfallende A 259 teilt die Altstadt mit dem kleinen Fischerhafen von der neuen Stadt unterhalb des West Hill, auf dem sich die *Ruinen der normannischen Wehrburg* (begonnen 1096) *und der Kirche St. Mary* (1094) befinden. (Ein mutmaßlicher Vorgängerbau der Burg ist auf dem Wandteppich von Bayeux als ›Hestenga Ceastra‹ abgebildet.) Von der *Altstadt* (›The Stade‹) ist neben High Street, All Saints Street und Tackleway noch eine Häuserzeile an der Rock-a-Nore Road unterhalb des steilen Felsens East Hill erhalten. Die hölzernen

Die »Net Lofts« am Strand von Hastings

Net Lofts, die geteerten Netzspeicher der Fischer, sind nach einem Brand restauriert worden. (*Fishermen's Museum* im Gebäude der Fishermen's Church) In *St. Clement*, abseits der High Street, heiratete der Dichter und präraffaelitische Maler Dante Gabriel Rossetti 1860 sein Modell Elizabeth Siddall. Am oberen Ende der High Street steht die röm.-kath. Kirche *St. Mary Star of the Sea* (1882), etwa auf gleicher Höhe jenseits der Bourne Street die Kirche *All Saints* (frühes 15. Jh.). *Neue Stadt und Seebad* beginnen gleich an der Einmündung der A 259 in die East Parade (für jedermann erkennbar mit einem Bootsteich). Von der parallel dazu verlaufenden George Street führt eine *Seilbahn zum West Hill* und zur Burg sowie den *St. Clements-Höhlen* hinauf. Genau unterhalb des Schloßberges steht mit dem 1824–28 von Joseph Kay geschaffenen *Pelham Crescent* das älteste und zugleich spektakulärste Ensemble der Stadt. Der flache Sichelbogen ist zweigeteilt und flankiert auf diese Weise die Kirche *St. Mary-in-the-Castle*, die als Ersatzbau für die im Burgbezirk verfallene Kirche gebaut wurde, jedoch Bestandteil des Crescent-Projekts war und als solcher auch den krönenden Abschluß bildet. Ihre Fassade fällt auf durch vier ionische Säulen, die einen Portikus mit aufgesetztem Dreiecksgiebel tragen.

Die *Promenade* setzt sich nach Westen über Denmark Place und Carlisle Parade zum White Rock fort und ist im wesentlichen von Hotels gesäumt. Hier beginnt die 1872 errichtete *Pier*, und neben ihrem Aufgang liegt der *Conqueror's Stone*, an dem Wilhelm der Eroberer seine erste Mahlzeit auf englischem Boden verzehrt haben soll. Eine verhältnismäßig junge Erinnerung an die »Schlacht von Hastings« ist die 1966 gefertigte 74 m lange *Hastings Embroidery* (Rathaus, Queen Street), die 81 Szenen aus 900 Jahren englischer Geschichte zeigt. Der *White Rock Pavilion* gegenüber (1913–27) mit seinen allegorischen Fayencen erinnert an den spanisch-amerikanischen Missionsstil.

Bexhill (an der A 259, 10 km W Hastings)

ist ein Paradies für Pensionäre. Rund die Hälfte der über 30000 Einwohner lebt im Ruhestand. Das Schaustück des eher biederen Seebades ist der *De la Warr Pavilion* (1933–36; von Erich Mendelsohn und Serge Chermayeff), einer der ersten vielseitig verwendbaren Unterhaltungskomplexe, die in England gebaut wurden. Das Aufsehen, das er seinerzeit erregte, war entsprechend groß.

Ein Relikt der vor etwa 10000 Jahren existierenden Landbrücke zwischen England und Frankreich ist bei Ebbe am Strand unterhalb *Little Galley Hill* zu sehen: Reste von Baumstämmen eines ehemaligen Waldgebietes.

64

Pevensey (an der A 259, 4 km W Bexhill)

Die kleine Ortschaft mit *Mint House* (Münze) von 1340 (heute Museum) und einer Dorfkirche aus dem 13. Jh. *(St. Nicholas)* liegt am Fuß der ehem. *Römerfestung Anderida* (EH). Diese wurde um 250 n. Chr. als gigantisches Oval mit Graben und massigen Mauern errichtet. Der größte Teil der Mauern und Türme ist erhalten, obwohl die Festung von den Sachsen erstürmt wurde. Der Bergfried im Ostteil wurde unmittelbar nach der Landung der Normannen (1066) unter Verwendung der römischen Außenmauer gebaut. Im frühen 13. Jh. wurde er von einer Ringmauer mit halbrunden Ecktürmen umgeben.

Battle (an A 269 und A 2100, 10 km NW Hastings)

Die »*Schlacht von Hastings*«, in den Geschichtsbüchern oft als solche verzeichnet und durch den Wandteppich von Bayeux bildlich geschildert *(Abb. S. 12)*, fand am 14. Oktober 1066 an dem Ort statt, der später nach ihr benannt wurde: Battle. Der siegreiche Normannenherzog Wilhelm hatte gelobt, auf dem Schlachtfeld an der Stelle, an der sein Gegner Harald II. gefallen war, eine Abtei zu errichten. So wurde im Beisein von Wilhelms Nachfolger, Wilhelm II. Rufus, *Battle Abbey* im Jahre 1094 geweiht.

Heinrich VIII. übergab die gewaltige Anlage (Länge der Kirche: 90 m) 1539 seinem Stallmeister Sir Anthony Browne († 1548; Sarkophag in St. Mary nördlich der Abtei). Dieser ließ die normannische Kirche abreißen und einen Teil der Klostergebäude zur Residenz umbauen. 1857 erfolgte ein neugotischer Umbau. Er wird heute als Mädchenschule genutzt und ist der Öffentlichkeit nicht zugänglich. So stehen dem Besucher nur die Ruinen des Dormitoriums von 1120 und der gigantische Torhausbau von 1338 zur Besichtigung offen.

Am dreieckigen Marktplatz gegenüber steht ein schöner Fachwerkbau: *Pilgrims' Rest*, ein Hallenbau aus dem 15. Jh. und heute – nomen est omen – Gasthaus.

Brightling (N der B 2096, 20 km NW Hastings)

Brightling verdankt seine Popularität dem Nachruhm *John Fullers* (1756 bis 1834), der einer jener Exzentriker war, deren Gehabe und Taten die Legende von der englischen Verschrobenheit und Skurrilität begründen halfen. Wegen seiner Offenheit ›Honest Jack‹ Fuller genannt, erfreute sich der neureiche Herr des heute nur noch einen Bruchteil seiner ursprünglichen Ausdehnung messenden Hauses *Brightling Park* (begonnen 1699) auch des Beinamens ›Mad Jack‹; denn unkonventionell und gänzlich unberechenbar war er auch. Gäbe es einen Schutzpatron der Follies zu inthronisieren: ›Mad Jack‹ Fuller, der als Parlamentsabgeordneter die Erhebung in den Adelsstand ausschlug, wäre ein würdiger Kandidat. Zu Fullers unbestrittenen Verdiensten gehören die Rettung von Bodiam Castle, sein Kunstmäzenatentum als Förderer von

William Turner und sein soziales Verantwortungsgefühl. Die Begrenzungsmauern seines Anwesens zum Beispiel entstanden als von Fuller finanzierte Arbeitsbeschaffungsmaßnahme für die notleidende Dorfbevölkerung.

Den Garten von *Brightling Park* ziert eine Rotunda mit Kuppel und Kolonnaden, und außerhalb des Anwesens geben ein rund 20 m hoher Obelisk sowie ein Observatorium mit einer Kuppel aus Blei Zeugnis von den vielseitigen Baulaunen des Hausherrn und vom Können seines Architekten Sir Robert Smirke (1781–1867). Eine Büste Fullers steht in der Dorfkirche *St. Thomas Becket*, einem im wesentlichen frühgotischen Bau. Im Kirchhof steht unübersehbar sein pyramidenförmiges Mausoleum, das er sich 1810 selbst errichtete und in dem er – so wurde es lange und hartnäckig, wenn auch wahrheitswidrig kolportiert – sitzend, mit Abendanzug, Zylinder und einer Flasche französischen Rotweins in der Hand begraben sein soll.

Socknersh Manor, ein Fachwerkherrenhaus aus dem frühen 17. Jh., etwa 2,5 km nordöstlich des Dorfes gelegen, ist nach Ansicht des Kunsthistorikers Nikolaus Pevsner »das perfekte Weihnachtskarten-Motiv«.

Dallington (an der B 2096, 20 km NW Hastings)

Auf einer Anhöhe ca. 1 km nordwestlich des Dorfes befindet sich mit dem ›*Sugar Loaf*‹ einer der spektakulärsten Follies des ›Mad Jack‹ Fuller. Er hatte mit einem Freund gewettet, den Kirchturm von Dallington von Brightling Park aus sehen zu können. Fuller verlor die Wette und baute sich zum Trost das konische Gebilde, einem Zuckerhut ähnlich, das aus der Ferne dem Kirchturm täuschend ähnlich sieht.

Burwash (an der A 265, 6 km NW Brightling)

ist trotz seiner Lage an einer stark befahrenen Durchgangsstraße ein attraktives kleines Dorf. Es liegt auf einer Anhöhe zwischen den Flüssen Rother und Dudwell mit schönem Ausblick auf die Hügellandschaft des Weald, die in *Rudyard Kiplings* ›Puck of Pook's Hill‹ (1906) anschaulich beschrieben ist. Kipling zog 1902 nach Burwash, wo er bis zu seinem Tod 1936 das südwestlich des Dorfes gelegene Haus *Bateman's* aus dem frühen 17. Jh. bewohnte. Das Haus (NT), dessen mehrere Hektar großen Garten Kipling selbst anlegte, befindet sich in demselben Zustand, in dem er es hinterließ.

Herstmonceux (an der A 271, 8 km S Dallington)

Das Dorf, dessen Name auf die Familien de Herst und de Monceux zurückgeht, die Heinrich III. in der Nacht vor der Schlacht von Lewes (1264) Quartier gaben, ist das Zentrum einer interessanten Heimarbeits-»Industrie«: Hier werden die »*trugs*« hergestellt, jene länglichen Körbe aus Weidenspänen auf Rahmen aus Esche oder Kastanie, wie sie traditionell von Gärtnern verwendet werden.

Sehenswert ist die Dorfkirche *All Saints* (begonnen um 1180) mit einem normannischen Taufbecken und einigen interessanten Grabdenkmälern. Das touristische Interesse jedoch gilt fast ausschließlich *Herstmonceux Castle*, einer vollständig aus rotem Backstein erbauten und genau symmetrisch angelegten Wehrburg aus dem 15. Jh. Trotz des breiten Wassergrabens und der wuchtigen Türme hat sie eher den Charakter eines herrschaftlichen Hauses, und Grundriß und Anordnung der Wehranlagen erinnern trotz des unterschiedlichen Baumaterials an Bodiam Castle. Seit 1948 dient das Schloß als *Sitz des Observatoriums von Greenwich*. Die zunehmende Luftverschmutzung und der immer heller werdende Londoner Nachthimmel hatten den Astronomen das Arbeiten an der Themse zu sehr erschwert. So finden sich auf dem im Sommer zugänglichen Parkgelände das berühmte *Isaac-Newton-Teleskop* (1957) und die sechs kleinen Teleskop-Kuppeln von 1958.

Hellingly (abseits der A 267, 5 km W Herstmonceux)

In dem unscheinbaren Dorf am River Cuckmere ist ein Fachwerkhaus zu sehen, das als das schönste seiner Art in Sussex gilt: *Horselungs Manor* aus dem späten 15. / frühen 16. Jh. Es wurde 1925 stilgerecht restauriert. – In der Dorfkirche *St. Peter and Paul* (12.–14. Jh.; georgianischer Westturm) befindet sich ein sehr gut erhaltener Brass für eine vornehme Dame (um 1440; über 1,20 m Länge).

11 Von Eastbourne nach Lewes

Eastbourne (an der A 259, 30 km SW Hastings)

war ein unbedeutendes Fischerdorf, bevor der 6. Herzog von Devonshire es ab 1834 ausbaute. Das elegante Seebad, das darauf entstand, ist heute vor allem als Sitz von Sprachenschulen und als Austragungsort eines internationalen Damen-Tennisturniers ein Begriff.

Das Dorf und *Compton Place* (1726–31), der Landsitz des Herzogs, liegen ein wenig landeinwärts. Die einzige »Terrace«, die sich mit

Brighton messen kann, ist die *Grand Parade* von 1851–55. Die *Esplanade* führt in südwestlicher Richtung am Strand entlang zum *Konzertpavillon* (1888; gegenüber der Straßeneinmündung Devonshire Place mit Denkmal für den Herzog). Er liegt inmitten einer Arena, die 3500 Zuhörern Platz bietet. *Wish Tower* (Museum), weiter südwestlich und gleich am Strand gelegen, ist der größte englische Martelloturm.

*** Beachy Head (abseits der B 2103, 6 km SW Eastbourne)

»Beau Chef« lautete die französische Bezeichnung, von der Beachy Head den Namen erhielt. Eine treffende Charakterisierung, denn mit fast 170 m Höhe ist das südliche Stück der über 10 km langen Klippenkette zwischen Eastbourne und Seaford eine der höchsten Klippen Englands. Ein fast 50 m hoher rotweißer Leuchtturm am Fuß der Klippe bietet einen guten Größenvergleich *(Abb. S. 55)*. Ein 6 km langer Klippenweg führt in westlicher Richtung über das Bachtal Birling Gap hinaus nach Eastdean, vorbei an einem stillgelegten Leuchtturm aus schottischem Granit, der 1831 von Thomas Stevenson, dem Vater des Schriftstellers Robert Louis Stevenson, erbaut wurde.

Seaford (an der A 259, 13 km W Eastbourne)

ist ein kleines Seebad, das außer einer kurzen Esplanade keines der üblichen Attribute englischer Seebäder aufweist. Im Mittelalter war Seaford Mitglied der Cinque Ports, seine wirtschaftliche Vorrangstellung mußte die Stadt jedoch an den Nachbarn Newhaven abtreten, als der River Ouse seinen Lauf änderte. Heute ist Seaford ein Zentrum des Sprachentourismus in den Sommermonaten. Sehenswerte Gebäude sind die Pfarrkirche *St. Leonard* (Skulptur des Erzengels Michael im Kampf mit dem Drachen von 1130/40) und (am Ostende der Esplanade) der westlichste aller 70 *Martellotürme* an der Südküste.

** The Seven Sisters

Unterhalb von Seaford liegen die berühmten Kreidefelsen The Seven Sisters. Den atemberaubenden Anblick, den man von Seaford Head aus auf die gewaltigen Klippen hat, sollte man sich nicht entgehen lassen.

Bishopstone (abseits der A 259, 3 km N Seaford)

Ein prächtiges Relikt der besseren Vergangenheit von Bishopstone ist die im 8. Jh. begonnene Pfarrkirche *St. Andrew* (Restaurierung 1849).

Der »lange Mann« von Wilmington

Im Giebel über dem Südportal zeigt eine Sonnenuhr den sächsischen Namen Eadric. Eine seltene Kostbarkeit ist ein kleiner Sargdeckel aus dem 12. Jh.: Drei Kreise, gedrehte Taue, umschließen zwei Vögel, die aus einer Urne trinken, Lamm und Kreuz sowie ein einzelnes Kreuz.

Alfriston (an der B 2108, 7 km NO Seaford)

ist ein attraktives Dorf mit vielen sehenswerten alten Häusern: dem Star Inn, dem George Inn, dem Ship Inn und allen voran dem *Old Clergy House* am Cuckmere, einem reetgedeckten Fachwerkhaus aus dem 14. Jh. (NT), das 1896 als erstes Haus vom National Trust erworben wurde und eines der wenigen seiner Art in England ist. Der Pfarrer aus Chaucers ›Canterbury Tales‹, ein »gottesfürchtger und gelehrter Mann, / Zwar arm nur, doch an heiligen Gedanken / Und guten Werken reich« (Übers. Adolf von Düring), soll hier gewohnt haben.

Wilmington (abseits der A 27, 8 km NW Eastbourne)

bietet eine unzweifelhaft seltene Attraktion: den 70 m hohen Umriß des *Wilmington Long Man*, südlich einer Benediktiner-Priorei (11. Jh.) in den Windover Hill gezeichnet. In beiden Händen hält die in den Kreidehügel eingegrabene Figur einen Stab (oder Speer). Ihr Alter ist unbestimmt, jedoch wird sie verschiedentlich der Eisenzeit zugerechnet, wohl auch im Hinblick auf die am Fuß des Hügels entdeckten jungsteinzeitlichen Feuergruben und den fast 60 m langen Dolmen.

West Firle (abseits der A 27, 5 km W Wilmington)

Das winzige Dorf am Nordhang der South Downs liegt unterhalb des *Firle Beacon*, der mit ca. 210 m eine der höchsten Erhebungen in diesem Teil der Downs und ein beliebter Aussichtspunkt ist.
Firle Place, ein Herrenhaus aus der Zeit Heinrichs VIII. (Umbauten Mitte 18. Jh.; Bibliothek mit exzellenter Rokoko-Stuckdecke) beherbergt sehenswerte Sammlungen: Sèvres-Porzellan, Möbel sowie Gemälde von Correggio, Guardi, van Dyck, Rubens, Reynolds und Gainsborough.

Glyndebourne: Opernbesucher beim Picknick

Glyndebourne (abseits der A 27, 6 km N West Firle)

ist alljährlich Schauplatz eines *Opernfestivals* von internationalem Rang (s. Veranstaltungshinweise S. 369). Die Geschichte des Festivals beginnt mit dem Besitzer des *Opernhauses* (1934; mit auffälliger Schachbrettmusterfassade), John Christie. Dieser war mit der Sopranistin Audrey Mildmay verheiratet, die sich nach dem Krieg wesentlich an der Gründung der Edinburgher Festspiele beteiligen sollte. Christie gewann Carl Ebert als künstlerischen Direktor und Fritz Busch als Dirigenten. Ursprünglich sollten nur Wagner-Opern aufgeführt werden. Da Christies Frau jedoch Mozart bevorzugte, begann man mit dem ›Figaro‹. Im Mai 1934 war Premiere. Nach dem 2. Weltkrieg dann wurden auch Monteverdi, Verdi und Strawinsky ins Programm genommen – neben, weiterhin, Mozart.

* **Lewes** (an der A 27, 12 km NO Brighton)

Geschichte: Daniel Defoes Meinung, Lewes sei »eine feine, angenehme und gut gebaute Stadt«, trifft sicher auch heute noch auf die Hauptstadt von East Sussex zu – wenn auch der Durchgangsverkehr der A 27 die Ruhe und Beschaulichkeit, die zu Defoes Zeiten geherrscht haben dürften, erheblich stört. Die schon zur Sachsenzeit als ›hlaew‹ (Hügel) bekannte Stadt hatte mit *St. Pancras Priory* (südlich der Stadt) Englands erste Cluniazenserabtei. *Gundrada*, Ehefrau des Normannen *William de Warenne*, auf den die *Burg von Lewes zurückgeht (mit normannischem Bergfried und einer der mächtigsten Barbakane in England) gründete sie im Jahre 1077. Heinrich III. nahm in ihr sein Hauptquartier, als er mit dem Baron Simon de Montfort 1264 die Schlacht von Lewes auszutragen hatte. Er verlor sie – und mußte den Baronen jene politischen Zugeständnisse machen, die von einigen Historikern als Ursprung der parlamentarischen Regierung angesehen werden. Unter Heinrich VIII. wurde die Priory aufgelöst und zerstört, und so befinden sich die Bleisärge Williams und Gundradas (die lange Zeit fälschlich für eine Tochter des Eroberers gehalten wurde) heute in der Kirche *St. John Baptist* in der Southover High Street.

Im Stadtbild dominieren georgianische Häuser und Gebäude mit schindelverkleideten Obergeschossen (»tile-hanging«). Eines der georgianischen Häuser mit besonders interessanter Geschichte ist der *Gasthof White Hart* in der High Street. Hier gründete der Revolutionär *Thomas Paine* (1737–1809), der in Lewes als Zollbeamter tätig war, den politischen ›Headstrong Club‹, bevor er 1774 nach Amerika ging, um sich für die Unabhängigkeit der englischen Kolonien zu engagieren.

An der Southover High Street steht *Anne of Cleves House*, das teilweise aus dem Material der zerstörten St. Pancras Priory erbaut wurde und ähnlich wie das gleichnamige Haus in Ditchling *(S. 77)* fälschlich Anna von Kleve, der vierten Frau Heinrichs VIII., zugeschrieben wird. Eigentümer ist die Sussex Archaeological Society, die hier wie im Barbican House neben der Burg ein Museum unterhält.

Im Haus *Southover Grange* an der Southover Road verbrachte der Diarist John Evelyn (1620–1706) seine Kindheit. Das Haus wurde 1572 erbaut und wird heute von der Stadt für Bankette und andere Festlichkeiten vermietet.

Rodmell (an der A 275, 5 km S Lewes)

Monk's House in Rodmell war viele Jahre das Heim der Schriftstellerin *Virginia Woolf*. Ihre Asche ist im Garten des Hauses beigesetzt. Am 28. März 1941 hatte sie sich in der Nähe des Hauses im River Ouse ertränkt.

Die Kirche *St. Peter* (Taufbecken aus Purbeck-Marmor; Reste eines Lettners, 15. Jh.) ist aus spätnormannischer Zeit.

71

12 Brighton und Umgebung

** Brighton

Lage: An der A 27, ca. 80 km S London, 140 km W Dover

Geschichte: Die zwar schon im ›Domesday Book‹ verzeichnete, aber noch im frühen 18. Jh. höchstens als »ärmliches Fischernest« (Defoe) namens Bright Helmston bekannte Stadt gilt heute als *das* englische Seebad schlechthin. Als Ursprungsdatum des Badetourismus wird das Jahr 1750 angenommen, in dem Dr. Richard Russel aus Lewes seine ›Dissertation Concerning the Use of Sea Water in Diseases of the Glands‹ veröffentlichte (zuerst lateinisch; engl. Ausgabe 1753). Er lockte damit so viele finanziell gut gestellte Besucher herbei, daß man bereits 1766 mit dem Bau des ersten Ballsaales begann. Denn schließlich waren selbst die königlichen Prinzen unter den Gästen: der Herzog von Gloucester, der Herzog von Cumberland und vor allem der Prince of Wales, der als späterer Prinzregent und König Georg IV. Brighton berühmt machen sollte (s. u.). Diese Aufwertung des klei-

nen Ortes zog eine rege Bautätigkeit nach sich; und aus ›Brighthelmstone‹ wurde ›Brighton‹. 1823 baute Captain Samuel Brown die rund 110 m lange *Kettenpier*, die Vorläuferin der typischen englischen Seebadpiers. Sie wurde 1869 durch einen Sturm zerstört, ist aber durch John Constables Gemälde von 1827 bildlich überliefert. 1866 wurde die *West Pier* ① eröffnet; 1898/99 folgte die rund 520 m lange *Palace Pier* ②.

Heute hat Brighton auch als Kongreßstadt und als Austragungsort bedeutender Pferderennen (April bis Oktober) einen Namen. Und am ersten Sonntag im November findet in Erinnerung an den »Emancipation Run« von 1896, als die Geschwindigkeitsbegrenzung auf 14 Meilen pro Stunde angehoben wurde, das berühmte Oldtimer-Rennen London-Brighton statt. Nur vor 1904 gebaute Automobile sind hier startberechtigt.

** Der Royal Pavilion ③ *(Farbtafel vor S. 33)*

Wie kaum eine englische Stadt ist Brighton durch einen königlichen Prinzen und späteren König verändert und geprägt worden: durch Georg, Prince of Wales (1762–1830), den ältesten Sohn Georgs III., für den er von 1811 bis 1820 die Regentschaft übernahm, bevor er ihm als Georg IV. für zehn Jahre auf den Thron folgte. Er war eine der schillerndsten und widersprüchlichsten Persönlichkeiten, die je aus englischen Königshäusern hervorgingen: ein hochgebildeter, künstlerisch und musisch begabter Mäzen und Förderer auf der einen, ein genußsüchtiger und verschwenderischer Exzentriker – der »Prince of Whales« (Prinz der Wale),

wie Charles Lamb ihn seiner Leibesfülle wegen nannte – auf der anderen Seite. »Prinny« (so sein Spitzname) zog 1785 nach Brighton – mit der ihm heimlich angetrauten *Maria Fitzherbert*, einer bereits zweimal verwitweten Katholikin. (Ihr Grabdenkmal in *St. John the Baptist* ④ zeigt sie mit drei Eheringen.) Der erste Aufenthaltsort des Paares, eine aus einem Bauernhaus an der Old Steine Street hervorgegangene Villa (Marine Pavilion, 1786), war der erste Bau der nach dem Prinzen benannten Regency-Architektur, die von Brighton aus später auch London eroberte (Regent Street, Regents Park).

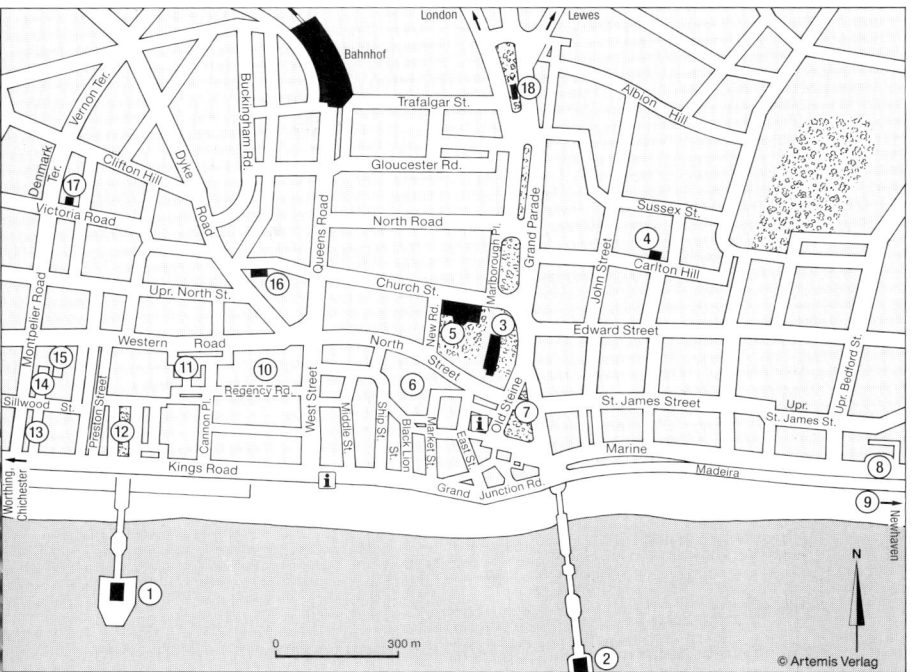

Brighton: Stadtplan

① West Pier
② Palace Pier
** ③ Royal Pavilion
④ St. John the Baptist
⑤ The Dome
* ⑥ The Lanes
⑦ Old Steine (Marlborough

House, Maria Fitz-
herbert's House,
Royal York Hotel)
⑧ Royal Crescent
⑨ Kemp Town
⑩ Churchill Square
⑪ Clarence Square

⑫ Regency Square
⑬ Oriental Place
⑭ Silkwood Place
⑮ Western Pavilion
⑯ St. Nicholas
⑰ St. Michael
⑱ St. Peter

Die Wandlung der Villa zum heutigen *Royal Pavilion*, dem Inbegriff des
Folly, begann 1802, als Georg, inzwischen aus finanziellen Erwägungen
mit Karoline von Braunschweig verheiratet, das Innere mit Chinoise-
rien umgestalten ließ. 1804 folgte nördlich des Hauses ein Stallkomplex
mit Reitschule im indischen Stil (*The Dome* ⑤ von William Porden,
heute Konzerthalle), und 1805 lagen erste Pläne (von Humphry Repton) für einen indischen Pavillon vor. Wegen Geldmangels jedoch
mußte das Projekt zunächst aufgeschoben werden, bis Georg Prinzregent geworden war. Nicht Repton, sondern sein ehemaliger Partner

73

John Nash (1752–1835), inzwischen Lieblingsarchitekt des Prinzen und dessen Londoner Baumeister, schuf schließlich zwischen 1815 und 1822 den Royal Pavilion in seiner heutigen Form. Die Villa blieb dabei völlig erhalten, wurde aber von wesentlich größeren Anbauten umgeben und sämtlich von indischen Kuppeln überwölbt. Die Reaktionen auf diesen monströsen Bau, der mit den Nebengebäuden eine halbe Million Pfund verschlang, waren Spott und Empörung (z. B. Cruikshanks Karikatur ›The Court at Brighton à la Chinese‹, *S. 15*). Den Monarchen kränkte das. Er kehrte nach der Vollendung des Baues nie nach Brighton zurück. Zwar setzte man ihm 1828 im Nordteil des Pavilion Garden ein Bronzedenkmal, jedoch entschied Königin Viktoria sich später dafür, den Palast der Stadt zu verkaufen – trotz ihrer großen Liebe zur indischen Kultur.

Die *Innenräume* des Royal Pavilion stehen heute zur Besichtigung offen. Ein Muß für jeden, der sich von der Prunksucht und den (nicht immer unzweifelhaften) Geschmacksvorstellungen des Prinzregenten einen Eindruck machen will. Besonders sehenswert: der Bankettsaal mit seiner Kuppeldecke, den riesigen Kronleuchtern und den chinesischen Wandmalereien.

** Die Stadt

Die Keimzelle Brightons ist das Viertel *The Lanes* ⑥, um den Brighton Square herum gelegen: enge, verwinkelte Straßen, gesäumt von Fischerhäuschen aus dem 17. Jh., die heute meist als Antiquitätenläden dienen.

Old Steine ⑦, der dreieckige Platz (ehem. Dorfanger) südöstlich des Royal Pavilion, wurde nach der Ankunft des Prinzen komplett umgebaut: *Marlborough House* entstand 1786, *Maria Fitzherbert's House*, dessen eiserne Balustraden denen des Pavilion nachempfunden sind, 1804, und das *Royal York Hotel* (heute Royal York Buildings) 1819.

Östlich von Old Steine (auf den Karrees zwischen Marine Parade und St. James Street / St. George's Road) entstanden zwischen 1798 und etwa 1840 die typischen Regency-Häuserreihen, die geraden Terraces und die sichelförmigen Crescents: z. B. *Royal Crescent* ⑧ (1798–1807) oder *Portland Place* (1824–28), und in der östlichen Hälfte dieses Stadtteils (nach ihrem Erbauer *Kemp Town* ⑨ genannt und nach dem Vorbild von John Nashs Londoner Regents Park gebaut) nacheinander *Eastern Terrace, Percival Terrace, Clarendon Terrace, Chichester Terrace, Lewes Crescent, Sussex Square* (in dem Kemp selbst wohnte) und *Arundel Terrace*. Im Stadtteil westlich von Old Steine (und jenseits des gigantischen Einkaufszentrums *Churchill Square* ⑩ an der Russell Road) finden sich mit *Clarence Square* ⑪ (1825), dem zum Meer hin

Der Royal Crescent (1798–1807)

offenen *Regency Square* ⑫ (1818), *Oriental Place* ⑬ (1825) und *Silkwood Place* ⑭ (1827/28) weitere beeindruckende Regency-Anlagen. Eine kleinere Ausgabe des Royal Pavilion ist der *Western Pavilion* ⑮ in der Western Terrace, den sich Amon Wilds jr., Erbauer des Oriental Palace und verschiedener Terraces in der Kemp Town, als Privathaus errichtete. Östlich des Clifton Hill, an der Church Road, steht die ursprüngliche Pfarrkirche von Brighthelmstone, *St. Nicholas* ⑯ (begonnen im 14. Jh.; Wandmalereien von C. E. Kempe). Ihr Schmuckstück ist das wohl schönste normannische Taufbecken von Sussex (um 1160), das exzellent gearbeitete Darstellungen des Letzten Abendmahls, der Taufe Christi und des hl. Nikolaus zeigt. Auf dem Friedhof erinnert ein Grabstein an eine Mrs. Dunn: »She was Peculiarly Distinguished as a Bather in this Town for nearly 70 Years.« – *St. Michael* ⑰ in der Victoria Road hat Fensterglas aus der Werkstatt von William Morris, der auch die Deckenmalerei ausführte.

Eine Überraschung ist *St. Peter* ⑱ in den Victoria Gardens nördlich des Royal Pavilion. Ihr Erbauer nämlich, der junge Charles Barry, entwarf etwa zur gleichen Zeit in der Nachbarstadt Hove eine Kirche im Stil der italienischen Renaissance (St. Andrew). St. Peter aber baute er im spätgotischen Stil.

Umgebung von Brighton

Hove (W Brighton)

Hove, zu Zeiten des ›Domesday Book‹ von »14 Leibeigenen und 8
Sklaven« bewohnt, ist heute praktisch westlicher Stadtteil von Brighton
(wenn auch wesentlich weniger Ziel des Massentourismus). Das Stadtbild prägt auch hier die georgianische Architektur. Die älteste Kirche ist
Charles Barrys *St. Andrew* in der Waterloo Road. Mit J. L. Pearson ist
in Hove einer der berühmtesten viktorianischen Architekten als Kir-
chenbaumeister vertreten (*St. Barnabas*, 1882, Sackville Road; *All
Saints*, 1890, Easton Road). Auf dem Friedhof von All Saints liegt Sir
George Everest (1790–1866), Generalinspekteur von Indien, begraben. Nach ihm ist der höchste Berg der Erde benannt.

Rottingdean (an der A 259, 6 km O Brighton)

Das Haus *The Elms* am Dorfanger von Rottingdean war 1897–1902
Rudyard Kiplings Heim. Sein Onkel Sir Edward Burne-Jones lebte
1880–98 im *North End House* an der High Street. Er ist auf dem
Friedhof von *St. Margaret* (Fenster von Morris und Burne-Jones)
begraben. Das ehem. Pfarrhaus *The Grange* am Dorfanger dient heute
als Bibliothek und Museum.

Falmer (an der A 27, 4 km NO Brighton)

ist Standort der »neuen« *University of Sussex (gegr. 1958). Architekt
war Sir Basil Spence, der Erbauer der neuen Kathedrale von Coventry.
Der in Stahlbeton und Backstein gehaltene Komplex steht deutlich in
der Tradition Le Corbusiers.

Clayton (abseits der A 23, 10 km N Brighton)

Eine besondere Kostbarkeit ist in der normannischen Dorfkirche ***St.
John the Baptist* (11. Jh.) verborgen. 1895 wurden an Süd-, Nord- und
Ostwand des Schiffes umfangreiche Wandmalereien entdeckt, die be-
züglich Entstehungsdatum (ca. 1140), Ausmaß und Erhaltungszustand
einzigartig in England sind. Ihre Vorbilder sind höchst unterschiedlich:
angelsächsische Manuskriptillustrationen des 11. Jh., Wandmalereien
aus Poitou und sizilianisch-byzantinische Werke. Auffallend sind die
langen und sehr schmalen Figuren in den jeweiligen oberen Reihen:
Oberhalb des großen Bogens thront Christus in einer Mandorla, die von
zwei Engeln gehalten wird. Zu beiden Seiten stehen die Apostel in

Das vermeintliche Wohnhaus Annas von Kleve in Ditchling

weißen Gewändern. Die Nordwand zeigt eine Prozession nach Jerusalem, die von Petrus erwartet wird. Seine Schlüssel (zur heiligen Stadt / zum Himmel) hängen hinter ihm, die Könige und kirchlichen Würdenträger in der Prozession tragen die Insignien ihrer Ämter. Auf der Südwand ist eine ähnliche Prozession abgebildet, die vor einem großen Kreuz, dem Symbol der Gerichtsbarkeit, hält. Die fragmentarischen Teile der Wandmalereien zeigen u. a. die Trennung der Auserwählten von den Verdammten, einen Antichrist sowie den Erzengel Michael, der die Seelen wägt (Nordwand).

Ebenfalls sehenswert sind zwei Follies: das *Tunnelhaus* an der Strecke London – Brighton in Form einer nachempfundenen Tudor-Festung und die *Windmühlen Jack and Jill* in unmittelbarer Nachbarschaft.

Ditchling (an der B 2112, 12 km N Brighton)

am Nordrand der South Downs steht mit dem Namen *Annas von Kleve* in Verbindung. Als Heinrich VIII., dessen vierte Ehefrau Anna war, sich von ihr scheiden ließ, soll er ihr als Entschädigung – neben mehreren anderen hochklassigen Landsitzen – das äußerst pittoreske *Anne of Cleves House* (Fachwerk, 16. Jh.) gegenüber der Kirche St. Margaret's geschenkt haben. Anna von Kleve jedoch hat nie in Ditchling gewohnt (vgl. Lewes, *S. 71*).

Einer der beliebtesten Aussichtspunkte ganz Südenglands, der **Ditchling Beacon* (250 m), liegt etwa 4 km südlich des Ortes. Der Name ›Beacon‹ (Leuchtturm) deutet darauf hin, daß hier 1588 beim Eintreffen der Armada Warnfeuer angezündet wurden.

Hurstpierpoint (an der B 2116, 12 km N Brighton)

besitzt zwei sehenswerte viktorianische Bauten: die Kirche *Holy Trinity*, 1843/45 von Sir Charles Barry im Stil des 14. Jh. erbaut, und *St. John's College*, das erste vollendete von drei Public Schools des Schulgründers Nathaniel Woodard (s. u. Lancing) in Sussex.

13 Zwischen Shoreham und Bognor Regis

Shoreham-by-Sea (an A 27 und A 259, 10 km W Brighton)

hat zwei normannische Kirchen: *St. Nicholas* in Old Shoreham wurde um 900 begonnen und gegen 1140 vollendet (Altarraumerweiterung im 14. Jh.; restaurierte Chorschranke, ca. 1300). Der äußere Blickfang der Kirche ist der Vierungsturm mit seinem flachen Zeltdach und den Ochsenaugen im oberen Stockwerk. *St. Mary de Haura* in New Shoreham geht auf 1130 zurück. Der eindrucksvolle Bau (fünf Joche mit mächtigen Arkaden, Triforium und Obergaden, flankiert von Seitenschiffen) hat eine erstaunlich schlichte Innenausstattung. Lediglich das spätnormannische Taufbecken ist besonderer Erwähnung wert.

Lancing (abseits der A 27, 2 km W Shoreham)

ist eigentlich ein unattraktives Dorf. Bekannt ist es dennoch: durch sein 1848 gegründetes College, die erste von heute über 20 Woodard-Schulen. *Nathaniel Woodard* († 1891), Pfarrer im benachbarten Shoreham, wollte ein Schulsystem schaffen von der Qualität der Public Schools, jedoch ohne deren Exklusivität. Und hohe Qualitätsmaßstäbe setzte er auch in der Architektur: »Kein Erziehungssystem«, so glaubte er,»wäre vollkommen, wenn es nicht durch höchstrangige Architekturbeispiele den Geschmack der Schüler schulte.« So ließ er mit der Kapelle von *Lancing College* einen grandiosen Bau schaffen, dessen Gewölbehöhe von fast 29 m nur noch von Westminster Abbey, York Minster und Liverpool Cathedral übertroffen wird. Der 50 m lange Bau, 1868 von R. H. Carpenter jr. im Decorated Style entworfen, wurde erst 1954, hundert Jahre nach Baubeginn, vollendet.

Sompting (abseits der A 27 am Ortsrand von Worthing)

Das herausragende Gebäude des Straßendörfchens ist die Kirche *St. Mary* (begonnen um 1000). Sie besitzt – einzigartig in ganz Großbritannien – einen »rheinischen« Westturm. Vom späten 12. Jh. bis 1306 war die Kirche den Tempelrittern – sie bauten das Kirchenschiff neu –, nach deren Verbot und Vertreibung den Johannitern zugesprochen.

Bramber (an der A 283, 5 km N Shoreham)

dürfte Pfeifenrauchern und -liebhabern wegen des von Anthony Irving begründeten *Pfeifenmuseums* ein Begriff sein: Über 25 000 Exemplare aus allen Epochen und Kulturen sowie Utensilien und Accessoires werden hier zur Schau gestellt. Daß der Ort auch als normannische Festung einmal bedeutend war, davon zeugen die *Ruinen eines Bergfrieds* aus dem 11. Jh. (NT), der zu seiner Zeit zu den größten Englands zählte. Aus derselben Zeit stammt auch die im 18. und 19. Jh. bis zur Unkenntlichkeit restaurierte Kirche *St. Nicholas*.

Steyning (an der A 283, 6 km N Shoreham)

war wie Bramber zur Normannenzeit Hafenstadt. Sehenswert sind die Bauten der High Street (z. B. das frühere Armenhaus, Fachwerk, 15. Jh.) und der Church Street (z. B. Chantrey House, wo laut Inschrift der irische Lyriker William Butler Yeats in den dreißiger Jahren häufiger Gast war). Die spätnormannische Kirche *St. Andrew* gilt als eine der schönsten in England. Sie geht auf eine Gründung St. Cuthmans zurück (8. Jh.) und wurde 1047 von König Eduard dem Bekenner an Fécamp (Normandie) gegeben. Chor, Querschiffe und Vierungsturm wurden 1577 abgerissen, als der heutige Westturm gebaut wurde. Im Innenraum sind neben dem Taufbecken (12. Jh., mit umlaufendem Zickzackmuster) das königliche Wappen im südlichen Seitenschiff sowie die Insignien der bis 1832 existierenden ›Borough‹, die wie Bramber zwei Abgeordnete ins Parlament entsandte, einen Blick wert.

Cissbury Ring (2 km O der A 24 bei Findon)

Aus der Eisenzeit stammt das ovale Hügelfort Cissbury Ring. Die Verteidigungsanlagen bestanden aus einem Erdwall, der von einem Graben mit steiler Außenböschung umgeben war. In römischer Zeit war das so geschützte Innenareal als Ackerland kultiviert. Dessen äußere Ränder sind noch auszumachen. Westlich der Anlage sind die Überreste jungsteinzeitlicher Flint-Minen zu erkennen.

Der Chanctonbury Ring

Chanctonbury Ring (abseits der A 24 bei Washington, 4 km N Findon)

Weithin sichtbar ist der Chanctonbury Ring, ein weiteres eisenzeitliches Hügelfort. 1760 nämlich pflanzte Charles Goring, Besitzer des nahegelegenen Herrenhauses Wiston Park, Buchen auf den Ring. Im Innern der Anlage sind die Ruinen zweier römischer Gebäude zu sehen.

Castle Goring (abseits der A 27, 3 km N Goring-by-Sea)

war einst das Landhaus *Sir Bysshe Shelleys*, des Großvaters von Percy Bysshe Shelley. Es wurde um 1790 von Biagio Rebecca entworfen und fällt durch völlig kontrastierende Vorder- und Rückseite auf. Die Vorderfront im Stil eines gotischen Schlosses, in Bruchstein und Flint gehalten, hat eine zinnenbewehrte symmetrische Fassade mit drei großen Türmen und dem Perpendicular nachempfundenen Türen und Fenstern mit Zackenfriesen und Hundszahnornamentik. Ein drastischer Gegensatz ist die Gartenfront, eine imposante griechisch-palladianische Kombination in weißem Ziegel und Werkstein. Über der offenen Basis aus dorischen Zwillingssäulen steht ein zweistöckiger Mittelrisalit mit flachem Dreiecksgiebel, die Fenster von vier ionischen Pilastern eingerahmt. Je zwei Fensterreihen, deren untere von halbkreisförmigen Blendbögen überspannt werden, schließen sich an.

Bailiffscourt (abseits der A 259, 3 km W Littlehampton)

Das heute als Hotel dienende Anwesen ist eine Kuriosität eigener Art:
Von einer kleinen Kapelle aus dem späten 13. Jh. ausgehend wurden
alle anderen Gebäude 1935 von Amyas Phillips für einen Lord Moyne
im mittelalterlichen Stil erbaut, wobei Material aus mittelalterlichen
Häusern anderer Landstriche verwendet wurde: Das Herrenhaus
stammt in Form und (weitgehend) Material aus Somerset, das strohgedeckte Cottage neben der Kapelle aus Bignor, ein weiteres aus Old
Basing in Hampshire, und das Torhaus (halb Ziegel-, halb Fachwerkbau) stand ursprünglich in Loxwood. Um auch den verzeihlichsten
Stilbruch zu vermeiden, wurde Bailiffscourt mit altem Baumbestand
umgeben, der eigens hierher verpflanzt wurde.

✳ **Arundel** (an der A 27, 5 km N Littlehampton)

»Der Anblick des alten Schlosses wäre
überall ehrwürdig und imposant, nur
hier, auf einem nicht sehr geräumigen
Hofplatz, neben den neuen, ganz modernen Gebäuden, verliert es unend-
lich.« Als Johanna Schopenhauer diesen Eindruck 1830 auf ihrer England-
Reise notierte, konnte sie nicht ahnen,
daß die damals »ganz modernen« Gebäude (von 1791–1815; John Constable
malte sie als ›Arundel Mill and Castle‹
1837 kurz vor seinem Tod) schon 60
Jahre später einem Neubau weichen
sollten, der bis auf den heutigen Tag
älter wirkt: Der Architekt Charles Alban
Buckler (1824–1905) nämlich konzi-
pierte Arundel Castle wie ein zweites
Windsor.

✳**Arundel Castle** *(Farbtafel nach S. 96)*: Von der ursprünglichen Festung
des 11. Jh. steht nur noch das Torhaus, aus der normannischen Zeit
der Bergfried, und von 1295 stammt das Vorwerk der Burg, durch das
der Besucher die Anlage betritt. Arundel kam im 16. Jh. an die Familie Howard, deren Mitglied *Henry Howard*, Earl of Surrey (ca.
1517–1547), den Blankvers und (zusammen mit Thomas Wyatt) Petrar-
cas Sonettform in die englische Literatur einführte. Als Gegner der
Tudors wurde er im Todesjahr Heinrichs VIII. wegen angeblichen
Hochverrats hingerichtet. Ein anderer Howard, Thomas Earl of Arundel (1586–1646), begründete die sehenswerte Gemäldesammlung des
Hauses.
   Ebenfalls mit dem Namen der Familie Howard verbunden ist der
neben dem Schloß zweite große Blickfang in der Silhouette Arundels:
die vom 15. Herzog von Norfolk anläßlich seiner Volljährigkeit gestifte-
te Kirche *St. Philip Neri* (1868–73 von Joseph Hansom in Imitation
französischer Gotik des frühen 14. Jh. entworfen). Sie wurde mit der
Gründung der katholischen Diözese Arundel and Brighton zur Kathedrale erhoben. Die Pfarrkirche *St. Nicholas* auf der anderen Seite des

Schlosses (von St. Philip Neri aus gesehen) stammt aus dem späten 14. Jh. Sie ist ein schönes Beispiel des frühen Perpendicular.

Felpham (an der A 259, O Bognor Regis)

Das kleine Seebad lebt im Schatten von Bognor Regis. Sein bedeutendstes Gebäude ist die Pfarrkirche *St. Mary* (mit in Sussex seltenem Obergaden und Taufbecken aus Sussex-Marmor, beides 13. Jh.). Eines der Grabdenkmäler in der Kirche gilt dem Dichter *William Hayley* (1745–1820). Im Haus *The Turret* (östlich der Kirche) schrieb Hayley seine ›Ballads Founded on Anecdotes of Animals‹, für die er den Dichter und Kupferstecher *William Blake* (1757–1827) als Illustrator gewann. Er besorgte Blake ein strohgedecktes kleines Haus in der (heutigen) Blake's Lane, in dem dieser vier Jahre lang lebte und sich offenbar wohlfühlte: »Away to sweet Felpham, for heaven is there«, schrieb er einmal. Hier begann er sein Gedicht ›Milton‹ (1804), im selben Jahr, in dem er eine von anderen provozierte Auseinandersetzung mit einem Soldaten hatte. Sie trug ihm einen Prozeß wegen Aufruhrs ein, der aber in Chichester mit seinem Freispruch endete.

Bognor Regis (an der A 259, 10 km SO Chichester)

Wäre es nach der Laune des reichen Londoner Hutmachers *Sir Richard Hotham* gegangen, würde Bognor Regis heute Brighton als Seebad namens Hothampton Konkurrenz machen. Hothams Herrenhaus in dem Dörfchen *Bersted* (im heutigen Hotham Park) und vor allem *The Dome* in der Nähe (1787 als Hothampton Crescent gebaut), ein spätpalladianischer Gebäudekomplex mit Kuppel auf dem Mittelbau, geben einen Eindruck von dem, was Hotham sich für »Hothampton« vorstellte.

Doch nicht in Bersted, sondern um die Ansiedlung Bognor herum entwickelte sich das Seebad – und auch das erst im 20. Jh. Die unvermeidliche *Pier* wurde errichtet (1910) und gewissermaßen als landseitige »Fortsetzung«, um *Waterloo Square* der eigentliche Badeort. Westlich des Waterloo Square findet sich mit der Straße *Steyne* die eigentliche Imitation Brightons mit ihren bunt gemischten zwei- und dreistöckigen Häusern. Das weiter westlich gelegene *Norfolk Hotel* paßt sich durch Lage und Erscheinung diesem Imitationsversuch an.

War es Hotham nicht gelungen, König Georg III. von Weymouth nach Bognor zu locken, so kam die königliche Anerkennung des Seebades ebenfalls erst im 20. Jh.: 1929 hielt sich König Georg V. erfolgreich zur Kur in Bognor auf und ließ die Stadt zum Dank durch Dekret zum Bognor des Königs, Bognor Regis, ernennen.

14 Chichester und Umgebung

** Chichester (an der A 27, 50 km W Brighton)

Geschichte: Als die Römer in Chichester landeten, fanden sie in König Cogidubnus einen kollaborationswilligen Lokalfürsten (s. auch Fishbourne, S. 90), der ihnen erlaubte, den Ort als Basislager und später auch als Handels- und Verwaltungsstützpunkt zu nutzen. So erhielt *Noviomagus*, wie sie

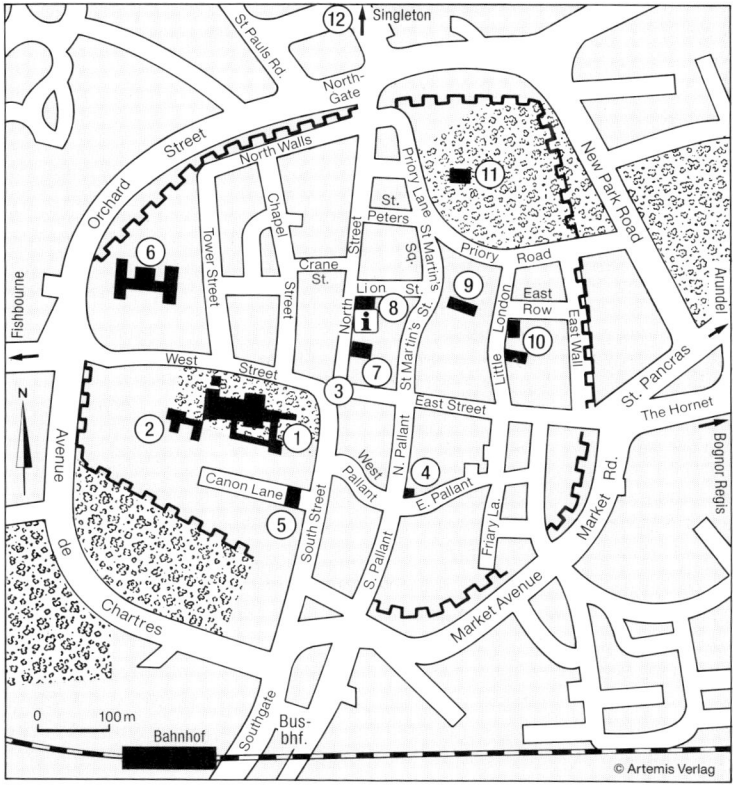

© Artemis Verlag

Chichester: Stadtplan

*** ① Kathedrale *(S. 84)*
② Bischofspalast *(S. 88)*
** ③ Marktkreuz *(S. 88)*
④ Pallant House *(S. 88)*
⑤ Canongate *(S. 88)*
⑥ County Hall *(S. 88)*

⑦ Market House *(S. 89)*
⑧ Council House *(S. 89)*
⑨ St. Mary's Hospital *(S. 89)*
⑩ Chichester District Museum *(S. 89)*
⑪ Guildhall Museum *(S. 89)*
* ⑫ Chichester Festival Theatre *(S. 89)*

es nannten, um 200 seine Stadtmauer: ein Elf-Eck mit Stadttoren in den vier Himmelsrichtungen, Vorläufer der heute noch existierenden, großenteils durch Umbauten im Mittelalter entstandenen Anlage. Nach dem Abzug der Römer fiel Noviomagus 477 unter die Führung des Sachsen Aella und anschließend seines Sohnes Cissa (*Cissa Ceaster* = Chichester). 681 kam das Christentum mit *St. Wilfrid*, der auf der südlich Chichester gelegenen Halbinsel Selsey eine Kathedrale baute und die Diözese der Südsachsen gründete. Die Normannen verlegten sie 1075 nach Chichester und begannen 1091 mit dem Bau der Kathedrale. Die Stadt entwickelte sich zu einem bedeutenden Handelszentrum mit zunächst Wolle (14. Jh.) und anschließend Tuch und Weizen als wichtigsten Gütern. Heute sind Gerbereien, Brauereigewerbe, Aluminiumherstellung und Fischverarbeitung der wirtschaftliche Hintergrund der Grafschaftshauptstadt von West Sussex.

*** Kathedrale ①

Geschichte: Der östliche Teil, 1091 unter Bischof Ralph de Luffa begonnen, wurde 1108 geweiht. Der durch Brände (1114, 1187) verzögerte Weiterbau unter Bischof Seffrid II. leitete mit dem *Retrochor* (**A**) im Early English den Übergang zur Gotik ein. Im frühen 13. Jh. wurde der *SW-Turm* (**B**) aufgestockt, und zwischen den Strebepfeilern entstanden Kapellen, die nach Entfernung der Zwischenwände heute wie ein zusätzliches Seitenschiff wirken. Um die Mitte des 13. Jh. folgte die Aufstockung des *Vierungsturms* (**C**) und am Ende desselben Jh. eine Erweiterung der *Marienkapelle* (**D**) um zwei Joche, die den Beginn des Decorated in Chichester brachte. Unter Bischof Langton (1305–37) wurde das *südliche Querhaus* (**E**) verändert (großes sieben-bahniges Fenster), um 1400 folgte der *Kreuzgang* (**F**), der das südliche Querhaus umgibt. Der Vierungsturm erhielt (ähnlich wie Salisbury, *S. 213*) seinen hohen Turmhelm, der aber sofort statische Probleme mit sich brachte, so daß nördlich der Westtürme zur Entlastung ein *separater Glockenturm* (**G**) geschaffen werden mußte. Er ist als einziger seiner Art heute noch erhalten. In den vierziger und fünfziger Jahren des 19. Jh. wurde die Kathedrale vollständig restauriert (durch Richard Cromwell Carpenter und Joseph Butler). Der 1861 eingestürzte Vierungsturm wurde von Sir George Gilbert Scott und William Slater bis 1866 wiederhergestellt. 1901 wurde der *NW-Turm* (**H**) nach den Plänen J. L. Pearsons als Abbild des SW-Turms erneuert.

Außenansicht: Trotz des gotischen Vierungsturms mit dem 92 m hohen Turmhelm, der gotisch überarbeiteten Querschiffe und der gotischen Erweiterung der Marienkapelle überwiegt im Gesamteindruck der normannische Ursprung der Kathedrale. Die Westtürme sind von gleicher Höhe wie der First des Langhausdaches. Östlich an das nördliche Querschiff (mit großem Perpendicular-Fenster) schließt sich die zwei Joche messende *Schatzkammer* (**J**) an. Es folgen *Chor* (**K**), *Altarraum* (**L**) und *Retrochor* (**A**) mit einer Rosette im Giebel über drei schlanken Rundbogenfenstern in der Ostwand. Unterhalb der Ostfenster beginnt der Dachfirst der *Marienkapelle* (**D**), deren Nord- und Südseite bis auf die unterschiedlich breiten Fenster identisch sind. Am

Kathedrale ① *Stadtplan S. 83*

Die Kathedrale von Chichester: Blick von Südwesten

östlichsten Joch des Retrochorseitenschiffs beginnt der asymmetrische *Kreuzgang* (**F**), der das südliche Querhaus umschließt und mit einem prächtigen Portal (dem örtlichen Heiligen, Bischof Richard of Wych, † 1253, gewidmet) im vierten Joch des südlichen Langhausseitenschiffs endet.

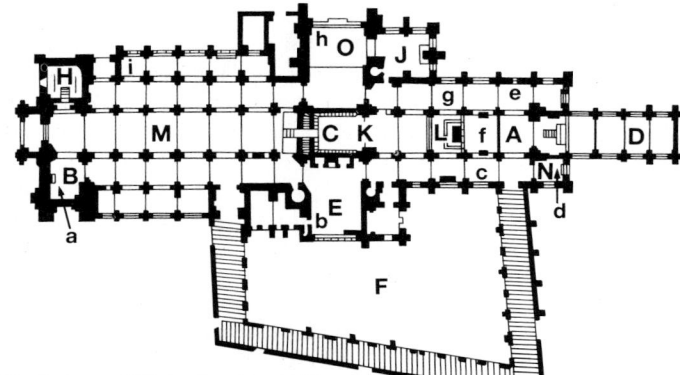

Kathedrale von Chichester: Grundriß

A	Retrochor	**a**	Taufbecken und Denkmal William
B	SW-Turm		Collins
C	Vierungsturm	**b**	Königsporträts von Lambert
D	Marienkapelle		Bernard
E	Südl. Querschiff	**c**	Reliefs aus dem 12. Jh. und Frag-
F	Kreuzgang		mente eines röm. Mosaiks
G	Glockenturm	**d**	›Noli me tangere‹ von Graham
H	NW-Turm		Sutherland
J	Schatzkammer	**e**	Chagall-Fenster
K	Chor	**f**	Grab Richard of Wych
L	Altarraum	**g**	Denkmal Bischof Story
M	Langhaus	**h**	Bischofsporträts von Lambert
N	SO-Kapelle		Bernard
O	Nördl. Querschiff	**i**	Statue William Huskisson

Innenraum: Stärker noch als bei der Außenansicht dominiert der normannische Eindruck im Innern der Kathedrale. Der Brand im späten 12. Jh. hatte das Mauerwerk nicht so sehr zerstört, daß ein vollständiger Neubau nötig geworden wäre. Folglich wird das *Langhaus* (**M**) von unverfälschten normannischen Arkaden und Triforien bestimmt, während der Obergaden zur frühgotischen Wiederaufbauphase gehört. Das gleiche gilt auch für *Chor* (**K**) und *Altarraum* (**L**). Ein kaum merklicher Unterschied zeigt sich im Langhaus: möglicherweise infolge einer Bauplanänderung sind die Pfeiler vom fünften Joch westlich der Vierung an dünner und die Bögen breiter. Entsprechend sind im

Triforium Dekorationen im jeweiligen Tympanon zu erkennen, während in den östlichen Jochen glatter Stein vorherrscht. Ein vierteiliges Gewölbe überspannt Langhaus und Chor.

Ein *Rundgang* durch die Kathedrale kann im SW beginnen und entgegen dem Uhrzeigersinn verlaufen: Im SW-Turm ein *Taufbecken* (**a**) von 1983 (von John Skelton) sowie ein *Denkmal* für den einheimischen Dichter *William Collins* (1721–59) von John Flaxman. Das Gemälde der Taufe Christi an der Wand vor dem Taufbecken ist von Hans Feibusch (1952). Im südlichen Querhaus befinden sich *Porträts aller englischen Könige* (**b**) von Wilhelm dem Eroberer bis zu Heinrich VIII., dessen Zeitgenosse Lambert Bernard der Schöpfer dieser Medaillons war. Im südlichen Chorseitenschiff befinden sich an der Wand hinter Glas die größten Schätze der Kathedrale: zwei große *Reliefs aus dem 12. Jh.* (**c**) mit Darstellungen der *Erweckung des Lazarus* und der *Ankunft Christi in Bethanien*. Auf gleicher Höhe liegt unter einer Glasplatte im Fußboden das *Fragment eines römischen Mosaiks*, das 1968 entdeckt wurde. Von 1966 stammt das von John Piper entworfene gewebte Altarbild zum Thema Dreifaltigkeit. Das Gemälde ›*Noli me tangere*‹ (**d**; 1962) in der *SO-Kapelle* (**N**) stammt von *Graham Sutherland*, die Deckenmalerei in der *Marienkapelle* (**D**) von Lambert Bernard. Das *Fenster* (**e**) zum 150. Psalm (im nördlichen Retrochorseitenschiff) entwarf – eine weitere Rarität – *Marc Chagall*. Hinter dem Altar ist der Heilige von Chichester, *Richard of Wych*, begraben (**f**), der von

›Die Erweckung
des Lazarus‹,
Relief aus
dem 12. Jh.

1245 bis 1253 Bischof war. Auf gleicher Höhe mit dem Altar steht im nördlichen Seitenschiff das Denkmal für Bischof Edward Story (**g**; 1478–1503), der das prächtige **Marktkreuz ③ im Stadtzentrum stiftete. Im *nördlichen Querhaus* (**O**) befindet sich mit den *Porträts der Bischöfe* (**h**) Lambert Bernards Pendant zu seinen Königsporträts. Da alle Bischöfe das gleiche Aussehen haben, liegt die Vermutung nahe, daß Bernard jeweils dasselbe Modell gemalt hat.

Eine Kuriosität ist die Statue des Parlamentsabgeordneten *William Huskisson* (**i**; † 1830): Das lebensgroße Denkmal zeigt ihn als römischen Senator »who relinquished this station when yielding to a sense of public duty«. Er starb – »station« bedeutet neben ›Posten, Zustand‹ eben auch ›Bahnhof‹ – als erstes Opfer der noch jungen englischen Eisenbahn.

** Die Stadt

Chichester besteht aus vier nahezu gleich großen Stadtvierteln innerhalb der Stadtmauer. Das SW-Viertel wird von der Kathedrale und dem *Bischofspalast* ② beherrscht.

Der Mittelpunkt der Stadt ist das unter Bischof Edward Story 1501 errichtete **Marktkreuz ③. Es ist achteckig mit einer Mittelsäule, wie man sie in Kapitelhäusern findet. Sie wird von einer achteckigen Laterne bekrönt, und von ihr zurücklaufende Spitzbögen geben dem Bau das Aussehen einer Krone. Auf der Ostseite befindet sich eine Bronzestatue Karls I.

East Street, die nördliche Begrenzung des SO-Viertels, erscheint auf den ersten Blick vollständig georgianisch, besteht jedoch zum größten Teil aus Nachbauten wie z. B. der National Provincial Bank (1929). Am Eastgate Square (Nr. 20–21) begann John Keats sein berühmtes Gedicht ›Eve of St. Agnes‹ (1820). Das Gebiet der *Pallants* ist das schönste zusammenhängende Stück Siedlung in der Stadt: im wesentlichen georgianische Häuser, von denen Henry Peckhams *Pallant House* ④ (heute Museum mit beachtlicher Sammlung moderner britischer Kunst sowie Bow-Porzellan) das wohl anspruchsvollste Gebäude seiner Zeit in der Stadt ist.

In der South Street sind beachtenswert: *Vicars Hall* (Kellergeschoß aus dem 12. Jh.), *Canongate* ⑤, ein spätgotisches Torhaus mit schönem Blick auf die Kathedrale, *Richmond House* von 1170 und schließlich das *ehem. Theatergebäude*.

Im NW-Viertel setzt sich der architektonische Reichtum der West Street nicht fort. Eine Ausnahme bilden die 1936 im georgianischen Stil erbaute *County Hall* ⑥ und die Terraces in der Tower Street.

Das Marktkreuz von Chichester

Das NO-Viertel erschließt sich am besten von der North Street aus (wie East Street größtenteils Fußgängerzone) mit John Nashs *Market House* ⑦ (1807; oberes Stockwerk 1900) und (an der Ecke Lion Street) dem mit palladianischen Elementen ausgestatteten *Council House* ⑧ von 1731–33. Rechts ab führt die Lion Street über St. Martin's Street zum 1158 gegründeten *St. Mary's Hospital* ⑨ (sehenswerter Lettner und Miserikordien, spätes 13. Jh.), die parallel verlaufende Little London Street (Cottages aus dem 18. Jh.) zum *Chichester District Museum* ⑩. In der Priory Road sehen wir die Reste der Greyfriars Church und den flachen Hügel, auf dem einst Chichester Castle stand. Im (heutigen) *Guildhall Museum* ⑪ fand 1804 der denkwürdige Hochverratsprozeß gegen William Blake statt *(S. 82)*. Im *Oaklands Park* jenseits der Ringstraße steht das 1961 erbaute **Chichester Festival Theatre* ⑫ mit seiner Shakespeare-Bühne, dessen erster künstlerischer Direktor Laurence Olivier war. Auf dem Rasen vor dem Gebäude eine Ödipus-Plastik von Trude Bunzl.

Umgebung von Chichester

** **Fishbourne Roman Palace** (N der A 27, 2 km W Zentrum Chichester)

Der Palast des römischen Vasallen Tiberius Claudius Cogidubnus, »rex et legatus Augusti in Britannia«, wurde zwischen 75 und 80 n. Chr. begonnen und um 270 n. Chr. durch Feuer zerstört. Der 1961 beim Straßenbau vollständig ausgegrabene Palast ist die größte und spektakulärste römische Wohnanlage im Lande: Um einen Innenhof, rund 80 m im Quadrat, waren auf einer Fläche von rund 1500 m² etwa hundert Räume angeordnet, die fast alle mit eindrucksvollen Mosaiken ausgestattet waren (im nördlichen, dem einzig zugänglichen Teil des Palastes, zu besichtigen). Die von der Sussex Archaeological Society vorbildlich präsentierte Anlage und das exzellente kleine Museum lohnen auf jeden Fall einen Besuch.

Bosham (S der A 27, 6 km W Chichester)

Von Bosham, einem winzigen Dorf mit verwinkelten Gäßchen, startete Harald 1064 in die Normandie zu Herzog Wilhelm, dem späteren Eroberer *(S. 11)*. Der Aufbruch Haralds und die Kirche von Bosham sind denn auch im Teppich von Bayeux wiederzufinden. Die einschlägige Szene ist als Kopie in der Kirche *Holy Trinity* ausgestellt (links neben dem Eingang). Die Kirche geht auf die sächsische Zeit zurück, ist möglicherweise jedoch viel älter: Unter dem sächsischen Altarraumbogen ist die

Mosaiken im römischen Palast von Fishbourne

Basis eines römischen Bogens erhalten, der zu einer Basilika gehört haben könnte. Im 7. Jh. ist an der Stelle, an der die Kirche heute steht, bereits ein Kloster erwähnt. Kirchenschiff und Turm der Kirche stammen aus der Zeit vor der Eroberung, das Taufbecken von 1200. Umbauten und Erweiterungen fanden um 1230, im 13. und im 14. Jh., eine umfassende Restaurierung schließlich 1845 statt.

∗ **Goodwood House** (zwischen A 285 und A 286, 5 km NO Chichester)

Südlich der rund 220 m hohen Erhebung *The Trundle* (von altenglisch »trendel« = Ring), auf der die Überreste eines eisenzeitlichen runden Hügelforts zu finden sind, erstreckt sich das mehrere Quadratkilometer große Anwesen der Herzöge von Richmond: am unteren Hang *Goodwood House*, der Herrensitz, und knapp 30 m unterhalb des Trundle-Niveaus die berühmte *Rennstrecke*, die neben Ascot und Epsom Heimat der wichtigsten englischen Pferderennen ist (Veranstaltungen im Mai, Juli, August und September).

Charles Lennox, der 1. Herzog von Richmond und Sohn König Karls II. und seiner Mätresse Louise René de Kéroualle, Herzogin von Portsmouth, nutzte Goodwood House noch als Jagdhütte. Erst unter dem 3. Herzog erhielt das um 1760 von Sir William Chambers schon einmal um den heutigen NW-Flügel erweiterte Gebäude sein jetziges Gesicht. Ein Oktogon mit runden, dreigeschossigen, überkuppelten Ecktürmen, das der Architekt James Wyatt damals entwarf, konnte jedoch nicht vollendet werden – aus finanziellen Gründen. So sieht man heute den mittleren von drei existierenden Flügeln mit einem zweistöckigen Portikus (sechs dorische Säulen unten, ionische Säulen oben), flankiert von den runden Ecktürmen. Der Chambers-Flügel schließt sich ebenso wie der verbleibende Wyatt-Flügel, ebenfalls von den runden Ecktürmen begrenzt, seitlich an.

Zu den Sammlungen des Hauses, das nur mit Führung (unter Einschluß von Mittagessen oder Tee!) zu besichtigen ist, gehören die vom 3. Herzog erworbenen französischen Möbel und Gobelins, Sèvres-Porzellan, Familienporträts von Reynolds, Werke von Canaletto, van Dyck, Gainsborough, Hogarth, Lely und – passend zum Reitsportzentrum Goodwood – die Pferdebilder von George Stubbs. Ebenfalls im Zusammenhang mit den Pferderennen steht die erlesene Kollektion der Dankesgaben gekrönter Häupter, die zum Rennen kamen und Gäste des Hauses waren sowie – als bizarre Zugabe – der Folly im Park: das um 1740 von der 2. Herzogin und ihren Töchtern mit farbigen karibischen Muscheln ausgelegte *Shell House*, dessen Fußboden ein Muster aus Pferdezähnen ziert.

✳ **Boxgrove Priory** (abseits der A 27, 8 km NO Chichester)

Die Klosterkirche *St. Mary and St. Blaise* dieser 1117 von Lessay in der Normandie aus gegründeten Benediktinerpriorei hatte ursprünglich die doppelte Größe des heute erhaltenen Baus. Aber imposant ist sie auch so: Der Altar- und Chorraum, 1220 nach dem Vorbild des Retrochors der Kathedrale von Chichester erbaut, ist sechs Joche (mit je einem schlanken Lanzettfenster) lang. Die niedrigen Seitenschiffe scheinen unter den riesigen Strebebögen fast zu verschwinden. Unbestrittenes Schmuckstück dieses frühgotischen Teils der Kirche ist die aus der Mitte des 16. Jh. stammende *Deckenbemalung von Lambert Bernard*: ein unentwirrbar scheinendes Gemisch aus Blätterwerk und Heraldik. Das herausragende Denkmal in der Kirche ist die Grabkapelle des Lord de la Warr († 1526) und seiner Frau († 1532). De la Warr erwarb die Abtei von der Krone, um sie vor der Zerstörung zu bewahren. Die spätgotische Kapelle mit Renaissanceanklängen lebt durch ihre zahllosen Detaildarstellungen: Engel wechseln sich mit Putten als Schildträger ab, gepanzerte Ritter zieren die Eckpfeiler und kopfstehende Engel besetzen logischerweise die hängenden Schlußsteine des Innengewölbes.

* **West Dean Park** (abseits der A 286, bei Singleton, 10 km N Chichester)

Das 1804 von James Wyatt im gotischen Stil erbaute Landschloß
(Umbau 1893, Turm in Arts and Crafts-Gotik), besitzt *eine der bemer-*
kenswertesten Kunstsammlungen Englands: Neben einer umfangreichen Kollektion alter Meister gibt es hier eine rund 300 Werke umfassende Surrealismus-Sammlung, darunter über 100 von Dali sowie Werke von de Chirico und Magritte.

Singleton (an der A 286, 10 km N Chichester)

Das kleine Dorf mit Dorfanger und malerisch gelegener Brücke über
den River Lavant besitzt große Bedeutung als Jagd- und Reitsportzentrum. König Eduard VII. hatte als Prince of Wales hier seine Reitpferde
untergebracht. In der Kirche *St. John Evangelist* erinnert ein Grabdenkmal für Thomas Johnson († 1744) mit einem interessanten Sechszeiler
daran, daß sich »Menschen wie Füchse« eines Tages »der Erde zuwen-
den«. Eine besondere Sehenswürdigkeit in Singleton ist das *Freilicht-*
museum englischer Bauernhäuser des 14. bis 19. Jh.

* **Uppark** (NT; abseits der B 2146, 8 km SO Petersfield)

Von diesem 1685–90 exemplarisch im Stil Sir Christopher Wrens für die
Earls of Tankerville geschaffenen Landhaus (Architekt: William Talman) hat man einen großartigen Ausblick über die Südküste, den Solent
und die Insel Wight. Die Schauseite des zweistöckigen Walmdachhau-
ses ist die Gartenfront mit neun Fensterreihen, risalitartig hervorgeho-
benem Mittelteil mit Freitreppe und Dreiecksgiebel. Das Innere des
1747 von Sir Matthew Fetherstonhaugh erworbenen Hauses weist in
Eßzimmer, Foyer und Treppenhaus noch die ursprüngliche Wandtäfelung auf, während die anderen Räume um 1750 umgestaltet wurden und
neues Mobiliar erhielten: So entstanden der Weiß-goldene Salon, ein
»Doppelwürfelsaal« in der Tradition von Inigo Jones (doppelt so lang
wie breit und hoch), die Rokoko-Stuckdecken und die teuren handbe-
malten Tapeten.
Eine berühmte Bewohnerin des Hauses war Emma Hart (ca.
1765–1815), Lieblingsmodell des Malers George Romney und als die
spätere *Lady Hamilton* als Geliebte Lord Nelsons in die Geschichte eingegangen. Ein anderer berühmter Bewohner, der Schriftsteller *H. G.*
Wells (1866–1946), verbrachte einen Teil seiner Kindheit als Sohn einer
Haushälterin in Uppark. In seinem autobiographisch gefärbten Roman
›Tono-Bungay‹ (1909) hat er es als ›Bladesover‹ beschrieben.

15 Petworth und Umgebung

Trotton (an der A 272, 8 km O Midhurst)

am River Rother (fünfbogige Flußbrücke, 15. Jh.) hat eine Dorfkirche *(St. George)*, die vor allem die Liebhaber von Brassen interessieren dürfte. In ihr nämlich befindet sich neben dem ältesten bekannten Brass für eine Frau (✝ 1310) einer der größten, schönsten und am besten erhaltenen Brasse Englands überhaupt: der Brass für Thomas Lord Camoys (✝ 1419) und seine Frau Elizabeth. Die in den Sarkophagdeckel eingelassenen Figuren allein, Dame und Ritter jeweils unter eigenem Baldachin, sind über 1,50 m lang. Sie reichen sich die Hände, zu Füßen der Lady steht eine kleine menschliche Figur, und am linken Bein des Lords erkennt man den Hosenbandorden. Sehenswert ist auch eine robuste Darstellung des Jüngsten Gerichts an der Westwand (ca. 1830).

** **Petworth** (an A 272/A 283/A 285, 25 km NO Chichester)

Über die kleine Marktstadt Petworth sind und waren sich alle einig. Der ja nicht unkritische Defoe mochte sie sehr, Cobbett lobte sie als »solide und sauber«, und der Kunsthistoriker Nikolaus Pevsner befand, in Petworth bestehe wie in kaum einer anderen englischen Stadt ein gelungenes Nebeneinander aller Stilrichtungen bis 1920. Ein Beispiel hierfür ist die von weitem sichtbare Pfarrkirche *St. Mary*. Sie wurde im 13. Jh. begonnen, ihre Nordarkade entstand im 14. Jh., der rote Ziegelturm auf der Basis eines mittelalterlichen Fundaments (Restaurierung 1827 durch Sir Charles Barry), Reredos, Lettner, Orgelgehäuse und die meisten Glasfenster im 19. Jh. Das achteckige Taufbecken ist hochgotisch. Das Relief ›Maria mit dem Kind‹ schuf John Flaxman.

Die Fülle sehenswerter Häuser verlangt eine eingeschränkte Darstellung: Das Zentrum der Stadt ist der nach Westen von Petworth House (s. u.) begrenzte Marktplatz. Die südlich abzweigende Saddlers Row mit dem Fachwerkhaus *The Corner Shop* führt in die Pound Street mit *York Cottage* (1750) und *Newlands* (1790). Am Golden Square östlich des Marktplatzes fällt *Avenings* (1770) auf, ein Backsteinbau mit Dreiecksgiebel und dorischem Eingang. Golden Square setzt sich als High Street fort, die durch viele interessante Cottages den Blick anzieht. Nach Nordosten zweigt die schmale Lombard Street vom Marktplatz ab. Ihr Blickfang ist das *Tudor House* (1629) gegenüber der Kirche. An der Abzweigung zur North Street steht in der Straßenmitte ein kurioses Werk Sir Charles Barrys von 1851: eine schmiedeeiserne Straßenlampe auf einer gotischen Steinbasis. In der *North Street* selbst befindet sich mit *North House* (18. Jh.), *Preyste House* (frühes 19. Jh.) und den aus dem 17. Jh. stammenden *Somerset Hospital* und *Somerset Lodge* eines der schönsten Ensembles der Stadt.

*** **Petworth House** (NT) schließlich ist die größte Attraktion des Ortes. Der Landsitz mit seiner fast 100 m langen Gartenfront, ursprünglich (seit 1309) im Besitz der Percys, Earls of Northumberland, wurde von dem »stolzen Herzog« Charles Seymour, 6. Duke of Somerset – er hatte eine Percy-Erbin geheiratet –, zwischen 1688 und 1696 in seine heutige Form gebracht. (Der Bau hatte ursprünglich eine Zentralkuppel, die nicht mehr existiert.) Die nächsten Besitzer (wiederum durch Heirat), die Wyndhams, Earls of Egremont, beauftragten 1751 den damals 35jährigen Lancelot ›Capability‹ Brown mit der Umgestaltung des im späten 17. Jh. von George London angelegten Parks (NT). Der Kunstsinnigkeit und dem großzügigen Mäzenatentum des ›Proud Duke‹ und der Egremonts ist es zu danken, daß Petworth House in bezug auf Innenausstattung und vorhandene Sammlungen keinen Vergleich mit anderen, zum Teil größeren Häusern zu scheuen braucht.

Das berühmteste Zimmer ist der *Carved Room*, dessen Wandtäfelung 1692 von Grinling Gib-

Petworth House: Holzschnitzereien von Grinling Gibbons

bons mit geschnitzten Musikinstrumenten, Engelsköpfen und Früchten gestaltet wurde, die um verschiedene Porträts herum angeordnet sind (Heinrich VIII. nach Holbein d. J., Werke von Reynolds, Lely und Closterman). *The Marble Hall* aus der Zeit des ›Proud Duke‹ mit Schnitzarbeiten von John Selden enthält vier Porträts von Reynolds. *The Beauty Room*, nach den Porträts benannt, die Sir Godfrey Kneller und Michael Dahl von Hofdamen der Königin Anna schufen, enthält die Praxiteles zugeschriebene ›Leconsfield Aphrodite‹ sowie seltene bemalte Stühle von 1620, die das Percy-Wappen tragen. Der *Turner Room* beherbergt mit 20 Ölgemälden und zahlreichen Aquarellen die größte Sammlung der Werke Turners außerhalb der großen Museen. Turner hatte ein Atelier im Haus, zu dem nur der Künstler und sein Gastgeber, der 3. Lord Egremont, Zutritt hatten.

Fast wie ein hauseigenes Museum wirkt auch die *North Gallery*, die 1824 erweitert wurde, um die vom 2. Lord Egremont begonnene Skulpturensammlung aufnehmen zu können. Neben John Flaxmans Meisterwerk ›St. Michael and Satan‹ sind hier Werke von Westmacott, Chantrey, Rossi und Carew zu sehen. Die Gemäldesammlung besteht aus Werken von Turner, Gainsborough, Zoffany, Romney, Reynolds, Fuseli und Wilson. Bemerkenswert ist die Tatsache, daß diese Sammlung von Anbeginn an unverändert erhalten geblieben ist. Das Treppenhaus schließlich *(The Grand Staircase)*, mit einer Balustrade (1827) von Sir Charles Barry, weist an der Südwand ein monumentales Wandgemälde der Duchess of Somerset auf, umgeben von allegorischen Szenen. In die Dekoration der Westwand ist ein Plan des Hauses eingearbeitet, der das einzige erhaltene Dokument der Anordnung der Räume zur Zeit des ›Proud Duke‹ ist.

Bignor (abseits der A 29, 8 km S Petworth, 11 km NW Arundel)

Ein wahres Postkartenmotiv ist das *Old Shop*, ein strohgedecktes Fachwerkcottage aus dem 15. Jh. Östlich des Dorfes liegt mit den Resten einer 1811 entdeckten ****Römervilla** einer der interessantesten archäologischen Funde in Großbritannien. Die Villa, an der Römerstraße ›Stane Street‹ gelegen, gehörte zu den größten des Landes (Gesamtgelände nahezu 2 ha; innerer Hof ca. 50 × 80 m) und war mit reichen Fußbodenmosaiken ausgestattet (bes. im Nordflügel). Sehr gut erhalten sind: Venus, Medusa und eine allegorische Winterdarstellung.

Arundel Castle *(S. 81)*

Die High Street von Guildford *(S. 108)*

Bury (abseits der A 29, 6,5 km N Arundel)

Im *Bury House* lebte John Galsworthy (im Wechsel mit seinem Haus in Hampstead/London), der Autor der ›Forsyte Saga‹. Die letzte Trilogie dieser Saga (›End of the Chapter‹, 1935) wurde hier vollendet.

* **Amberley** (an der B 2139, 10 km N Arundel)

zählt wegen der architektonischen Vielfalt seiner Häuser zu den schöneren Dörfern der Grafschaft. Die beiden dominierenden Gebäude sind die Pfarrkirche *St. Michael* (frühnormannisch; 1150 erweitert; Turm 13. Jh.; eindrucksvoller Brass für John Wantele, † 1424; Taufbecken 12. Jh.) und das aus einem verhältnismäßig bescheidenen Herrenhaus des 12. Jh. hervorgegangene *Schloß* (Ringmauer 14. Jh.; gigantisches Torhaus, restauriert 1908–13). Der vorteilhafte Gesamteindruck des Dorfes, dessen Häuser aus fünf Jahrhunderten stammen und ein buntes Gemisch unterschiedlichster Baumaterialien darstellen, ist einem bereits in den 20er Jahren begonnenen Denkmalpflegeprogramm zu verdanken.

Parham House (abseits der A 283, 6 km S Pulborough)

Das inmitten eines waldähnlichen Parks mit riesigen Eichen und Ulmen am Fuß der kahlen Downs gelegene Landschloß stammt aus elisabethanischer Zeit. Sehenswert: die *Great Hall* mit ihren großen Fenstern und der reich verzierten Stuckdecke; die fast 50 m lange *Long Gallery* (Holztäfelung mit ionischen Pilastern; Decke 19. Jh.); und vor allem die umfangreiche *Gemäldesammlung* mit Bildern von Gainsborough, Romney und zahlreichen Porträtisten.

16 Südlich des Weald

Horsham (an der A 24, 35 km NW Brighton)

Wer in Horsham, einer modernen, verkehrsüberlasteten Kleinindustriestadt, nach historischem Erbe sucht, begibt sich am besten in die Straße *The Causeway* südlich der Fußgängerzone im Stadtzentrum. Lindengesäumt und mit breitem Bürgersteig bietet sie eine attraktive Ansammlung von Fachwerkhäusern und Steinbauten (u. a. *Tudor Causeway House*, um 1600, heute Museum). In der Pfarrkirche *St. Mary* (begonnen 12. Jh.; Fensterglas 19. Jh.) am südlichen Ende des Causeway gibt es eine Gedenktafel für Percy Bysshe Shelley – und damit einen Hinweis auf den 2 km nördlich der Stadt gelegenen *Field Place* (begonnen 15. Jh.; Erweiterungen 1846 und 1931), den Geburtsort des Dichters und Sitz seiner Familie. Der revolutionär gesinnte Romantiker hielt es jedoch nicht lange im Schoße der Familie aus. Er zerstritt sich mit seinem Vater und kehrte erst 1815, beim Tode seines Großvaters Sir Bysshe Shelley (Castle Goring, *S. 80*) nach Field Place zurück. Sein Vater aber verwehrte ihm den Zutritt, und so las Shelley vor der Tür Miltons ›Comus‹, während im Haus das Testament des Großvaters verlesen wurde.

2,5 km südlich der Stadt befindet sich seit 1902 die 1553 von König Eduard VI. in Newgate (London) gegründete *Public School Christ's Hospital*, oft ›The Blue Coat School‹ genannt. Samuel Richardson, William Camden, George Dyer, S. T. Coleridge und Charles Lamb gingen hier zur Schule. Das Gebäude, eine kuriose Mischung aus gotischen und elisabethanischen Stilelementen und Originaldetails des alten Londoner Gebäudes, wurde von Sir Aston Webb, einem Partner von William Morris, entworfen.

Cuckfield (an der A 272, 15 km SO Horsham)

hat trotz der Nähe der Stadt Haywards Heath ein nahezu unverfälschtes ländliches Gesicht bewahrt – sowie ein Stück mittelalterlicher Tradition in Gestalt eines *Eselsrennens* an jedem Summer Bank Holiday. Elisabethanische und georgianische Häuser, Geschäfte und Gasthäuser säumen die High Street, die zur Postkutschenzeit Bestandteil der Strecke London – Brighton war. Die Kirche *Holy Trinity* (13.–14. Jh.), attraktiv am Hang gelegen, wurde 1855 restauriert und 1883 durch C. E. Kempe, der auch die Glasfenster und die Deckenbemalung schuf, umgebaut. Einige der Grabdenkmäler in der Kirche (von John Flaxman und Sir Richard Westmacott) erinnern an Mitglieder der Familie Sergison, die langjährigen Eigentümer von *Cuckfield Park*: ein 1848 modernisiertes Herrenhaus, auf dessen elisabethanischem Ursprung einzig die hohen Schornsteine und das backsteinerne Torhaus mit seinen vier Ecktürmen hinweisen.

Worth (an der B 2036, am östl. Stadtrand von Crawley)

Auch wenn die junge Industriestadt Crawley *(Gatwick Airport)* nicht gerade dazu verleitet, so ist die sächsische Dorfkirche *St. Nicholas* (11. Jh., NO-Turm von 1871) durchaus einen Abstecher nach Worth wert. Besonders der mächtige Altarraumbogen dieser ungewöhnlich großen Dorfkirche ist beeindruckend. Wesentlich schmaler und gedrungener sind die ebenfalls glatten Querschiffbögen. Das steinerne Taufbecken (1300), die deutsche Kanzel (1577), die jakobianische Westgalerie (1610) und eine große Anzahl von Grabdenkmälern (vornehmlich 19. Jh.) –, das alles ergibt ein rundum wirkungsvolles Gesamtbild.

In Paddockhurst, dem Hauptgebäude der gut 2 km südöstlich gelegenen *Worth Priory* zeigt ein Stuckfries von Walter Crane (1897) die Geschichte der menschlichen Fortbewegung: Ochsenkarren, Kutsche, Kinderwagen, Fahrrad, Eisenbahn, aber auch Wasserfahrzeuge aller Art.

* **Sheffield Park** (abseits der A 275, zwischen Haywards Heath und Fletching)

Das Landhaus im Stil des Gothic Revival wurde 1779 von James Wyatt für John Baker Holroyd, 1. Earl of Sheffield (Mausoleum in der Kirche von Fletching) erbaut. Der *Landschaftsgarten* (NT), ein Werk ›Capability‹ Browns und im Gegensatz zum Haus der Öffentlichkeit zugänglich, ist seiner sehr alten Baumbestände unterschiedlicher Gattungen und der fünf miteinander durch Wasserfälle verbundenen Seen wegen das ganze Jahr über interessant. Etwa 1 km südwestlich des Hauses lädt die Dampfeisenbahn *Bluebell Line* zu einer ca. 8 km langen Nostalgiefahrt (Sheffield Park Station).

Fletching (abseits der A 272, 4 km O Sheffield Park)

hat zu sehr unterschiedlichen Zeiten am Rande großer geschichtlicher Ereignisse gestanden: 1264 z. B., als Simon de Montfort, Anführer der Barone in der Auseinandersetzung mit Heinrich III. über die Respektierung der Magna Charta, die Nacht vor der entscheidenden Schlacht von Lewes in Fletching verbrachte *(S. 71)*. Oder 1912, als der Ort zusammen mit dem Nachbardorf Newick ins Interesse der Weltöffentlichkeit rückte. Auf dem nahe gelegenen Hügel Piltdown hatte man bei einer Ausgrabung »das fehlende Glied« in der Entwicklungskette Affe–Mensch gefunden. Dem Entdecker Charles Dawson wurde ein Denkmal gesetzt – und es blieb sogar bestehen, als der ›Piltdown-Mensch‹ 1953 als Fälschung entlarvt wurde.

Das Schmuckstück des ansprechenden Dorfes ist die Pfarrkirche *St. Mary and St. Andrew* (Turm frühnormannisch, Arkaden und Querschiffe 13. Jh., Lettner Perpendicular, sehenswerte jakobianische Kanzel). Im Mausoleum der Earls of Sheffield befindet sich das Grab des Historikers *Edward Gibbon* (1737–94), eines Freundes der Familie

99

Sheffield und Autor der berühmten ›History of the Decline and Fall of the Roman Empire‹ (1776–88). In der Kirche ist einer der schönsten Brasse von Sussex zu sehen: das über 1 m lange Doppelbild eines Ritters und seiner Frau (spätes 14. Jh.) aus der Familie Dalyngrydge, Erbauer von Bodiam Castle *(S. 62)*.

Crowborough (an der A 26, 12 km SW Royal Tunbridge Wells)

Die Kleinstadt in der Hügellandschaft des Weald besitzt ein interessantes Ensemble am Dorfanger: die Pfarrkirche *All Saints* (1744; Umbau 1881–93) und das *Pfarrhaus* (1744). *Winscombe House* (1889) an der Deacon Road ist ein sehenswertes Beispiel eigenständiger Architektur des ausgehenden 19. Jh. *Windlesham Manor* ist der Ort, an dem Sir Arthur Conan Doyle (1859–1930), der Schöpfer des Sherlock Holmes, seine Erinnerungen schrieb. Sein Kollege, der Lyriker Edwin Muir (1887–1959), lebte in *The Nook* an der Blackness Road. Von 1929 bis 1932 arbeitete er hier zusammen mit seiner Frau Willa an der Übersetzung von Franz Kafkas ›Das Schloß‹.

Withyam (an der B 2110, 6 km NW Crowborough)

In dem Haus *Old Buckhurst* und besonders in der *Sackville-Grabkapelle* der 1672 nach einem Blitzschlag wiederaufgebauten Kirche lebt die Erinnerung an die Familie Sackville (Knole Palace, *S. 45*). Die Kapelle wurde für das Grabdenkmal des 1677 im Alter von 13 Jahren verstorbenen Thomas Sackville gebaut. Das Marmordenkmal von C. G. Cibber zeigt den Jungen auf einem Sarkophag, die Hand auf einem Totenschädel, mit seinen Eltern, die neben dem Sarkophag knien und den Sohn voller Schmerz betrachten. Ergreifend wie die ganze Darstellung ist auch die Inschrift:»Here lies the 13th child and 7th son/ who in his 13th year his race had run«. Erwähnenswert sind aber auch die anderen Gedenktafeln und -statuen für Mitglieder der Familie Sackville, da sie von bedeutenden englischen Bildhauern des Klassizismus wie Joseph Nollekens, John Flaxman, Sir Francis Chantrey und Reynolds Stone stammen.

Grafschaft Surrey

Fläche: 1652 km^2; Einwohner: ca. 1 Mill.; Hauptstadt: Guildford

Surrey, neben Wiltshire die einzige Binnengrafschaft des englischen Südens, lebt in beträchtlichem Maße im Schatten von Groß-London. Etliche Außenbezirke der Hauptstadt liegen in Surrey, und stärker noch als Sussex wird die Grafschaft von Pendlern bevölkert, die täglich die Eisenbahnen in die City besteigen. Viele aber – und zwar vornehmlich die Vertreter des gehobenen Mittelstandes und der oberen Gesellschaftsschichten – kommen nur zum Wochenende, um sich in ihren Häuschen im Grünen ein wenig Erholung zu gönnen. In Anspielung auf die Berufsgruppe, der viele von ihnen angehören, gilt Surrey gemeinhin auch als Londons »stockbroker belt«. Da ist es nicht verwunderlich, daß mit dem Derby von Epsom (S. 104) einer der absoluten Höhepunkte der englischen (Pferde-)Rennsaison in Surrey beheimatet ist.

Das große Ereignis der Geschichte fand 1215 mit der Unterzeichnung der Magna Charta in Runnymede (Englefield Green, S. 105) statt: Der schwache König Johann (›Ohneland‹) beugte sich dem Druck der mächtigen Barone und stimmte der Einführung menschenwürdigerer Verhältnisse in England zu – zum Beispiel, daß jeder Bürger das Recht auf einen fairen und gerechten Prozeß haben sollte.

Die Sehenswürdigkeiten in Surrey sind unterschiedlich wie in wenigen anderen Grafschaften, aber zahlenmäßig leicht überschaubar: normannische Dorfkirchen in Chaldon (*St. Peter and St. Paul, mit Wandmalerei um 1200; S. 103) und Compton (*St. Nicholas, mit einem normannischen hölzernen Lettner; S. 112); spektakuläre Landsitze wie *Hatchlands (S. 110), *Clandon Park (S. 109), *Polesden Lacey (S. 110) oder Claremont (S. 105), die zum Teil von großartigen Gärten umgeben sind; moderne Gartenanlagen von Gertrude Jekyll und Edwin Lutyens, der in etlichen Fällen auch die zugehörigen herrschaftlichen Häuser entwarf (Munstead, Witley, S. 113–114). Ansprechende Dörfer wie *Shere (S. 110) bei *Guildford und die Grafschaftshauptstadt selbst (Farbtafel vor S. 97) mit ihrer normannischen Burgruine, und der modernen *Kathedrale (1936–61) stehen Skurrilem gegenüber wie der *»Chained Library« in Guildford, den Ruinen der Waverley Abbey (S. 115), die mit Scotts Romanen nichts zu tun hat und das Baumaterial für das Herrenhaus *Loseley (S. 112) lieferte, der Moschee in Woking (S. 106) oder dem riesigen Friedhof der London Necropolis Company mit seinen Sonderabteilungen für unterschiedliche Berufsgruppen (Brookwood, S. 106). Auf literarischem Gebiet ließe sich mit Guildford der Hinweis auf zumindest Ungewöhnliches fortsetzen: Hier starb Lewis Carroll, Schöpfer von ›Alice in Wonderland‹, und hier wurde P. G. Wodehouse, Erfinder des unnachahmlichen Butlers Jeeves, geboren.

Landschaftlich hat Surrey Anteil an den North Downs. Die höchste Erhebung ist der Leith Hill mit 293 Metern. Von den North Downs fällt das Land unmerklich nach Norden zum Themsebecken hin ab. Im Süden schließt sich die Ebene des Weald an, deren zwischen ausgedehnten Grünflächen und niedrigen Gehölzen wechselndes Gesicht oft als »Parklandschaft von Surrey« bezeichnet wird.

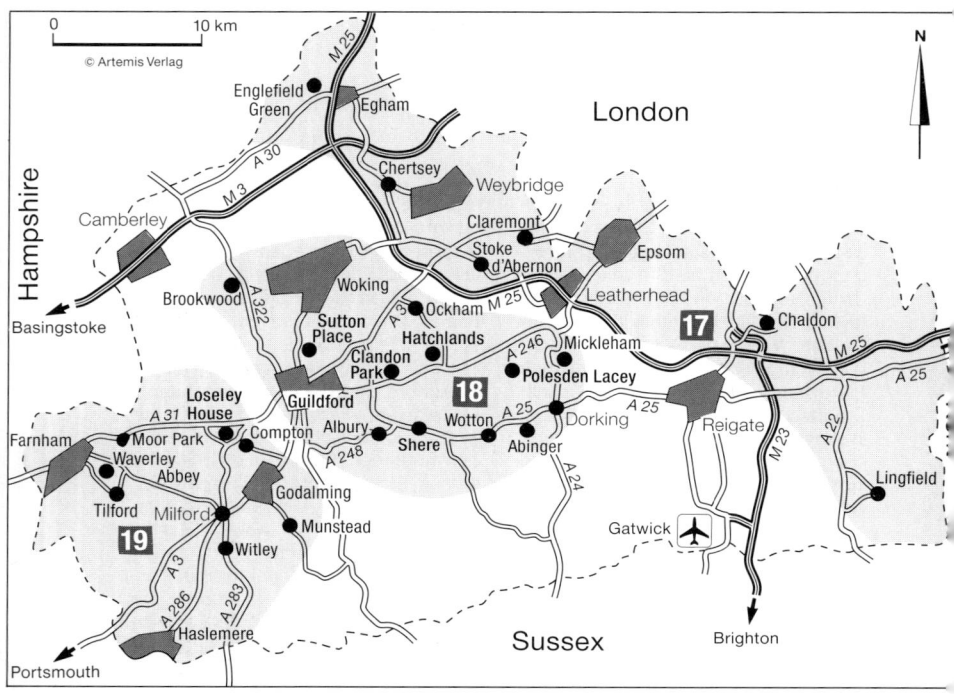

Surrey

Lingfield (an der B 2028, 8 km N East Grinstead)

ist in England als Pferderennsport-Gemeinde bekannt (Rennstrecke südlich des Dorfes). Lingfield hat zwar kein malerisches Zentrum wie andere vergleichbare Dörfer, jedoch besitzt der Ort mit der Pfarrkirche *St. Peter and St. Paul* die einzige Perpendicular-Kirche von Rang in Surrey. Die Innenausstattung (Taufbecken, Lettner, Chorgestühl mit exzellenten Miserikordien) stammt fast vollständig aus dem 15. Jh. Die Grabdenkmäler der Kirche gehören zu den interessantesten in Surrey. So z. B. das für Reginald, 1. Lord Cobham († 1361), der von Zinnen umgeben, mit den Füßen auf einen verwegen ausschauenden Sarazenen gebettet, dargestellt ist. Oder (im Chor) das für Sir Reginald Cobham († 1446), der zusammen mit seiner Frau in Alabaster abgebildet ist. Schließlich der Brass für Reginald, 2. Lord Cobham († 1403), der, glaubt man der Inschrift, »tapfer war wie ein Leopard, üppig in der Lebensführung, nett, angenehm, großartig und großzügig«.

Chaldon (abseits der B 2031, 8 km NO Reigate)

Ein Wandbild, das nicht nur in England seinesgleichen sucht, besitzt die Kirche **St. Peter and St. Paul*: eine um 1200 entstandene höchst drastische Darstellung von Hölle, Fegefeuer und Himmel. Unten in der

Ausschnitt aus dem Wandgemälde von Chaldon

Hölle kochen Teufel die Verdammten in einem Kessel über einem mächtigen Feuer, kleine nackte Figuren drängeln sich auf der Leiter nach oben, wo Christus als Halbfigur in einem Medaillon abgebildet ist. Der Erzengel Michael wägt die Seelen in einer Waage, in die der Teufel hineingreift, um die Gewichtsverhältnisse zu seinen Gunsten zu verändern. Schließlich allegorische Darstellungen der sieben Todsünden und der Baum des Bösen mit der Schlange und den verbotenen Früchten. Die drastische Ausarbeitung wird verstärkt durch die Tatsache, daß die Figuren als Silhouetten gegen einen dunklen ockerfarbenen Hintergrund gemalt sind.

Epsom (an der A 24, 5 km N Leatherhead)

ist der berühmte Austragungsort des ›*Derby*‹, des neben dem Rennen von Ascot berühmtesten Pferderennens in England (Gemälde ›Das Pferderennen von Epsom‹, 1821, von Théodore Géricault im Louvre). Der Name des Rennens, das Ende Mai/Anfang Juni eines jeden Jahres ausgetragen wird, geht auf Edward, 12. Earl of Derby (1752–1834) zurück, der die bis 1780 sporadisch stattfindenden Rennen zu einer regelmäßigen Veranstaltung machte, als die Popularität Epsoms als Badeort immer stärker von Tunbridge Wells *(S. 46)* überschattet wurde.

Beim Derby in Epsom

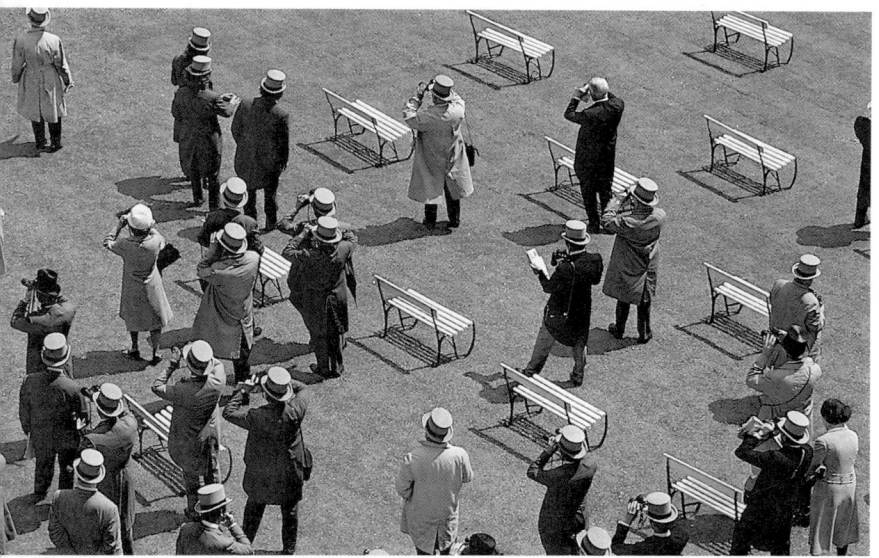

Claremont (an der A 244, SO Esher)

Der älteste *Landschaftspark* Englands umgibt das ehem. Landschloß (heute Mädchenpensionat) des Robert Baron Clive of Plassey (›Clive of India‹). Er wurde von Sir John Vanbrugh begonnen, von William Kent fortgeführt und von ›Capability‹ Brown neu gestaltet. Aus Vanbrughs und Kents Zeit sind nur noch Gärtnerhaus und Belvedere erhalten sowie Kents künstlicher See mit künstlicher Insel und Tempelruine. In Claremont starb 1850 der Bürgerkönig Louis-Philippe, der seine letzten beiden Lebensjahre hier im Exil verbracht hatte.

Stoke d'Abernon (abseits der A 245, 5 km NW Leatherhead)

Der älteste *Brass* Englands, das Bildnis des Ritters *Sir John d'Abernon* († 1277), in voller Rüstung, mit Lanze und emailliertem Schild, befindet sich in der auch sonst nicht unattraktiven Kirche *St. Mary (begonnen um 1190). Die Länge des Brasses beträgt fast 2 m. Der ca. 1,50 m lange Brass daneben gilt Sir Johns gleichnamigem Sohn († 1327).

Chertsey (an der A 317, 8 km NW Stoke d'Abernon)

In Chertsey an der Themse stehen die spärlichen Reste einer 666 gegründeten *Benediktinerabtei*, in deren Nachfolgerbau (1110– ca. 1250) der im Tower ermordete König Heinrich VI. überführt wurde. Auf dem St. Ann's Hill außerhalb der Stadt stand das Wohnhaus des Whig-Politikers *Charles James Fox*. Sein Anwesen ist heute ein öffentlicher Park. Von den Gebäuden ist lediglich das Teehaus (1794) erhalten.

Egham (an der A 30, 5 km NW Chertsey)

ist Standort des imposanten *Royal Holloway College* (1879–87), das im Stil der Französischen Renaissance (Vorbild Chambord) erbaut wurde und u. a. eine Galerie zeitgenössischer Malerei beherbergt.

Englefield Green (an der A 30, 5 km W Egham)

ist jener Londoner Vorort, in dessen Grenzen *Runnymede* liegt: die Wiese, auf der 1215 König Johann Ohneland von Erzbischof Stephen Langton von Canterbury die *Magna Charta* überreicht bekam, die die Macht der Krone empfindlich einengte. In 63 Artikeln, die Adlige und Kirchenfürsten entworfen hatten, wurde die Absicherung gleicher Rechte für alle vor Gericht verlangt sowie Schutz vor königlicher Willkür und die Rückgabe zu Unrecht enteigneten Besitzes.

18 Guildford und Umgebung

Woking (an der A 320, 10 km N Guildford)

Die aus einem Marktstädtchen des 18. Jh. hervorgegangene Schlafstadt für London-Pendler ist heute mit rund 80000 Einwohnern die größte Stadt Surreys. Das interessanteste Gebäude der Neustadt ist die *Moschee Shah Jehan* (1889) in der Oriental Road. (Woking ist Sitz der British Muslim Society.) Sie erinnert in ihrer Form (Zwiebelturm im indischen Stil) an den Royal Pavilion in Brighton *(S. 72–74)*.

Brookwood (abseits der A 322, 3 km SW Woking)

1854 gründete die London Necropolis Company auf etwa 10 km² Heideland den *Friedhof von Brookwood*, den heute größten englischen Friedhof, mit eigenen Parzellen für verschiedene Berufsgruppen (z. B. Actors' Acre) und zahlreichen Mausoleen. Die landschaftsgärtnerische Gestaltung war von solcher Qualität, daß sich dem Betrachter heute ein großartiger Landschaftspark darbietet.

Ockham (an der B 2039, 8 km O Woking)

gilt als Geburtsort des Franziskanermönchs *William of Occam* (›The Invincible Doctor‹, ca. 1285–1349), des Begründers des mittelalterlichen Konzeptualismus. Wegen seiner »Irrlehren« mußte er aus England fliehen. Er ging nach München, wo er zusammen mit Ludwig dem Bayern gegen Papst Johannes XXII. für die Trennung von Kirche und Staat stritt.

* Sutton Place (abseits der A 320, 5 km S Woking)

ist eines der großartigsten Herrenhäuser Englands (großer Innenhof, Sommerhäuschen im Garten). Es wurde 1521–1533 für Sir Richard Weston, Unterschatzmeister und Günstling Heinrichs VIII., gebaut. 1950–76 war es Wohnsitz des Ölmagnaten J. P. Getty. Leider ist das Anwesen nicht zu besichtigen.

* Guildford (an der A 320 und A 3, 8 km S Woking, 50 km SW London)

Geschichte: Guildford am River Wey ist die Grafschaftshauptstadt von Surrey, seit 1927 Bischofssitz und seit 1966 Standort der neuen University of Surrey, die auf einem Gelände nördlich der Kathedrale angesiedelt wurde. Schon in sächsischer und normannischer Zeit war die strategisch günstig

Sutton Place (1521–33): Nordfront

gelegene Ansiedlung am Fuß des Hog's Back, einer der höchsten Erhebungen (150 m) der North Downs, von Bedeutung. Die gut erhaltene *Ruine eines normannischen Bergfrieds* oberhalb der Furt des River Wey in dem heutigen Park *Castle Grounds* zeugt davon.

Doch auch auf geistigem Gebiet hatte die Stadt, die William Cobbett, als er auf seinen Ritten durch die North Downs hierher kam, als »die angenehmste und am glücklichsten wirkende Stadt, die ich je gesehen habe«, lobte, schon immer etwas zu bieten. Ein Meister Nicholas of Guildford taucht in dem um 1200 entstandenen Gedicht ›The Owl and the Nightingale‹ als Schiedsrichter (und mutmaßlicher Autor) auf; 1881 kam *P. G. Wodehouse*, der Schöpfer des Butlers Jeeves, hier zur Welt; und *Lewis Carroll*, Mathematikprofessor aus Oxford und Erfinder der Geschichten von ›Alice in Wonderland‹ (1865), kaufte hier für seine sechs unverheirateten Schwestern das Haus *The Chestnuts* (Castle Hill Street), wo er oft seine Ferien verbrachte und im Jahre 1898 starb. Sein Grab befindet sich auf dem Friedhof The Mount auf der anderen Seite des River Wey, und eine Gedenktafel an der Gartenmauer des Hauses zeigt Alice, die Katze Dinah und andere Figuren aus dem Buch. Auch im *Guildford Museum* in der Quarry Street, gegenüber *St. Mary's Church* (deren Turm noch aus sächsischer Zeit stammt), finden sich Erinnerungen an den Dichter.

Die *High Street* ist, anders als in manchen anderen Städten, tatsächlich die Haupt-Straße der Stadt *(Farbtafel vor S. 97)*. Bauten des 16.–20 Jh. bilden eine beeindruckende Gesamtansicht, die noch durch die Neigung der Straße zum Fluß hinunter verstärkt wird. Die *Guildhall* mit ihrer über den Bürgersteig hinausragenden Uhr erhielt ihre heutige Fassade und die Uhr 1683. In der Guildhall wird jährlich, entsprechend dem Testament eines John How von 1674, der Zinsertrag der von ihm hinterlassenen £ 400 von zwei »armen Dienstmädchen mit gutem Ruf« – sie dürfen nicht in einem Inn oder Alehouse wohnhaft sein – ausgewürfelt! Das nebenan liegende *Guildford House* (1660) ist heute Kulturzentrum und Gemäldegalerie. *Tunsgate*, der große Torbogen gegenüber (1818), ist das einzige Relikt der früheren Getreidebörse. Auf derselben Seite folgt die Pfarrkirche *Holy Trinity* (16. und 18. Jh.) und gegenüber das 1619–22 erbaute *Abbot's Hospital*, eine Stiftung für ursprünglich 12 Männer und 8 Frauen. Das massige Torhaus des jakobianischen Baues ist das letzte seiner Art, das in England gebaut wurde. Die von Heinrich VIII. gegründete *Royal Grammar School* an der oberen High Street (stadtauswärts), ein gut erhaltenes Tudor-Gebäude von 1557–66, beherbergt eine der fünf existierenden englischen *Chained Libraries* in England *(vgl. S. 181, 182)*. Die *Kathedrale Holy Spirit* (Baubeginn 1935) westlich des River Wey, ein schlichter Backsteinbau, den Sir Edward Maufe entwarf, ist deutlich gotisch beeinflußt. Sie besteht aus Langhaus, Querhäusern, Chor und einer Marienkapelle, die sich als niedrigerer Anbau an den Chor anschließt. Sie ist ihres massigen Vierungsturms wegen weithin sichtbar.

* **Clandon Park** (NT; an der A247, 5 km O Guildford)

Der jakobianische Familiensitz der Politiker-Familie Onslow, 1713–29 von Giacomo Leoni im palladianischen Stil umgebaut, ist vor allem wegen seiner opulenten Innenausstattung sehenswert: die zweistöckige Eingangshalle mit reich verzierter Stuckdecke, korinthischen Säulen, Nischen mit Statuen und zwei weißen Marmorkaminen von J. M. Rysbrack, der Palladio Room mit französischer Tapete von 1780 und der Hunting Room – beide mit reich verzierten Stuckdecken.

Im Garten, den ›Capability‹ Brown um 1770 anlegte, befinden sich eine Grotte aus Flint und Ziegel mit den drei Grazien, ein ionischer Tempel von 1833 und – als Kuriosität – ein Maori-Haus. Einer der Lords Onslow, der Gouverneur von Neuseeland gewesen war, brachte es sich einst als Souvenir mit.

Albury (an der A248, 5 km SO Guildford)

Geschichte: Albury im Tal des River Tillingbourne entstand, als Henry Drummond, Eigentümer des Herrensitzes *Albury Park*, sich Mitte des 19. Jh. entschied, die Dorfbewohner von seinen Ländereien umsiedeln zu lassen. Mit der Planung beauftragte er Augustus Welby Pugin, der einige der Häuser selbst entwarf und den notwendigen Neubau der Kirche *St. Peter and St. Paul* (1842) beaufsichtigte. (Die alte Kirche, in der Nähe des Hauses im Park gelegen, ist das letzte Relikt des umgesiedelten Dorfes. Sie wurde ab 1842, als der Neubau im neuen Dorf vollendet war, nicht mehr benutzt und wurde folglich nicht, wie so viele Dorfkirchen in der 2. Hälfte des 19. Jh., restauriert, so daß der Bau keine Verfälschungen hinnehmen mußte.) Pugins Hauptaufgabe war jedoch der Umbau des Herrenhauses selbst, das Henry Drummond 1819 erworben hatte. Der ursprüngliche Bau hatte schon in der Tudor-Zeit bestanden und war um 1655 von George und John Evelyn (dem Diaristen) für den seinerzeitigen Besitzer, den Herzog von Norfolk, umgebaut worden. Die Evelyns entwarfen auch die Neuanlage der Gärten, die ähnlich wie in Wotton *(S. 110)* deutlich italienischen Charakter tragen: So gibt es hier die Nachbildung eines römischen Bades sowie einen Tunnel durch den Berg, in Anlehnung an die Grotte von Posilippo bei Neapel.

Pugins Umbau von 1846–52 ist eine eigenartige Mischung von Tudor-Stil und ›Gothick‹, dem neogotischen Stil des 18. Jh., mit vielen Giebeln und 63 (!) Schornsteinen – für jeden Raum ein eigener Rauchabzug –, von denen keiner einem anderen gleicht. Verschiedene Teile der Innenausstattung, besonders Kaminverkleidungen, wurden von anderen Häusern nach Albury gebracht, so daß neben Originalstücken von John und George Evelyn u. a. auch Arbeiten von Robert Adam (1728–92) im Haus zu finden sind. Heute dient das Haus als Seniorenresidenz.

* **Shere** (an der A 25, 7 km O Guildford)

ist ein schönes Dorf, dessen Ausstrahlung mehr auf seinem Gesamteindruck als auf spektakulären einzelnen Bauten beruht. Das normannische Taufbecken von *St. James* (12.–14. Jh.), wo u. a. auch eine Kreuz-
fahrertruhe aus dem 13. Jh. ausgestellt ist, gilt als das beste in Surrey.

Wotton (an der A 25, 10 km W Guildford)

Auf *Wotton House*, einem Herrenhaus aus der Tudor-Zeit (Umbauten
im 17. und 18. Jh.), wurde der Diarist und Mitbegründer der Royal
Society, *John Evelyn* (1620–1706), geboren. Auch seine letzten zwölf
Lebensjahre verbrachte er auf dem Familiensitz. Die Anlage des italienischen Gartens, des ersten in England, ist Evelyns Werk; ein künstlicher Hügel mit Terrassen, begonnen 1643 und nach 1650 fortgesetzt,
sind erhalten. Den Tempelpavillon entwarf George Evelyn. Das Mausoleum der Familie befindet sich in der Kirche *St. John*.

Abinger und Abinger Hammer (an der A 25, 12 km W Guildford)

Die beiden Flecken liegen malerisch um zwei Dorfanger und – leider –
an der stark befahrenen A 25. Wegen des *Clock House* in der Kurve der
A 25 sollte man aber auf die Bremse treten und vielleicht auch die
normannische Pfarrkirche *St. James* besuchen. Im Haus *West Hackhurst*
nördlich des Dorfes lebte *E. M. Forster* über 40 Jahre. ›Abinger Har-
vest‹ (1936) ist nur einer seiner hier entstandenen Romane.

* **Hatchlands** (NT; abseits der A 246, ca. 6 km O Guildford)

heißt der Landsitz zwischen den Dörfern East Clandon und West Hors-
ley, den der Seeheld ›Admiral of the Blue‹ *Edward Boscawen* 1756/57
nach seinen Erfolgen über die französische Flotte im palladianischen
Stil baute. Die Attraktion des in leuchtendem Rot gehaltenen Back-
steinbaus sind die Innenausstattungen von der Bibliothek und Salon.
Sie wurden vom damals 30jährigen Robert Adam nach seiner Rückkehr
aus Italien geschaffen – sein erster Auftrag als Innenarchitekt.

* **Polesden Lacey** (NT; abseits der A 246, 3 km S Great Bookham)

Richard Sheridan (1751–1816), der Komödiendichter und Politiker (und einer
in der Reihe der Besitzer von Polesden
Lacey) nannte dieses Herrenhaus »den
schönsten in vernünftiger Entfernung
zur Stadt gelegenen Ort in England«.

Seit Sheridans Zeiten hat sich das Anwesen zwar stark verändert (Abriß, Umbau im Regency, Innenrenovierung im
edwardianischen Stil), jedoch ist Polesden Lacey immer noch ein sehr sehenswertes Anwesen.

Polesden Lacey, Villa aus dem Regency

Das herausragende Baudetail ist die Gartenseite mit ihrer ionischen Kolonnade. Die Innenausstattung ist eine Mischung verschiedener Herkunft und Stilrichtung: Ein 1910 errichteter neo-jakobianischer Korridor, die farbige Stuckdecke des Salons aus einem italienischen Palazzo und das Altarretabel einer abgerissenen Kirche Christopher Wrens als Wandverkleidung im Großen Saal sind Ausdruck des eklektizistischen Geschmacks der letzten Besitzerin, Mrs. R. Greville. Sie übergab das Anwesen, in dem König Georg VI. seine Flitterwochen verbrachte, 1942 dem National Trust. Ihr Grabmal steht am Eingang des von ihr geschaffenen »walled garden«.

Die eigentliche Sehenswürdigkeit besteht in den verschiedenen Sammlungen des Hauses: Gemälde (Niederländer des 17. Jh., englische Porträtisten, u. a. Reynolds, Lawrence und Raeburn sowie Italiener und flämische Maler vom 14. bis 16. Jh., darunter der Meister von St. Severin in Köln), Porzellan (chinesische und italienische Stücke sowie Meißen, Fürstenberg, Chelsea und Zürich), Silber (vor allem 17. Jh.) und französische Möbel (u. a. ein seltener Renaissancetisch und signierte Stücke von Ebenisten des 18. Jh.).

Mickleham (abseits der A 24, 5 km N Dorking)

Das schön im Tal des River Mole zwischen Kalksteinhügeln gelegene Dorf hat wegen seiner literarischen Vergangenheit einen Namen: Im Haus *Juniper Hall* südlich des Dorfes traf die Schriftstellerin Fanny Burney eine dort wohnende Emigrantengruppe aus Frankreich, unter ihnen Madame de Staël, Talleyrand und den Chevalier d'Arblay, der Fanny Burney im selben Jahr in der Dorfkirche heiratete und mit ihr von 1796–1802 in Mickleham wohnte. In der Nähe, im *Flint Cottage*, lebte George Meredith, der 1864 ebenfalls in der Dorfkirche geheiratet hatte. Er starb 1909 und liegt in Dorking begraben. Berühmte Besucher Micklehams und seiner literarischen Prominenz waren u. a. Henry James, Alphonse Daudet und George Gissing. Die Kirche *St. Michael* ist eine normannische Gründung, die im 15. und 19. Jh. erweitert wurde. Das Herrenhaus *Norbury Park* von 1774 (1 km W Mickleham), dreistöckig mit frei stehenden Pavillons rechts und links, ist ein exzellent gelungenes Wohnhaus oberhalb der Dorking-Schlucht, von dem aus der Blick bis nach London reicht.

19 **Der Südwesten bis Farnham**

* **Loseley House** (abseits der A 3, 3 km SW Guildford)

wurde aus dem Stein der Abtei von Waverley *(S. 115)* gebaut (1561/69). Vom ursprünglichen Bau ist nur der Nordflügel erhalten. Einige der Paneelen mit interessanter Grotesken-Malerei sollen der Überlieferung nach aus Nonsuch Palace, einem im 17. Jh. zerstörten Palast Heinrichs VIII., stammen. Sehenswert: die großartigen trompe l'oeil-Schnitzereien in der Galerie.

Compton (an der B 3000, 5 km W Guildford)

Das schöne Dorf am Fuße des Hog's Back (»Schweinerücken«) hat ein einzigartiges Gotteshaus: die frühnormannische Kirche *St. Nicholas. In spätnormannischer Zeit wurde sie um ein zweistöckiges Sanktuarium erweitert: unten ein überwölbter Raum mit dem Altar, darüber eine separate Kapelle, die zum Chor hin offen ist und durch ein Geländer abgetrennt wird, das zu den frühesten Holzarbeiten kirchlicher Innenausstattung in England gehört. Die Friedhofskapelle, eine byzantinisch beeinflußte Kreuzkuppelkirche mit Art Nouveau-Effekten und Celtic Revival-Ornamenten, wurde von Mary Watts für ihren Mann, den viktorianischen Maler und Comptoner Bürger G. F. Watts, geschaffen.

Straße in Lymington im New Forest *(S. 150)* ▷

Blick über die Freshwater Bay an der Südküste der Insel Wight *(S. 164)*

Godalming (an der A 3100, 7 km S Guildford)

war zur Zeit der Postkutschen Station auf der Strecke London-Portsmouth. Einige »Coaching Inns« an der High Street zeugen davon. Bis ins 19. Jh. hatte die Stadt ein gutes Auskommen durch die Tuchherstellung, deren Bedeutung aber stark nachgelassen hat. Seit 1872 ist es vor allem die berühmte *Charterhouse School* nördlich der Stadt, die, 1611 in London gegründet, 1872 hierher verlegt wurde. Das durch und durch asymmetrische neugotische Gebäude besteht aus einem Zentralbau mit hohem Turm und zwei voneinander abweichenden Flügeln, die mit unterschiedlichen kleineren Türmen verziert sind. 1922–27 wurde auf dem Schulgelände eine Gedächtniskapelle (Architekt Sir Giles Gilbert Scott) für die im 1. Weltkrieg gefallenen Absolventen des College errichtet. Ein Denkmal besonderer Art wurde berühmten Londoner Schülern des College gesetzt, deren Namen auf einem alten Torbogen aufgeführt sind: u. a. John Wesley, Richard Steele und W. M. Thackeray, dessen Roman ›The Newcomes‹ (1855) das Londoner College erwähnt (Manuskript in der Bibliothek von Charterhouse).

Das Zentrum der kleinen Stadt ist die *Market Hall* (auch Old Town Hall). Neben der hier östlich abzweigenden High Street (Coaching Inn King's Arms, 1753) sind vor allem Ockford Road im Westen (Post aus dem 18. Jh.; verschiedene Fachwerkhäuser sowie Ford's Building, 1801) und Church Street im Norden (The Priory, 18. Jh.; Church House, 16. Jh.; Kirche St. Peter and St. Paul, vor der normannischen Invasion begonnen, vom 13. bis 16. Jh. erweitert und im 19. Jh. restauriert und umgebaut) einen Besuch wert.

Munstead (1,5 km SO Godalming)

In Munstead und dem benachbarten Witley ist das Ergebnis der Zusammenarbeit von *Sir Edwin Lutyens* und der Gartengestalterin *Gertrude Jekyll* zu bewundern. In einem waldigen Gelände steht hier eine Gruppe von Landhäusern, die Lutyens für Gertrude Jekyll und ihre Familie entwarf. Besonders beeindruckend sind das mit schottischen Anklängen gestaltete *Munstead House* (1877/78) in der Munstead Heath Road, *Munstead Place* (1891/92) gegenüber und *Munstead Wood* (1896/97) westlich der Heath Lane.

Witley (abseits der A 283, 3km S Godalming)

gilt wegen seiner Anlage, der schindelgedeckten Fachwerk- und Backsteinhäuser und der reizvollen Umgebung als typisches Surrey-Dorf. Hier hatte die Schriftstellerin *George Eliot* (1819–80) ihr Sommerhaus

113

The Heights (heute *Roslyn Court*), in dem sie ihren letzten Roman
›Daniel Deronda‹ schrieb.

In der Nähe des *Witley Court* (1861) steht mit *Wood End* (1897) eines
von Sir Edwin Lutyens' eigenen Häusern, mit einem von Gertrude
Jekyll angelegten Garten). *Tigbourne Court* (2 km S Witley), das Lutyens 1899 für Sir Edgar Horne entwarf, gilt als sein gelungenstes Werk:
eine Kombination aus Tudor-Stil und klassischen Elementen des 17. Jh.
– wiederum mit einem Garten von Gertrude Jekyll.

Haslemere (an der A 286, 18 km SW Guildford)

ist eine blühende Kleinstadt, deren Bedeutung erst gegen Ende des
19. Jh. begann, als sich verschiedene bekannte Persönlichkeiten hier
aufhielten: z. B. *Sir Robert Hunter*, einer der Gründer des National
Trust, oder *George Eliot*, die im benachbarten Shottermill große Teile
von ›Middlemarch‹ schrieb, oder *Alfred Lord Tennyson*, der über 20
Jahre in einem Haus außerhalb des Ortes am Fuß des Blackdown Hill
lebte und dichtete (Gedächtnisfenster von Edward Burne-Jones in der
Kirche *St. Bartholomew*). Darüber hinaus wurde Haslemere ein Zentrum der Arts and Crafts-Bewegung, als der Schweizer Musikwissen-
schaftler und Instrumentenbauer *Arnold Dolmetsch* (1858–1940) 1916
seine Werkstätten, die auf den Bau historischer Musikinstrumente
spezialisiert sind, in der Stadt eröffnete. 1925 rief er das jährliche
Dolmetsch-Festival alter Kammermusik ins Leben, dessen Fortbestand
zusammen mit den vielfältigen Aktivitäten der Familie Dolmetsch
durch die 1928 gegründete Dolmetsch-Stiftung gesichert wurde.

Moor Park (abseits der A 31, 2 km O Farnham)

ist jenes Herrenhaus, in dem *Jonathan Swift* (1667–1745), einer der ganz
Großen der englischen Literatur, als Hauslehrer in Diensten seines
Gönners *Sir William Temple* (1628–99) arbeitete. Eine seiner Schüle-
rinnen war die Tochter einer Hausdame von Temples Schwester (und
möglicherweise auch Temples Tochter), die junge Esther Johnson. Der
Lehrer verliebte sich in die Schülerin – freilich rein platonisch – und
schrieb der Angebeteten, die er Stella zu nennen pflegte, leidenschaftli-
che Briefe. Erst 1948 wurden sie als ›Journal to Stella‹ veröffentlicht.
Doch auch der Satiriker Swift blieb auf Moor Park nicht untätig: ›A Tale
of a Tub‹ (1696) und ›The Battle of the Books‹ (1697) entstanden hier
ebenfalls.

Waverley Abbey (abseits der B 3001, 2 km SO Farnham)

ist die Ruine des ersten englischen Zisterzienserklosters (gegr. 1128). 1538 im Rahmen der Klösteraulösung Heinrichs VIII. abgerissen, wurde ihr Stein zum Bau des Landschlosses Loseley House *(S. 112)* verwendet. In der englischen Literaturgeschichte spielt die Abtei eine kuriose Rolle: Sir Walter Scott schuf mit Edward Waverley, dem Helden seiner Waverley-Romane, eine literarische Figur, die zwar den Namen der Abtei trägt, zu ihr ansonsten aber keinerlei Beziehungen hat.

Tilford (abseits der B 3001, 3 km SO Farnham)

ist ein attraktives kleines Dorf mit neugotischer Pfarrkirche (*All Saints*, 1867), dem Herrenhaus *Tilford House* (19. Jh.) und einem Landhaus des jungen Edwin Lutyens (*Crooksbury House*, 1890/92).

Farnham (an der A 31, 20 km W Guildford)

Die schön im engen Tal des River Wey gelegene Stadt hat eine 1300jährige Geschichte. Bereits 688 wurden die Bischöfe von Winchester durch König Caedwalla von Wessex zu Lords of the Manor. Sie errichteten das für eine normannische Wehrburg ungewöhnliche *Farnham Castle* (EH): Der Bergfried, umgeben von Graben und Mauer, ein unregelmäßiges Vieleck (23 Ecken), und die Wohneinheiten, immerhin bischöfliche Residenz, waren außerhalb angebaut. Nach dem Bürgerkrieg, in dem Farnham Castle stark in Mitleidenschaft gezogen wurde, waren umfangreiche Reparaturen erforderlich, die zu Umbauten genutzt wurden, die bis ins 18. Jh. andauerten. Das Schloß blieb bis zur Gründung der Diözese Guildford (1927) Residenz der Bischöfe von Winchester und ging danach an die Bischöfe von Guildford über (bis 1956). Heute ist der Wohntrakt Schulungszentrum und nur gelegentlich zu besichtigen, während der Bergfried regelmäßig geöffnet ist. *Izaak Walton* schrieb hier als Gast des Bischofs Morley die Biographien Hookers (1665) und Herberts (1670).

Die Stadt ist außer als Geburtsort *William Cobbetts* (Gedenkmedaillon im Turm der Pfarrkirche *St. Andrew*) auch wegen ihrer vielen georgianischen und neo-georgianischen Häuser bekannt (East Street, West Street und South Street).

Grafschaft Hampshire

Fläche: 3772 km²; Einwohner: ca. 1,5 Mill.; Hauptstadt: Winchester

In Hampshire liegt einer der absoluten Höhepunkte jeder Reise durch Südengland: ***Winchester *(S. 122–32)*, die alte Hauptstadt des Königreichs Wessex und Englands als Vorgängerin von London. Um nur die wichtigsten der bedeutenden Gebäude dieser Stadt zu nennen: die mächtige normannisch-gotische ***Kathedrale mit ihren zahlreichen Kunstschätzen; **St. Cross, das normannische Stift, in dem heute noch – wenn auch stilisiert – die mittelalterliche Wegzehr von Brot und Bier gereicht wird; dann *Winchester College, Englands erste Public School; schließlich die Great Hall der früheren Burg, in der ein überdimensionaler »Round Table« die Legende von König Artus in Erinnerung ruft.

Auch die Römer, in Winchester nur noch im Namen der Stadt präsent, haben in Hampshire ihre Spuren hinterlassen. In Portchester *(S. 139)* zum Beispiel, wo sie die »sächsische Küste« mit einem *Fort befestigten, oder in Rockbourne *(S. 149)*, wo sie ihr vielleicht größtes Landhaus in Britannien bauten. Beeindruckende Zeugnisse normannischer Kunst sind die **Abteikirche von Romsey *(S. 145)* oder die vier berühmten *normannischen Taufbecken aus Tournai-Marmor in Winchester *(S. 126)*, Southampton *(S. 142)*, East Meon *(S. 140)* und St. Mary Bourne *(S. 122)*. Aus der Tudor-Zeit stammen zwei außergewöhnliche Landsitze: **Mottisfont Abbey *(S. 146*; mit verblüffenden trompe l'oeils von Rex Whistler) und *The Vyne *(S. 121)*, erbaut von dem, wie Shakespeare meinte,»verrückten« Lord Sandys.

Nicht wegzudenken aus Hampshires Geschichte (und seiner Wirtschaftsstruktur) ist die Schiffahrt. Mit *South-

ampton *(S. 141)*, das der Grafschaft den Namen gab, und dem altehrwürdigen Marinehafen (und Standort des **Royal Naval Museum) Portsmouth *(S. 136)* liegen zwei der bedeutendsten Hafen- und Werftstädte Englands in Hampshire. Die ›Titanic‹, die ›Queen Mary‹, die ›Mayflower‹ – sie alle fuhren ab Southampton ihrem Schicksal entgegen. Und ganz in der Nähe, im ehemals königlichen Jagdreservat *New Forest (heute ein herrliches Wandergebiet), wurden die Eichen gefällt, aus denen Nelson Schiffe vom Kaliber seiner ›Agamemnon‹ zimmern ließ (Bucklers Hard, *S. 150)*.

Insgesamt ist Hampshire – von den Ballungsräumen an der Küste abgesehen – stark ländlich geprägt. Die Kreidehügel der North und South Downs wechseln ab mit fruchtbaren, idyllisch gelegenen Tälern. Man baut Getreide und Rüben an, in vielen Dörfern bestimmen immer noch die Reetdächer das Bild, und in den North Downs spielt die Schafzucht eine wichtige Rolle. Ein wahres Paradies ist die von vielen kleinen Flüssen und Bächen durchzogene Landschaft für die Angler (z. B. Stockbridge, *S. 135*; *East Meon, *S. 140)*. So schwärmte Izaak Walton in seinem ›Compleat Angler‹ von den »silver streams« des River Meon, und der Romancier Charles Kingsley war ein häufiger Gastangler am River Itchen. Derartige Annehmlichkeiten versagte sich der Radikale William Cobbett. In seinen ›Rural Rides‹ beschrieb er die Downs-Landschaft lieber als »villainous heaths«. Und der Poeta laureatus Sir John Betjeman (1906–84) lästerte in seinem Gedicht ›A Hike on the Downs‹ ähnlich unverblümt: »Hampshire mentality is low . . .«

Die ›Mayflower‹ *(S. 142)*, das Schiff der Pilgerväter, in einer
zeitgenössischen Darstellung

Hampshire

20 In den North Downs

West Green House *(S. 120)*
* Stratfield Saye House *(S. 120)*
Silchester *(S. 120)*
* The Vyne *(S. 121)*
Burghclere *(S. 122)*
St. Mary Bourne *(S. 122)*

21 Winchester und Umgebung

*** Winchester *(S. 122)*
Avington Park *(S. 133)*
Tichborne *(S. 133)*
New Alresford und Old Alresford
(S. 133)
* The Grange *(S. 134)*
* Stratton Park *(S. 134)*
Chawton *(S. 134)*
Selborne *(S. 134)*
* Crawley *(S. 135)*
Stockbridge *(S. 135)*
Cranbury Park *(S. 135)*
Hursley *(S. 135)*

22 Portsmouth und Umgebung

Portsmouth (mit Southsea)
(S. 136)
Hayling Island *(S. 138)*
Portchester *(S. 139)*
Hambledon *(S. 139)*
* East Meon *(S. 140)*
Bishop's Waltham *(S. 140)*
Wickham *(S. 140)*
Titchfield *(S. 141)*

23 Southampton und Umgebung

* Southampton *(S. 141)*
* Netley Abbey *(S. 144)*
Romsey *(S. 145)*
** Mottisfont Abbey *(S. 146)*

24 Im *New Forest

Lyndhurst *(S. 148)*
Breamore *(S. 149)*
Rockbourne *(S. 149)*
Beaulieu *(S. 149)*
Bucklers Hard *(S. 150)*
Lymington *(S. 150)*
Hurst Castle *(S. 150)*

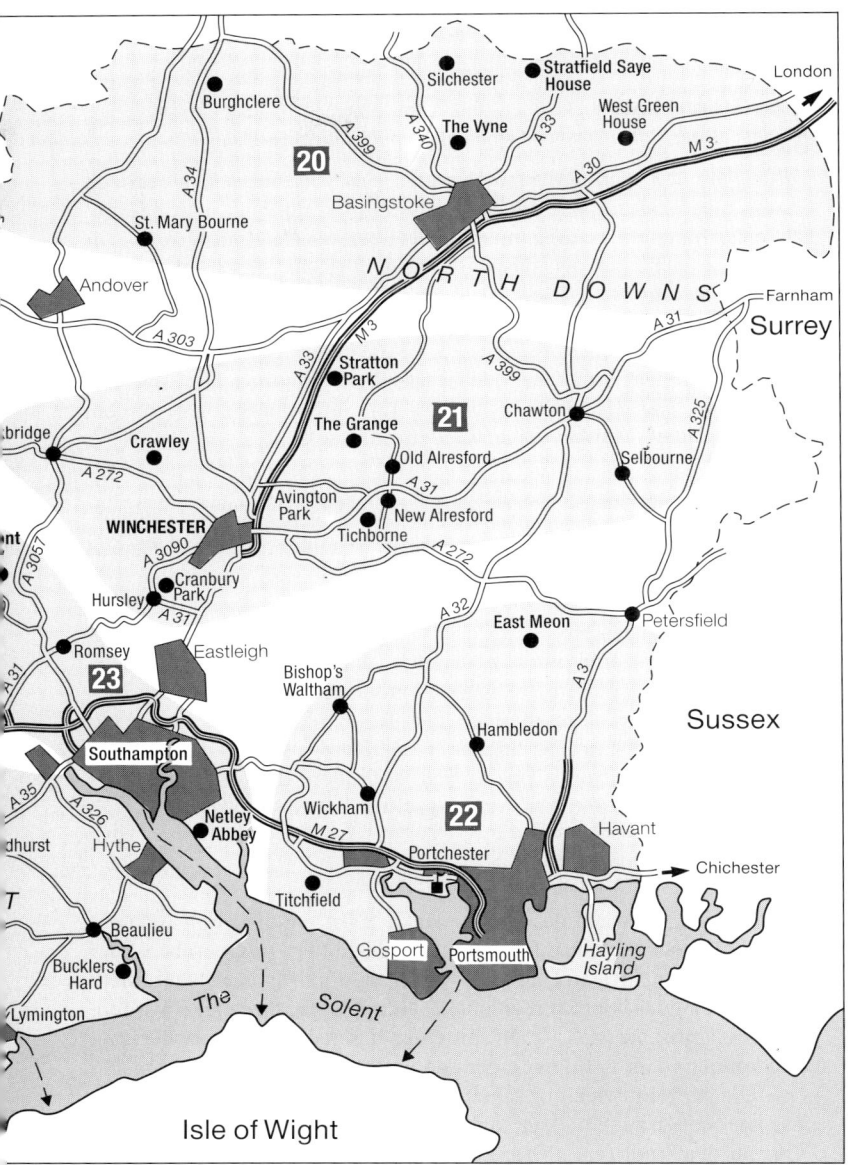

London

Silchester
Stratfield Saye House
West Green House
Burghclere
The Vyne
20
Basingstoke
St. Mary Bourne

N O R T H   D O W N S
Farnham
Surrey

Andover
A 303

Stratton Park
A 399
Chawton
21
The Grange
Old Alresford
Selbourne
bridge
Crawley
A 272
Avington Park
A 31
WINCHESTER
New Alresford
A 3090
Tichborne
A 272
Cranbury Park
nt
A 3057
Hursley
A 31
East Meon
Petersfield
Romsey
Eastleigh
A 31
Bishop's Waltham
A 3
Sussex
23
Southampton
Hambledon
A 35
A 326
Netley Abbey
Wickham
22
Havant
dhurst
Hythe
M 27
Portchester
Chichester
Titchfield
Beaulieu
Gosport
Portsmouth
Hayling Island
Bucklers Hard
The
Solent
Lymington

Isle of Wight

119

20 In den North Downs

West Green House
(NT; abseits der A 30, 17 km NW Farnham, 12 km O Basingstoke)

wurde zwischen 1700 und 1750 gebaut. Es ist von einem sehr schönen Garten umgeben und hat die Zeiten bis auf geringfügige Veränderungen in der Innenausstattung unverändert überstanden. Grund genug für den National Trust, es als »das Haus aus dem 18. Jh., das jeder besitzen möchte«, anzupreisen. Die Geschichte allerdings verbindet das Haus mit einer weniger angenehmen Figur: mit dem General Hawley, der wegen seines brutalen Vorgehens gegen die jakobitischen Highlanders nach der Schlacht von Culloden (1746) als ›Hangman Hawley‹ verschrien war. Tierlieb allerdings war er: Im Gartenhaus ließ er seinem Lieblingsspaniel ›Monkey‹ einen Gedenkstein setzen.

* Stratfield Saye House (abseits der A 33, 8 km N West Green)

Das um 1630 begonnene, 1775 erweiterte und 1964 mit einer Kuppel versehene Haus ist eine Dankesgabe der Nation an den Sieger von Waterloo, den »Eisernen Herzog« von Wellington, Arthur Wellesley (1769–1852; Bronzestatue von Carlo Baron Marochetti im Park). Das Haus verfügt über eine prächtig-elegante Innenausstattung: eine zweistöckige, auf der unteren Ebene von ionischen Säulen gesäumte Eingangshalle mit Empore im hinteren Teil, Rokoko-Stuckdecken und mit aufgeklebten Drucken und Stichen »tapezierte« Wände. Im Park ist Wellingtons Schlachtroß ›Copenhagen‹ begraben, das er am Tage der Schlacht 16 Stunden ununterbrochen geritten haben soll.

Silchester (abseits der A 340, 6 km W Stratfield Saye)

Etwa eine Meile östlich des Dorfes wurde zwischen 1864 und 1909 mit *Calleva Atrebatum* eine Römerstadt vollständig ausgegraben. Ihr Grundriß – einzigartig in England – war nicht durch spätere Neubesiedlung des Geländes oder Straßenbau in Mitleidenschaft gezogen worden. Die Stadt entstand im 2.–4. Jh. an einer bereits in vorrömischer Zeit besiedelten und im 1. Jh. mit einem polygonalen Festungswall umgebenen Stelle. Ihre Entwicklung scheint hinter den Erwartungen der Planer zurückgeblieben zu sein; denn in der zweiten Hälfte des 2. Jh. wurde das Zentrum der Stadt (ca. 40 ha) mit einer Erdwallanlage umgeben, die wahrscheinlich im 3. Jh. durch eine Steinmauer verstärkt wurde. Ihre Reste (vornehmlich im Süd- und Südostteil) stehen heute noch und sind stellenweise über 4 m hoch. Nach Ausgrabung und Auswertung der Funde wurde Calleva Atrebatum wieder mit Erde zugedeckt, so daß es schwer ist, sich die Anlage der Stadt vorzustellen, die durch 5 Tore und eine Ausfallpforte zugänglich war, in der Mitte einen von Geschäften umgebenen Komplex aus Forum und Basilika hatte, südlich dessen im 4. Jh. eine christliche Kirche die bereits im Stadtgebiet vorhandenen 5 Tempel ergänzte. In der Nähe des Südtores befanden sich im Stadtbezirk ›insula XXXIII‹ die öffentlichen Bäder mit allen üblichen Nebeneinrichtungen. Östlich der Stadt, in der Nähe der Ausfallpforte, gab es ein großes Amphitheater, dessen Erdwälle heute noch sichtbar sind.

Das *Calleva Museum* am Ortsrand von Silchester verfügt nur über sehr bescheidene Ausstellungsbestände; denn die große Silchester-Sammlung befindet sich im nahegelegenen Museum von Reading in Berkshire.

* **The Vyne** (NT; abseits der A 340, 6 km N Basingstoke)

Der um 1520 begonnene Landsitz in der Nähe der Ortschaft Sherborne St. John wurde von William, 1. *Lord Sandys of The Vyne* († 1540), erbaut. Der nach Shakespeares Meinung »vollkommen verrückte« Sandys, der 30 Jahre in Diensten Heinrichs VIII. stand und als einer der wenigen hohen Würdenträger nicht hingerichtet wurde, entwarf den zweistöckigen Tudor-Bau in Backstein mit blauem Rautenmuster, die eichengetäfelte Long Gallery (im Obergeschoß) mit ihren etwa 400 Faltwerkpaneelen und die *Antechapel*, eine sich an den Ostflügel des Hauses anschließende Hauskapelle mit polygonaler Apsis. Sie gilt als die schönste spätmittelalterliche Privatkapelle in England und hat zeitgenössische Ausstattung (Chorgestühl und von flämischen Künstlern geschaffene Fenster mit Darstellungen von Kreuzigung und Auferstehung Christi sowie Porträts Heinrichs VIII., seiner ersten Ehefrau Katharina von Aragon und seiner Schwester Margaret Tudor, Gemahlin des schottischen Königs Jakob IV.). Der Anwalt Chaloner Chute († 1659), der das Haus 1653 erwarb, ließ die zum See gewandte Nordseite bezeichnend verändern (korinthischer Portikus – der erste an einem Privathaus in England – von John Webb nach dem Vorbild von Andrea Palladios Villa Barbaro in Maser). Sein Nachfahre John Chute (1701–76) entwarf die faszinierende Einheit von Vestibül und Treppenhaus hinter dem Portikus (mit dorischen und korinthischen Säulengalerien und Kassettendecke), die südlich an die Kapelle angeschlossene Grabkammer und den Sarkophag für Chaloner Chute. Die Bibliothek und der mit Stichen und Drucken ausgekleidete Print Room entstanden um 1835.

Burghclere (abseits der A 34, 7 km S Newbury)

Privates Mäzenatentum bescherte dem kleinen Dorf in den zwanziger Jahren eines der bedeutendsten Kunstwerke des Expressionismus in England: *Sir Stanley Spencers* (1891–1959) Wandgemälde der *Kapelle All Souls* (NT), ausgeführt von 1927 bis 1932 im Auftrag des Ehepaars J. L. Behrend, den Stiftern der dem Gedenken an H. W. Sandham, einen im 1. Weltkrieg in Mazedonien gefallenen Leutnant, geweihten Kapelle. Spencer, der als Mitglied des Royal Medical Corps den Krieg in Mazedonien selbst erlebt hatte, verarbeitete hier seine eigenen Erfahrungen auf eine beklemmende Weise. Nord- und Südwand zeigen in drei übereinander angeordneten Reihen den Alltag in Lager und Lazarett. Die Ostwand wird von einer monumentalen Auferstehungsszene nach Art der Sixtinischen Kapelle Michelangelos eingenommen: Zwischen stürzenden weißen Holzkreuzen kommen die Gefallenen aus ihren Gräbern – Symbol für das Inferno des Krieges und keine Triumphszene. Auch Christus bestimmt nicht als Weltenrichter das Geschehen, sondern scheint als sehr menschliche Figur nur eine untergeordnete Rolle zu spielen. Die Farben – dumpfes Braun, Grau und Beige – betonen die Hoffnungslosigkeit, die sich in den Szenen spiegelt. Jegliches Heldenpathos fehlt.

St. Mary Bourne (an der B 3048, 12 km S Burghclere, 6 km NW Andover)

In der auf normannische Zeit zurückgehenden Pfarrkirche *St. Mary* befindet sich eines der vier normannischen *Taufbecken aus Tournai-Marmor* in Hampshire *(S. 116)*. Es ist eines der hervorragendsten Stücke seiner Art in England. Nord- und Westseite sind mit Arkaden dekoriert, Ost- und Südseite mit zwei Lebensbäumen mit Trauben. Blättermotive und Vögel, die aus einer Vase trinken, zieren die Ecken.

21 Winchester und Umgebung

*** Winchester (an der A 31, 20 km N Southampton)

Geschichte: Die heutige Grafschaftshauptstadt von Hampshire (ca. 30 000 Einwohner) hat im Laufe ihrer langen Geschichte viele Namen getragen. Die Belgae nannten sie *Caer Gwent*, die Römer sprachen von der fünftgrößten Stadt ihrer Provinz Britannia als *Venta Belgarum*, und als die Sachsen unter König Cenwalh 643 mit dem Bau der ersten Kathedrale (Old Minster, nördlich des Langhauses der Kathedrale) begannen, hieß die Hauptstadt ihres Königreichs Wessex *Wintanceaster*. Thomas Hardy schließlich nannte die Stadt – seiner Vorliebe für historisierende Namen folgend – *Winton-*

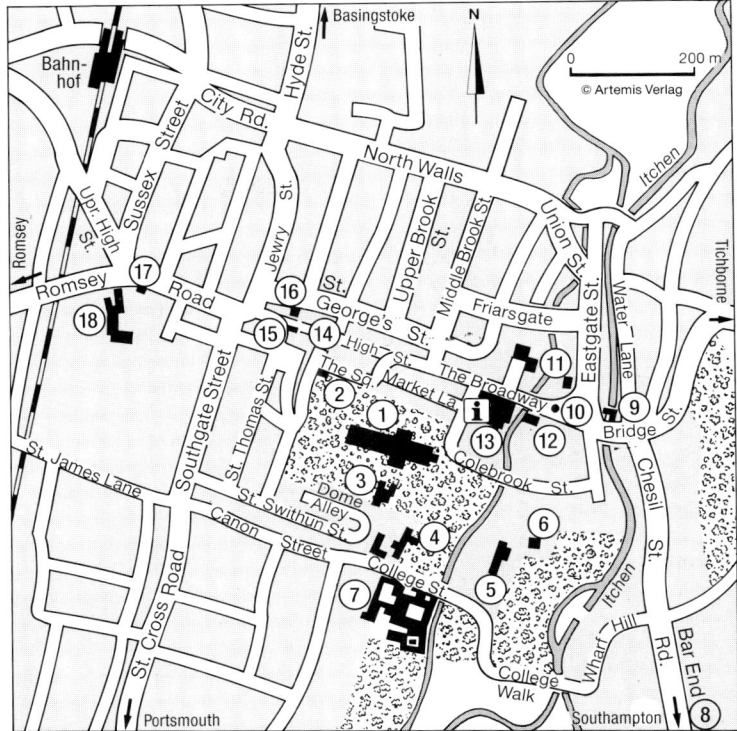

Winchester: Stadtplan

cester in ›Tess of the d'Urbervilles‹, 1891).

Als Egbert zum ›Ruler of Britain‹ gekrönt wurde, wurde Winchester Hauptstadt Englands, und unter *Alfred dem Großen* erlebte sie eine kulturelle Blüte wie kurz zuvor Aachen unter Karl dem Großen. Doch hatte Wilhelm der Eroberer sich noch in London und Winchester krönen (und das Domesday Book und den königlichen Schatz hier aufbewah-

ren) lassen, so mußte die Stadt unter Heinrich III. mit dem Abzug der Münze den ersten Rang an London abtreten. Dennoch beauftragte Karl II. Christopher Wren noch 1683 mit dem Bau eines königlichen Palastes am Ort. Er wurde allerdings Ende des 19. Jh. abgerissen; mit der Verlegung der Bischofsresidenz nach Farnham *(S. 115)* im 18. Jh. war Winchester bedeutungslos geworden.

*** **Kathedrale** ①

Geschichte und Außenansicht: Von dem vom 9. bis 11. Jh. mehrfach erbauten, erweiterten und wieder abgerissenen normannischen Old Minster (erst 1079 wurde endgültig mit dem Bau begonnen) sind *Krypta, Chor* (**A**), *nördliches* (**B**) *und südliches Querschiff* (**C**) sowie die *Ostarkade des Kreuzganges*

(D) des angeschlossenen Benedikti-
ner-Klosters unverändert erhalten.
Nicht erhalten ist der Vierungsturm aus
dieser Zeit. Er stürzte 1107 ein. Ein
böses Omen, wie man damals glaubte,
denn sieben Jahre zuvor war Wilhelm II.
Rufus, der bei einem Jagdunfall im New
Forest ums Leben gekommen war
(S. 148), im Chor beigesetzt worden. Die
vielen, die ihn für unwürdig befunden
hatten, in einem Gotteshaus begraben
zu sein, fühlten sich bestätigt. Der heutige *Retrochor*(E) und die *Marienkapelle* (F) im Early English-Stil entstanden
vom Ende des 12. bis Mitte des 13. Jh.,
der Umbau und die Umgestaltung des

Langhauses (G; mit Entfernung des
normannischen Westturmes) folgten im
14. Jh. Die *Westfront* (H) erscheint heute wie ein Querschnitt durch Hauptschiff und Seitenschiffe. Die Ecken der
Seitenschiffe sind von Fialen bekrönt,
und das Hauptschiff ist von über den
First hinausragenden achteckigen
Türmchen mit spitzen Helmen flankiert.
Die gesamte Fläche der Westwand
wird oberhalb des Hauptportals von einem neunbahnigen Fenster, dem größten der Kathedrale, eingenommen. In
ihm befinden sich die meisten der nach
der Restauration 1660 sichergestellten
Fragmente mittelalterlichen Glases. Die

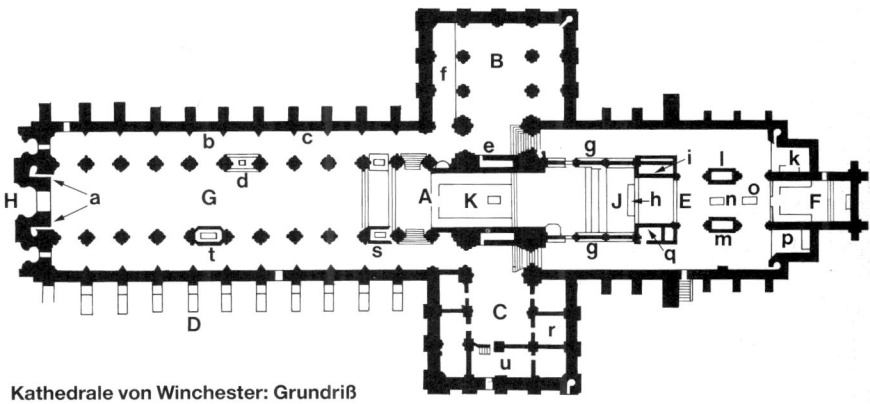

Kathedrale von Winchester: Grundriß

A Chor
B Nördl. Querschiff
C Südl. Querschiff
D Ostarkade des ehem. Kreuzgangs
E Retrochor
F Marienkapelle
G Langhaus
H Westfront
J Altarraum
K Vierungsturm

a Statuen Jakobs I. und Karls I.
b Grab Jane Austen
c Gedenkfenster für Jane Austen
d Normannisches Taufbecken
e Kapelle des Hl. Grabes
f Dreikönigskapelle

g Sargtruhen sächsischer Könige und
   Bischöfe
h Altarrückwand
i Grab Bischof Gardiner
k Schutzengelkapelle
l Kapelle Bischof Waynflete
m Kapelle Kardinal Beaufort
n Schrein des hl. Swithun
o Grab Bischof de Lucy
p Kapelle Bischof Langton
q Kapelle Bischof Fox
r Kapelle Prior Silkstede und Grab
   Izaak Walton
s Kapelle Bischof Edington
t Kapelle Bischof William of
   Wykeham
u Dombibliothek

Erneuerung und Erweiterung der *Marienkapelle* (**F**) fand im 15. Jh. statt. Die mächtigen Strebepfeiler an der Südseite des *Langhauses* (**G**) gehen auf eine Sicherungsaktion im Jahre 1905 zurück, als sich die Südwand wegen des im Grundwasser absinkenden Fundaments dramatisch neigte. In einer sechsjährigen Aktion unterfing der Taucher William Walker das Mauerwerk und rettete durch die Stabilisierung der Fundamente die Kathedrale vor dem Einsturz.

Innenraum: Das zwölf Joche lange Langhaus bietet in seinem spätgotisch umgestalteten Zustand das einheitlichste Bild in der Kathedrale. Die trotz der schlanken Dienste massigen Pfeiler lassen ihren normannischen Kern durchaus ahnen. Da das normannische Schiff lediglich umgestaltet und nicht durch einen Neubau ersetzt wurde, ist das Fächergewölbe mit knapp 24 m nicht sehr hoch.

Links und rechts vom Hauptportal stehen die *Bronzestatuen Jakobs I. und Karls I.* (**a**) von Hubert Le Sueur als letzte in der Kathedrale verbliebene Reste eines von Inigo Jones 1638 entworfenen Lettners. Von den mehreren hundert Denkmälern, die sich in der Kathedrale befinden, können hier nur die wichtigsten genannt werden (Rundgang im Uhrzeigersinn vom nördlichen Seitenschiff aus): An der Nordwand im fünften Joch befindet sich das *Grab* von *Jane Austen* (**b**; Gedenkfenster, **c**, im achten Joch, von C. E. Kempe, 1901), die in Winchester in der College Street starb. Südlich des sechsten Joches steht das *normannische Taufbecken aus schwarzem Tournai-Marmor* (**d**) mit Szenen aus der Legende des hl. Nikolaus und Vogelmotiven. Es gilt als das berühmteste der in England vorhandenen *(S. 116)*. Unter dem nördlichen Vierungsbogen steht die 1200 gebaute *Kapelle des Heiligen Grabes* (**e**; Wand- und Gewölbebemalung um 1230; u. a.: Verkündigung Mariens,

Taufbecken aus Tournai-Marmor (12. Jh.)

Fächergewölbe des Vierungsturms (1635–40)

Geburt Christi, Grablegung Christi, Einzug in Jerusalem, ungläubiger Thomas). Das reichgeschnitzte, mit Miserikordien ausgestattete *Chorgestühl* wird dem Kunsttischler William Lyngwode zugeschrieben und auf 1308–10 datiert. Das hölzerne *Fächergewölbe* des *Vierungsturms* (**K**) entstand zwischen 1635 und 1640 nach einem Entwurf von Inigo Jones.

Das *nördliche Querschiff* (**B**; fast identisch mit dem südlichen Querschiff) bietet den besten Einblick in die frühnormannische Architektur in England überhaupt. Arkaden, Triforien mit Zwillingsöffnungen unter Überfangbögen sowie Obergaden sind nahezu gleich hoch, die kräftigen Rundbögen und Würfelkapitelle strahlen Selbstsicherheit aus. Auf der Westseite des Querschiffs steht die *Dreikönigskapelle* (**f**) mit Fensterglas aus der Werkstatt William Morris' (1909).

Über eine Treppe erreicht man den nördlichen Chorumgang. Rechts auf dem Lettner stehen (wie auf der Südseite) *hölzerne Sargtruhen* (**g**) mit den Gebeinen mehrerer sächsischer Könige und Bischöfe, unter ihnen Knuts und seiner Frau Emma. (Die Ruhe der Gebeine wurde unter Cromwell gestört. Nach der Restauration von 1660 wurden sie wieder beigesetzt.) Die großartige *Altarrückwand* (**h**; ca. 1475) wurde bereits während der Reformation weitgehend zerstört. Die in drei übereinanderliegenden Reihen angeordneten Figuren wurden zwischen 1885 und 1899 neu eingesetzt. Die *Grabkapelle Bischof Stephen Gardiners* (**i**; † 1555) ist die letzte in der Kathedrale errichtete und schon mit Renaissance-Ornamenten ausgestattet. In der Kapelle steht der hölzerne Stuhl, auf dem Maria Tudor (Maria I. die Katholische oder »Bloody Mary«) während ihrer Eheschließung mit Philipp II. von Spanien am 25. Juli 1554 saß. Zwischen *Bischof Gardiners Kapelle* und der *Schutzengelkapelle* (**k**; mit Deckenmalerei des 13. Jh.) steht die *Kapelle Bischof William Waynfletes* (**l**; † 1486) gegenüber der *Kapelle für Henry Kardinal Beaufort* (**m**; † 1447). Zwischen beiden Kapellen befinden sich der neue *Schrein für den hl. Swithun* (**n**; von 1962; erste Beisetzung 862 im Old Minster) sowie das *Grab Bischof Godfrey de Lucys* (**o**; † 1204). Die *Marienkapelle* (**F**) hat Reste von Wandmalereien aus dem frühen 16. Jh. Südlich der Marienkapelle folgt die *Kapelle für Bischof Thomas Langton* (**p**; † 1500), und vor ihrem Eingang steht in einer Nische Sir Charles Wheelers *Bronzestatue des Tauchers William Walker*.

Vor dem südlichen Lettner des Altarraumes ragt die *Grabkapelle des Bischofs Richard Fox* (**q**; † 1528) bis in den Chorumgang hinein. Ihr reichverziertes Gewölbe trägt einen Pelikan, das Wappen des Bischofs. Das Türgitter zwischen südlichem Chorumgang und dem Querschiff stammt aus dem 11. Jh. Auf der Ostseite des Querschiffs befindet sich in der *Kapelle des Priors Thomas Silkstede* (**r**) das *Grab Izaak Waltons*, der seine letzten Lebensjahre in Winchester verbrachte. Das reichlich mit Fischen gezierte Gedenkfenster wurde 1914 von Anglern aus aller Welt gestiftet.

Südlich des Bischofsthrons von 1820 steht die *Grabkapelle Bischof William Edingtons* (**s**; † 1366), der die Umgestaltung des Langhauses begann und der der erste Prälat des Hosenbandordens war. *Bischof William of Wykehams* († 1404) *Grabkapelle* (**t**) folgt fünf Joche weiter. Sie reicht bis zum Triforium hinauf und ist breiter als die Stärke der Pfeiler.

In der *Dombibliothek* (**u**) ist neben zahlreichen Folioausgaben theologischer Werke des 16. und 17. Jh. vor allem die berühmte *Winchester-Bibel* zu bewundern. Sie wurde von Bischof Henry of Blois Mitte des 12. Jh. in Auftrag gegeben. Ihre Initialen gehören zu den besten Werken der Miniaturenmalerei auf der Welt.

* Die Domfreiheit (The Precinct)

Nördlich des Langhauses der Kathedrale sieht man in den Rasenboden eingelassen die Grundrisse der beiden Vorgängerbauten der Kathedrale. An der Ecke Great Minster Street steht das *City Museum* ② mit einer guten Sammlung zur Archäologie und Geschichte Winchesters.

Südlich der Kathedrale steht die *Ruine der Dekanei* ③, im Mittelalter Wohnung des Priors, südöstlich davon die *Pilgrims' School* ④, an die sich im Norden die *Pilgrims'Hall* anschließt, die im 14. Jh. erbaut wurde und die älteste bekannte Hammerbalkendecke aufweist. Der Bischofspalast *Wolvesey Palace* ⑤ jenseits des Mühlbachs wurde im 18. Jh. von Christopher Wren restauriert, jedoch zugunsten der Bischofsresidenz in Farnham vernachlässigt. Im Norden schließt sich die Ruine von *Wolvesey Castle* ⑥ (1130–70; EH) an.

Westlich der Kathedrale fällt unter den verschiedenen Grabsteinen ein restaurierter Stein auf, der an den Tod Thomas Thetchers, eines Mitglieds der Hampshire Militia, erinnert und in humorigen Versen Auskunft über die Todesursache gibt: Er genoß die falsche Biersorte zur falschen Zeit.

* Winchester College ⑦ (College Street, S der Domfreiheit)

wurde 1384 als Vorstufe zu dem kurz zuvor ebenfalls von ihm gegründeten Oxforder New College durch Bischof William of Wykeham gestiftet. Es ist Englands älteste Public School. William Cobbett hatte für sie nur Spott: Ein »Unterschlupf für Pappköpfe« sei das, wie alle Colleges und Universitäten überhaupt. Doch Cobbetts Meinung ist sicher nicht repräsentativ. Immerhin drückten so unterschiedliche Charaktere wie die Schriftsteller Edward Young und Anthony Trollope, der Feldmarschall Earl Wavell und der Labour-Politiker Hugh Gaitskell hier die Schulbank – getreu Wykehams Wahlspruch »Manners makyth man«. Und die 70 im Haus wohnenden »Scholaren« müssen inzwischen wie die mittlerweile über 500 »Commoners«, die Externen, ihr Schulgeld selbst zahlen.

1394 war die Schule bezugsfertig, doch etliche der heutigen Gebäude hinter der hohen Feuersteinmauer, die den Komplex umgibt, stammen aus späterer Zeit. Neben dem Turm des Speisesaals (1404 vollendet) befindet sich der Kreuzgang, in dessen Säulen Generationen von Schülern ihre Namen eingeritzt haben. Das eigentliche Schulgebäude steht westlich des Kreuzganges und wurde 1683 gebaut. Von den nach 1890 erfolgten Erweiterungen im Südbereich des College-Komplexes ist besonders der 1922–24 von Sir Herbert Baker entworfene Gedächtniskreuzgang für rund 500 als Soldaten gefallene Wykehamists zu erwähnen.

Innenhof des Hospital of St. Cross

** Hospital of St. Cross ⑧

Lage: 2 km S des Stadtzentrums, A 34 Richtung Southampton oder wunderschöner Fußweg am Fluß entlang durch die ›Water Meadows‹ (Beginn an der Brücke)

Das Hospital of St. Cross, Englands ältestes Armenhaus, wurde 1136 von Bischof Henry of Blois gegründet. Die ursprünglichen Bestimmungen sahen die tägliche Speisung von 100 armen Männern vor sowie die Unterbringung, Bekleidung und Verpflegung von 13 weiteren, die zu alt oder krank waren, sich selbst zu versorgen. Ein »Master« wurde mit der Betreuung der Insassen beauftragt, die besondere schwarze Roben und ein silbernes Krückenkreuz auf der Brust tragen mußten. 1445 er-weiterte Henry Kardinal Beaufort den Aufgabenbereich des Hauses durch die Gründung eines »Order of Noble Poverty«. Dessen Mitglieder, verarmte Adlige in purpurroten Roben, gaben – und geben – allen Bedürftigen, die an die Tür von St. Cross klopfen, »a horn of beer and a crust of bread«. Diese »Way-farers' Dole« wird heute noch – im Be-sichtigungspreis inbegriffen – an die Besucher verteilt, allerdings nur auf ausdrückliches Verlangen und in we-sentlich kleineren Portionen als früher.

Von den Gebäuden aus der Zeit der Gründung ist nur noch eine Sakristei erhalten, die heute ein Anhängsel des südlichen Querschiffs der Kirche darstellt. Die *Kirche* (1160–1200; westliches Langhausjoch und Obergaden um 1334) besteht aus Langhaus mit Seitenschiffen, Querschiffen, Altarraum mit Seitenschiffen und einem massigen Vierungsturm. Der Übergang vom normannischen zum Early English-Stil läßt sich im Inneren des Schiffs am besten an den westlichen Stützen ablesen. Die Bosse der Decke zeigen die Wappen William of Wykehams und Kardinal Beauforts, was darauf hindeutet, daß das Schiff erst später eingewölbt wurde. Einige interessante Stücke der Innenausstattung verdienen besondere Beachtung: im Altarraum Reste eines Chorgestühls von ca. 1525; das Ostfenster aus dem 15. Jh., das Maria und die Heiligen Johannes, Katharina und Swithun zeigt; Messinggrabplatten für John de Campedon († 1410), Richard Haward († 1493) und Thomas Laune († 1518).

Die Gebäude des Hospitals wurden von Kardinal Beaufort gebaut. Der Speisesaal ist wie die Kirche zur Besichtigung freigegeben, der ca. 90 m lange Wohntrakt der Brüder verständlicherweise nicht. Der Speisesaal findet seine Fortsetzung in einem monumentalen Torhaus. In einer Nische sieht man die kniende Figur Kardinal Beauforts. Die Pförtnerloge folgt als östlicher Anbau. Die südliche Verbindung zur Kirche hat einen überdachten Gang und wurde im 16. Jh. gebaut. Der ummauerte Garten ist ebenfalls zu besichtigen und bietet (jenseits des Seerosenteiches) einen guten Blick auf Altarraum, nördliches Querschiff und Vierungsturm der Kirche.

»The Wayfarer's Dole« im Hospital of St. Cross

Auf dem St. Catherine's Hill gegenüber von St. Cross ist eines jener rätselhaften *Rasenlabyrinthe* (ähnlich dem bei Breamore House, *S. 149*) erhalten, deren Bedeutung bis heute ungeklärt ist.

** Die Stadt

Der beste Ausblick über die Stadt ergibt sich vom St. Giles Hill östlich des River Itchen. Ausgehend von der Flußbrücke über den Itchen sieht man die *Old City Mill* ⑨ (NT; 17. Jh.; heute Jugendherberge). Im Zentrum des jenseits des Itchen folgenden dreieckigen Platzes steht die 1901 von Hamo Thornycroft geschaffene *Statue König Alfreds* ⑩, nördlich der Statue (im Dreieck High Street / Eastgate Street) *St. John's Hospital* ⑪ (19. Jh.), 1289 als eine der ältesten karitativen Einrichtungen Englands gegründet. Auf der linken Seite der High Street, neben den *Abbey Gardens*, auf deren Gelände eine von König Alfreds Frau Emma gegründete Abtei stand, und dem *Abbey House* ⑫ (heute Residenz des Bürgermeisters) folgt die *Guildhall* ⑬ (1871–73; Anbau von 1892).

Hinter der Abzweigung des Square ist die High Street Fußgängerzone und führt bergauf zum Westgate. Auf der linken Seite folgen die Ladenkolonnaden *The Pentice*, dann die schmale Gasse Great Minster Street, die zur Domfreiheit führt. An der Ecke steht das *Butter Cross* ⑭ aus dem 15. Jh. Es zeigt in einzelnen Nischen Figuren William of Wykehams, König Alfreds, des hl. Johannes und acht weiterer Heiliger. In der Passage zur Domfreiheit steht die kleine Kirche *St. Lawrence*, der Überlieferung nach an der Stelle des von Wilhelm dem Eroberer erbauten Palastes. Weiter oben auf der High Street steht die *ehem. Guildhall* ⑮ (1713; heute Bankgebäude) mit einer Statue der Königin Anna in der Mitte der oberen Etage. Gegenüber *God Begot House* ⑯, ein vierstöckiges Fachwerkhaus mit zwei Frontgiebeln.

Das *Westgate* ⑰ aus dem 13. Jh., ehem. Stadttor und im 17. Jh. als Schuldturm genutzt, beherbergt die umfassendste Sammlung alter Maße und Gewichte in England. Hier auf dem Castle Hill stand eine Befestigungsanlage Wilhelms des Eroberers. Der älteste Teil des im 19. Jh. komplett umgebauten Komplexes, der heute Gericht, Polizeistation und weitere öffentliche Einrichtungen umfaßt, ist die *Great Hall Heinrichs III.* ⑱ (1222–36). Sie ist als Doppelwürfelraum (110 × 55 × 55 Fuß in Länge, Breite und Höhe) konstruiert und wurde im 19. Jh. im Eingangsbereich geringfügig verändert. Der Blickfang dieses großen Saales ist der riesige ›*Round Table*‹ an der Westwand, der die Namen der Ritter aus König Artus' Tafelrunde trägt, mit Sicherheit aber nicht älter als 600 Jahre ist.

Umgebung von Winchester

Avington Park (abseits der B 3047, 6 km NO Winchester)

Als Karl II. sich in Winchester aufhielt, wohnte Nell Gwynne, seine berühmte Mätresse, ganz in der Nähe: auf Avington Park. Folglich bestand das in den ersten Jahren des 18. Jh. erbaute Herrenhaus zu Teilen schon im 17. Jh., bevor die Familie Brydges (Grabdenkmäler in der Pfarrkirche *St. Mary*), dann die Dukes of Chandos und später die Familie Shelley es erwarben. Sehenswert ist vor allem die Ausmalung der Innenräume (spätes 17. und spätes 19. Jh.).

Tichborne (zwischen A 31 und B 3046, 15 km O Winchester)

Das kleine Dorf am Itchen mit der Pfarrkirche *St. Andrew* (begonnen im 11. Jh.), der *Tichborne Chapel* (Grabkapelle der Familie Tichborne) und einem *Herrenhaus* im Tichborne Park (heutiger Bau von 1803) ist wegen einer bis auf den heutigen Tag erhaltenen Almosenverteilung namens ›Tichborne Dole‹ bekannt. Die alljährlich am 25. März an bedürftige Frauen verteilte Mehlspende hat einen makabren Ursprung: Als die Frau des Sir Roger Tichborne, eines Zeitgenossen Heinrichs I., im Sterben lag, erfüllte ihr Mann ihr einen letzten Wunsch. Er versprach, den Ertrag allen Landes, das die Frau in ihrem bedauernswerten Zustand während der Brenndauer einer Fackel umrunden könne, wohltätigen Zwecken zuzuführen. Sie machte sich kriechend auf den Weg und schaffte es, 20 acres (ca. 8 ha) zu umrunden. Noch heute ist dieses Stück Land unter dem Namen ›The Crawls‹ bekannt.

New Alresford und Old Alresford
(an A 31 bzw. B 3046, 15 km O Winchester)

bieten frühe Beispiele geplanten Städtebaus. ›New‹ Alresford wurde um 1200 von Bischof Godfrey de Lucy von Winchester in Auftrag gegeben, als eine Talsperre geschaffen wurde, die den kleinen Fluß Alre aufstaute. So wurde der Itchen, in den die Alre mündet, oberhalb Winchesters schiffbar gemacht. Die *Broad Street* ist in ihrer Ausdehnung noch heute wie zur Zeit der Stadtgründung erhalten, auch wenn die Häuser infolge verschiedener Großbrände nur noch bis ins 18. Jh. zurückreichen. ›Old‹ Alresford hat heute das Gesicht eines Dorfes aus dem 18. Jh. (Pfarrkirche *St. Mary*, 1753; *Old Alresford House*, 1752).

133

* **The Grange** (abseits der B 3046, 20 km NO Winchester, bei Northington)

Die imposante Ruine dieses nur von außen zu besichtigenden Herrenhauses aus dem 19. Jh. wurde in der Form eines griechischen Tempels um einen aus dem 17. Jh. stammenden Kern gebaut. Der Erbauer war William Hawkins, Architekt der Londoner National Gallery.

* **Stratton Park** (abseits der A 33, 15 km NO Winchester, bei East Stratton)

Der 1803 von George Dance d. J. erbaute Landsitz wurde in den frühen sechziger Jahren bis auf den Portikus mit seinem Dreiecksgiebel und den toskanischen Säulen abgerissen. An seine Stelle trat ein 1963/65 von Stephen Gardiner und Christopher Knight geschaffener moderner Bau aus Ziegel, Glas und Stahl. Mit dem verbliebenen Portikus jenseits des rechteckigen Teiches bildet der moderne Bau eine allerdings gelungene Synthese.

Chawton (an der A 31, Vorort von Alton, 30 km NO Winchester)

Hier lebte *Jane Austen* von 1809 bis 1816 mit ihrer Mutter und einer Schwester, bevor sie nach Winchester zog. Das zweistöckige Backsteinhaus, in dem sie ihre Romane ›Mansfield Park‹ (1814), ›Emma‹ (1816) und ›Persuasion‹ (1818) schrieb (und das heute *Museum* ist), wurde ihr von ihrem Bruder zur Verfügung gestellt. Er hatte das elisabethanische *Chawton House* geerbt und war zu Wohlstand gekommen. Ein Mitglied der Familie Knight, die Chawton House erbaut hatte, Sir Richard Knight († 1679), ist in der 1871 von Sir Arthur Blomfield (1829–99) entworfenen Kirche *St. Nicholas* mit einem prächtigen Marmordenkmal verewigt.

Selborne (an der B 3006, 5 km S Chawton)

war die Wirkungsstätte des Pfarrers und Naturforschers *Gilbert White* (1720–93), des Autors der ›Natural History and Antiquities of Selborne‹ (1789). Es gilt als eines der auflagenstärksten Bücher, die je in englischer Sprache verfaßt wurden.

Gedacht wird des Forschers und Seelsorgers im *Gilbert-White-Museum* (seinem ehemaligen Haus *The Wakes*) und in der kleinen normannischen Pfarrkirche *St. Mary*: Ein Fenster zeigt dort Franz von Assisi mit den 64 von White beschriebenen Vogelarten. Ein flämisches Triptychon von 1520 (Anbetung der Hl. Drei Könige) wurde von Whites Bruder Benjamin zur Erinnerung an den Verstorbenen gestiftet. Der steile Hügel *Selborne Hanger* westlich des Dorfes schließlich war Whites bevorzugtes Forschungsgebiet. Er ist über einen Zickzackweg zu erreichen, den White selbst anlegen ließ.

* **Crawley** (abseits der A 272, 10 km NW Winchester)

gilt als eines der schönsten Dörfer Hampshires. Es ist fast unverändert aus dem 16. Jh. erhalten. Sein Stolz sind die malerischen Fachwerkhäuser, das Herrenhaus *Crawley Court* an dem großen, typisch englischen Dorfteich und die hölzernen Stützen und Bögen (eine Rarität in England!) in der auf normannische Zeit zurückgehenden Pfarrkirche *St. Mary*.

Stockbridge (an der A 272, 15 km W Winchester)

liegt am River Test, der an dieser Stelle als bestes Revier der *Forellenfischerei* in Südengland gilt. Die einzige Straße des Städtchens ist die allerdings überaus breite und großzügig angelegte Durchgangsstraße. Der Treffpunkt des traditionsreichen Anglervereins ist das aus gelbem Backstein gebaute *Grosvenor Hotel*.

Etwa 2 km südlich Stockbridge steht *Marsh Court*, 1901–04 von Sir Edwin Lutyens für einen neureichen Edwardianer vollständig aus Kalkstein erbaut und 1926 um einen Ballsaal erweitert. Der auf verschiedenen Ebenen angelegte Garten ist ebenfalls Lutyens' Werk.

Cranbury Park (abseits der A 31, 5 km SW Winchester)

Das um 1790 entstandene Herrenhaus mit einem kuriosen Sommerhäuschen im Garten wird George Dance zugeschrieben. Auf dem Gelände befindet sich ein Teil des Querschiffs von Netley Abbey *(S. 144)*. Es wurde 1770 hierher versetzt.

Hursley (an der A 3090, 10 km SW Winchester)

Die Kirche *All Saints* (19. Jh.; Decorated Style), ehemals Grabstätte von Oliver Cromwells Sohn Richard, wurde mit den Tantiemen bezahlt, die Pfarrer *John Keble* (1792–1866), Theologe, Literat und Mitbegründer der ›Oxford Movement‹, mit seinen religiösen Versdichtungen ›The Sacred Year‹ und ›Lyra Innocentium‹ verdient hatte. Eine »Kathedrale« schuf sich der dichtende Seelsorger im nahegelegenen *Hursley Park*. Dessen Buchenalleen nämlich pries er überschwenglich als ›Hursley Cathedral‹.

Portsmouth (mit Southsea)

Lage: An A 3, A 333 und M 27, ca. 100 km SW London, ca. 35 km SO Winchester

Geschichte: »Die aus dem eigentlichen Portsmouth und den Teilen Portsea, Southsea und Gosport bestehende Stadt bietet wenig Sehenswertes, auch ihr Handel ist unbedeutend; alles tritt zurück hinter der Werft, der größten des Reichs.« – Diese etwas vereinfachende Charakterisierung, die der deutsche Englandreisende Adolf Brennecke 1887 vornahm, ist, zumindest in ihren Grundsätzen, auch heute noch gültig. Zwar hat die Werft der mittlerweile auf etwa 200 000 Einwohner angewachsenen Stadt an Bedeutung verloren, jedoch ist die Geschichte Portsmouths seit jeher die seines Hafens. Dabei mußte Heinrich V. 1415 noch nach Southampton ausweichen, um von dort aus seinen ruhmreichen Frankreichfeldzug zu starten, und auch die Seemauern, die die Stadt heute noch an einigen Stellen umgeben, wurden erst gegen Ende des 15. Jh. errichtet. Seit aber im Schutz dieser Mauern das erste ständig verfügbare Trockendock entstand – es wurde unter Heinrich VIII. zur ersten königlichen Werft erweitert –, ist Portsmouth, begünstigt durch die sichere Lage des Portsmouth Harbour, der wichtigste Hafen der englischen Marine. Sie verbindet mit dem Stützpunkt Portsmouth einige ihrer größten Erfolge (am 14. September 1805 lief Nelson mit seiner ›Victory‹ nach Trafalgar aus), aber auch einige ihrer bittersten Verluste: So kenterte am 19. Juli 1545 kurz nach dem Auslaufen von Portsmouth die ›Mary Rose‹, das Flaggschiff Heinrichs VIII. *(Abb. S. 13)*, vor den Augen des entsetzten Monarchen und ging mit 700 Mann Besatzung unter. Seit der Bergung im Jahre 1982 ist sie neben Nelsons ›Victory‹ eine der Attraktionen des ****Royal Naval Museum** an der Queen Street. Eine noch größere Zahl von Opfern forderte am 29. August 1782 der Untergang des damaligen Flaggschiffs ›Royal George‹: Das Schiff hatte bei Reparaturarbeiten zu stark übergeholt und wurde von einer unerwartet starken Welle umgeworfen und mit 1000 Mann Besatzung, unter ihnen auch der Kommandant Admiral Richard Kempenfelt, versenkt – ein Ereignis, das mit William Cowpers Gedicht ›On the Loss of the Royal George‹ sogar in die Literaturgeschichte einging.

Die **Altstadt** im eigentlichen Sinne erstreckt sich auf den bis ins 19. Jh. vollständig befestigten Teil der Stadt um den Innenhafen (Anlegestelle der Autofähre zur Insel Wight) und südlich der königlichen Werft. In der High Street steht, inmitten moderner Häuser, **St. Thomas*: 1180 begonnen, ab 1320 Pfarrkirche und seit 1927 Kathedrale. Vierungsturm und Hauptschiff wurden Ende des 17. Jh. vollständig erneuert, da die Kirche im Bürgerkrieg arg gelitten hatte. Erweiterungen zwischen den Weltkriegen, geplant im Hinblick auf eine kathedralenwürdige Größe, wurden nur teilweise ausgeführt. Der Bau besteht somit aus drei zeitlich mehrere Jahrhunderte voneinander getrennten Abschnitten, von denen der ca. 1180–90 entstandene Chor der eindrucksvollste ist. Das kostbar-

Nelsons Flaggschiff ›Victory‹

ste Grabdenkmal in der Kathedrale erinnert an *Charles Villiers, 1. Duke of Buckingham.* Er war als Berater Karls I. für die Erweiterung der königlichen Werft verantwortlich – und wurde im Buckingham House in der High Street 1628 von einem unzufriedenen Soldaten erstochen.

Am südlichen Ende des Bath Square (mit dem ältesten Haus der Stadt, *Quebec House* von 1754) beginnen mit dem *Round Tower* die alten Befestigungsanlagen. Auf ihnen kann man (auf dem »long curtain walk«) vorbei an der *Victoria Pier*, dem Denkmal für den ersten Australienfahrer von 1787 und der Gedenktafel für die Gefallenen des

Falkland-Krieges von 1982 bis zur ehemaligen King's Bastion am Ende der Grand Parade spazieren. Links von der Grand Parade steht die *Royal Garrison Church* (EH), 1866 von G. E. Street restauriert und einziges Relikt eines 1212 von Bischof Peter des Roches gegründeten Krankenhauses (Domus Dei). Folgt man der südlich der Bastion gelegenen Pier Road, trifft man auf die Museum Road, benannt nach dem viktorianisch-pompösen Bau des *Stadtmuseums* an der Ecke.

Portsmouth ist auch seiner zahlreichen literarischen Reminiszenzen wegen interessant: Im Haus *393 Commercial Road* wurde 1812 *Charles Dickens* geboren (heute *Dickens-Museum*); in der St. Paul's Road arbeitete H. G. Wells einige Jahre als Verkäufer in einem Gardinengeschäft; in der King's Road betrieb Sir Arthur Conan Doyle seine Arztpraxis; an der Ecke High Street / Broad Street wurde George Meredith geboren; und in der Campbell Road schließlich verbrachte Rudyard Kipling sechs Jahre seiner Kindheit bei Verwandten.

Das Seebad **Southsea**, das sich ab der Clarence Pier an Old Portsmouth anschließt, bietet neben dem *Hoverport* für die Verbindung zur Insel Wight die üblichen Einrichtungen eines englischen Seebades: Piers, Grünanlagen und viktorianische Bürgerhäuser, die, heute, pastell- und cremefarben gestrichen, größtenteils als Hotels und Pensionen dienen. An der Südspitze der Insel Portsea liegt *Southsea Castle*, jenes 1538 von Heinrich VIII. gebaute Küstenfort, von dem aus er 1545 den Untergang der ›Mary Rose‹ miterleben mußte *(S. 136)*. Auf dem straßenseitigen Gelände der früheren Southsea Castle Arena steht an der Clarence Esplanade das *D-Day-Museum*, das am 5. Juni 1984 aus Anlaß der 40-Jahr-Feiern zur alliierten Invasion in der Normandie eröffnet wurde. Das Museum zeigt neben den üblichen Waffen- und Gerätschafte-Sammlungen herkömmlicher Kriegsmuseen (Portsmouth und Southsea wurden im 2. Weltkrieg stark zerstört) einen gestickten Wandteppich, ›The Overlord Embroidery‹, der speziell für dieses Museum gearbeitet wurde und die wichtigsten Stadien der Invasion (Operation Overlord) darstellt.

Umgebung von Portsmouth

Hayling Island (an der A 3023, 2 km O Portsmouth)

Die etwa 10 km² große Insel zwischen den gezeitenbeeinflußten Buchten Langstone Harbour und Chichester Harbour wurde, nachdem 1824 eine Brücke hinüber nach Havant gebaut worden war, kontinuierlich zum Seebad ausgebaut. Die inzwischen erdrückende Präsenz der Tourismus-Industrie sollte nicht davon abhalten, zwei sehenswerte mittelalterliche Dorfkirchen zu besuchen: *St. Peter* in North Hayling (12. bis 13. Jh.) mit einem auffallend großen nördlichen Querschiff, einem – ebenfalls ungewöhnlich – über dem östlichen Ende des Kirchenschiffs thronenden Türmchen und einem mittelalterlichen, wenn auch restaurierten, hölzernen Nordeingang, und *St. Mary* in South Hayling (13. Jh., 1869 und 1892 restauriert) mit einem Taufbecken aus Purbeck-Marmor, das älter ist als die Kirche, und Fenstern von C. E. Kempe.

Portchester (S der A 27, zwischen Fareham und Portsmouth)

Die strategischen Vorteile dieser Landzunge am nördlichen Ende des Portsmouth Harbour erkannten bereits die Römer. Im späten 3. Jh. errichteten sie hier ein quadratisches *Fort* als westlichste Befestigungsanlage an der sogenannten »sächsischen Küste«. Die an jeder Seite 180 m langen Außenmauern des Forts sind – und das ist einzigartig in ganz Nordeuropa – komplett erhalten. Sie sind 3 m dick, 6 m hoch und landseitig durch Gräben geschützt. Nach Abzug der Römer wurde das Fort nur sporadisch genutzt, bis im 12. Jh. unter Heinrich I. in der Nordwestecke die normannische Festung (mit Bergfried, Außenmauern und Graben) *Portchester Castle* (EH) entstand. Ab 1377 dann, unter Richard II., erhielt sie mehr das Aussehen eines befestigten Palastes. 1133 gründete Heinrich I. in der Südostecke des ehemals römischen Areals eine Augustinerpriorei, deren Kirche *St. Mary* gleichzeitig Pfarrkirche und Schloßkapelle war. Ihre Westfront, das mit Abstand eindrucksvollste Detail des Baus, ist im Original erhalten. Das Prunkstück im Innenraum ist das normannische Taufbecken mit seinem hervorragend gearbeiteten Relief aus Menschen, Pflanzen und Tieren unterschiedlicher Gattungen.

Hambledon (an der B 2150, 18 km N Portsmouth)

Der heutige Ruf dieser im Mittelalter einmal wichtigen Gemeinde (von der einstigen Größe zeugt die sächsische Pfarrkirche *St. Peter and St. Paul*) gründet sich auf das Cricketspiel. Zwar wurde das Cricket entgegen der Überlieferung hier nicht erfunden, jedoch erhielt es erst durch die 1760 erfolgte Gründung des *Hambledon Cricket Club* die Aura eines seriösen Wettkampfsports. Die Spiele des Vereins wurden auf dem *Broadhalfpenny Down* (3 km NO des Dorfes) ausgetragen. Hier erinnert ein Denkmal ebenso an den Club wie die gegenüberliegende Kneipe *The Bat and Ball*, deren Wirtshausschild anschaulich eine Spielszene zeigt.

* **East Meon** (abseits der A 32, 6 km N Hambledon)

Das hübsche Dorf am kleinen River Meon, am Fuß der South Downs gelegen, ist eines der Schaustücke von Hampshire. Freunde des Angelsports kommen hierher, weil schon Izaak Walton hier fischte. Seither ist Easts Meons *Forellenfischerei* im ganzen Land bekannt. Kunstreisende zieht vor allem das viereckige *normannische Taufbecken* aus schwarzem Tournai-Marmor (ca. 1130/40) in der Dorfkirche *All Saints an. Seine Nordseite zeigt die Erschaffung Adams und Evas und die Versuchung, die Ostseite die Vertreibung aus dem Paradies und einen Engel, der Adam das Graben lehrt. Arkaden und darüber angeordnete Tierfriese sind die Dekoration der beiden anderen Seiten.

Das schönste Haus des Ortes ist das *Haus Glenthorne* (1690) an der High Street: ein Ziegelbau in blaurotem Schachbrettmuster mit einem großen Dreiecksgiebel.

Bishop's Waltham (an A 333 und B 3035, 18 km NW Portsmouth)

Der Ursprung der wie ein Schachbrett angelegten Stadt fällt mit der Gründung des *Bischofspalastes* (EH) durch Henry de Blois 1135 zusammen. Der Palast, der unter Henrys Nachfolgern zu einer wahren Festung ausgebaut wurde, war bis ins 17. Jh. bewohnt. Im Bürgerkrieg jedoch wurde er von den Anhängern des Parlaments so schwer beschädigt, daß er in der Folgezeit zur Ruine verfiel. So sind heute neben dem Graben vor allem Elemente aus der normannischen Zeit zu sehen (Teile des Torhauses, Great Hall, Küche und Krypta einer Kapelle) sowie die Ziegelmauer, mit der Bischof Langton das Anwesen im 15. Jh. umgab.

Die Pfarrkirche *St. Peter* geht in ihren ältesten Teilen (Nordarkade) auf 1200 zurück, jedoch haben mehrere Umbauten zwischen dem 13. und 17. Jh. und vor allem drei Restaurierungsschübe im 19. Jh. dem Bau jegliche Einheitlichkeit genommen.

Wickham (an A 32 und A 334, 12 km NW Portsmouth)

In dem größten der Dörfer im Tal des Meon und Geburtsort des *William of Wykeham (S. 129)* dreht sich alles um den unverhältnismäßig großen zentralen Platz des Ortes, *The Square.* Die ihn umgebenden Straßen und Häuserkomplexe bilden eine Einheit, die dem Dorf in britischen Publikationen so manchen Superlativ eingetragen hat. Besonders attraktiv sind das Viertel östlich des Square, wo die für Hampshire typischen grauen und roten Ziegelsteine dominieren, und die Bridge Street am Nordende des Square. Sie führt zum Meon hinunter und zu einer dreistöckigen Mühle, die nach dem 1813 erbeuteten amerikanischen Kriegsschiff, aus dessen Holz sie gebaut wurde, *Chesapeake Mill* heißt. Vor dem Hintergrund des Dorfes fällt die im 19. Jh. zu ihrem Nachteil restaurierte Pfarrkirche *St. Nicholas* deutlich ab. Erwähnenswert ist allerdings der echte normannische Torbogen, dessen Kapitelle einen Zentauren mit Pfeil und Bogen zeigen, ein Symbol, das gern als Sternzeichen (Schütze) interpretiert wird und in diesem Fall als Wappen König Stephens (1135–54) gedeutet werden könnte.

Titchfield (an der A 27, 15 km W Portsmouth)

In Titchfield taufte der Überlieferung zufolge der hl. Wilfrid jütische Siedler. Da der Turm der vom 12. bis zum 15. Jh. erweiterten Pfarrkirche *St. Peter* eindeutig sächsischen Ursprungs ist, ist diese Erklärung nachvollziehbar. Das nördliche Seitenschiff von St. Peter gilt als eine der besten Arbeiten des Perpendicular in Hampshire.

Titchfield Abbey (EH) wurde 1232 von Peter des Roches, Bischof von Winchester, gegründet. Thomas Wriothesley, Lordkanzler Heinrichs VIII. und 1. Earl of Southampton, baute die Abtei nach 1536 zur Residenz ›Place House‹ aus. 1781 aber wurde das »ryghte statelie House embatalid« des 1. Earl weitgehend abgerissen, und so ist von Place House nur noch das imposante Torhaus im Stil der Tudor-Gotik erhalten. Das einzige erkennbare Relikt der Klosteranlage ist die Ruine des Eingangs zum Kapitelhaus.

Ein berühmter Gast des Hauses war, zu Zeiten des 3. Earl, Henry Wriothesley, *William Shakespeare*. Wriothesley war jener Patron, dem Shakespeare seine Sonette widmete und in dessen Haus einige seiner Stücke wahrscheinlich erstmals aufgeführt wurden.

23 Southampton und Umgebung

* Southampton

Lage: An M 27 und A 33, ca. 30 km NW Portsmouth

Geschichte: Die Stadt auf der Halbinsel zwischen den Mündungstrichtern von Test und Itchen, an deren Ufern schon die Römer (im heutigen Stadtteil Bitterne), dann die Sachsen (in ›Hamwic‹ oder ›Hamtun‹, daher der Name Hampshire) und schließlich auch die Normannen siedelten (im Gebiet der heutigen Altstadt), galt schon immer als guter Ausgangspunkt für Verbindungen zum Kontinent. Als König Johann Ohneland jedoch im Jahre 1204 die Festlandsnormandie verlor, mußte die Ansiedlung immer wieder französische Angriffe über sich ergehen lassen. Um 1360 baute man daher die große, in

Teilen noch heute erhaltene Stadtmauer. Bis zum 16. Jh. dann war Southampton Handelsstadt, ab Mitte des 18. Jh. vor allem Seebad, ab 1862 Universitätsstadt (voller Universitätsstatus 1952) und seit dem Bau der Eisenbahnverbindung mit London (1840) eine bedeutende Hafenstadt. ›White Star‹ und ›Cunard‹, die großen Schiffahrtslinien, wurden hierher verlegt, so daß der Hafen, von dem aus z. B. die ›Titanic‹ ihre Unglücksfahrt startete, schon bald den ersten Rang im Überseeverkehr innehatte. Riesige Passagierschiffe wie die ›Queen Mary‹ wurden hier gebaut. Obwohl Southampton im 2. Weltkrieg weitgehend zerstört wurde, ist es heute, nach seinem Wiederaufbau in den fünfziger und sechziger Jahren, mit rund 200 000 Einwohnern größer als je zuvor.

Ein **Rundgang** durch die *Altstadt beginnt zweckmäßigerweise am Nordende der High Street am *Bargate ①, das heute ein kleines Stadtmuseum beherbergt. Über Castle Way hinweg erreicht man beim *Wind Whistle Tower* ② die *Stadtmauer* von 1360, deren Ausmaß allerdings von der unterhalb und außerhalb verlaufenden Western Esplanade besser zu sehen ist. Der Mauerweg bringt uns zum *Tudor House ③ (16. Jh.; heute *georgianisch-viktorianisches Museum*) in der Bugle Street, die als einzige Innenstadtstraße vom Bombenhagel des 2. Weltkriegs verschont blieb. Ein kurzer Abstecher Richtung High Street führt zu *St. Michael ④, dem einzigen vollständig erhaltenen mittelalterlichen Sakralbau Southamptons. In der um 1066 begonnenen Kirche steht eines der vier *Taufbecken aus Tournai-Marmor* in Hampshire *(S. 116)*. Die Ruine der Kirche *Holy Rood* ⑤ (1320; 1849 wiederaufgebaut) ist heute Denkmal für die Handelsmarine. Ihre Quarter Jacks aus dem 18. Jh. wurden nach dem 2. Weltkrieg restauriert. *Haus Nr. 94 High Street* schließlich (nördlich Holy Rood) hat einen um 1300 erbauten Keller (»medieval vault«), der vermutlich als Weinlager gedient hat.

Zurück zum Rundgang längs der Stadtmauer: Auf Tudor House folgt das *West Gate* ⑥ und südlich davon das 1913 geschaffene *Denkmal für die Pilgerväter* ⑦. Ihre Schiffe, die ›Mayflower‹ und die ›Speedwell‹, segelten 1620 vom Southamptoner West Quay aus – der Beginn jener legendären Reise, den die Geschichte als Auftakt der angelsächsischen Besiedlung des nordamerikanischen Kontinents kennt *(Abb. S. 117)*. Jenseits der Straße folgen *Mayflower Park* ⑧, die *Royal Pier* ⑨ und schräg gegenüber *Wool House* ⑩, ein Lagerhaus aus dem 14. Jh., heute *Schiffahrtsmuseum*. *God's House* ⑪ (gegründet 1185; restauriert 1861) in der Winkle Street wurde von einem reichen Kaufmann als Herberge und Altersheim gestiftet. *God's House Gate* ⑫ (14. Jh.) ist die südöstliche Ecke der Stadtmauer; *God's House Tower* ⑬ daneben (15. Jh.) dient als *Archäologisches Museum*. Entlang der Straße Back of the Walls, die den erhaltenen Teilen der östlichen Stadtmauer folgt, geht es zurück zur nordöstlichen Ecke, dem *Polymond Tower* ⑭, und schließlich wieder zum Ausgangspunkt am Bargate.

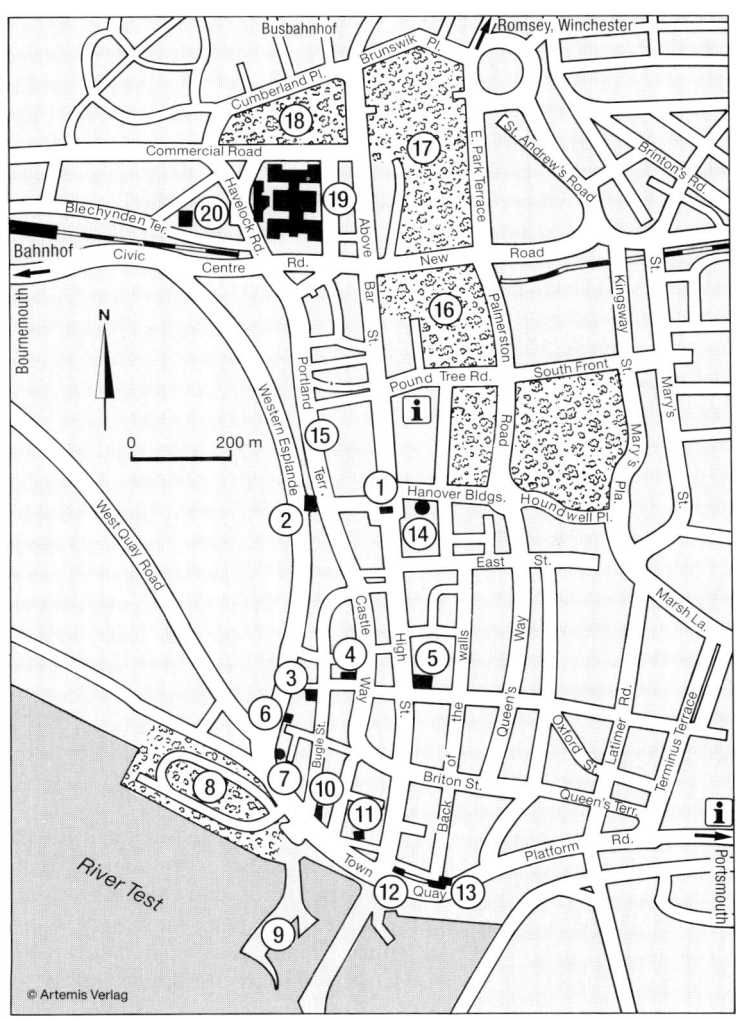

Southampton: Stadtplan

* ① Bargate
② Wind Whistle Tower
* ③ Tudor House
* ④ St. Michael
⑤ Holy Rood Church
⑥ West Gate
⑦ Mayflower-Denkmal

⑧ Mayflower Park
⑨ Royal Pier
⑩ Wool House
⑪ God's House
⑫ God's House Gate
⑬ God's House Tower
⑭ Polymond Tower

⑮ Portland Terrace
⑯ Palmerston Park
⑰ East Park
⑱ West Park
* ⑲ Civic Centre
⑳ Spitfire Museum

Civic Centre und Umgebung: Nördlich des Bargate beginnt mit einer Fußgängerzone die Above Bar Street. Parallel dazu verläuft *Portland Terrace* ⑮ mit einer Reihenhausanlage von 1835–40; östlich liegt der *Palmerston Park* ⑯ mit einer 1868 von Thomas Sharpe geschaffenen Statue für Henry John Temple, 3. Viscount Palmerston (1784–1865), den langjährigen englischen Außenminister, Premierminister und Southamptoner Unterhausabgeordneten. Palmerston Park wird jenseits der New Road zum *East Park* ⑰, an dessen nordwestlichem Ende das Denkmal für die Mannschaft der ›Titanic‹ steht. Im *West Park* ⑱ gegenüber steht ein von Sir Edwin Lutyens geschaffener Kenotaph. Südlich der angrenzenden Commercial Road folgt das von E. Berry Webster entworfene *Civic Centre* ⑲ (1928–39), das unter anderem Rathaus, Bibliothek, Theater und *Städtische Kunstgalerie* einschließt. Der Komplex aus weißem Portland-Stein fällt schon von weitem durch seinen 55 m hohen Glockenturm auf. Die Kunstgalerie ist – würdig des Geburtsortes von John Everett Millais (1829–96), dem präraffaelitischen Maler – mit etwa 2700 Ausstellungsstücken auf britische Maler von 1750 bis zur Gegenwart (vor allem die Camden Town Group) spezialisiert. Es besitzt aber auch eine gute Sammlung europäischer Alter Meister sowie französische Malerei von 1800 bis 1820.

Das jüngste Museum Southamptons befindet sich in der King's Bridge Lane westlich des Civic Centre: das zu Ehren von R. J. Mitchell eingerichtete *Spitfire Museum* ⑳, das an den Flugzeugkonstrukteur und sein in Southampton gebautes Kampfflugzeug ›Spitfire‹ erinnert.

* Netley Abbey
(EH; am Ostufer des Southampton Water zwischen Southampton und Netley)

ist die grandiose Ruine eines 1239 von Beaulieu aus besiedelten Zisterzienserklosters. Nach der Auflösung der Klöster 1538 durch Heinrich VIII. kam die Abtei an Sir William Paulet, den späteren 1. Marquess of Winchester, der die Abtei zum Herrenhaus – und so z. B. das Kirchenschiff zur Great Hall seines Wohnhauses – umbauen ließ. Allerdings ist heute von Paulets Haus kaum noch eine Spur zu sehen, so daß die besonders von romantischen Dichtern immer wieder besungene (z. B. William Lisle Bowles ›Sonnet to Netley Abbey‹) ehemalige Klosteranlage heute wieder in den Ruinen gut nachzuvollziehen ist: Klosterkirche, Kreuzgang, Küche, Refektorium, Dormitorium und, nördlich des Kirchenschiffs und separat stehend, die Wohnung des Abts. Das nördliche Querhaus wurde um 1770 abgerissen und auf dem Gelände von Cranbury Park *(S. 135)* als Ruine wiederaufgebaut.

Romsey (an A 3057 und A 31, 12 km NW Southampton)

Romsey entstand, als Edward, ein Sohn Alfreds des Großen, hier im Jahre 907 für seine Tochter Elfleda eine Abtei gründete. **Romsey Abbey,** unter deren Vierung man die mutmaßliche Apsis der alten Abtei lokalisiert hat, wurde 1120 begonnen. Chor und Querschiffe, beide mit Ostkapelle, und die östlichen vier Joche des Langhauses folgten im 12., die drei westlichen Joche und die Westfassade im 13. Jh. Als Heinrich VIII. 1539 die Abtei auflösen ließ, entging sie der Zerstörung nur deshalb, weil die Bewohner Romseys es schafften, sie dem König abzukaufen – für 100 Pfund.

Der Gesamteindruck des Innenraumes ist trotz der frühgotischen westlichen Joche ziemlich einheitlich, nicht zuletzt aufgrund der durchgehend verwendeten Zickzackornamentierung der Bögen sowie der gleichförmigen Kapitelle. Im südlichen Seitenschiff verdeckt ein 1966 geschaffener Vorhang mit byzantinisch beeinflußten Heiligendarstellungen die Eingangstür der Äbtissin. Im südlichen Querschiff befinden sich zwei außergewöhnliche Grabdenkmäler: unter einem prachtvollen gotischen Baldachin die aus Purbeck-Marmor gearbeitete Figur einer Dame, vermutlich einer Äbtissin, aus dem 13. Jh., und, vor der St. Michael's Chapel, das um 1650 geschaffene Denkmal für die St. Barbes, die ersten Besitzer von Broadlands *(S. 146)*. Auf die Kirchenbank der

Grabdenkmal für die
Familie St. Barbe
(ca. 1650)

Familie Mountbatten, bis 1979 Besitzer von Broadlands, weist eine Bronzeplakette im Chor hin. Hinter dem Altar im südlichen Chorseitenschiff ist das älteste Kunstwerk der Kirche zu sehen: ein ursprünglich außen angebrachtes sächsisches Kreuzigungsrelief von ca. 1000. Ein anderes, nur wenig jüngeres Relief ist nach wie vor außen beim Portal der Äbtissin angebracht. Über dem Altar des nördlichen Querschiffs befindet sich ein auf Holz gemaltes Altarbild von 1525, das in der unteren Reihe die Auferstehung Christi und in der oberen Reihe die Äbtissin von Romsey zeigt. **Die Stadt** bietet im Vergleich zur Abteikirche wenig Sehenswertes. Genannt seien jedoch: die ambitionierte *Congregational Church* (1897; Perpendicular), die Statue des *3. Viscount Palmerston* (am Marktplatz) und *King John's Hunting Box*, ein Haus von 1230, das vermutlich einem reichen Kaufmann gehörte.

Lohnend jedoch ist das Herrenhaus *Broadlands* (1 km S der Abtei). Das Anwesen, ursprünglich ein einfaches Haus aus der Tudor-Zeit, gehörte zuerst der Familie St. Barbe, dann (ab 1738) den Viscounts Palmerston und ab 1865 der Familie der Ehefrau des *Earl Mountbatten of Burma*. Das heutige Haus und der Park wurden 1767 von ›Capability‹ Brown geschaffen. Er erweiterte das Haus in dem damals üblichen graugelben Ziegelstein und baute einen großen zentralen Portikus auf der Gartenseite. Sein Schwiegersohn Henry Holland fügte 1788 den östlichen Portikus und die überkuppelte Eingangshalle hinzu, Joseph Rose zur selben Zeit die Stuckarbeiten im Erdgeschoß im Stil seines Meisters Robert Adam. Der 3. Viscount Palmerston (1784–1865), der langjährige englische Außenminister und Premierminister, legte die Skulpturensammlung des Hauses an (Antike und 18. Jh.). Der Earl Mountbatten (1900–79), Onkel des Herzogs von Edinburgh, machte Broadlands kurz vor seiner Ermordung der Öffentlichkeit zugänglich. So sind im Eßzimmer Gemälde von van Dyck zu besichtigen und im Wohnzimmer Porträts aus dem 18. und 19. Jh. Es gibt eine Sammlung Wedgwood-Porzellans, ein Palmerston-Zimmer sowie eine Mountbatten-Gedenkausstellung in den Stallungen aus dem 17. Jh.

** **Mottisfont Abbey** (NT; abseits der B 3084, 10 km NW Romsey)

Die Abtei zu Mottisfont, hervorgegangen aus einer 1201 gegründeten Augustinerpriorei, die von William Lord Sandys of The Vyne *(S. 121)*, dem Haushofmeister Heinrichs VIII., 1536 im Tausch gegen Chelsea und Paddington erworben und zur Tudor-Residenz umgebaut wurde, ist – gegen Aufpreis – nur mit einer Führung zu besichtigen. Dabei werden lediglich zwei Räume gezeigt, doch die sind den Besuch unbe-

Mottisfont Abbey:
Trompe l'œil von
Rex Whistler (1938)

dingt wert: der Keller des Klosters, ein niedriges zweischiffiges Gewölbe, und vor allem der sogenannte *Whistler Room*, 1938 von Rex Whistler (1905–44) vollständig in trompe-l'oeil ausgemalt. Sind schon die (vermeintlichen) Stuckarbeiten an der Decke, die schlanken Säulchen vor den rosafarbenen Wänden oder die militärischen, sportlichen und musikalischen Trophäen an der Wand virtuose Illusion (wie um alles auf die Spitze zu treiben, ließ der Maler auf einem Sims einen Farbtopf mit Pinsel stehen – beides gemalt), so gibt es für die gegenüber dem Wandspiegel gemalte Nische, in der eine rauchende Urne steht, keinen Superlativ mehr: »Hinter« der reliefgeschmückten Urne hängt ein Hermelincape auf eine Laute herab, auf dem Sockel (mit »Relief«-Inschrift *Magna est Veritas et Praevalebit*) liegt ein goldener Ring neben einem Handschuh, zwischen Sockel und Nischenwand stehen einige Bücher achtlos eingeklemmt, davor liegt eine goldene Taschenuhr, deren Kette über die Nischenkante hinaushängt. Ein Blick in den Spiegel schließlich läßt die Illusion entstehen, der aus der Urne aufsteigende Rauch, der die Stuckumrandung der Nische verdeckt, bewege sich tatsächlich langsam nach oben.

Die besondere Attraktion des Parks ist der im ehemaligen, von hohen Mauern umgebenen Küchengarten angelegte Rosengarten mit Pflanzen, die aus der Zeit vor 1900 stammen.

Das Wort »forest«, heute ausnahmslos als Waldgelände zu übersetzen, bezeichnete ursprünglich ein streng abgegrenztes und gesichertes Jagdreservat des Königs. Von den etwa 80 dieser Reservate, die zur Zeit der Normannenkönige existierten, sind Savernake Forest in Wiltshire, Cranborne Chase und Powerstock in Dorset erhalten. Der ca. 400 km² große New Forest, in dem Wilhelm II. Rufus am 2. August des Jahres 1100 bei einem Jagdunfall den Tod fand (›Rufus Stone‹ in der Nähe des Dörfchens Minstead bei Lyndhurst), ist heute ein Naturschutzgebiet.

Im 17. und 18. Jh. hingegen war der Wald keineswegs geschützt. Als Baustofflieferant für die Schiffe der englischen Marine nämlich hatte er eine enorme Bedeutung – was Defoe zu der kühnen Prognose veranlaßte, dieser Holzreichtum könne, selbst wenn die Nation dem ganzen »Rest der Welt« seine Schiffe baute, nie versiegen. Im 19. Jh. aber wurde der New Forest durch Parlamentsbeschluß zum Wandergebiet erklärt, in dem heute die wilden »New Forest Ponies« allgegenwärtig sind und sogar auf den Straßen Vorfahrt haben.

Lyndhurst (an A 35 und A 337, 15 km SW Southampton)

Die Kleinstadt, etwa im Zentrum des New Forest gelegen, ist auch dessen Verwaltungssitz: Im *Queen's House* (17. Jh.) westlich der Pfarrkirche St. Michael tritt an jedem ersten oder zweiten Montag der Monate Januar, März, Mai, Juli, September und November der ›Court of Verderers‹ zusammen, ein auf die Normannenzeit zurückgehendes Gremium, das über die Angelegenheiten des ehemaligen königlichen Jagdreservats berät. Das gegenüberliegende *King's House* wurde während der Regierungszeit Karls II. (1660–85) für den Oberaufseher des New Forest errichtet.

Die besondere Sehenswürdigkeit des Ortes ist die 1858–69 von William White entworfene Pfarrkirche *St. Michael*. Der Bau, außen aus rotem und gelbem Backstein, innen gelb, weiß und rot gehalten, hat einen knapp 50 m hohen Turm, der Wahrzeichencharakter bekommen hat. Die Kapitelle der Säulen aus Purbeck-Marmor sind Blättern und Früchten des New Forest nachgestaltet. Das Fresko auf der Altarrückwand zeigt die Klugen und die Törichten Jungfrauen und wurde 1864 von Frederic Baron Leighton geschaffen. Auf Leightons Vermittlung hin gestaltete Sir Edward Burne-Jones das Ostfenster, ausgeführt von William Morris, der auch die Fenster im südlichen Querschiff schuf. In der Nordwand des Altarraums befindet sich ein von G. E. Street geschaffenes Grabdenkmal für das Stifterehepaar Hargreaves. Dessen Schwiegertochter war jene Alice Liddell, für die Lewis Carroll seine wundersamen Geschichten von ›Alice im Wunderland‹ erfand. Sie ist als Mrs. Reginald Hargreaves im Kirchhof begraben.

Breamore (an der A 338, 25 km W Southampton, 12 km S Salisbury)

In dem hübschen Tudor-Dörfchen Breamore steht mit der Kirche *St. Mary* (begonnen um 1000) die wohl interessanteste und wichtigste angelsächsische Hinterlassenschaft in Hampshire. Denn neben dem Querschiff sind auch die westlichen Enden der Nord- und Südmauern erhalten und somit ein außergewöhnlich großer Teil des Gebäudes. Dagegen fallen die normannischen Elemente (Südportal des Schiffs) und die Umbauten des 14. Jh. nicht ins Gewicht. Oberhalb des Südportals ist ein monumentales sächsisches Relief erhalten.

Die Kirche steht auf dem Gelände des spätelisabethanischen Herrenhauses *Breamore House* (1583, Neubau 1856; Möbel- und Gobelinsammlung; Landwirtschaftsmuseum und Kutschenmuseum in den Stallungen). Hinter dem Haus führt ein Pfad zum *Breamore Down* hinauf und zu einem mysteriösen Rasenlabyrinth unbekannter Herkunft in einem kleinen Wäldchen.

Rockbourne (abseits der B 3078, 4 km W Breamore)

Das romantische Dörfchen mit Häusern aus Tudor- und georgianischer Zeit sowie reetgedeckten Cottages liegt an einer einzigen, von einem Bach mit kleinen Brücken gesäumten Straße. Das *Herrenhaus* nahe der Pfarrkirche *St. Andrew* ist im wesentlichen elisabethanisch (Kapelle 13. Jh.), die Kirche selbst geht auf einen normannischen Bau zurück (südliches Seitenschiff 13. Jh.; Glockentürmchen 1613; flämisches Triptychon von ca. 1520). In der Nähe des Anwesens *West Park*, früher im Besitz der Familie Coote, deren Grabdenkmäler sich in der Pfarrkirche befinden, wurde 1942 ein *römisches Landhaus* entdeckt. Dessen bisher freigelegte drei Flügel sind etwa je 60 m lang. Nach den Münzfunden zu urteilen, war der Komplex, der möglicherweise das größte römische Landhaus in der Provinz Britannia war, von der Mitte des 2. Jh. bis zum Ende der Römerherrschaft um 410 bewohnt. Die Ausgrabungen dauern noch an, und die Funde aus den 73 erforschten Räumen sind in einem eigenen kleinen Museum ausgestellt.

Beaulieu (an B 3055 und B 3056, 20 km S Southampton)

Der »schöne Ort« Beaulieu ist Standort einer 1204 von König Johann gegründeten und unter Heinrich VIII. aufgelösten *Zisterzienserabtei* (ehem. Refektorium, heute Pfarrkirche, von 1230; früheres Torhaus, heute Palace House, aus dem 14. Jh., 1538 zum Wohnhaus umgebaut, 1722 befestigt und 1872 umgebaut). Die Hauptattraktion des Ortes aber ist das *National Motor Museum* des Lord Montagu of Beaulieu. Es wurde 1952 gegründet und enthält über 300 Oldtimer sowie Automobile und Motorräder berühmter Persönlichkeiten.

Bucklers Hard (am Mündungstrichter des Beaulieu River, 3 km SO Beaulieu)

war, auch wenn die zwei Reihen kleiner Ziegelhäuser zu beiden Seiten eines zu groß geratenen quadratischen Platzes es kaum vermuten lassen, einmal eine der bedeutendsten Werften in der Geschichte der englischen Marine (*Museum* am Ort). Als nämlich der 2. Duke of Montagu 1709 seine Mustersiedlung *Montagu Town* baute, in der eine Zuckerraffinerie den Rohstoff aus Montagus westindischen Besitzungen St. Lucia und St. Vincent verarbeiten sollte, richtete er auch eine Werft ein. Die Zuckergeschäfte scheiterten. Die Werft jedoch übertraf alle Erwartungen und brachte einige der berühmtesten Schiffe hervor, die je aus englischen Häfen gesegelt sind: die ›Vigilant‹, die ›Swiftsure‹, die ›Illustrious‹, um nur einige zu nennen, und – allen voran – Nelsons Flaggschiff ›Agamemnon‹. Als man jedoch eiserne Schiffe zu bauen begann, wurden der »Hard«, wie die Werft im Volksmund hieß, und die Eichen des New Forest schnell überflüssig. Es kehrte wieder jene Ruhe ein in den Wäldern, die Sir John Betjeman in seinem Gedicht ›Youth and Age on Beaulieu River‹ so stimmungsvoll einzufangen wußte.

Lymington (an A 337 und B 3054, 8 km SW Beaulieu)

Die Hafenstadt Lymington *(Farbtafel nach S. 112)*; ebenfalls eine Stadt mit einer langen Schiffbautradition, ist heute eines der bedeutendsten *Yachtzentren* der englischen Südküste und Autofährhafen für die Verbindung zur Insel Wight (Yarmouth, *S. 163*).

Hurst Castle
(EH; Zugang am besten mit der Fähre von Keyhaven, ca. 5 km SW Lymington)

Auf Hurst Castle, einem Küstenfort Heinrichs VIII. am Ende einer Landzunge am westlichen Ausgang des Solent, verbrachte *Karl I.* im Jahre 1648 eine sicher unruhige Nacht. Auf der Insel Wight war er von Colonel Hammond, einem Gefolgsmann Oliver Cromwells, gefangengesetzt worden *(S. 168)*. Hurst Castle war die erste Station auf dem Weg zum Scharfrichter, der ihn in London erwartete.

Insel Wight

Fläche: 382 km^2; Einwohner: ca. 120 000; Hauptstadt: Newport; Fährverbindungen: Lymington–Yarmouth, Portsmouth–Fishbourne oder Southampton–Cowes (Autofähren); Fußpassagiere: Southampton–Cowes (Tragflügelboot) oder Portsmouth–Ryde (Hovercraft oder Dampfschiff)

Die Insel Wight, zwischen 1 und 7 km von der Küste Hampshires entfernt, war bis etwa 6000 v. Chr. mit dem Festland verbunden. Zu dieser Zeit bildeten die Meerenge The Solent und ihr östlicher Arm Spithead einen großen Fluß, dessen Oberlauf das heutige Southampton Water war. Wight ist die kleinste englische Grafschaft. Diesen Status erhielt die Insel 1890 bei ihrer Trennung von Hampshire. Das bedeutete eine neuzeitliche Restauration der Sonderstellung, die sie nach der normannischen Eroberung über mehrere Jahrhunderte innehatte: persönlicher Lehnsbesitz seit 1100, Kroneigentum nach 1293, das nacheinander »Lords«, »Captains« und »Governors« unterstand. Der Titel »Governor« wird heute noch an Mitglieder der königlichen Familie verliehen und besteht neben dem Amt des »Lord Lieutenant«, des führenden Beamten englischer Grafschaften.

Zufälle der Geschichte und Besonderheiten des Klimas (laut Sonnenschein-Statistik ist die »Garteninsel« der wärmste Teil Englands) haben die unterschiedlichsten Persönlichkeiten auf die Insel geführt: Karl I. wurde während des Bürgerkrieges von Cromwell in der **Burg von Carisbrooke (S. 168) gefangen gehalten. Königin Viktoria ließ sich mit ihrer Familie auf der Insel Wight nieder (*Osborne House, S. 172), ebenso ihr Poeta laureatus Tennyson (Freshwater, S. 164). Berühmte Sommerfrischler waren Karl Marx, die österreichische Kaiserin Elisabeth und der Dichter John Keats, für den Wight der Vegetation wegen die »Schlüsselblumeninsel« war. Und zur Cowes Week, der berühmtesten Segelregatta des Landes, erschien schon Kaiser Wilhelm II. mit schöner Regelmäßigkeit.

Einen wahrlich besonderen Ruf genoß die Insel zwischen dem 14. und dem frühen 19. Jh., als sie Operationsgebiet der aktivsten Schmugglerbanden des Königreichs war. Landschaftliche Besonderheiten halfen diesen Aktivitäten in nicht unerheblichem Maße: Die Schluchten (Chines) und Klippenformationen an der *Südküste der Insel (Farbtafel vor S. 113), deren Kreide- und Mergelklippen sich ständig verändern (besonders sehenswert: die bunten Sandfelsen der **Alum Bay, S. 166), waren der ideale Zufluchtsort. Sie gehören ebenso zu den Sehenswürdigkeiten der Insel wie die malerischen kleinen Dörfer mit zumeist reetgedeckten Cottages (*Brighstone, S. 163, *Shanklin, S. 158, oder *Winkle Street in *Calbourne, S. 166).

Die kunsthistorischen Sehenswürdigkeiten der Insel sind, abgesehen von den gut erhaltenen Relikten zweier Römervillen (*Brading, S. 156, *Newport, S. 171), nicht älter als das aus normannischer Zeit stammende **Carisbrooke Castle (S. 168), Residenz des Gouverneurs und gut ausgestattetes Grafschaftsmuseum. Überdurchschnittlich groß ist die Zahl der Landsitze, die von der Tudor-Zeit bis ins 19. Jh. zumeist von wohlhabenden Festlandsfamilien errichtet wurden. Eine der bei den Besuchern populärsten Residenzen ist **Osborne House (S. 172), das Privathaus der Königin Viktoria. Mittelalterliche Dorfkirchen (Brading, S. 156, Carisbrooke, S. 168, Shorwell, S. 162, oder Gatcombe, S. 169, mit präraffaelitischen Kirchenfenstern) haben erstaunliche Konkurrenten aus dem

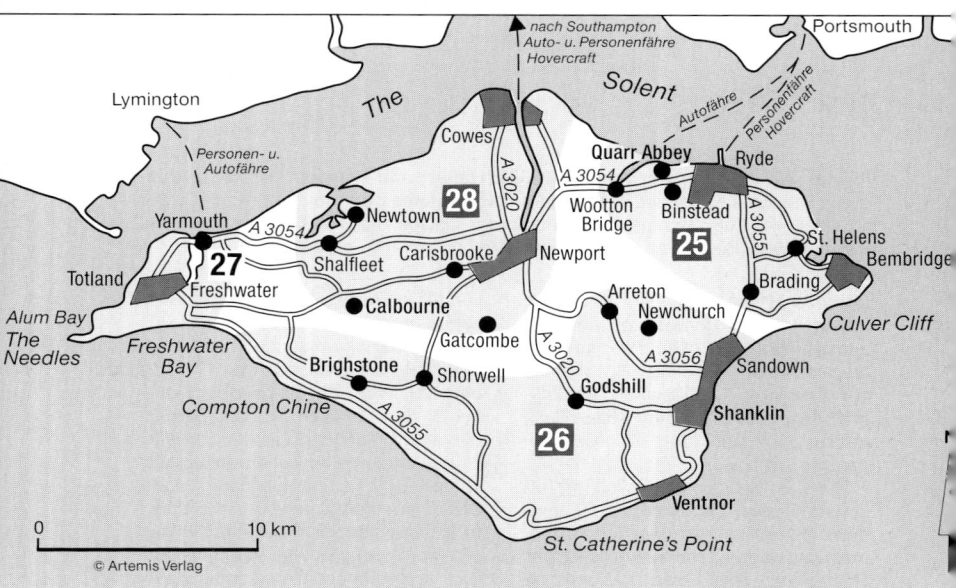

Wight

19. Jh. (z. B. *St. Thomas in Newport, *S. 171*, oder *All Saints in Ryde, *S. 153*). Es mag überraschen, daß der Tourismus nur den dritten Platz in der Wirtschaft der Insel einnimmt. Wichtiger aber sind noch immer die Landwirtschaft (Weidewirtschaft und zu geringeren Anteilen Erwerbsgartenbau und Getreideanbau) und Industriebetriebe wie die British Hovercraft Corporation, die Elektrofirma Plessey und der Flugzeughersteller Pilatus Britten Norman Ltd.

25 Ryde und der Nordosten von Wight

Ryde (mit Binstead)

Lage: An der A 3054, 10 km O East Cowes; Personenfähre und Hovercraft von Portsmouth, Autofähre von Portsmouth nach Fishbourne (4 km W Ryde).

Die heute größte Stadt der Insel (24 000 Einwohner) ging aus einem Fischerdorf hervor, das sich seit der Mitte des 18. Jh. nach und nach zum Seebad entwickelte. Zu Beginn des 19. Jh. ließ sich auch der Hochadel hier nieder; 1813 wurde die Pier gebaut, und 1826 begann ein regelmäßiger Fährverkehr mit Portsmouth. Auf dieser Strecke wurde Mitte der sechziger Jahre der erste planmäßige Hovercraft-Dienst der Welt eingerichtet.

Ein **Rundgang** vom Bahnhof Esplanade (neben dem Hovercraft-Terminal) führt zunächst die steile *George Street* mit ihren viktorianischen Häusern hinauf, dann über die Cross Street nach Westen zur oberen Union Street mit gutem Ausblick über die Pier und den Solent. Die Union Street abwärts gehend sieht man links die *Royal Victoria Arcade*, eine der Londoner Burlington Arcade nachempfundene Ladenpassage, das *Royal Squadron Hotel* und schließlich, am Strand, *The Prince Consort Inn*, 1846 als Royal Victoria Yacht Club gebaut. Von ihm führt nach Südwesten die St. Thomas Street hügelan zu der 1832 von James Sanderson erbauten *Brigstocke Terrace*, der einzigen (und monumentalen) Reihenhausanlage der Insel, die überdies mit den Terraces der Südküste konkurrieren kann. Über Lind Street (*Rathaus*, 1830; Kirche *St. James*, eine kuriose Adaption mittelalterlicher Stilelemente, 1827) und West Street (*Ryde School*, 1820) gelangt man zur Kirche *All Saints*, 1868–72 von Sir George Gilbert Scott erbaut und mit ihrem hohen Turm das weithin sichtbare Wahrzeichen von Ryde.

Die *Esplanade* hat die typischen Einrichtungen eines englischen Seebades: Vergnügungspark, Theaterpavillon, Kanuteich und Schwimmbäder. In einem kleinen Türmchen im *Appley Park* am östlichen Ende der Esplanade pflegten Georg V. und Königin Maria zum Tee einzukehren.

In **Binstead**, dem westlichen Vorort von Ryde, steht die Kirche *Holy Cross* (Altarraum 13. Jh.; Rest 19. Jh.). Eine besondere, wenn auch leicht verwitterte Attraktion ist auf dem Friedhof zu besichtigen: der Grabstein für den Schmuggler Thomas Sivell, der laut Inschrift von der Polizei »grausam erschossen« wurde. Daß die Geistlichkeit der Insel, wie von Rudyard Kipling mit der Wendung »Brandy for the Parson« beschrieben, am Schmuggel regen Anteil hatte, beweist hier übrigens die Existenz eines Pfades von der Kirche zum Meeresufer.

* Quarr Abbey

Von Holy Cross aus führt ein Fußweg zu den Überresten der 1131 begonnenen *alten Quarr Abbey*. Sie wurde benannt nach den Steinbrüchen (»quarries«), die u. a. die Kathedrale von Winchester belieferten. Die **neue Abtei* (gegr. 1911) daneben ist eine Niederlassung französischer Benediktiner, die 1901 aus Solesmes vertrieben worden waren (s. auch Godshill, *S. 160*). Der gesamte Komplex besteht aus rotem belgischem Backstein und ist ein herausragendes Werk des Expressionismus.

Wootton Bridge (an der A 3054, 5 km W Ryde)

Westlich von Quarr Abbey liegen der Autofährhafen Fishbourne (Verbindung nach Portsmouth) und Wootton Bridge, ein Ort mit einem beliebten Yachthafen. Im eigentlichen Dorf (nördlich der Hauptstraße) steht die winzige Kirche *St. Edmund*. Sie hat ein sehr gut erhaltenes normannisches Südportal, eine jakobische Kanzel und Fensterglas von C. E. Kempe (1894).

Wer besondere Entdeckungsfreude verspürt, sollte das kaum erschlossene Waldgelände südlich Wootton Bridge erforschen. Hier kann man auf rauhen Pfaden abseits asphaltierter Straßen zum *Havenstreet Railway Centre* wandern, um ein Stück Eisenbahnromantik zu genießen. Eine Privatvereinigung hat einen Teil der längst stillgelegten Strecke Ryde-Newport wieder hergerichtet, Dampflokomotive und Waggons für kurze Ausfahrten in die ruhmreiche Vergangenheit des einstmals umfangreichen Eisenbahnnetzes der Insel restauriert und ein kleines Museum eingerichtet.

St. Helens (an der B 3330, 6 km SO Ryde)

Das kleine Dorf verlagerte, da die See immer wieder ihren Tribut forderte, seinen Schwerpunkt über die Jahrhunderte hinweg landeinwärts. So steht heute als einsamer Zeuge früherer Besiedlung nur noch der Turm der im 13. Jh. erbauten *Kirche* unmittelbar am Strand nördlich der Sandbank *The Duver*. (Bei Hochwasser verkehrt eine Fähre zwischen dem Ende des Duver und Bembridge.) Die *neue Kirche* (1831 begonnen) wurde (sicherheitshalber?) westlich außerhalb des Dorfes gebaut. Auffallend ist das hölzerne Maßwerk ihrer Fenster. Auf dem Kirchhof sind zwei interessante Grabsteine zu finden: der für den Schmuggler Richard Matthews, der anschaulich von den wenig zimperlichen Umgangsformen zwischen »Freihändlern« und Polizei kündet; zweitens das Grabmal für James Dawes, Baron de Flassans, gestiftet von seiner Tante, der Baronne de Feuchères. Die Geschichte dieser

Dame (sie läßt sich im Wachsfigurenkabinett von Brading, *S. 156*, im Detail verfolgen) erklärt die französischen Titel: Sophie Dawes verließ 1805 als armes Fischermädchen auf eigene Faust die Insel. Nach einigen Abenteuern in London ging sie als Geliebte des Prince de Condé nach Frankreich. Zwar nicht verheiratet, aber steinreich und mit Adelstiteln für sich und ihre Verwandten beschenkt, kehrte sie zurück – und einer der Beschenkten war ihr Neffe James Dawes.
Eine Kuriosität ist auch das *Nettlestone Priory Hotel* (1 km N St. Helens). Ein echtes französisches Kirchenportal mit krabbenverziertem Giebel und einer Darstellung der Georgslegende dient hier als Eingang. Eine Spukgeschichte erklärt die Anwesenheit einer großen Glasvitrine im Haus, in der ein ausgestopfter Hund steht: Seine Besitzerin trauerte so sehr über seinen Tod, daß sie selbst als Geist ins Haus zurückkehrte, als nach ihrem eigenen Tod die Vitrine entfernt wurde. Man schaffte den Hund wieder herbei, und der Spuk hörte auf . . .

Bembridge (an der Ostspitze der Insel, 4 km SO St. Helens)

Was unter »Freihandel« zu verstehen sei, das haben auch die Bewohner von Bembridge in jenen Tagen eher subjektiv ausgelegt. Ihre Bande war eine der Hauptgangs der Insel. Die Werften von Bembridge, das eine glorreiche Schiffahrtsgeschichte zu verzeichnen hat (*Schiffahrtsmuseum* Ecke Ducie Avenue / Sherbourne Street), waren einst berühmt für den Bau besonders schneller – und deshalb für »Freihändler« besonders nützlicher – Schiffe. Heute sind das Dorf und vor allem der Strand zwischen *Bembridge Point* und *Foreland* (der Ostspitze der Insel) beliebte Ausflugsziele. Und vom *Royal Spithead Hotel* (1882), einem trotz seiner vergleichsweise schlichten Fassade guten Erinnerungsstück an die besseren Tage des Seebades Bembridge, hat man einen schönen Ausblick auf die im 19. Jh. ins Meer gebauten Festungen *St. Helens Fort, No Man's Land Fort, Horse Sand Fort* und *Spitbank Fort* (in dieser Reihenfolge von Süden nach Norden). Sie sollten Portsmouth vor französischen Angriffen schützen, die jedoch nie stattfanden. Die beiden Flügel des einstigen *Hill Grove House* des Earl of Ducie gehörten einmal – bis zu seinem Teilabriß um 1970 – zu einem der schönsten neoklassischen Häuser von Wight. Beiderseits der Ducie Avenue stehen noch die Pfeiler der Barriere, mit der der Earl seine Privatstraße zu sperren pflegte.
Eine Besonderheit eigener Art ist die *John-Ruskin-Galerie* in der Bembridge School mit einigen hundert Briefen und etlichen der Gemälde und Skizzen Ruskins. J. Howard Whitehouse, ein Freund und Verehrer des berühmten Sozialkritikers, Schriftstellers und Kunstsachver-

ständigen (der übrigens die Insel Wight nie betreten hat), trug sie zusammen. Einen knappen Kilometer weiter südwestlich steht mit der *Bembridge Windmill* (NT; frühes 18. Jh.) die einzige noch erhaltene Windmühle der Insel.

* **Culver Cliff**

ist zu erreichen entweder über einen Fußweg entlang der Whitecliff Bay oder über eine Stichstraße von Brading aus. Die Klippe ist einer der beliebtesten Aussichtspunkte der östlichen Insel Wight. Von hier reicht der Blick über Solent und Spithead bis zum Festland. Auf dem Culver Down ragt weithin sichtbar ein *Obelisk* in die Höhe, der 1849 zur Erinnerung an Charles Pelham, 1. Earl of Yarborough, den Gründer der Royal Yacht Squadron von Cowes *(S. 174)*, errichtet wurde. Nicht weit davon steht *Culver Fort* (1862–68; seit 1982 privat genutzt), Teil der antifranzösischen Verteidigungskette.

Brading (an der A 3055, 6 km S Ryde)

am Durchbruch des East Yar River durch den zentralen Kreidegürtel trägt den Beinamen ›The King's Town‹: Heinrich VIII. nämlich war Lord of the Manor und Eigentümer eines Fachwerkhauses gegenüber der Kirche, das heute Obdach für das bekannte *Wachsfigurenkabinett* ist, das von mehr oder weniger berühmten Insulanern und ihren berühmteren Besuchern wie Königin Viktoria oder G. B. Shaw erzählt. Im winzigen alten *Rathaus* von Brading kann man im Erdgeschoß eine Arrestzelle mit Schandpfahl und Fußblock besichtigen. Die Kirche *St. Mary* (um 1200 begonnen; spätgotische Anbauten) ist mit ihrem hohen Turmhelm weithin sichtbar. Das Abbild des *Good Sir John Oglander* († 1655), eines Adligen, der trotz der Parlamentsübermacht im Bürgerkrieg Karl I. die Treue hielt und ihn während seiner Gefangenschaft auf der Insel wiederholt beherbergte, ist das schönste Grabmal der Kirche. In einer Nische über seinem liegenden Bildnis ist das Modell zu sehen, nach dem der Holzschnitzer gearbeitet hat. Ein rührselig wirkendes Denkmal steht im nördlichen Seitenschiff: die kleine Elizabeth Rollo, 1875 im Alter von 15 Monaten gestorben, auf einer Matratze schlafend. *Nunwell House* (18. Jh.), inmitten eines großen Parks gelegen, ist der Familiensitz der Oglanders, deren Ahnherr Richard d'Oglandes bereits mit Wilhelm dem Eroberer nach England kam.
Südwestlich des Dorfes liegt auf Oglander-Gelände die größte *Römervilla der Insel Wight. Die Gesamtanlage bestand aus einem an drei

Grabmal des »Good Sir John« Oglander († 1655)

Seiten von freistehenden Gebäuden umgebenen Hof. Der Westteil steht heute zur Besichtigung offen. Er besteht aus 13 Räumen, von denen etliche Fußbodenheizung hatten und drei mit Mosaikfußböden ausgestattet sind. Eines dieser Mosaiken zeigt einen als Abraxas gedeuteten Menschen mit Vogelkopf. Das zweite zeigt einen Astronomen, und das am besten erhaltene große Mosaik ist um einen Medusenkopf herum angeordnet: Ceres gibt Triptolemus Getreidekörner; Ambrosia flieht vor Lykurg, der sie mit einer Axt angreift, in die Verwandlung zur Rebe; eine Mänade tanzt um einen Hirtenknaben herum und spielt auf einem Tamburin, und ein Satyr verfolgt eine Bacchantin.

26 Von Sandown an der Südküste entlang

Sandown und *Shanklin (an A 3055 und A 3056, 10 bzw. 12 km S Ryde)

Die beiden faktisch zusammengewachsenen Städtchen sind mit ihren knapp 20 000 Einwohnern das größte Seebad der Insel.

Sandown im Norden hat zwar den besseren Strand (weil es nicht wie Shanklin unterhalb einer hohen Klippe liegt) und eine Pier. (Shanklins Pier fiel dem Herbstorkan von 1987 zum Opfer.) Jedoch ist Shanklin architektonisch interessanter. Erwähnenswert sind in Sandown das ehemalige viktorianische *Fort Yaverland* (heute *Isle of Wight Zoo* mit

seltenen Tierarten und Reptilienspezialabteilung), das *Ocean Hotel* (ca.
1850), die Kirche *Good Shepherd* (1892) im Vorort Lake und das
Geological Museum (im Gebäude der Bibliothek) in der High Street,
wo *Charles Darwin* die Arbeit an seinem berühmten Werk ›On the
Origin of Species‹ (1859) begann.

*Shanklin** ist die Endstation der einzigen noch existierenden Eisenbahnlinie der Insel Wight (Ryde-Shanklin). Seinen Popularitätsvorsprung
gegenüber dem nördlichen Nachbarn verdankt Shanklin dem *Old
Village*, das wirkungsvoll in einer Mulde und an einer unübersichtlichen
Kurve der südlichen High Street liegt, sowie der Klamm **Shanklin*
Chine in unmittelbarer Nachbarschaft dazu. Das Old Village ist ein
intaktes Ensemble reetgedeckter Cottages mit reich geschnitzten Giebelrändern. 1819 verbrachte *John Keats* zwei Monate im *Eglantine
Cottage* (Nr. 76 High Street), um sein romantisches Poem ›Lamia‹ zu
verfassen. Sein Begleiter Charles Armitage Brown schuf hier die berühmte Porträtzeichnung seines Freundes. Ein Kollege Keats', der
Amerikaner *Henry W. Longfellow* (1807–82), hinterließ auf dem Brunnen neben dem Crab Inn des Old Village ein kleines Gedicht, das den
müden Reisenden einlädt:»Drink of this fountain pure and sweet; / It
flows for rich and poor the same . . .«

**Shanklin Chine*, die landschaftlich schönste und längste Klamm der
Insel Wight, beginnt spektakulär mit dem rund 10 m tiefen Absturz
eines Baches, der als kleines Rinnsal quer über die Straße läuft. Im
Laufe der Jahrtausende hat sich eine tiefe Schlucht in den Mergel
gegraben, die im Gegensatz zu den anderen Chines der Insel nicht
geradlinig verläuft. Im unteren Teil der Chine liegt ein Stück der als
Pipe Line Under The Ocean (»PLUTO«) bekannt gewordenen Versor-
gungsleitung offen zutage, die nach der alliierten Landung in Nordfrankreich Treibstoff befördern sollte. Der untere Ausgang der Chine
führt zum Ende der Esplanade.

Newchurch (abseits der A 3056, 5 km W Sandown)

Das malerische Dörfchen besitzt mit der kleinen Kirche *All Saints* etwas
auf Wight Einzigartiges: Die obere Turmetage wurde um 1800 mit
weißen Holzpaneelen verkleidet (»weatherboarding«).

Arreton (an der A 3056, 6 km W Sandown)

Das Dorf am Südhang des zentralen Kreidegürtels ist zwar nicht sonder-
lich attraktiv, besitzt aber mit *St. George* eine Pfarrkirche, die als

Grablege einer Nebenlinie der Honoratiorenfamilie Worsley (Godshill, *s. u.*) mit sehenswerten Grabdenkmälern (u. a. von Sir Richard Westmacott) ausgestattet ist. Im Herrenhaus *Arreton Manor* (17. Jh.) außerhalb des Dorfes gibt es eine der größten englischen *Puppensammlungen* und das *Nationale Radiomuseum* zu besichtigen. Jenseits des Arreton Down liegt (in der Nähe der berühmten Kneipe ›Hare and Hounds‹) der 1969 auf einem 30 ha großen Gelände um die *Reste einer römischen Villa* herum angelegte *Robin Hill Country Park*, der zu zahlreichen »activities of a perfect day out« einlädt. 2 km südlich Arreton Manor steht das rote Backsteingebäude *Merstone Manor* unweit der ehem. Eisenbahnlinie Merstone-Sandown, deren Trasse im östlichen Teil dem East Yar River folgt und streckenweise wie ein Wanderweg begehbar ist. *Haseley Manor* (SO Arreton) ist ein wiederhergestelltes Herrenhaus aus dem 14. Jh.

✳ Godshill (mit Appuldurcombe House)
(an der A 3020, 6 km W Shanklin, 10 km S Newport)

Strohgedeckte Häuser vor der Dorfkirche: Dieses vielleicht beliebteste Postkartenmotiv der Insel Wight bietet Godshill. Wie in Calbournes *Winkle Street (S. 166)* sind auch hier zu jeder Tageszeit Fotografen und Maler anzutreffen. Entsprechend ist der Ort vor allem in den Sommermonaten ständig überlaufen. Ein *Naturkundemuseum*, ein *Modelldorf* und ein *Spielzeugmuseum* sind neben den Souvenirläden, Restaurants und Cafés die Publikumsmagneten, hinter denen die *Methodistenkapelle* (1838), das *Schulgebäude* (1826) und das *Griffin Hotel* mit seinen schönen Giebelrändern nahezu verblassen. Eine Erinnerung an Königin Viktoria bietet das *Essex Cottage*, dessen Café die Monarchin des öfteren besuchte. Über eine außergewöhnliche Innenausstattung verfügt die so oft fotografierte *St. Lawrence*-Kirche. Ihr ältestes erhaltenes Kunstwerk ist ein aus dem späten 15./frühen 16. Jh. stammendes Wandgemälde in der Südkapelle: Christus an einem aus drei belaubten Ästen bestehenden Kreuz. Als Grablege der Honoratiorenfamilie Worsley (aus Appuldurcombe House bei Wroxall, s. u.) weist die Kirche eine Reihe exzellenter Grabdenkmäler auf. Gegenüber dem Eingang ist ein Ölgemälde zu sehen, das David in der Löwengrube zeigt und Rubens bzw. der Rubens-Schule zugeschrieben wird.

Etwa 200 m östlich der Methodistenkapelle zweigt ein Wanderweg nach rechts ins Grüne ab. Er führt in den Godshill Park und ca. 1 km weiter über Stenbury Down zum Fremantle Gate, dem Eingang des ehem. Besitzes der Familie Worsley, dem Gut **Appuldurcombe House** (EH). Zunächst bestand auf dem großen Grundstück ein Haus aus der

Der Dorfplatz von Godshill, im Hintergrund St. Lawrence

frühen Tudorzeit, in dem Heinrich VIII. 1538 seinen Günstling Sir James Worsley besuchte. 1701 ließ Sir Robert Worsley einen Neubau errichten, der das großartigste Haus der gesamten Insel war. Der Architekt ist interessanterweise nicht bekannt. Er schuf einen quadratischen dreistöckigen Zentralbau mit vier rechteckigen zweistöckigen Eckpavillons zu je drei Fensterreihen unter Dreiecksgiebeln. Entgegen der herrschenden Mode weist das Haus keinerlei palladianische Anklänge auf. James Wyatt baute das Haus 1770 im Eingangsbereich für Sir Richard Worsley (1751–1805) um, den berühmtesten Herrn auf Appuldurcombe: Gouverneur der Insel Wight, Sammler griechischer Skulpturen und Autor der 1781 erschienenen ›History of the Isle of Wight‹. 1901 zogen französische Benediktinermönche aus Solesmes in das Haus, bevor sie ein eigenes Gelände für *Quarr Abbey *(S. 154)* erwarben. Im 2. Weltkrieg wurde Appuldurcombe House Opfer einer verirrten deutschen Luftmine. Die Ruine wurde 1951 vom Staat vor dem endgültigen Verfall gerettet und steht heute durch English Heritage zur Besichtigung offen. Ein Restaurierungsprogramm wurde 1988 begonnen.

* Von Ventnor über St. Catherine's Point zur Compton Chine

Der knapp 10 km lange Küstenabschnitt zwischen *Ventnor (an der A 3055, 5 km S Shanklin) und St. Catherine's Point, dem südlichsten Punkt der Insel, liegt unterhalb der Downs, des mit 238 m (*St. Catherine's Down* und *St. Boniface Down*) höchsten Teils der Insel Wight. Ein vorgeschichtlicher Erdrutsch hat hier eine Terrasse geschaffen, die stellenweise 100 m unterhalb des nördlichen Klippenniveaus liegt und durch Ortsbezeichnungen wie The Undercliff, The Landslip oder Steephill hinreichend charakterisiert ist.

Eine solcherart günstige Lage wirkt sich positiv auf die Vegetation aus. Die gesamte Terrasse ist mit dichtem Laubwald bewachsen. So ist es kein Zufall, daß das an Serpentinen am Steilhang gelegene Seebad *Ventnor, um 1840 noch ein modernes Anhängsel des heutigen Vororts Bonchurch, sich mit so prosaischen Beinamen wie »das Sorrento, das Madeira, das Positano Englands« schmückte, als sein internationaler Ruf als Lungenkurort so unterschiedliche Erholungssuchende wie Kaiserin Elisabeth von Österreich (1874) und Karl Marx (1878) herbeilockte. Obwohl mit dem Rückgang der Lungentuberkulose die Bedeutung Ventnors als Kurort zurückging, gelang es doch, den Ort als Seebad zu erhalten.

Der Vorort **Bonchurch** führt demgegenüber heute beinahe ein Dornröschendasein. Seine alte Kirche *St. Boniface* (13. Jh.; Fragmente eines Wandgemäldes und flämisches Rokokokreuz hinter dem Altar), inmitten eines verwilderten Friedhofs gelegen, wird nur von wenigen Gästen aufgesucht. Über den Friedhof sagte der Dichter Shelley:»Es könnte einem die Liebe zum Tod einflößen, wenn man sich vorstellte, an einer so lieblichen Stätte begraben zu werden.« Überhaupt gibt es literarische Reminiszenzen zuhauf in Bonchurch. Im *Winterbourne Hotel*, einer ehemaligen Villa, weilte *Charles Dickens* regelmäßig zur Sommerfrische. In der *Villa East Dene* verbrachte der Dichter *Algernon Charles Swinburne* (1837–1909) seine Jugend. Als er 1877 nach dem Tode seines Vaters die Insel Wight für immer verließ, widmete er ihr und dem Garten des elterlichen Anwesens das bewegende Gedicht ›A Forsaken Garden‹. Er wurde auf dem Friedhof von *New St. Boniface* begraben, wo ihm *Thomas Hardy* 1910 das Gedicht ›A Singer Asleep‹ widmete. Auf dem Friedhof ist auch der durch ›The Blue Lagoon‹ (1909) bekannt gewordene Romancier *Henry de Vere Stacpoole* (1863–1951) begraben.

Auf dem Weg von Ventnor zum St. Catherine's Point kommt man, vorbei am *Botanischen Garten*, an dessen Stelle bis 1968 die Lungenheilstätte stand, zu dem kleinen Straßendorf **St. Lawrence**. Die winzige *Old St. Lawrence Church* (nicht zu verwechseln mit der neuen *St. Lawrence Church*, 1878, von G. G. Scott) gilt mit ihren Maßen $8 \times 3,30 \times 3,30$ m als kleinste Kirche der Insel.

Eine unerwartete Sehenswürdigkeit bietet das *Old Park Hotel* am südwestlichen Ortsrand: eine Stahlstichsammlung, die der einheimische Künstler George Brannon (1784–1860) zwischen 1821 und 1857 unter dem Titel ›Vectis Scenery‹ schuf und die in fast 200 Grafiken alle erdenklichen Orte und landschaftlich interessanten Punkte der Insel zeigt. (»Vectis« war der römische Name für Wight.) 2 km weiter westlich führt eine Sackgasse zum **St. Catherine's Point**: vorbei am *Buddle Inn*, das schon im 15. Jh. bestanden haben soll und bis ins 19. Jh. einen besonderen Ruf als Schmugglertreffpunkt hatte. Der weiße *Leuchtturmkomplex* am St. Catherine's Point wurde 1840 gebaut. In unmittelbarer Nachbarschaft des Leuchtturms besitzt der National Trust die *Knowles Farm*, von der aus Guglielmo Marconi Experimente mit der drahtlosen Telegrafie unternahm.

Von hier aus nun führt ein schwieriger Fußweg durch die kleine *Watershoot Bay* auf den *südwestlichen **Strand von Wight**. Die rund 15 km lange Strandpartie bis zur Compton Chine im Westen wird von teilweise spektakulären Mergelklippen und Chines bestimmt. Die erste von ihnen, die **Blackgang Chine**, ist eine der touristischen Attraktionen der Insel. Verschiedene Erdstürze haben das Tal zerstört, so daß nur noch die steile Klippe erhalten ist, die sich über mehreren Ablagerungsterrassen erhebt. Dem Namen nach soll hier eine »black gang« tätig gewesen sein, eine der berüchtigtsten Schmugglerbanden der Insel. Folglich ist das Thema Schmuggel der zentrale Punkt dieser großen Freizeitanlage, von der aus allerdings ein guter Ausblick auf das Ausmaß der Klippenstürze möglich ist. Von **Chale** (*St. Andrew*, 1200; *Chale Abbey*, Ruinen, 14. Jh.) hat man einen guten Ausblick auf die Kreidefelsen vor der Westspitze der Insel. **Whale Chine**, 2 km hinter Chale, ist die beeindruckendste Klamm der Westküste. Sie ist nicht, wie die anderen, bewachsen, so daß sich die Mergelformationen gut ablesen lassen. Die nach Westen hin folgenden Klamme sind *Shepherd's, Grange, Chilton, Brook, Shippard's* und schließlich **Compton Chine** (NT), deren braune Klippenkanten einen eindrucksvollen Kontrast bilden zu den Kreidefelsen westlich Freshwater Bay.

Shorwell (an der B 3323, 7,5 km SW Newport)

hat trotz seiner attraktiven Lage am Südhang der Downs und seiner gut erhaltenen Cottages auf der touristischen Werteskala nicht den Rang des 3 km westlich gelegenen Brighstone. Dabei hat die mittelalterliche Pfarrkirche *St. Peter* eine außergewöhnlich vielfältige Innenausstattung. Die seltene steinerne Kanzel (15. Jh.) trägt ein Stundenglas aus dem 17. Jh. und wird von einem Schalldeckel von 1620 überdacht. An der Nordwand befindet sich über der Eingangstür ein Fresko aus der Mitte des 15. Jh., das die Christophorus-Legende in zwei Bildern zeigt. Ebenfalls an der Nordwand, in Altarnähe, sind mehrere Grabdenkmäler für die Familie Leigh zu sehen. Das bewegendste von ihnen zeigt Sir John Leigh und seinen Enkel, der im Alter von neun Monaten im selben Jahr starb: Beide sind betend und kniend hintereinander dargestellt, wobei das Baby wie ein Erwachsener gekleidet ist. Interessant ist auch der Brass für die beiden Ehefrauen von Barnaby Leigh († 1615 und 1619) an der Ostwand: Sie stehen sich gegenüber und halten gemeinsam sein Herz. In einer Glasvitrine schließlich sind Richard Hookers ›Ecclesiastical Polity‹ und eine gut erhaltene Cranmer-Bibel ausgestellt.

＊ **Brighstone** (an der B 3399, 3 km W Shorwell)

ist wegen einer Straße mit gut erhaltenen reetgedeckten Cottages ähnlich wie Shanklin oder Calbourne eines der Schaudörfer der Insel. Die Nordarkade der Pfarrkirche *St. Mary* stammt aus dem 12. Jh. und ist deren ältester Teil. Der Altarraum wurde im 13., die Südarkade im 14. Jh. gebaut (Renovierung 1852). Das achteckige Taufbecken ist eine Standardarbeit des Perpendicular. Die jakobianische Kanzel hat im oberen Teil (vgl. Shalfleet, *S. 167*) Bögen in falscher Perspektive.

27 Yarmouth und Umgebung

Yarmouth (an der A 3054, 16 km W Newport)

Die heute knapp 1000 Einwohner zählende Hafenstadt an der Mündung des West Yar River (Fährhafen für die Verbindung mit Lymington) war im Mittelalter die bedeutendste Stadt der Insel (Stadtrechte um 1135). Französische Überfälle jedoch (1377, 1524) brachten Zerstörung und Niedergang; und 1832 wurde Yarmouth »Rotten Borough«. Die Ankunft der Eisenbahn, der Bau des Fährterminals und die Einrichtung des Yachthafens jedoch haben wieder eine blühende kleine Gemeinde entstehen lassen.

The Square ist der zentrale Platz des Ortes. Die Pfarrkirche ＊*St. James* an seinem südlichen Ende wurde 1635 wiederaufgebaut. Ihre große Sehenswürdigkeit ist die *Gedächtniskapelle für Sir Robert Holmes*, Gouverneur der Insel von 1667 bis zu seinem Tod 1692, in dessen beachtliche Karriere als Marineoffizier unter anderem 1644 die Eroberung New Yorks fiel. Auf einer seiner Kaperfahrten brachte Holmes ein französisches Schiff auf, das eine bis auf den Kopf vollendete Statue Ludwigs XIV. geladen hatte. Sir Robert ließ der Statue seinen eigenen

Kopf »aufsetzen« und bestimmte sie als Denkmal für sich in der Kirche, wo sie hinter einem zeitgenössischen schmiedeeisernen Gitter zu sehen ist. Das *Rathaus* am Square wurde 1763 in Ziegelbauweise errichtet. Dahinter zweigt nach Westen die Quay Street ab, an der die damalige Residenz des Gouverneurs, das heutige *George Hotel*, steht.

Nebenan befindet sich der Eingang zum *Yarmouth Castle* (EH), dessen Ausdehnung am besten von der nördlich des Square ins Meer gebauten Pier zu sehen ist. Yarmouth Castle (1547 fertiggestellt) ist die inselseitige Entsprechung von Hurst Castle *(S. 150)* jenseits des Solent in der Reihe der Küstenforts Heinrichs VIII. Es enthält die älteste erhaltene Winkelbastion in England. Nach Erweiterungen im späten 16. Jh. und 1609 wurde die Anlage im ausgehenden 17. Jh., insbesondere nach Einebnung des landseitig umlaufenden Grabens, verkleinert. Über dem ursprünglichen Eingang, gut vom Garten eines Cafés aus zu sehen, ist das Wappen Heinrichs VIII. erhalten.

Totland (an der A 3054, 2 km S Yarmouth)

Heute nahezu mit Freshwater zusammengewachsen, ist Totland eines der auf sommerliche Badegäste fixierten Küstendörfer, die allerdings die Ausstrahlung Shanklins oder Ventnors nicht besitzen.

Freshwater (2 km O Totland)

ist dagegen ein ansehnliches Dorf. Die Pfarrkirche *All Saints* war in normannischer Zeit ein wahrscheinlich einschiffiger Bau mit Querhäusern, die heute (nach Erweiterungen der Kirche im 13. und 15. Jh. sowie 1874) Gedächtniskapellen sind. Die südliche Afton Chapel enthält die Abdrücke zweier Brasse aus dem 14. Jh. Die nördliche Compton Chapel hat an der Wand den knapp 90 cm langen und sehr gut erhaltenen Brass für Adam de Compton (spätes 14. Jh.), einen Ritter, der in makelloser Rüstung und mit dem Motto seiner Familie dargestellt ist. Verschiedene Gedenktafeln erinnern an den Dichter *Alfred Tennyson* (1809–92), der 14 Jahre in Freshwater Bay lebte, sowie an Mitglieder seiner Familie. Eine Tafel in der Nähe des Lesepults ist Tennyson selbst gewidmet; Lady Tennyson ist auf dem Friedhof hinter der Kirche begraben.

1 km südlich Freshwater steht an der Straße zur Freshwater Bay eine 1908 erbaute kleine Kirche *(St. Agnes)*, die mit ihrem Reetdach einem Wohnhaus ähneln würde, wenn sie nicht ein Glockentürmchen hätte.

Eingerahmt von den Kreideklippen des Tennyson Down und der Compton Bay liegt die **Freshwater Bay (Farbtafel vor S. 113)*. An diesem malerischen Küstenab-schnitt hatte etliche Jahre die Fo-tografin *Julia Cameron* (1815–79) ihr Zuhause. Berühmt wurde die Fotografin, deren *Haus Dimbola* am westlichen Ende der Bucht thront, vor allem durch ihre Por-trätaufnahmen all der berühmten Gäste *Alfred Tennysons*. Der 1850 zum Poeta laureatus ernann-te und 1884 geadelte Tennyson lebte seit 1853 in dem westlich der Freshwater Bay gelegenen Land-haus *Farringford* (heute Hotel). Er kaufte es zwei Jahre später von den Tantiemen eines einzigen Ge-dichts, des Monodramas ›Maud‹ (1855). »Jeder«, so die Tochter des Romanciers (und Tennyson-Verehrers) William Thackeray, »der nach Farringford kam, war ein Genie, ein Poet, ein Maler, oder sonstwie ungewöhnlich.« Der Prinzgemahl Albert kam zum Tee, Lewis Carroll, Charles Kingsley und Thackeray fanden sich zum Plausch ein. Die »Schwedische Nachtigall« Jenny Lind erschien zum Gesangsvor-trag, und der italienische Frei-heitsheld Giuseppe Garibaldi pflanzte im Garten eine »Welling-tonia«. Doch dem Dichter wurde der Andrang zu groß. 1867 verließ er Wight und kehrte nur noch zu kürzeren Besuchen nach Farring-ford zurück.

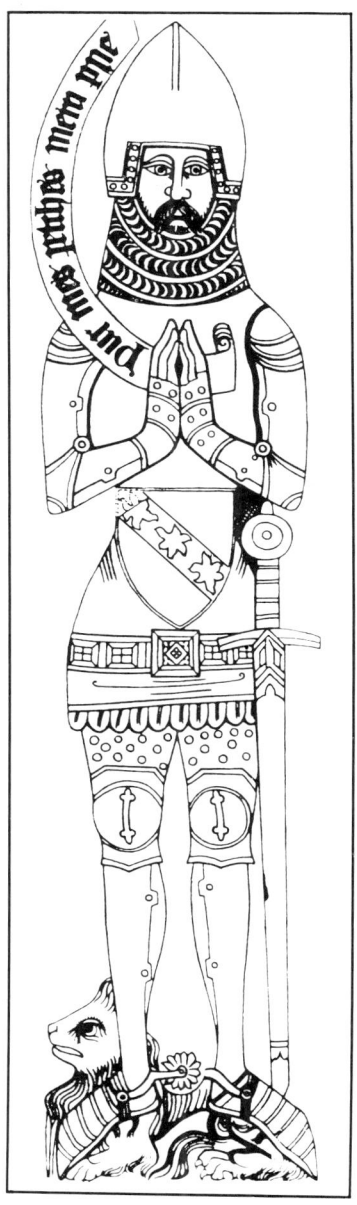

Brass für Adam de Compton (spätes 14. Jh.) in der Pfarrkirche All Saints

** Die Westspitze der Insel

Von der Freshwater Bay aus führt ein Fußweg zur Westspitze der Insel.
Auf der Kreideklippe *Tennyson Down* (146 m) erinnert ein von amerikanischen Literaturfreunden gestiftetes Denkmal an den Dichter, der
hier – auf der Flucht vor den vielen Neugierigen – täglich spazierenzuge-
hen pflegte. Nach einer deutlichen Vertiefung bei Warren Farm erreicht
man den mit 140 m zweithöchsten Punkt der Landzunge – ein einzig-
artiger Ausblick nach Norden über Totland Bay auf den Solent und
die Südküste von Hampshire – und schließlich (1 km weiter) die Westspitze der Insel mit den drei großen vorgelagerten Kreidefelsen ***The
Needles**. Als Entsprechung zu den ›Old Harry Rocks‹ in Dorset sind sie
das letzte Relikt einer prähistorischen Kreidebarriere zwischen Wight
und dem Festland und vor allem ein beliebter Beobachtungsposten
beim jährlichen ›Round the Island Race‹, das traditionell am letzten
Junisamstag ausgetragen wird. In der Nähe der Küstenwachtstation ist
seit 1984 mit *The Needles Old Battery* (NT) von 1862 eine der unter
Palmerston gebauten Verteidigungsstellungen der Öffentlichkeit zugänglich. Auf dem Rückweg über die einfache Fahrstraße (die nicht von
Besuchern befahren werden darf) auf der Nordseite der Landzunge
kann man schon von weitem die bunten Sandklippen der **Alum Bay**
erkennen. Auf engstem Raum sind hier 22 verschiedene Sandfarben
auszumachen, die als begehrtes Sammelobjekt in eigens eingerichteten
Verkaufsstellen erhältlich sind, seit in den siebziger Jahren das Selbst-
schürfen nach einem glimpflich verlaufenen Erdrutsch verboten wurde.

28 Der Nordwesten von Wight bis Cowes

* **Calbourne** (abseits der B 3401, 8 km W Newport)

Eines der populärsten Ausflugsziele der Insel Wight ist die *Winkle
Street*, eine kaum 200 m lange Seitenstraße, parallel zu einem unregu-
liert dahinplätschernden Bach und, auf der anderen Seite, von pittoresken reet- oder schindelgedeckten Häuschen gesäumt – ein Anziehungspunkt für Maler und Fotografen. Der Bach fließt an der Straßeneinmündung in einen kleinen Teich, auf dessen anderer Seite das Anwesen
Westover liegt (frühes 19. Jh.; nicht zur Besichtigung freigegeben). Die
Kirche *All Saints* (13. Jh.; SW-Turm 1752; Generalrestaurierung 1836)
ist in Raumaufteilung und Gestaltung des Gewölbes eindeutig an der
Marienkapelle der Kathedrale von Winchester orientiert.

Westlich des Dorfes liegt die Wassermühle *Calbourne Mill* und
nordöstlich (ca. 2 km) *Swainston Hall* (auch Swainston Manor), wegen

seiner gastronomischen Nutzung durch Wegweiser an der Straße nach Newport bestens gekennzeichnet und wirkungsvoll hinter einem malerischen Teich plaziert. Der Ursprung des Hauses liegt in normannischer Zeit und in einer Kapelle von etwa 1280, an die sich links ein georgianisches Herrenhaus (um 1775 erbaut) anschließt. Einer der berühmtesten Besitzer war der Literaturliebhaber und Mäzen Sir John Simeon, der mit Tennyson befreundet war und ihn häufig nach Swainston einlud. Im Zederngarten des Parks soll Tennyson die Idee zu seinem Erfolgswerk ›Maud‹ gekommen sein, und als Sir John 1870 starb, widmete Tennyson ihm das traurige kleine Gedicht ›In the Garden at Swainston‹.

Shalfleet (an der A 3054, 2,5 km N Calbourne)

hat eine am Hang oberhalb der Straße stehende *Kirche*, deren normannischer Turm 1377 den Bürgern von Newtown während eines Franzoseneinfalls als Zufluchtsort diente. Der quadratische Turm mit seinen 1,50 m dicken Mauern hat fast 10 m lange Innenwände und ist wahrscheinlich als Wehrturm konzipiert gewesen. Normannisch ist auch das Nordportal, dessen Tympanon ein interessantes Relief aufweist: Ein bärtiger Laienbruder hält an den Köpfen zwei Löwen, deren lange Schwänze in verschlungenen Ornamenten enden. Südarkade des Kirchenschiffs und Altarraum wurden im 13. Jh. gebaut. Im südlichen Seitenschiff fällt ein mit 1630 datiertes Altarretabel durch seine gotischen Formen auf. Die Kanzel aus dem 17. Jh. hat ähnlich wie Brighstone *(S. 163)* eine obere Kassettenreihe mit Bögen in falscher Perspektive.

Nicht entgehen lassen sollte man sich den riesigen Kamin des *New Inn*, in dem mehrere Gäste stehend Platz finden können. An der Hauptstraße steht ein Häuschen, das das kleinste der Insel sein dürfte.

Newtown (2 km N Shalfleet)

war einst die älteste Borough der Insel Wight. Besonders durch die Salzgewinnung (bis 1900) und den geschützten Hafen brachte es die Stadt über die Jahrhunderte hinweg zu Einnahmen. 1832 jedoch wurde Newtown durch die Parlamentsreform zur »Rotten Borough« ohne parlamentarische Repräsentation, und bereits 1835 wurde sein öffentliches Eigentum an Sir Richard Simeon, Lord of the Manor von Swainston (Calbourne, *S. 166*) verkauft. Aus dem Erlös wurde die *Chapel of the Holy Ghost* (1835) finanziert. Das *Rathaus* (NT) von 1700 ist heute wichtigster Zeuge der ehemals glanzvollen Geschichte von Newtown. Es diente nach der Auflösung der Gemeinde als Schule und als Wohnhaus, bis es 1930 abbruchreif war und durch die Aktivitäten einer anonymen Gruppe von Wohltätern restauriert und 1933 dem National

Trust übergeben wurde. Die Gruppe nannte sich ›Ferguson's Gang‹ und pflegte durch einen maskierten Boten Geld und Schecks zu übergeben, deren Begleitschreiben mit Blut gesiegelt waren und den Vers enthielten:»We ain't so many/ We ain't so few/ All of us have this end in view –/ National Trust, to work for you«. Durch dieses außergewöhnliche Beispiel von Mäzenatentum ist das Rathaus heute der Öffentlichkeit zugänglich. Sitzungszimmer des Rates, Raum des Bürgermeisters und eine Ankleidekammer sind mit Kopien von Urkunden aus der Stadtgeschichte ausgestattet. Die stilgerechten Möbel stammen aus unterschiedlichen Besitzungen des National Trust.

Carisbrooke (an der B 3401, 2,5 km W Newport)

war im Mittelalter Inselhauptstadt. Heute ist es ein wirtschaftlich unbedeutendes Dorf, das die Besucher des Schlosses aufsuchen, um sich in die Cafés, Kneipen und Restaurants zu setzen oder um in den Antiquitätengeschäften des Ortes herumzustöbern. Die Pfarrkirche *St. Mary*, von deren ursprünglich frühnormannischem Bau nur noch zwei Fenster oberhalb der Südarkade (spätes 12. Jh.) zeugen, hat einen monumentalen Perpendicular-Westturm. Er wird von einem Treppenturm überragt, und seine östlichen Strebepfeiler reichen deutlich ins Kirchenschiff hinein. Taufbecken (1602), Kanzel (1658) und (in einer Nische der Nordwand) das Grab Lady Wadhams, einer Tante von Jane Seymour, der fünften Frau Heinrichs VIII., sind die erwähnenswerten Bestandteile der Innenausstattung. Im Garten des Pfarrhauses wurden die Reste einer Römervilla gefunden.

****Carisbrooke Castle** (EH) begann als normannische Hügelfestung, die, über 72 ausgetretene Stufen zu erreichen, im nordöstlichen Teil des von spätnormannischen Ringmauern umgebenen Areals liegt. Das Schloß ist heute offizieller Sitz des Governor of the Isle of Wight und Heimat des *Isle of Wight County Museum*. Im Wohntrakt (elisabethanisch) weist ein großer Teil der Innenausstattung auf den sicher berühmtesten Gefangenen der Insel Wight hin: *König Karl I.* In dem irrigen Glauben, hier vor seinen Verfolgern sicher zu sein, floh der König 1647 auf die Insel. Der Gouverneur des Schlosses jedoch, ein Oberst Hammond, Neffe von Karls Hofgeistlichem, setzte den Monarchen um seines persönlichen Vorteils willen fest. Zunächst durfte sich der König frei auf der Insel bewegen, doch nach einem Fluchtversuch wurde ihm und seinen Kindern Carisbrooke Castle zum Gefängnis. Als ein weiterer Fluchtversuch scheiterte – der König blieb im Fenster stecken –, war die Geduld Cromwells zu Ende. Er ließ Karl nach London bringen, wo ihm der Prozeß gemacht wurde.

Carisbrooke Castle

Eine besondere Attraktion des Schlosses ist der große Ziehbrunnen, dessen 3 m hohes Förderrad noch heute von einem Esel in Tretmühlenmanier bewegt wird. Der Schacht – er ist 45 m tief – spielt die stumme Hauptrolle in einem bekannten Abenteuerroman: J. Meade Falkners ›Moonfleet‹ (1898).

Gatcombe (abseits der A 3020, 5 km S Newport)

Von *Gatcombe House*, einem dreistöckigen Werksteinbau in einer Senke abseits der Straße, ist, da das Haus 1985 für die Öffentlichkeit geschlossen wurde, nur ein großer Dreiecksgiebel zu sehen. Die Kirche *St. Olave* (in der Nähe des Hauses) ist ein Muß für Liebhaber *präraffaelitischer Fenster*. William Morris schuf das ›Letzte Abendmahl‹, ›Maria am Grabe Christi‹ und die ›Auferstehung‹, Dante Gabriel Rossetti die ›Kreuzigung‹, Ford Madox Brown die ›Grablegung Christi‹ und Sir Edward Burne-Jones die ›Taufe Christi‹. Die Eichenholzfigur eines Ritters aus dem frühen 14. Jh. ist eine Rarität.

Etwa 400 m südlich (Fußweg von Gatcombe House) befindet sich das jakobianische Herrenhaus *Sheat Manor*. Weitere 2 km südlich stehen sich mit *Billingham Manor* (1631 begonnen) und *Little Billingham* (um 1700) zwei kleine, aber exquisite Häuser zu beiden Seiten der Straße gegenüber. Billingham Manor war in den dreißiger und vierziger Jahren Hauptwohnsitz des Dramatikers *John B. Priestley*.

Newport

Lage: Im Zentrum von Wight, 15 km O Yarmouth, ca. 8 km S Cowes

Mit rund 20000 Einwohnern ist Newport, die Grafschaftshauptstadt der Insel Wight, die nach Ryde zweitgrößte Stadt der Insel. Sie liegt zu beiden Seiten des bis dahin schiffbaren River Medina, der von den Römern so genannt wurde, weil er die Insel in zwei fast gleichgroße Teile teilt.

Daß Newport sich nach der Verleihung der Stadtrechte im späten 13. Jh. zum führenden Handelshafen der Insel entwickelte, bezeugen jedoch nur noch die wenigen verbliebenen Stapelhäuser am Fluß, von denen *Quay Centre* 1981 restauriert und zur Zentralgalerie ausgebaut wurde.

Das Zentrum der Stadt, in der alle wichtigen Straßen der Insel Wight zusammenlaufen, ist der *St. James Square* mit Denkmälern für Königin Viktoria (1901) und den 1979 ermordeten Gouverneur Lord Mountbatten (1981). Am Nordende des Square, an der High Street, steht das *Bugle Hotel*, weniger seines architektonischen Wertes als vielmehr seiner Geschichte wegen interessant: Zur Blütezeit des Schmuggels im 18. Jh. war es eine der berühmtesten Piraten- und Schmugglerkneipen. Die Ecke gegenüber wird von der *Guildhall* eingenommen (Entwurf John Nash), in östlicher Richtung fällt der Blick auf das Rathaus (1816; ebenfalls von Nash), das 1887 zum Goldenen Thronjubiläum der Königin um einen *Victoria Tower* erweitert wurde. Von hier zweigen nach Norden die Watchbell Lane, eine enge Gasse, in der noch eine Abendglocke tönt, und die Holyrood Street ab, die über Lugley Street (interessanter *Freimaurertempel* unbestimmten Datums) zur Crocker Street führt. Hier war die berühmte *Brauerei Maw* ansässig. (Das Darrehaus besteht noch.) An der Ecke Lugley/St. James Street steht die alte *Grammar School* von 1614, in der Karl I. 1647 mit dem Parlament den wertlosen Vertrag von Newport schloß und wo er seine letzte Nacht auf der Insel verbrachte, bevor ihm in London der Prozeß gemacht wurde.

Die St. James Street führt vom St. James Square nach Süden an der Westfront der St. Thomas Church und am Busbahnhof vorbei zur neuen Zentralbibliothek der Insel, zu Ehren Lord Mountbattens ›The Lord Louis Library‹ benannt. Das parkähnliche Gelände zwischen Bibliothek und der Medina Avenue (südlich) ist der ehemalige Friedhof *Church Litten*. Die Church Litten Street führt nach Norden zur South Street, mit der zusammen sie die Begrenzung des *Viehmarkts* bildet. Hier wird dienstags und freitags der Newport Market abgehalten, eine undefinierbare Mischung aus Wochenmarkt, Jahrmarkt und Trödelmarkt, die man sich nicht entgehen lassen sollte. Eine deutliche optische Veränderung erfuhr das traditionsreiche Gebäude durch den 1989 entstandenen Neubau eines Kaufhauses. Parallel zur South Street verläuft die Pyle Street mit der 1791 erbauten kath. Kirche *St. Thomas of Canterbury* und dem (heutigen) Restaurant *God's Providence House* von 1701, das – daher der Name – während einer Pestepidemie im 16. Jh. als einziges Haus in Newport keinen Todesfall zu beklagen hatte. Der kleine Platz wird völlig beherrscht von der Stadtkirche *St. Thomas* (Decorated Style; Taufbecken von 1633; Kanzel von 1630 mit Darstellungen der sieben Tugenden und der Sieben Freien Künste), die 1854 von Samuel Whitfield Daukes (1811–80), einem Spezialisten für Kirchenbau und Bahnhöfe (!), entworfen wurde.

Ein gesonderter Besuch dürfte der Stätte des *römischen Landhauses* (spätes 1. Jh.) gelten, die 1926 beim Garagenbau in der Avondale Road, einer Seitenstraße der Medina Avenue, entdeckt wurde. Das Gebäude war ein Korridor-Haus mittlerer Größe mit vorspringenden Seitenflügeln. Der ausgegrabene Westteil beinhaltet den Badetrakt mit recht gut erhaltenen, jedoch bescheidenen Bodenmosaiken. Bei der Ausgrabung wurde das Skelett einer Frau mit bronzenem Schmuck entdeckt.

Rund 2 km nördlich von Newport steht an der A 3020 das berühmtberüchtigte *Gefängnis Parkhurst*, hervorgegangen aus einem 1799 erbauten Militärkrankenhaus und (in dem Erweiterungsbau *Albany Prison*) Wohnstatt so berühmter Zeitgenossen wie des ›Yorkshire Ripper‹ und der englischen Posträuber. Der *Parkhurst Forest*, der heute der Forestry Commission unterstellt ist, ist ein beliebtes Naherholungsgebiet.

Cowes mit **Osborne House und *Norris Castle

Lage: An A 3021 und A 3020, ca. 8 km N Newport; Hydrofoil, Personen- und Autofähre von Southampton

East Cowes und West Cowes, entstanden aus den ›Cow Towers‹ (Befestigungsanlagen, die Heinrich VIII. bauen ließ – die westliche ist heute Sitz der exklusiven Royal Yacht Squadron; die östliche existiert nicht mehr –) sind grundverschieden. Zwar haben beide Hafenanlagen für den Fährverkehr mit Southampton, doch ist East Cowes mehr eine Ansammlung von Häusern vor den Toren der British Hovercraft Corporation und der Schlösser Osborne und Norris. West Cowes hingegen hat Stadtcharakter und als Veranstaltungsort der jährlichen ›Cowes Week‹, der berühmtesten britischen Segelregatten, einen Namen.

East Cowes

wurde bekannt, als *Königin Viktoria* 1845 das Anwesen **Osborne House* aus privaten Mitteln kaufte, um forthin fast sechzig Jahre lang mit ihrer Familie hier ein- und auszugehen. 1880 ließ sie die *Altersheimanlage von Whippingham* (etwa 1 km S Osborne) bauen. Ihr Prinzge-

Osborne House: Königin Viktorias Salon

mahl Albert überwachte den Bau der als königliche Hauskapelle konzi-
pierten Kirche *St. Mildred* (1854–62), einer kuriosen Mischung aus
normannischen und frühgotischen Elementen. Architekt war Albert
Jenkins Humbert (1822–77) und nicht, wie die örtliche Tourismus-
Werbung es gerne hätte, Prinz Albert selbst. Initiator aber war der Prinz
auch beim Neubau von *Barton Manor*, östlich der Hauptstraße nach
East Cowes, einer trotz der Verwendung einiger Fenster der Kapelle
perfekten Imitation des jakobianischen Stils. Zur Zeit Viktorias war es
Gästehaus, heute ist es im Besitz des Weinguts Barton, dessen Wein aus
Kaiserstuhl-Trauben gut, aber teuer ist.

Bei **Osborne House** (EH) schließlich war Prinz Albert doch selbst der
Architekt. Der gewaltige verputzte Ziegelbau ist, wenn auch ohne
direktes Vorbild, im italienischen Stil gehalten. Der Pavillon-Flügel war
bereits ein Jahr nach Baubeginn (1845) fertig. Er wird von dem 32 m
hohen Flag Tower überragt. Es folgte der Haushalts-Flügel (1851) mit
dem 27 m hohen Clock Tower. (Dieser Flügel dient heute als Erho-

172

lungsheim für Angehörige der Streitkräfte.) 1890 wurde der Durbar-Flügel angebaut, der die zahlreichen Huldigungsgeschenke indischer Fürsten an die zur Kaiserin von Indien proklamierte Königin Viktoria aufnehmen sollte, offiziell aber als Empfangsgebäude geplant war. Der Architekt war John Lockwood Kipling, der Vater Rudyard Kiplings, und die Innenausstattung wurde von Bhai Ram Singh (Porträt am Eingang zum Durbar-Zimmer) entworfen. Den Besuchern stehen Durbar-Flügel und Pavillon-Flügel zur Besichtigung offen. Da Königin Viktoria, die fast ihre gesamte, vierzigjährige Witwenzeit in Osborne verbrachte, die letzte Bewohnerin des Hauses war (ihr Sohn Eduard VII. schenkte es dem Staat), sind sämtliche Räume, zumal man sie nicht verändert hat, stark von ihrer Persönlichkeit geprägt. Eine mehrere hundert Stücke umfassende Gemälde- und Skulpturensammlung (u. a. mit von Viktoria und Albert selbst gemalten Bildern); Porzellan aus der Königlichen Porzellan-Manufaktur Berlin; rührselige Marmornachbildungen von Händen und Füßen der Königskinder (von Mary Thornycroft); und schließlich oberhalb der Treppe, die zu den Privatgemächern führt, das monumentale Fresko ›Neptun übergibt Britannia die Herrschaft über das Meer‹ von William Dyce – das sind nur einige der zahllosen Schätze des Hauses. Im Garten (teilweise der Öffentlichkeit zugänglich) befindet sich ein Schweizerhäuschen, das den Königskindern zum Spielen diente; in einem Schuppen die mit Initialen versehenen Gartengeräte der Kinder; und in der Nähe – in schöner Eintracht mit dem Deckhaus der königlichen Yacht ›Alberta‹ – Viktorias»Bademaschine«.

Auch auf *Norris Castle, einem neo-normannischen Schloß von 1799 mit herrlichem Blick auf den Solent, ist – neben Sammlungen von Puppen und Klöppelspitzen, den Gemächern der Herzogin von Kent und denen der zwölfjährigen Viktoria, die hier bei ihrem ersten Besuch auf Wight wohnte – eine Badeeinrichtung die unbestrittene Attraktion: *The Kaiser's Bathroom*. Kaiser Wilhelm II., Viktorias Enkel und regelmäßiger Gast auf Norris während der Segelregatten von Cowes, wusch sich hier unter der auf seinen persönlichen Wunsch hin eingebauten Dusche.

East Cowes Castle, ein Jahr vor Norris Castle von *John Nash*, dem Architekten des Brightoner Pavillon und der Londoner Regent Street, entworfen, erbaut und bezogen, ist nur noch auf den Bildern von William Turner zu bewundern. Nashs Witwe nämlich verkaufte das Haus ihres Mannes, der bis zu seinem Tod dort gelebt und einmal sogar den Prinzregenten empfangen hatte. Es verfiel und wurde 1935 abgerissen. Vor der Kirche *St. James* in East Cowes (1831–33), die Nash

173

entwarf und stiftete und deren Grundstein die zwölfjährige Viktoria legte, liegt Nashs Grabstätte. Die Kirche wurde 1868 bis auf den Turm neu erbaut.

West Cowes

ist entweder von East Cowes über die Pendelfähre »Floating Bridge« oder von Newport aus über die A 3020 zu erreichen. Seit dem frühen 19. Jh. ist der Ort das *Mekka der Segler.* Die erste offizielle Regatta fand 1814 statt, und 1815 gründete Charles Pelham, Earl of Yarborough, den »Yacht Club«. Wegen der Mitgliedschaft Georgs IV. wurde er 1820 in »Royal Yacht Club« umbenannt, 1833 dann, als Wilhelm IV. beitrat, in »Royal Yacht Squadron«. Neben zahlreichen Veranstaltungen während der langen Saison (z. B. das *Round the*

Island Race am letzten Junisamstag) zieht vor allem die jährliche *Cowes Week,* die Regatta in der ersten Augustwoche, das internationale Publikum an. Nach dem 2. Weltkrieg wurden die Rennen um den *British Admirals Cup* (alle zwei Jahre bei ungerader Jahreszahl) als Mannschaftswettbewerb für Hochseeyachten ins Programm aufgenommen. 1979 geriet der Wettbewerb in die Schlagzeilen, als beim Abschlußrennen *(Fastnet Race)* über 20 Segler tödlich verunglückten.

Vor dem Gelände der Royal Yacht Squadron stehen die messingglänzenden kleinen Startkanonen, mit denen die Rennen gestartet werden. Eine 1 km lange *Promenade* führt nach Westen (vorbei an einem viktorianischen Trinkbrunnen) zum *Egypt Point* (Ausblick auf die Küste von Hampshire). Von der Promenade führt ein Gang über Queens Road (Kirche *Holy Trinity* von 1832) und Trinity Church Lane zu Northwood Park und *Northwood House* (1. Hälfte 19. Jh.; ›Ägyptischer Flur‹; überkuppelter ›Etruskischer Salon‹), heute Sitz der Stadtverwaltung. Die angrenzende Kirche *St. Mary* wurde 1867 an den 1816 von John Nash als Mausoleum der Familie Ward gebauten Turm angebaut, der durch sein radikales griechisches Erscheinungsbild auffällt. Von Nash stammt auch die Pförtnerloge. Mit der Kirche *St. Thomas of Canterbury* (1796) in der Terminus Road, einem Gebäude aus gelbem Backstein, hat Cowes eine der frühesten nach der Reformation erbauten katholischen Kirchen Englands. Sie wurde von derselben Dame gestiftet, die die gleichnamige Kirche in Newport *(S. 170)* bauen ließ.

Grafschaft Dorset

Fläche: 2654 km^2; Einwohner: ca. 600 000; Hauptstadt: Dorchester

Wie keine andere Grafschaft des englischen Südens ist Dorset mit dem Namen eines Schriftstellers verbunden: mit Thomas Hardy (1840–1928), dem berühmten Chronisten des ländlich-dörflichen »Wessex«, als das er seine Heimat in seinen Romanen (z. B. ›The Mayor of Casterbridge‹, ›Tess of the d'Urbervilles‹ oder ›Far from the Madding Crowd‹) beschrieben hat. Literarische Spurensucher haben fast alle Originalschauplätze seiner Romane zu identifizieren versucht, und so wird der Besucher heute auf Schritt und Tritt mit den von Hardy ersonnenen Ortsnamen konfrontiert. So ist Dorchester »Casterbridge«, Shaftesbury »Shaston« und Sherborne »Sherton Abbas«. Wer die Landschaft, in der Hardy sich so sehr zu Hause fühlte, wandernd erleben möchte, für den hat der National Trust zahlreiche Routen in den Gebieten Fontmell & Melbury Down (zwischen Shaftesbury und Blandford Forum) präpariert – mit dem offiziellen Anspruch, »to commemorate the Dorset of Thomas Hardy«.

Höhepunkte ihrer Art sind in Dorset die keltischen Hinterlassenschaften: Die Kreidezeichnung des *Cerne Abbas Giant (S. 194), das Hügelfort von Child Okeford (S. 204) und das gigantische Fort **Maiden Castle (S. 196), mit einer Länge von nahezu 1 km das größte seiner Zeit in Großbritannien, sind die wichtigsten von ihnen.

Die römische Geschichte der Grafschaft (mit dem Mittelpunkt *Dorchester, S. 188) ist nicht wie etwa in Kent oder Avon durch bedeutende Funde dokumentiert. Anders dagegen die mittelalterliche Kirchengeschichte: Das Benediktinerinnenkloster von Shaftesbury (S. 204) (von dem aber nur noch die Grundmauern erhalten sind) galt als das wichtigste und reichste in Großbritannien. Und mit **Sherborne Abbey (S. 201), **Wimborne Minster (S. 181) und **Christchurch Priory (S. 177) sind drei Sakralbauten erhalten, die die Ausmaße von Kathedralen haben.

Im Bereich der Profanarchitektur sind die landesweit berühmte Ruine des **Corfe Castle (S. 185) und Landsitze wie Sir Walter Raleighs *Sherborne Castle (S. 202) an vorderer Stelle zu nennen. Vor allem im Norden der Grafschaft, im Blackmoor Vale und im Marshwood Vale, sind reizvolle Dörfer mit reetgedeckten Sandsteinhäusern zu entdecken (unbedingt sehenswert: Shaftesburys **Gold Hill, S. 204; Farbtafel vor S. 257), und im Süden locken die Strände und Vergnügungspiers von *Weymouth (S. 196), *Lyme Regis (S. 199), Bournemouth (S. 178) oder *Poole (S. 179) die Gäste herbei.

Als besonders interessanter Landstrich gilt Dorset schließlich den Geologen. Bei *Lulworth Cove (S. 187) treffen die verschiedenen Sedimentgesteine, von denen die Grafschaft bestimmt wird, in bizarrer Form aufeinander. Längs der Küste wurden bzw. werden wichtige Baumaterialien gewonnen: auf der *Isle of Purbeck (S. 185) der schwarze Purbeck-Marmor, der sich in vielen englischen Kathedralen findet, und auf der *Isle of Portland (S. 197) der weltberühmte Portland-Stein.

Die Steinbrüche auf der *Isle of Portland sind auch der wichtigste Produktionszweig der Grafschaft. Eine große Rolle spielen ferner die Landwirtschaft (Getreideanbau, Schafzucht, Milcherzeugung) und (besonders, seit 1974 Christchurch und Bournemouth aus Hampshire ausgegliedert und Dorset zugeschlagen wurden) der Badetourismus.

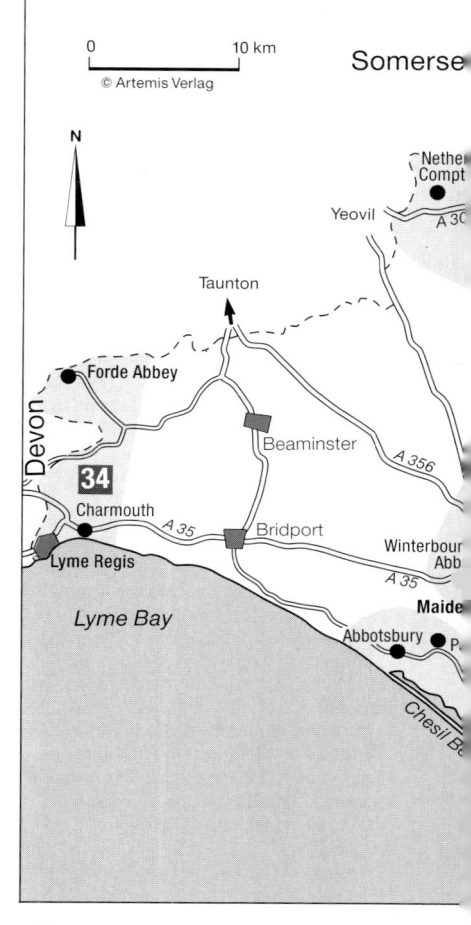

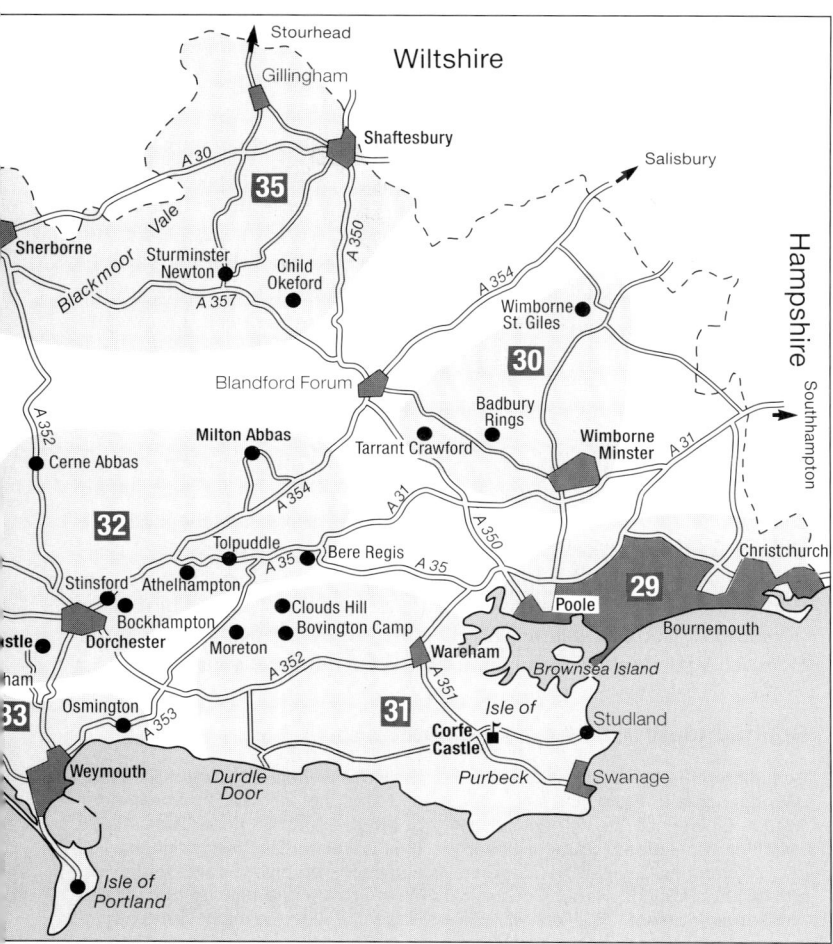

29 Die Küste bis Poole

Christchurch (an der A 35, 45 km SW Southampton)

In der schon zur Sachsenzeit befestigten kleinen Hafenstadt steht eine Kirche, deren Ausmaße durchaus auch einer Kathedrale würdig wären: **Christchurch Priory*, zwischen 1090 und 1120 begonnen, 1190 von Augustinern übernommen und in mehreren Bauabschnitten bis ins 16. Jh. zur heutigen Größe erweitert. Aus der Gründungszeit stammen die drei Krypten, aus dem Perpendicular der Westturm, der Chor und die Marienkapelle (Altarretabel frühes 16. Jh.). Im nördlichen Chorseitenschiff finden wir ein Taufbecken aus Purbeck-Marmor (12. Jh.) und vor der Berkeley-Kapelle ein Grabdenkmal für Anne Pugin († 1832),

Ehefrau des Architekten A. W. N. Pugin, der den Hochaltar stiftete. Die Draper-Kapelle im südlichen Chorseitenschiff zeigt erste Anzeichen der Renaissance. Das riesige Altarretabel des Chors stammt von 1350 und ist eine der größten und kostbarsten Arbeiten des Decorated Style in England. In drei Stufen und fünf vertikalen Sektionen zeigt es die Wurzel Jesse, David, Salomon und die Anbetung der Heiligen Drei Könige. Verschiedene Nischen haben ihre Statuen verloren. Der zweite große Blickfang im Chor ist das Gestühl von 1525 mit seinen großartigen Miserikordien, von denen etliche auf das 13. und 14. Jh. zurückgehen. Im Westturm befindet sich ein weißes Marmordenkmal für Percy Bysshe Shelley. Nördlich der Priory stehen die Ruinen einer normannischen *Burg* (EH; 12. Jh.) und das *Constable's House* (1160). Die *Town Bridge* über einen Arm des River Avon ging aus einer normannischen Brücke hervor. Das ehem. Armenhaus *Red House* (18. Jh.) jenseits des Friedhofs ist heute Museum und Gemäldegalerie. Südlich der Priory, am Ende eines Mühlbaches, steht die restaurierte *Place Mill*, die bereits im ›Domesday Book‹ erwähnt ist. Bis zur Auflösung der Klöster unter Heinrich VIII. gehörte sie zu den Ländereien der Augustiner.

Bournemouth (an der A 35, 5 km W Christchurch)

Geschichte: Es ist schwer vorstellbar, daß die größte Stadt Dorsets (ca. 150000 Einwohner), heute nahezu ein Synonym für Seebad, Sprachschulen und Altersruhesitz vieler Pensionäre, erst 1810 gegründet wurde. Doch der Aufstieg war rasant. 1836 richtete Sir George Tapps-Gervis an der Mündung des Bourne ein Seebad ein; 1841 wurde die erste Kirche gebaut (*St. Peter* in der Hinton Road); und 1875, fünf Jahre nach dem Anschluß an das Eisenbahnnetz, entstand das Unterhaltungszentrum *Winter Gardens*. Es folgten die *Pier* (1880), *The Arcade* (1891), eine typische viktorianische Ladenarkade, und schließlich in der Bath Road der *Pavilion* (1909; Restaurants, Ballsäle und Theater mit 1600 Plätzen). Doch die meisten kommen und kamen des *Strandes* wegen. Er ist rund 5 km lang und liegt, vor den kalten Nordwinden geschützt, am Fuß hoher Klippen, die über verschiedene serpentinenartige Fußwege und zwei Strandlifts (an der West Promenade bzw. dem östlichen Undercliff Drive) erreicht werden können. Das milde Klima zog schon im vergangenen Jahrhundert Berühmtheiten an: Aubrey Beardsley und Robert Louis Stevenson etwa (der hier ›Dr. Jekyll and Mr. Hyde‹ vollendete; Gedächtnisgarten in der Alum Chine Road) kamen, um ihre Lungenleiden zu kurieren. Mary Shelley (1797–1851), die Frau des Dichters und Autorin des ›Frankenstein‹ (1818), ist auf dem Friedhof von St. Peter begraben. J. R. R. Tolkien (›Der Herr der Ringe‹) starb 1973 in Bournemouth.

Bournemouth rühmt sich einer Vielzahl äußerst unterschiedlicher Museen. Die wichtigsten sind: Die *Russell-Cotes Art Gallery & Museum* (Bilder, Victoriana und ostasiatische Stücke) auf dem East Cliff; das

Compton Acres Garden in Poole

Rothesay Museum (italienische Gemälde und Keramikarbeiten; englische Möbel und Waffen; »Sandbilder« von Georg Zobel) in der Bath Road; das *Big Four Railway Museum* (Eisenbahn-Erinnerungsstücke) in der Old Christchurch Road; das *Bournemouth Transport Museum* in der Mallard Road und schließlich das *Shelley Museum* in der Beechwood Avenue im Stadtteil Boscombe, das einzige Museum der Welt, das auf den Dichter spezialisiert ist. Doch wenn das Wetter es zuläßt, sollte man Bournemouths herrlichen *Gärten* einen Besuch abstatten (besonders sehenswert: der *Central Garden*). Es lohnt sich.

∗ Poole (mit Brownsea Island)
(an der A 35, westl. Nachbarstadt von Bournemouth)

Mit über 100 000 Einwohnern ist Poole die zweitgrößte Stadt Dorsets. Sie wurde 1180 als Hafenstadt gegründet; 1248 erhielt sie die Stadtrechte. Fischerei, Handel und Schmuggel waren die Aktivitäten, die das Hafengeschäft über Jahrhunderte bestimmten – bis zum Aufstieg des Nachbarn Bournemouth um 1820. Seither ist der Hafen von Poole eher Freizeitkapitänen ein sicherer Ankerplatz.

Old Poole allein, das Stadtviertel um den Hafen, bietet etwa 80 denkmalwerte Gebäude. Einer detaillierten Beschreibung muß daher eine Auswahl vorgezogen werden. Das *Old Town House* (genannt Scaplen's Court, am Ende der Fußgängerzone) von 1500, heute Museum für Lokalgeschichte, ist eines der beiden erhaltenen mittelalterlichen Häuser von Poole. Das andere ist *Town Cellars* jenseits der Thames Street, ein Steinhauskomplex aus dem 15. Jh., der vom Lagerhaus zum Schiffahrtsmuseum umfunktioniert wurde. Auf der gegenüberliegenden Straßenseite steht das Zollhaus *(Customs House)* von 1788, das nach einem Brand 1813 rekonstruiert wurde. (Am Fuß der Custom House Steps befindet sich der Anleger für die Boote nach Brownsea Island; s. u.) Die Kirche *St. James* (1820) an der Gabel Thames Street / Church Street hat ein Mahagoni-Taufbecken von 1820, ein Altarretabel von 1736 und eine ganze Reihe beachtenswerter Grabdenkmäler vornehmlich aus dem 19. Jh. In der *Guildhall* von 1761 kann man die Geschichte der örtlichen Keramikwerkstätten *Poole Pottery* (zwischen East Quay und Old Orchard, ebenfalls zu besichtigen) verfolgen.

Wie Bournemouth besitzt auch Poole sehr schöne Parkanlagen und mit den japanischen Vorbildern folgenden *Compton Acres Gardens* ein wahres Juwel der Gartenbaukunst.

Brownsea Island (NT; in der Hafenbucht von Poole, 30minütige Bootsfahrt von Poole) gehörte ursprünglich der Abtei von Cerne *(S. 195)*. Die Reihe der nachfolgenden Besitzer ist lang. Heinrich VIII. beschlagnahmte die Insel, um eines seiner Küstenforts zu errichten (1547), das den Kern des heute in Privatbesitz befindlichen *Brownsea Castle* (18. Jh.) bildete. William Benson, Nachfolger Christopher Wrens als Aufseher der königlichen Bauten, kam 1722, der Colonel William Petrie Waugh 1852 als Besitzer an die Reihe. Von Waugh übernahm der Parlamentarier G. A. Cavendish-Bentinck die Insel. Er schloß Waughs unprofitable Tongruben (jener hatte vor seinen Gläubigern nach Spanien fliehen müssen) und trug statt dessen eine Sammlung italienischer und niederländischer Skulpturen zusammen. Der Tabakmagnat Charles van Raalte, der die Insel 1901 erwarb, brachte – neben einem 20köpfigen Orchester, das seine illustren Gäste unterhielt – mit *Lord Robert Baden-Powell* (1857–1941) die Pfadfinderbewegung auf die Insel. Baden-Powell nämlich hielt 1907 das erste Lager der von ihm im selben Jahr gegründeten »Boy Scouts« auf der Insel ab – und an diese Geburtsstunde der Bewegung erinnern noch heute die jährlichen Gedächtnisveranstaltungen.

Von 1925 bis 1961 dann war die Insel wieder in Privatbesitz. Jeder Zutritt war strikt verboten, bis 1961 der National Trust Brownsea erbte. Gemeinsam mit dem Dorset Naturalists Trust wurde die inzwischen zur Wildnis und zum Seevogelparadies gewordene Insel erschlossen. So ist sie heute zwischen April und Oktober täglich zu besichtigen – mit Ausnahme allerdings des Schlosses: Es wurde zur Deckung der immensen Erschließungskosten an einen Industriekonzern verkauft, der es als Erholungsheim für seine Belegschaft nutzt.

30 Wimborne Minster und Umgebung

* **Wimborne Minster** (an A 31 und A 349, 12 km NW Bournemouth)

Der Flecken mit etwa 5000 Einwohnern steht ganz im Schatten seiner grandiosen Münsterkirche **The Collegiate Church of St. Cuthberga. Die Kirche ist buchstäblich eine Abfolge der Stilarten: Normannisch sind die Arkaden des Hauptschiffs, die Vierung und Teile der Querschiffe; Early English der Chor (um 1250); aus dem 14. Jh. stammen die erweiterten Seitenschiffe des Hauptschiffs und des gesamten Ostteils der Kirche ebenso wie die Krypta. Der Westturm (1448–64) ist im Perpendicular Style erbaut. Er hat an der Nordseite einen Quarter Jack von 1613, der ursprünglich einen Mönch darstellte, seit dem frühen 19. Jh. jedoch als Grenadier ausgemalt ist. Thomas Hardy, der zwei Jahre in der Stadt verbrachte, hat ihn und die Kirche in einem Gedicht (›Copying Architecture in an Old Minster‹) beschrieben. Er verstand etwas davon, denn schließlich war er der Sohn eines Steinmetzen. Mindestens so bekannt wie Hardys Gedicht aber dürfte die *astronomische Uhr* aus dem 14. Jh. im Westturm sein. Diese Uhr, die erste ihrer Art, die uns auf dem Wege nach Westen begegnet (weitere befinden sich in Exeter, *S. 302*, Wells, *S. 270* und Ottery St. Mary, *S. 296*),

Die »Chained Library« von Wimborne Minster

wurde gebaut, bevor die Bewegung der Erde um die Sonne bekannt war (um 1320; Gehäuse von 1740). So bildet die Erde das Zentrum, um das herum Mond (blauer Kreis) und Sonne (weißer Kreis) sich drehen. Eine Besonderheit ist auch der *Brass für König Ethelred*, der 873 von den Dänen getötet wurde, im Chor: der einzige Brass für einen englischen König. Eine Rarität von unschätzbarem Wert ist die *Chained Library* über der Sakristei (vgl. Guildford, *S. 108*). Sie wurde 1686 von dem Presbyter William Stone der Öffentlichkeit zur Nutzung überlassen. 185 meist theologische Werke in 240 Bänden sind – wohlangekettet – hier zu lesen. Raleighs Weltgeschichte von 1634 und Hughes' ›Compleat Vineyard‹ von 1670 sind nur zwei Juwelen dieser Sammlung, deren ältestes Buch, das ›Regimen Animarum‹, von 1343 stammt.

In der Stadt (wer sie nicht begehen will, kann sie in der ›*Model Town*‹ in der West Row aus der Gulliver-Perspektive besichtigen) gibt es einige versteckte Sehenswürdigkeiten: *Priest's House* in der High Street (Museum), *Dean's Court* in einer Gasse abseits der King Street, die Häuser am Marktplatz und die drei Brücken: *Walford Bridge* mit sieben, *Julian's Bridge* mit acht und *Canford Bridge* mit drei Bögen.

Badbury Rings (abseits der B 3082, 3 km NW Wimborne Minster)

ist eines der wichtigen eisenzeitlichen Hügelforts in England. In der Bedeutung ist es mit Old Sarum *(S. 213)* und Maiden Castle *(S. 195–96)* vergleichbar. Die Legende bringt es mit der letzten Schlacht König Artus' in Verbindung. Die Anlage besteht aus drei »Ringen«, Erdwällen von 9 bis 12 m Höhe, die jeweils durch Gräben voneinander getrennt sind. Der Außendurchmesser beträgt etwa 500 m, und das Fort hat eine Gesamtfläche von ca. 7,5 ha. Die eigentliche Verteidigungsstellung befand sich im inneren Ring auf einer ebenen Fläche, die heute baumbestanden ist. Die Römer eroberten das Fort und benutzten es als Sicherungsposten ihrer Straßenverbindung von Old Sarum (bei Salisbury) nach Durnovaria (Dorchester). Nordwestlich des Forts sind Reste dieser Straße noch zu sehen.

Tarrant Crawford (abseits der A 350, 4 km W Badbury Rings)

Die Dorfkirche *St. Mary* besucht man, wenn nicht der Wandmalereien aus dem 14. Jh. wegen, dann, weil Richard Poore, Bischof von Salisbury und Gründer eines in die Geschichte der englischen Sprache eingegangenen Zisterzienserinnenklosters, in ihr begraben sein soll. Aus der Zeit der Klostergründung (um 1200) nämlich stammt die berühmte ›*Ancrene Rule*‹ (Anachoretinnen-Regel), eines der bedeutendsten mittelenglischen Sprachdenkmäler. So bedeutend dieser Text ist, so liebenswürdig, originell und zuweilen auch drastisch ist er. »Eine Anachoretin sollte«, so heißt es zum Beispiel an einer Stelle, »nicht sein wie ein Schwein im Stall, das man mästet, damit es geschlachtet wird.« Der Autor dieser Mahnungen ist bis heute unbekannt geblieben.

Wimborne St. Giles (abseits der B 3081, 18 km N Wimborne Minster)

Das ansprechende Dorf mit roten Ziegelhäusern aus dem 17. Jh. liegt landschaftlich reizvoll an den südlichen Ausläufern des Cranborne Chase-Rückens am River Allen. Bekannt ist der Ort vor allem den Freunden der Philosophie. *Anthony Ashley Cooper, 3. Earl of Shaftesbury* (1671–1713), Philosoph des »moral sense« und als Verfasser der ›Characteristics of Men, Manners, Opinions, Times‹ (1771) von den führenden Denkern und Dichtern seiner Zeit geschätzt, residierte hier. Das Haus ist zwar nicht zu besichtigen, dafür aber der Park: uralter Baumbestand, der sich in einem serpentinenförmigen See spiegelt, ein Zierbogen mit runden Türmen, ein ionischer Gartentempel, eine Grotte – der rechte Ort zum Philosophieren. In der Dorfkirche *St. Giles* (1732) sind die Shaftesburys begraben.

Knapp 2 km südwestlich der Kirche steht mit den *Knowlton Rings* (EH) eine Gruppe von drei jungsteinzeitlichen Henge-Monumenten, von denen nur noch das mittlere gut zu erkennen ist. In seiner Mitte sind Überreste einer normannischen Kirche (Turm aus dem 14. Jh.) erhalten.

`31` Wareham und die Isle of Purbeck

* Wareham (an der A 351, 12 km W Poole)

»Bloody Bank« – so heißt ein Abschnitt der sächsischen Erdwälle, die die kleine Marktstadt Wareham noch heute umgeben. An dieser Stelle wurden die von Richter Jeffreys in den »Bloody Assizes« zu Taunton im Jahre 1685 verurteilten Gefolgsleute des Duke of Monmouth hingerichtet – angeblich 60 an der Zahl (vgl. S. 190). Eine Scheußlichkeit, an die man beim »tea break« am Kai des River Frome *(Farbtafel nach S. 256)* kaum denken mag.

Die Kirche *Lady St. Mary* wurde von Thomas Leverton Donaldson, einem Reisegefährten William Turners, sehr gründlich restauriert. Außer einigen fragmentarischen Inschriften (7.–9. Jh.) sind jedenfalls keine Hinweise auf die sächsische Entstehung mehr erhalten. Die Ausstattung der Kirche jedoch ist sehenswert: ein seltenes sechseckiges normannisches Taufbecken aus Blei (mit den zwölf Aposteln unter

Corfe Castle

zwölf Bögen) und der – allerdings leere – Steinsarg des in Corfe Castle *(S. 185)* ermordeten Königs Eduard der Märtyrer. Er lag hier einige Jahre begraben, bevor er in Shaftesbury *(S. 204)* seine letzte Ruhe fand. Die zweite sächsische Kirche, *St. Martin*, ist zwar jünger als St. Mary, hat jedoch nicht deren Schicksal hinnehmen müssen, so daß wir hier noch das typische »long-and-short-work« im Chor und in der Nordwestecke des Schiffs bewundern können. Ebenso wie ein unerwartetes Denkmal, das sich in ihr befindet: für *T. E. Lawrence* (1888–1935), den legendären ›Lawrence von Arabien‹ *(S. 188)*. Das Bildnis des Kriegshelden in arabischer Kleidung, den Kopf auf einem Kamelsattel zur Ruhe gebettet, schuf sein Freund Eric Kennington.

✳✳ Corfe Castle (an der A 351, 8 km SO Wareham)
ist der Name sowohl eines Dorfes als auch einer höchst fotogenen
Burgruine. Das *Dorf* war schon zur Sachsenzeit ein bedeutender Umschlagplatz für den Kalkstein von der Purbeck-Halbinsel. Zu jener Zeit
fand auch die Ermordung des 18jährigen Königs Eduard statt: 978,
durch die Hand seiner Stiefmutter, der Königin Aelfthryth. Im 16. Jh.
erhielt das Dorf Stadtrechte und entsandte zwei Abgeordnete ins
Parlament nach Westminster, bis mit dem Niedergang der Kalkstein-
verwertung im 18. Jh. (das Rathaus aus dieser Zeit ist bezeichnender-
weise schon aus Ziegeln gebaut) die Stadt wieder zum Dorf wurde.
Trotzdem aber treffen sich an jedem ›Shrove Tuesday‹ (dem Dienstag
nach Karneval) die Mitglieder des ›Ancient Order of Marblers and
Stonecutters‹ in Corfe Castle – im Gedenken an die einstige Größe.
    Die normannische *Burg* (NT), die in mehreren Bauabschnitten ab
dem 12. Jh. ausgebaut worden war, sah ihr Ende, als sie 1645 König
Karl I. entrissen wurde und in die Hand des Parlaments geriet. Die
vorgesehene vollständige Zerstörung jedoch gelang nicht. Die Befestigungen waren stärker als die eingesetzten Sprengladungen, und übrig
blieb eine der heute berühmtesten Ruinen Großbritanniens.

✳ Isle of Purbeck (S Wareham an der A 351)

Geschichte: Daß die Isle of Purbeck südlich der Purbeck Hills als »Insel« bezeichnet wird, hat ebenfalls mit der mittelalterlichen Bedeutung von Corfe Castle (bzw. dem Mißbrauch derselben) zu tun. In jener Zeit nämlich, als man den schwarzen »Purbeck-Marmor« (eigentlich ein stark muschelhaltiger Sandstein) brach, um daraus die Säulenschäfte der Kathedralen von Salisbury und Exeter sowie unzählige Taufbecken und Grabdenkmäler im Süden Englands zu schneiden, gab es nur eine brauchbare Landroute zwischen der Halbinsel und dem nördlich gelegenen »Festland«: die Straße durch Corfe Castle. Die Benutzer dieser Straße waren somit der Willkür des Constable der Burg ausgeliefert. So wird beispielsweise berichtet, daß Bewohner der »Insel« nur mit Genehmigung des Constable auf dem »Festland« heiraten durften.

Schon zur Isle of Purbeck zählt **Studland** (an der B 3351, 5 km O Corfe
Castle), wo mit *St. Nicholas* eine große normannische Kirche vollständig erhalten ist.

✳Swanage (an der A 351, 5 km S Studland) ist mit rund 8000 Einwohnern
die größte Stadt der »Insel« und einer der beliebtesten Ferienorte
Südenglands. Die Geschichte kennt Swanage über Jahrhunderte hinweg als bevorzugten Umschlaghafen für Kalkstein und Sandstein. Zwei
bedeutende Familien des Ortes, die durch die Purbeck-Steinbrüche zu
immensem Vermögen gekommen waren, haben das heutige Gesicht

von Swanage durch ihre Bautätigkeit entscheidend geprägt: die Familien Burt und Mowlem, die viele ihrer Bauprojekte mit architektonischen Fragmenten andernorts abgerissener Häuser anreicherten und so auf eigenwillige Weise Denkmalpflege betrieben. So hat das *Rathaus* (High Street), 1872 von George Burt gestiftet, als Frontispiz die Fassade der Londoner Mercers' Hall (1670). Im Garten von *Burts Privathaus* (High Street) stehen sechs gußeiserne Säulen vom Billingsgate Market und der Torbogen von Hyde Park Corner (1844), und in den Anlagen des *Grosvenor Hotel* schließlich (Peveril Point Road) befindet sich der Uhrturm, der 1854 zum Andenken an den zwei Jahre zuvor gestorbenen Herzog von Wellington an der London Bridge aufgebaut worden war.

Ein sensationeller paläontologischer Fund gelang im Januar 1990 am Strand von Swanage, als im Gefolge des Orkans, der große Teile des englischen Südens verwüstete, von den Wellen ein versteinerter Schädel freigelegt wurde, bei dem es sich um den Kopf eines bisher unbekannten Ichthyosaurus handeln soll.

In **Langton Matravers** westlich Swanage steht mit *St. George* eine Kirche, deren spätgotischer Turm niedriger ist als das Dach des Kirchenschiffs. **Worth Matravers** (3 km W) mit seinen kleinen Häusern aus Purbeck-Stein und dem Dorfteich ist ein beliebtes Ausflugsziel (normannische Kirche *St. Nicholas*).

Kingston (3 km S Corfe Castle) liegt auf den Purbeck-Höhen und bietet einen großartigen Ausblick auf Corfe Castle. Das Dorf ist eine geplante Siedlung des 19. Jh., die sich um die unverhältnismäßig große Kirche *St. James* (1873, von G. E. Street) mit ihrem weithin sichtbaren Zentralturm gruppiert.

Kimmeridge (5 km SW Corfe Castle) ist ein winziges Dorf oberhalb der wegen ihrer steilen Klippen (Naturschutzgebiet) und großartigen Felsformationen berühmten *Kimmeridge Bay*. Die wenigen Häuser aus grauem Kalkstein sind meist reetgedeckt. Zur Römerzeit wurde der dunkle bituminöse Schiefer abgebaut und teilweise zu Schmuck verarbeitet (zu sehen im Dorset County Museum in Dorchester, *S. 190*). Auf dieses Gewerbe gehen die runden Schieferstücke zurück, die lange Zeit unter dem Namen »Kimmeridge Coal Money« fälschlich für Geldstücke gehalten wurden. Der Folly *Clavel Tower*, ein dreistöckiger runder Aussichtsturm mit Zinnen und falschen Pechnasen, erbaut von dem Pfarrer John Richards Clavell, steht auf der SW-Klippe der Bucht. Das prächtige *Herrenhaus der Familie Clavell* (frühes 17. Jh.) liegt in einem 20 ha großen Park (mit herrlicher Aussicht) auf der SO-Klippe.

Ca. 7 km W Kimmeridge liegt (an der B 3070 durch die Purbeck Hills) **East Lulworth.** *Lulworth Castle* (frühes 17. Jh.) in einem Parkgelände nordwestlich des Dorfes brannte 1929 zwar aus, jedoch ist die Ruine ebenso einen Besuch wert wie die beiden Kirchen im Park: *St. Andrew* (1864, von John Hicks) mit spätgotischem Westturm und achteckigem Taufbecken und die röm.-kath. Kirche *St. Mary*, die 1786 als eines der ersten katholischen Gotteshäuser Englands nach der Reformation gebaut wurde. Der Überlieferung nach gab König Georg III. seine Zustimmung jedoch nur unter der Bedingung, daß die Kirche nicht wie eine Kirche aussehen solle. So jedenfalls erklärt man die Ähnlichkeit der Kirche mit einem Gartentempel in der Nähe: Kuppel, halbrunde Seitenapsiden und Nischen mit steinernen Vasen zu beiden Seiten des Eingangs.

West Lulworth (3 km weiter W) liegt nördlich der fast kreisförmigen Bucht *Lulworth Cove*. Auf dem Vorgebirge Little Bindon östlich der Bucht liegt die *Kapelle*, in der 1150 die erste Gründung der später nach Wool verlegten Zisterzienserabtei vollzogen wurde. Einige normannische Fragmente in dem ansonsten spätgotischen Gebäude weisen noch auf diese Zeit hin. Am Westende der Bucht sind die verschiedenen Lagen des Juragesteins wie auf einer geologischen Schautafel zu sehen. Ein Klippenweg führt nach Westen über *Man o' War Bay* und das spektakuläre Felsentor **Durdle Door** bis zum Ende der steil ins Meer abfallenden Felsen westlich von Bat's Head.

Durdle Door

Bovington Camp, Clouds Hill und Moreton

(abseits der A 352, 11–13 km W Wareham)

In diesen drei Orten auf dem Wege nach Dorchester begegnet uns wieder *T. E. Lawrence*, der ungekrönte König von Arabien und Vertraute des späteren Feisal I. während des Araberaufstandes gegen die türkische Herrschaft im 1. Weltkrieg. Peter O'Toole hat ihn in dem Film ›Lawrence von Arabien‹ unsterblich gemacht. Nach dem Krieg hatte Lawrence sich aus Protest gegen die britische Nahostpolitik selbst degradiert. Als einfacher Soldat tat er unter dem Namen T. E. Shaw in *Bovington Camp* Dienst. (Hier befindet sich auch das älteste *Panzermuseum* der Welt.) Während seiner Dienstzeit bezog er 1923 das knapp 2 km nördlich gelegene Cottage *Clouds Hill* (NT), um sein (1926 erschienenes) Werk ›The Seven Pillars of Wisdom‹ zu schreiben. Er bewohnte das Haus, bis er 1935 mit dem Motorrad auf dem Weg zwischen Bovington und Clouds Hill tödlich verunglückte.

Neben der Bibliothek und einer 800 Stücke umfassenden Schallplattensammlung klassischer Musik sind in Clouds Hill auch die beiden Schlafsäcke zu besichtigen, die Lawrence und sein Sekretär benutzten. Lawrence' ist mit »Meum«, der des Sekretärs mit »Tuum« gekennzeichnet. Als Lawrence auf dem Friedhof von *St. Nicholas* in Moreton (2 km W Bovington) beigesetzt wurde, war unter den Trauergästen auch ein König: Ghasi I. von Irak. Das Grab wurde wie das Denkmal in Wareham *(S. 184)* von Eric Kennington gestaltet. Es trägt das Motto der Universität Oxford, an der Lawrence Archäologie studiert hatte: »Dominus Illuminatio Mea« – Der Herr ist meine Erleuchtung.

32 Dorchester und Umgebung

* Dorchester

Lage: An A 35, A 37 und A 354, 23 km W Wareham, 13 km N Weymouth

Geschichte: In der Sachsenzeit war Dorchester Sitz einer Münze, während der Normannenherrschaft königliches Jagdzentrum. 1610 erhielt Dorchester Stadtrechte. 1685 fand in Dorchester Richter Jeffreys »Blutgericht« statt *(S. 183, 279)*, und bis ins späte 18. Jh. war die Stadt für ihre »Hanging Fairs« (öffentliche Hinrichtungen) bekannt. Heute hat Dorchester trotz des Status der Grafschaftshauptstadt Kleinstadtcharakter. Brauereigewerbe und Landmaschinenherstellung sind die einzigen nennenswerten Industriezweige.

An die um 70 n. Chr. gegründete wichtige Römerstadt Durnovaria erinnern in der heutigen Grafschaftshauptstadt Dorchester nur noch die spärlichen Reste des *römischen Hauses* ① (4. Jh.) gegenüber der County Hall im Colliton Park sowie des als *Maumbury Rings* ② bekannten ehemaligen Amphitheaters im Süden der Stadt an der Straße nach Weymouth.

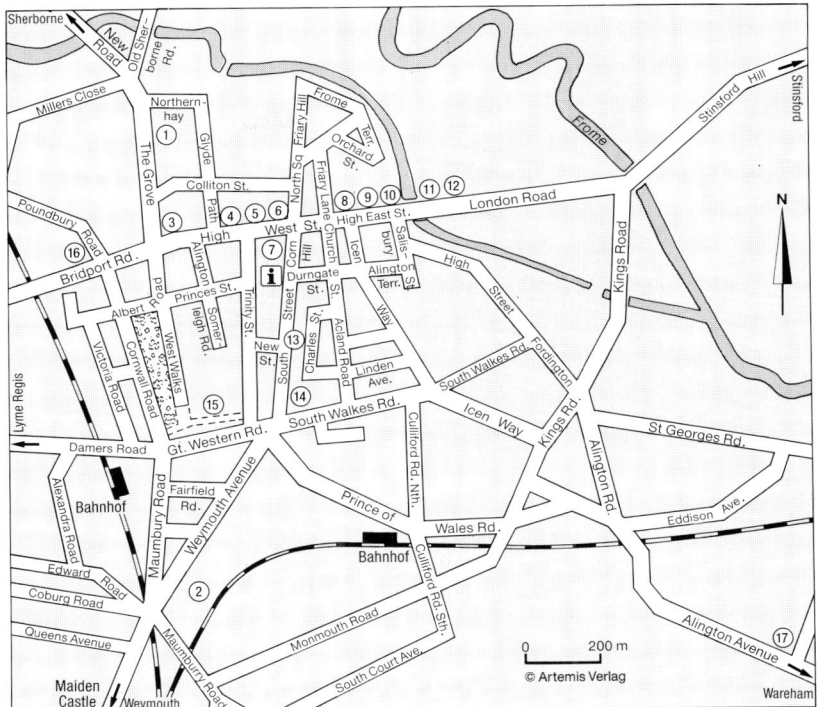

Dorchester: Stadtplan

   ① Römisches Haus
* ② Maumbury Rings
   ③ Hardy-Denkmal
   ④ Shire Hall
* ⑤ Dorset County Museum
   ⑥ St. Peter
   ⑦ Judge Jeffrey's Lodging
   ⑧ Rathaus
   ⑨ King's Arms Hotel

⑩ All Saints
⑪ Unity Chambers
⑫ Bridge Hotel
⑬ Napper's Mite
⑭ South Lodge
⑮ Bowling Alley Walks
⑯ Dorset Military Museum
⑰ Max Gate (Hardys Haus)

Das Amphitheater ging aus einem jungsteinzeitlichen Steinkreis hervor und bot 10000 Zuschauern Platz. Thomas Hardy nannte es das ›Colosseum Dorsets‹ – bei einem Innendurchmesser von 63 bzw. 50 m ein treffender Vergleich.

Ein **Rundgang** kann am westlichen Ende der High West Street beginnen. Hier steht Eric Kenningtons großes *Bronzedenkmal für Thomas Hardy* ③: der Dichter und Romancier als alter Mann, auf

189

Thomas Hardy
(1840–1928),
Bronzedenkmal
von Eric
Kennington

einem Baumstumpf sitzend und den Hut auf den übereinandergeschlagenen Beinen haltend, mitten in ›Casterbridge‹, wie er die Stadt, in der er zur Schule ging, in seinen Romanen nannte.

In östlicher Richtung führt die High West Street zur *Shire Hall* ④ (1795), in der 1834 die sechs »Tolpuddle-Märtyrer« *(S. 192)* zu sieben Jahren Verbannung verurteilt wurden. Der alte Gerichtssaal (Old Crown Court) ist fast unverändert geblieben, da ihn der britische Gewerkschaftsbund TUC als Denkmal für die als Gründer der Gewerkschaftsbewegung geltenden »Märtyrer« unter seine Fittiche genommen hatte. Das *Dorset County Museum* ⑤ besitzt eine erstklassige Sammlung zur Geschichte Dorsets von der Jungsteinzeit bis zur Gegenwart unter Einbeziehung geologischer und naturgeschichtlicher Aspekte (u. a. Ausgrabungsfunde von **Maiden Castle, S. 195–96)*. Eine besondere Abteilung ist Thomas Hardy gewidmet: sein Arbeitszimmer, einige seiner Manuskripte, persönliche Gegenstände (s. auch *Max Gate* ⑰).

St. Peter ⑥ ist spätgotisch bis auf ein normannisches Südportal und überstand als einzige Stadtkirche den großen Brand von 1613. Ein gotisches Ostergrab im Chor, eine arabeskenverzierte jakobianische Kanzel und zwei Ritterdenkmäler aus dem späten 14. Jh. sind sehenswert. Gegenüber der Kirche, in *Judge Jeffreys' Lodging* ⑦ (heute Restaurant), wohnte seinerzeit der Lord Chief Justice Sir George Jeffreys. Im »Bloody Assize« (Blutgericht) von 1685 verurteilte er persönlich 292 Teilnehmer an der Rebellion des Herzogs von Monmouth *(S. 275)* zum Tode. Allerdings wurden »nur« etwa 60 tatsächlich hingerichtet.

Ein Abstecher führt von St. Peter in die High East Street hinunter. Links zunächst das *Rathaus* ⑧ (1847 von Benjamin Ferrey, der 1864 das Uhrentürmchen hinzufügte). Das *King's Arms Hotel* ⑨ hat eine schöne Fassade aus dem frühen 19. Jh., und die Kirche *All Saints* ⑩, 1843 von Benjamin Ferrey an der Stelle einer beim Brand von 1613 zerstörten Kirche erbaut, hat aus dem Vorgängerbau noch die Lettner im Chor und das Taufbecken aus dem 12. Jh. Das Chorgestühl stammt aus dem 18. Jh. Es folgen die 1870 im italienischen Stil errichteten *Unity Chambers* ⑪ und das *Bridge Hotel* ⑫ mit einer Fassade aus dem späten 18. Jh. Zurück zu St. Peter. Gegenüber der Kirche führt die South Street zu *Napper's Mite* ⑬ (oder *Napier's Almshouses*), einem heute als Ladenzeile dienenden ehem. Armenhaus. Gegenüber *South Lodge* ⑭ (1760) führt *Bowling Alley Walks* ⑮ auf den Spuren der römischen Wallanlagen (sie wurden im frühen 18. Jh. eingeebnet) zum West Walk bzw. zur Cornwall Road, die ein Parkgelände umgeben, und über die Albert Road (mit Resten der römischen Stadtmauer) zum Hardy-Denkmal.

Schließlich sind noch ein weiteres Museum zu nennen, das *Dorset Military Museum* ⑯ in der Bridport Road, dessen außergewöhnliche Attraktion der 1945 von Angehörigen des Dorset-Regiments erbeutete Schreibtisch Hitlers aus der Reichskanzlei ist, sowie Hardys Haus *Max Gate* ⑰ (von ihm selbst entworfen) am südöstlichen Stadtrand.

Umgebung von Dorchester

Higher Bockhampton und Stinsford
(abseits der A 35, 5 bzw. 2,5 km NO Dorchester)

Auch hier lebt die Erinnerung an *Thomas Hardy.* Sein Geburtshaus *Hardy's Cottage* (NT) in Higher Bockhampton, ein reetgedecktes Häuschen, von Hardys Großvater erbaut, ist bis heute fast unverändert geblieben. Hardys Gedicht ›Domicilium‹, sein frühestes bekanntes Werk, beschreibt das Haus, und als ›Tranter Dewy's House‹ spielt es eine Rolle in seinem Roman ›Under the Greenwood Tree‹ (1872). Neben dem Haus steht ein Denkmal aus kornischem Granit, mit bronzenen Lorbeerkränzen geschmückt, gestiftet von »einigen amerikanischen Bewunderern«.

St. Michael (13. Jh.) in Stinsford, dem ›Mellstock‹ in ›Under the Greenwood Tree‹, war Hardys und seiner Vorfahren Pfarrkirche. Hardys Asche (er starb im Haus Max Gate, s. o. ⑰) ist zwar, wie bei Englands berühmten Dichtern üblich, in der Poets' Corner von Westminster Abbey beigesetzt, doch sein Herz liegt hier: auf dem Friedhof von Stinsford, neben seiner ersten Frau und etlichen seiner Vorfahren.

Athelhampton (an der A 35, 10 km NO Dorchester)

Athelhampton Hall, ein von schönen Gärten umgebener Landsitz, wurde Ende des 15. Jh. für Sir William Martyn, 1493 Lord Mayor von London, gebaut. Mit der Verwendung von Zinnen, Erkern und einer offenen Holzdecke (großer Saal) muß der Bauherr dem Ideal des spätmittelalterlichen Herrenhauses nachgestrebt haben. Athelhampton Hall ist jedenfalls einer der besterhaltenen spätgotischen Profanbauten in Südengland. Mitte des 16. Jh. wurde das Haus um einen ›Parlour Wing‹ erweitert, der rechtwinkling zum ursprünglichen Bau steht und sich mit seinen Zwerchhäusern und den hohen gebündelten Schornsteinen deutlich, aber nicht unangenehm vom Altbau abhebt.

Tolpuddle (an der A 35, 12 km NO Dorchester)

am River Piddle (oder Trent) gilt als der *Geburtsort der englischen Gewerkschaftsbewegung*. 1831 taten sich hier sechs Einwohner des Dorfes zusammen, um höhere Löhne für die Landarbeiter zu fordern. Da die Festsetzung der Löhne zu dieser Zeit Staatsangelegenheit war, galt die Absprache der sechs Petenten als Geheimbündelei, und sie wurden 1834 in Dorchester wegen Verschwörung zu sieben Jahren Deportation nach Australien verurteilt. Die aufgebrachte Öffentlichkeit prägte den Begriff »*Tolpuddle Martyrs*« für die sechs Männer, die nach massivem Druck auf das Parlament zwei Jahre später begnadigt und nach England zurückgeholt wurden. Die *TUC Memorial Cottages* am westlichen Dorfeingang, ein reetgedeckter Unterstand bei der Kirche und ein Gedächtnistorbogen vor der *Methodistenkapelle* (fünf der sechs Männer waren Methodisten) erinnern an die »Märtyrer«.

Bere Regis (an der A 35, 17 km NO Dorchester)

war – der Name deutet darauf hin – in sächsischer Zeit königliche Residenz. Mit der Kirche *St. John Baptist* (12. Jh., möglicherweise früher) ist der Name John Kardinal Mortons verbunden. Morton (1420–1500) war der Erzbischof von Canterbury, der die Ehe zwischen Henry Tudor (dem späteren Heinrich VII.) und Elisabeth von York stiftete und damit einen wesentlichen Beitrag zur Beendigung der Rosenkriege zwischen den Häusern Lancaster und York um die englische Thronfolge leistete. Morton stiftete auch die großartige Stichbalkendecke, die in Dorset konkurrenzlos ist. Die Balkenenden sind kunstvoll geschnitzt und zeigen die zwölf Apostel, die ins Kirchenschiff hinabschauen, nahezu in Lebensgröße. Einer der zentralen Schlußsteine zeigt den Kardinal, sein Wappen und eine rote Rose (Zeichen des

Hauses Lancaster) mit einem Band als Symbol für die Eheschließung. Die Südkapelle mit den Grabmälern der Familie Turberville bietet heute noch den Anblick, den Thomas Hardy in ›Tess of the d'Urbervilles‹ (1891) beschrieben hat: »...ihre Verzierungen verwittert und beschädigt, ihre Brasse aus den Formen gerissen, deren Nietlöcher übriggeblieben sind wie Marderhöhlen in einer Sandklippe.«

* **Milton Abbas** (N der A 354, 12 km SW Blandford Forum)

ist größtenteils das Ergebnis der Abriß-laune des *Joseph Damer*, Lord Milton und 1. Earl of Dorchester (1717–98). Nicht nur die Gebäude der alten Benediktinerabtei (um 935 von König Athelstan gegründet) ließ dieser bis auf die Abbots Hall (die er in das neu errichtete *Herrenhaus Milton Abbey* einbauen ließ) abreißen, sondern gleich das gesamte Städtchen. Es versperrte dem Herrn den Blick. Allerdings leistete er Ersatz. Er beauftragte ›Capability‹ Brown (der den Garten seines Herrenhauses geplant hatte), eine *Mustersiedlung* zu entwerfen. Sie wurde 1780 gebaut – zweistöckige reetgedeckte Häuser zu beiden Seiten der leicht ansteigenden Dorfstraße –, wenn auch nicht nach Browns Plänen, sondern denen von William Chambers.

Die *Klosterkirche* südlich des Herrenhauses, ein Ersatzbau für die 1309 abgebrannte normannische Anlage, läßt an ihrer ungewöhnlich reichhaltigen Innenausstattung noch die Pracht der alten Abtei erahnen: ein

Grabdenkmal der Lady Caroline Milton in der Klosterkirche von Milton Abbas

Der »Cerne Abbas Giant«

Alabasteraltar (von James Wyatt, der die Kirche 1789 restaurierte), zwei ehemals einem Lettner des 15. Jh. zugehörige Porträts des Königs Athelstan und der Königin Egwyna, und schließlich – und allen voran – Agostino Carlinis (Entwurf Robert Adam) *Grabdenkmal der Lady Caroline Milton*. Die Dame ruht auf einem Kissen, der Lord liegt neben ihr, den Kopf auf die Hand gestützt, und betrachtet sie schwermütig – in weißem Marmor.

Etwa 300 m östlich der Kirche steht die *Kapelle St. Catherine* (spätnormannisch). In ihr nächtigte der Überlieferung nach König Athelstan vor einer Schlacht gegen die Dänen und träumte von dem bevorstehenden Sieg. Er gelobte eine Klostergründung am Ort, falls der Traum sich bewahrheiten sollte. Er hielt sein Versprechen.

Cerne Abbas (an der A 352, 13 km N Dorchester)

Die äußerst publikumswirksame Attraktion dieses ansonsten unbedeutenden Dorfes ist die nordöstlich gelegene Hügelzeichnung eines keulenschwingenden Mannes: der berühmte *Cerne Abbas Giant* (NT). Wegen seiner Ähnlichkeit mit römischen Herkules-Darstellungen zur Zeit des Kaisers Commodus (180–93) ist die Figur möglicherweise in diese Zeit datierbar. Sie ist 60 m hoch und 50 m breit, die Länge der

Keule beträgt 36 m. Eine andere Deutung der Figur sieht diese als keltisches Fruchtbarkeitssymbol, da der Riese im Gegensatz zum *Wilmington Long Man in Sussex *(S. 69)* mit deutlich sichtbarem Phallus abgebildet ist.

Der Name des Dorfes geht auf eine von Heinrich VIII. aufgelöste und bis auf ein paar Mauern völlig verschwundene Benediktinerabtei aus dem 9. Jh. zurück. Die Pfarrkirche *St. Mary* ist bis auf den frühgotischen Chor (mit Wandmalereien aus dem späten 14. Jh.) das Werk des Perpendicular.

Winterbourne Abbas (an der A 38, 8 km W Dorchester)

ist eines der zwölf in Dorset gelegenen Winterbournes/-bornes. Eine der Glocken von *St. Mary* stammt von 1440 und gehört zu den ältesten im Lande.

Einige hundert Meter westlich der Kirche steht ein *Nine Stones* (NT) genannter Steinkreis von ca. 8 m Durchmesser. Noch weiter westlich, zu beiden Seiten der A 35 und in der Nähe der Abzweigung nach Compton Valence, befindet sich mit den *Poor Lot Barrows* (EH) eine Gruppe von 44 bronzezeitlichen Grabstätten unterschiedlicher Typen. In ihnen

Maiden Castle *(S. 196)*

konnten zwar kaum Funde gemacht werden, jedoch machen Anzahl und Dichte der Stätten das Areal zu einem der wichtigsten in Südengland.

** **Maiden Castle** *(Abb. S. 195)*

(EH; abseits der A 354, 3,5 km SO Dorchester, bei Winterborne Monkton)

heißt das größte und bedeutendste eisenzeitliche Hügelfort Großbritanniens. Bis zu einer Höhe von 27 m erheben sich seine Erdwälle. Die Vorgängerin der Anlage war eine jungsteinzeitliche Ansiedlung der Windmill-Hill-Kultur (ca. 3000 v. Chr.) unter dem östlichen Ende des eisenzeitlichen Forts. Das Fort ist nierenförmig angelegt und mißt von Osten nach Westen 1 km bei einem größten Nord-Süd-Durchmesser von 400 m. Es kam in vier Bauphasen ab 350 v. Chr. zustande. 44 n. Chr. wurde Maiden Castle von den Römern durch Vespasian erobert. Reste eines kleinen römischen Tempels aus dem 4. Jh. wurden im östlichen Teil der Festung ausgegraben.

33 **Weymouth und die Isle of Portland**

* **Weymouth** (an A 353 und A 354, 10 km S Dorchester)

Geschichte: »Der König badet – und zwar mit großem Erfolg.« So lapidar beschreibt Fanny Burney in ihrem Tagebuch den ersten Badeaufenthalt *Georgs III.* in Weymouth im Jahre 1789. Dem Monarchen jedenfalls gefiel die alte Hafenstadt an der Mündung des Wey. Er wurde zum treuen Gast, die Stadt (Hardys ›Budmouth‹) wurde beliebtes Seebad. Wohlhabende Zeitgenossen siedelten sich an, man baute die *Esplanade* mit ihren zahlreichen Terraces, und 1809 stifteten »die dankbaren Einwohner« zwischen Esplanade und der Einmündung zur St. Mary Street dem König ein *Denkmal*: eine kleine Figur in vollem Ornat auf einem hohen Sockel, das Zepter in der Hand, die Krone auf einem Schemel neben sich, mit goldenen Löwen neben dem Sockel. 1857 kam die Eisenbahn, die Weymouth zum wichtigen Fährhafen beförderte (Verbindungen nach Nordfrankreich und den Kanalinseln), und 1887 feierte man mit der Errichtung des *Jubilee Clock Tower* im Zentrum der Esplanade Königin Viktorias Goldenes Thronjubiläum.

Eines der wenigen Häuser, die aus den Tagen vor dem Beginn des Badetourismus erhalten sind, ist das *Black Dog Inn* (17. Jh.) in der zum Hafen führenden St. Mary Street (teilweise Fußgängerzone). *St. Mary* (1815–17, von James Hamilton) lohnt einen Blick wegen des großen Altarbildes ›Das Letzte Abendmahl‹, dessen Schöpfer Sir James Thornhill (1675–1734) auch die Kuppelfresken von St. Paul's in London

196

hinterlassen hat. Am Hafen steht die *Guildhall* (1836) mit einem eindrucksvollen ionischen Portikus. Das *White Hart Inn* (Lower Bond Street), ein ehem. Bürgerhaus, stammt wie das Black Dog Inn aus dem 17. Jh. Weitere bis auf 1600 zurückgehende Gebäude stehen jenseits der Town Bridge über den Hafen in der Trinity Road und in der Nähe von *Holy Trinity* (1834 und 1887 umgebaut) mit ihrer düster-grauen Fassade.

Am Parkgelände *Nothe Gardens* vorbei erreichen wir den Küstenstreifen Western Ledges und an seinem Ende die Reste des 1541 unter Heinrich VIII. erstellten *Sandsfoot Castle*, das als Gegenstück für Portland Castle (s. u.) geplant wurde. Nach Süden fällt der Blick auf die Halbinsel Portland, die John Constable zusammen mit der Bucht von Weymouth malte, als er 1816 mit Maria Bicknell seine Flitterwochen in Weymouth verbrachte.

Osmington (an der A 353, 7 km NO Weymouth)

liegt in einer Mulde am Südhang des *White Horse Hill*, den eine 1815 in den Kalk geschnittene *Reiterfigur König Georgs III.* ziert (98 m hoch, 85 m lang). In der Dorfkirche *St. Osmund* ist (neben einem Taufbecken aus dem 13. Jh. und einer steinernen viktorianischen Kanzel) ein Grabdenkmal für ein Mitglied der Familie Warham einen Blick wert. Letzteres vor allem der herrlich lapidaren Aufschrift wegen:

Man is a glass:/Life is as water that's weakly walled about:/
Sinne brings Death:/Death breakes the glass:/
So runs the water out./Finis.

* **Isle of Portland** (S Weymouth an der A 354)

Südlich von Weymouth liegt die Isle of Portland, eine »7 km lange und bis zu 3 km breite »Insel«. (Sie ist durch *Chesil Beach* mit dem Festland verbunden.) Sie ist bekannt als Herkunftsort des berühmten Portland-Steins, jenes grauweißen Kalksandsteins, mit dem so unterschiedliche Gebäude wie die Fassade des UN-Gebäudes in New York und St. Paul's in London gebaut wurden. Die »Insel«, von Thomas Hardy als das »Gibraltar von Wessex« bezeichnet, ist, geologisch gesehen, ein großer, schräg nach Süden abfallender Block aus Portland-Stein, der von einer Schicht Purbeck-Geröll überlagert ist.

Von Weymouth über die A 354 kommend, passiert man zunächst **Portland Harbour** (seit 1872 die Basis der britischen Kanalflotte) mit seinen drei riesigen, in 23jähriger Bauzeit errichteten Wellenbrechern. In *Portland Castle* (EH) am südlichen Ende des Hafens informiert eine kleine Ausstellung über die Küstenverteidigungslinie seines Erbauers Heinrich VIII.

Fortuneswell ist die nördlichste und am höchsten gelegene Siedlung

der Halbinsel. Sie liegt auf den *Portland Heights* und bietet einen großartigen Ausblick auf *Chesil Beach und die Lagune *The Fleet* im Nordwesten und auf Portland Harbour, Weymouth und die Weymouth Bay
im Nordosten. Die auf dem höchsten Punkt *The Verne* in den Felsen
eingebauten Festungsanlagen (19. Jh.) dienen heute als Gefängnis.
Sträflinge waren es auch, die die Pfarrkirche *St. Peter* in **Grove** (am
Ende der B 3154 von Fortuneswell nach Easton) bauten (1870–72).
Entworfen hat sie der Militärarchitekt Generalmajor Edward du Cane.

Easton, die einzige kleine Stadt der Isle of Portland, hat mit ihren
außergewöhnlich breiten, von hellgrau bis weißen Bruchsteinhäusern
gesäumten Straßen eine Aura urbaner Großzügigkeit. Das Hotel *Penn-
sylvania Castle* mit seinem festungsartig gestalteten Eingangstor wurde
1800 von James Wyatt in damals typischer Folly-Manier gebaut: ein
Haus wie ein mittelalterliches Kastell mit Zinnen, Türmchen und
Lanzettfenstern. Auf dem Gelände des Hotels, das in grandioser Lage
am Rande einer Klippe steht, liegen die Ruinen von *Rufus Castle* und
von *St. Andrew*. *Avice's Cottage* in der Nähe, ein kleines Reetdachhaus,
ist Lesern von Thomas Hardys ›The Well-Beloved‹ ein alter Bekannter.
St. George schließlich (1754–66), ein großer Bau mit Westturm, Schiff,
Querschiffen, Apsis und einem Kuppelansatz, ist eine von Dorsets
interessanteren Kirchen. Christopher Wren und Nicholas Hawksmoor
standen dem einheimischen Architekten Thomas Gilbert hier ganz
offensichtlich Pate.

Südlich von Easton bestimmen die Steinbrüche das Bild. Von der kleinen Ortschaft Southwell führt eine Stichstraße zum **Bill of Portland**,
dem südlichsten Punkt der Halbinsel. *Drei Leuchttürme* sind die Wahrzeichen dieser Gegend, die von den Touristen hauptsächlich ihrer
Klippenformationen wegen aufgesucht wird. Nordöstlich der eigentlichen Südspitze liegt *Cave Hole*, eine tiefe Höhle, die so groß ist, daß im
Jahre 1780 ein 40-Tonnen-Schiff bei einem Sturm weit ins Innere
gedrückt wurde. Wer eine gefährliche Kletterpartie nicht scheut, kann
über einen abgebrochenen Felsblock den *Pulpit Rock besteigen, einen
etwa 15 m hohen Felsen im Wasser.

Zwischen der Isle of Portland und Abbotsbury erstreckt sich *Chesil
Beach, eine rund 16 km lange Kieselbarriere, die die Lagune *The Fleet*,
eines der größten Wasservogelreservate Europas, abschließt. Der Name »Beach« jedoch ist irreführend: Von der Barriere aus zu schwimmen
ist lebensgefährlich, denn die bis zu 6 cm dicken Kiesel (»chesil« stammt
von altenglisch »cisel« = Kiesel) sind durch den Gezeiteneinfluß stets in
Bewegung, so daß sich der seeseitige Böschungswinkel ständig verändert und das Aussteigen aus eigener Kraft nicht möglich ist.

Portesham (an der B 3157, 12 km NW Weymouth)

ist von über 20 *prähistorischen Stätten* (Dolmen und Steinkreise) umgeben. Die auf normannische Zeit zurückgehende Kirche *St. Peter* hat ein außergewöhnliches Grab für William Weare († 1670) und seine Frau Mary. Sein Grab steht außen an der Südwand, das ihre innerhalb der Kirche, durch die Kirchenwand von ihm getrennt.

Auf dem Blackdown Hill erinnert ein achteckiger Turm an Admiral *Sir Thomas Masterman Hardy*, den ›Flag Captain‹ auf Nelsons ›Victory‹ *(Abb. S. 137)*, dem der sterbende Nelson vor Trafalgar gesagt haben soll:»Kiss me Hardy«– angeblich seine letzten Worte.

Abbotsbury (an der B 3157, 16 km NW Weymouth)

In dem wegen seiner vielen reetgedeckten Häuschen berühmten Dorf steht als letztes Relikt einer im 11. Jh. gegründeten Benediktinerabtei *eine der größten Scheunen in England* (knapp 30 m lang). In der Zeit des Klosters wurde auch die landesweit bekannte **Swannery* gegründet (1 km S Abbotsbury), eine Schwanenkolonie von gut 800 Tieren. Ebenfalls an die monastische Vergangenheit erinnert das Denkmal für einen Abt in der Pfarrkirche *St. Nicholas*. Das Altarretabel der Kirche ist von 1751. An der jakobianischen Kanzel mit ihren typischen Blendarkaden sind noch zwei Einschüsse aus Waffen der von Cromwell geführten ›Roundheads‹ auszumachen, die Abbotsbury im Englischen Bürgerkrieg belagerten und schließlich stürmten.

Auf einem Hügel einige hundert Meter südwestlich der Kirche steht mit der winzigen *St. Catherine's Chapel* (Länge etwa 10 m) ein architektonisches Kleinod. Das steinerne Tonnengewölbe (spätes 14. Jh.) ist in Südengland ohne Parallele. Von hier ergibt sich ein guter Ausblick auf das Dorf, auf Chesil Beach und den Ärmelkanal.

34 Lyme Regis und Umgebung

* **Lyme Regis** (an A 3052 und A 3070, 18 km W Bridport)

Lyme Regis, die westlichste Stadt Dorsets, ist eines der beliebtesten Seebäder des Landes. Den Beinamen»Regis« (des Königs) und die Stadtrechte (1284) erhielt der Ort unter Eduard I. Dem Seebad hat vor allem *Jane Austen* zu Berühmtheit verholfen, indem sie ihren Roman ›Persuasion‹ (1818) hier schrieb und spielen ließ. Die Geschichtsschreibung kennt Lyme Regis als Landeplatz des Duke of Monmouth und seiner Gefolgsleute *(S. 275)*.

Die Stadt hat trotz eines Großbrandes im Jahre 1844 ihr spätgeorgianisches Gesicht bewahrt (z. B. *Belmont House* in der Pound Street oder das *Royal George Hotel* in der Broad Street). In *St. Michael* ist ein flämischer Wandteppich aus dem 16. Jh. erhalten, der die Eheschließung zwischen Heinrich VII. und Elisabeth von York darstellt. Im *Philpot Museum* gibt es eine kleine Sammlung jener Fossilien, nach denen Unentwegte auch heute noch in den örtlichen Lias-Klippen suchen. Doch kein Fund dürfte den der 10jährigen *Mary Anning* übertreffen, die 1811 einen versteinerten Ichthyosaurier entdeckte (heute im Britischen Museum in London) und in 10jähriger Arbeit freilegte. Seitdem war sie – so jedenfalls erklärte sie es selbstbewußt dem König von Sachsen, der eines Tages eine Versteinerung bei ihr kaufte –»in ganz Europa wohlbekannt«.

Auf dem Weg zur Grafschaftsgrenze zu Devon steht (an der A 3052) das *Umbrella Cottage*, ein Vieleck, dessen strohgedecktes Dach einem aufgespannten Regenschirm nicht unähnlich sieht.

Charmouth (an der A 35, 5 km O Lyme Regis)

mit seiner steil ansteigenden Hauptstraße war, bevor es sich in der Regency-Zeit zu einem beliebten kleinen Seebad entwickelte, ein Fischerdorf. Im Mittelalter gehörte es zu Forde Abbey (s. u.), dessen Äbte das heutige *Queen's Arms Hotel* als Unterkunft nutzten (Initialen des Abtes Thomas Chard im Haus). Auch Katharina von Aragon, die erste Frau Heinrichs VIII., und Karl II. logierten hier. Der letztere gab allerdings einen falschen Namen an, als er 1651 durchreiste. Er hatte gerade die Schlacht von Worcester verloren und war auf dem Weg ins Exil. – *St. Andrew* wurde 1836 von Charles Fowler an der Stelle einer früheren Kirche erbaut.

＊ Forde Abbey (abseits der B 3167, 16 km N Charmouth)

begann 1144 als Zisterzienserabtei. Im Gegensatz zu zahlreichen anderen Klosteranlagen, die bei der Umwandlung in Residenzen unter Heinrich VIII. weitgehend abgerissen wurden, ist bei Forde Abbey ein großer Teil der monastischen Gebäude erhalten: das normannische Kapitelhaus (heute Kapelle) aus der Mitte des 12. Jh. (Westfassade im 17. Jh. verändert), das 50 m lange Dormitorium mit Krypta (beide 13. Jh.), die Abbot's Hall und der umgebaute Kreuzgang (beide frühes 16. Jh.). Besonders sehenswert: der mit monumentalen englischen Gobelins (›Mortlake Tapestry‹, Themen aus der Apostelgeschichte) geschmückte Salon des Hauses.

35 Von Sherborne nach Shaftesbury

* Sherborne

Lage: An A 30 und A 352, 9 km O Yeovil, 28 km N Dorchester

Die rund 10000 Einwohner zählende Stadt am River Yeo war einer der ältesten Bischofssitze Englands: Bereits zur Sachsenzeit (705) wurde am »scire borne«, dem »klaren Fluß«, eine Kathedrale gebaut, deren spärliche Überreste in der heutigen Abteikirche St. Mary noch zu sehen sind. 1075 wurde der Sitz der Diözese nach Old Sarum verlegt. Die Kirche blieb Abteikirche, bis sie nach der Auflösung unter Heinrich VIII. Pfarrkirche wurde.

Sherborne Abbey ist aus braunem Ham Hill Stone erbaut und läßt von außen ihren sächsischen bzw. normannischen Ursprung kaum erkennen, da die Außenarbeiten sämtlich im 15. Jh. geleistet wurden. Der Innenraum hingegen zeigt die ursprünglichen Stilformen sehr deutlich: Die Pfeiler der *Vierung* (a) sind außen sächsisch, innen normannisch. Ebenfalls normannisch ist die *Wykeham-Kapelle* (b); Early English (13. Jh.) sind *Bischof Rogers Kapelle* (c) und *Marienkapelle* (d). Während die Periode des Decorated völlig fehlt, ist der Rest aus früher und später Phase des Perpendicular. Hier ist besonders das großartige *Fächergewölbe* zu erwähnen, das älteste und größte seiner Art (ca. 1450). Beeindruckend ist auch das *Chorgestühl* aus dem 19. Jh. mit alten Miserikordien. Auf drastische Weise zeigen sie das Jüngste Gericht, einen angeketteten Affen, einen Mann, der einen Knaben verhaut, und

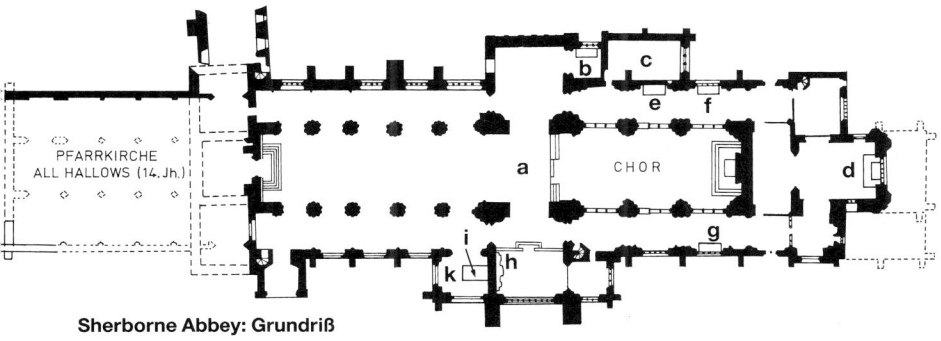

Sherborne Abbey: Grundriß

a Vierung
b Wykeham-Kapelle
c Kapelle Bischof Roger
d Marienkapelle
e, f, g Abtfiguren

h Grabmal John Digby
i Grabmal John Leweston
k St. Katherine's Chapel

201

– zum Ausgleich – eine Frau, die einen Mann prügelt. In den Chorseitenschiffen befinden sich *Purbeck-Figuren mehrerer Äbte* (**e**, **f**, **g**; um 1150). Ebenfalls sehenswert: das Grabdenkmal für *John Digby, Earl of Bristol* (**h**) und jenes für *John Leweston* (**i**) in der *St. Katherine's Chapel* (**k**). Nördlich der Abtei (in der Hospital Lane) steht die *Sherborne School* (1350–70). Sie gehörte einst zum Kloster und ist heute eine angesehene Public School. Berühmte Schüler waren die Schriftsteller John Cowper Powys (1872–1963) und Llewelyn Powys (1884–1939).

Ein **Rundgang** von der Südseite der Abbey aus passiert zunächst das Armenhaus *St. John the Baptist and St. John the Evangelist* (1437–48) in Half Moon Street und Trendle Street, das heute noch dem ursprünglichen Zweck dient. Das *Church House* in der Half Moon Street stammt von 1532. Nach links zweigt die Cheap Street ab, Sherbornes Hauptstraße, deren Häuser aus dem gleichen Stein gebaut sind wie die Abbey. Gegenüber The Parade stehen einige Häuser aus dem 18. Jh., und auf der anderen Straßenseite, vorbei an der Abbey Road, sind etliche Häuser aus dem frühen 16. Jh. erhalten (z. B. *Marney's* und *Abbeylands*). Nach links biegt The Green ab. Hier steht *Green Hill House*, ein typisches Stadthaus aus dem 17. Jh.. An der Ecke zu Greenhill das ehem. *Angel Inn*, seit 1865 eine Unterkunft für Schüler der Sherborne School, mit einer alten Notiz: »Licensed to let post horses«. Gegenüber dem *Antelope Hotel* (1748) zweigt die Higher Cheap Street ab zum *George Hotel*, Sherbornes ältestem Inn, das bereits vor dem heutigen Bau des frühen 16. Jh. bestand. *The Julian* nebenan ist ebenfalls aus dem frühen 16. Jh.

Nach links zweigt Newland ab (mit *Lord Digby's School*, 1720) Richtung *Sherborne Park*, an dessen See **Sherborne Old Castle** (EH) und *Sherborne Castle stehen. Das *alte Schloß*, heute eine Ruine, wurde 1109–39 von Bischof Roger, dem Kanzler Heinrichs I., errichtet. Elisabeth I. überließ es *Sir Walter Raleigh*, der große Summen in das Haus investierte, bevor er 1594 die damalige »Lodge«, ein Jagdhäuschen, zum neuen Herrensitz ausbaute. Das alte, befestigte Haus wurde im Bürgerkrieg so stark beschädigt, daß es nur noch zum Steinbruch taugte. Das gewaltige Torhaus mit den Spuren der normannischen Fenster ist das eindrucksvollste Relikt der Anlage.

Das *neue Schloß* (400 m südlich) ging nach Raleighs Sturz 1603 an Robert Carr, einen Günstling Jakobs I., dann an Henry Prince of Wales und 1617 schließlich an Sir John Digby über, dessen Nachfahren die heutigen Eigentümer sind. Digby ließ die vier Flügel anbauen – angeblich, um seinem Freund, dem Prinzen Henry, mit dem nun existierenden H-Grundriß zu schmeicheln. Ein weiterer Ausbau erfolgte im

18. Jh., als ›Capability‹ Brown Park und See anlegte und das Interieur erstmals neugestaltet wurde (Bibliothek von ca. 1760). Von einer zweiten Renovierung (1859) wurden nur das Eichenzimmer (Täfelung von ca. 1620), der Rote und der Grüne Salon nicht berührt. Zu besichtigen sind u. a. Möbel vom 16. bis zum 19. Jh., eine Gemäldesammlung und Porzellan vom 18. Jh. (Spezialsammlung orientalischer Stücke) bis zur Gegenwart.

Nether Compton und Over Compton
(abseits der A 30, 4,5 km W Sherborne)

sind wegen ihrer schönen Kirchen (*St. Nicholas* in Nether Compton, begonnen im 13. Jh., und *St. Michael* in Over Compton, spätgotisch, mit Glasfenster von C. E. Kempe in der Nordkapelle) einen Abstecher wert. Jedoch ist Over Compton aus ganz anderem Grunde in der Welt berühmt: Eine sehr ungewöhnliche Firma, die ›*Worldwide Butterflies Limited*‹, Englands weltweit exportierende Schmetterlingszucht und Seidenraupenfarm, ist in Over Compton zu Hause.

Sturminster Newton (an B 3091 und B 3092, 17 km W Sherborne)

war im Mittelalter eines der Tuchherstellungszentren des nördlichen Dorset. Aus jener Zeit stammt die heute noch existierende, im 17. Jh. erweiterte *Brücke über den Stour*. Sie steht auf sechs Bögen und hat auf beiden Seiten die seinerzeit üblichen Fluchtwinkel für Fußgänger. Eine Inschrift aus der Zeit Georgs IV. warnt vor Vandalismus mit Bestrafung durch »transportation for life«, also Deportation in die Kolonien.

Eine Kuriosität stellt die Kirche *St. Mary* dar. Als sie 1825 gebaut wurde, umschloß sie einen spätgotischen Kirchenbau mehr oder weniger. Der Stil des ursprünglichen Baus, von dem noch das Tonnendach des Kirchenschiffs aus dem 15. Jh. erhalten ist, wurde für den Neubau exakt übernommen. Der ebenfalls aus dem 15. Jh. stammende Westturm wurde, typisch für das frühe 19. Jh., von den erweiterten Seitenschiffen eingerahmt. Das Adlerpult in der Kirche ist ein Denkmal für den Dichter William Barnes (1800–86), der im Kirchspiel geboren wurde und die damalige Dorfschule besuchte. – In der *Riverside Villa* lebte Thomas Hardy, als er 1878 ›The Return of the Native‹ schrieb. (In ›Tess of the d'Urbervilles‹ firmiert Sturminster Newton als ›Stourcastle‹.) *Fiddleford Mill* (EH), über einen Fußweg östlich Sturminster Newtons zu erreichen, ist der Überrest eines kleinen Herrenhauses aus dem 14. Jh., das um die Mitte des 16. Jh. umgebaut wurde und eine spektakuläre Holzbalkendecke aus der Entstehungszeit hat.

Child Okeford (abseits der A 357, 6,5 km SO Sturminster Newton)

liegt unterhalb eines in der Jungsteinzeit als Begräbnisstätte genutzten Hügels: des *Hambledon Hill*, der 186 m hoch aus der Ebene zwischen Iwerne und Stour aufragt. Das Fort auf dem Hügel, das bisher nicht durch Ausgrabungen erforscht wurde, ist mit einer Fläche von 1,2 km² eines der größten und eindrucksvollsten in England. Es ist durch mehrere, in verschiedenen Bauabschnitten und über einen längeren Zeitraum hinweg entstandene Wälle und Gräben gesichert. Child Okeford selbst hat nach dem 2. Weltkrieg viel von seinem ehemals ansprechenden Gesamtbild verloren. Ansehnlich, wenn auch klein, ist hingegen das Landhaus *Fontmell Parva* (2 km nördlich) mit seinen hoch aufragenden gebündelten Schornsteinen.

* Shaftesbury (an A 30 und A 350, 20 km N Blandford Forum)

Die kleine Marktstadt (4000 Einw.) blickt auf mehr als tausend Jahre Geschichte zurück. Alfred der Große verlieh dem Flecken ›Shaston‹ im 9. Jh. Stadtrechte und gründete die *Benediktinerinnenabtei*, deren erste Äbtissin seine Tochter war. Die Abtei entwickelte sich zur reichsten in England und gab dadurch Anlaß zu der volkstümlichen Redensart: »Wenn die Äbtissin von Shaston den Abt von Glaston (= Glastonbury, *S. 272–73*) heiraten sollte, wären sie zusammen reicher als jedes Königshaus.« So hatte Shaftesbury zu seiner besten Zeit eine Burg, drei Münzanstalten, die großartige Abtei und vier Marktkreuze. Doch kaum etwas ist davon geblieben. Das Kloster befindet sich heute in Privatbesitz und kann nur noch als Ruine besichtigt werden: Nur die freigelegten Grundmauern sind erhalten; Säulen und Fußbodenkacheln sind im Museum zu besichtigen. Der kostbarste Schatz des Klosters war das Grab des 979 ermordeten Königs Eduard der Märtyrer, der zunächst in Wareham *(S. 184)* begraben war, bevor er nach Shaftesbury überführt wurde.

Unbestrittenes Schaustück des Ortes aber ist die berühmte Straße **Gold Hill, die neben dem *Rathaus* (1827) nach Norden abzweigt, um einem Steilhang zu folgen. Von ihrem oberen Ende aus hat man über die stufenartig gebauten Häuser auf der linken Straßenseite hinweg einen einzigartigen Ausblick auf das Blackmoor Vale *(Farbtafel vor S. 257)*.

Grafschaft Wiltshire

Fläche: 3481 km²; Einwohner: ca. 500000; Haupstadt: Salisbury

In Wiltshire steht einer der bedeutendsten Sakralbauten des Landes: die ***Kathedrale von Salisbury *(S. 213)*. Doch nicht nur dieses Meisterwerks der englischen Frühgotik wegen, sondern auch aufgrund ihres ansprechenden Stadtbildes zählt die idyllisch in einer Niederung des River Avon gelegene Grafschaftshauptstadt zu den schönsten Städten Englands.

Eine gänzlich andersartige Attraktion ist der ***Steinkreis von Stonehenge *(S. 220)*. Als wahrhaft herausragendes Bauwerk auf der verlassenen Salisbury Plain hat dieses rätselhafte Gebilde von alters her die Phantasie und Spekulationen seiner Betrachter beflügelt. Druiden, alte und neue, stehen trotz ihres vermeintlichen Kenntnisstandes ebenso fasziniert vor dem Rätsel Stonehenge wie die Archäologen, und es dürften sicher Mythos und Aura von Stonehenge sein, die jährlich nahezu eine Million Besucher anziehen – mehr als jedes andere vorchristliche Baudenkmal des Landes.

Die 5000 Jahre alte Windmill Hill-Kultur hat ihren Namen nach dem ***jungsteinzeitlichen Dorf auf dem Windmill Hill bei Avebury *(S. 225)*, das seinerseits den nach Stonehenge bekanntesten megalithischen Steinkreis und in seiner Umgebung mit Silbury Hill den größten von Menschenhand geschaffenen Erdhügel sowie mit dem West Kennet Long Barrow *(S. 226)* einen der größten Dolmen aufweist. Die *»*Wiltshire White Horses« *(S. 224)*, rätselhafte, in die Kreidehügel gezeichnete Pferdefiguren aus dem 18. und 19. Jahrhundert, dürfen in diesem Zusammenhang nicht unerwähnt bleiben.

Herausragend sind auch der Landsitz **Wilton House *(S. 217)* mit seiner Innenausstattung von Inigo Jones, dann **Stourhead *(S. 207)*, das Urbild

des englischen Gartens, Malmesbury mit seiner wichtigen *Abtei *(S. 227)*, das mittelalterliche *Devizes *(S. 232)*, das schön gelegene **Bradford-on-Avon *(S. 234)* und schließlich **Longleat House *(S. 208)*, das nicht nur wegen seines berühmten Löwen-Freigeheges einen Namen hat. Von den vielen malerisch gelegenen Dörfern der Grafschaft wurden zwei über die Grenzen Englands hinaus berühmt: *Lacock *(S. 231)* als Heimat Fox Talbots, der die Fotografie erfand, und *Castle Combe *(S. 228)*, das Postkartenmotiv schlechthin, durch seine Motorrennstrecke und als Drehort des ›Doctor Doolittle‹. Die Zunft der Exzentriker schließlich wird in Wiltshire von William Beckford bestens vertreten. Leider jedoch ist von seinem phantastischen Turmbau Fonthill Abbey nur eine Ruine geblieben *(S. 210)*.

Ein großer Teil Wiltshires wird landwirtschaftlich genutzt und dient in erster Linie der Milcherzeugung, die auf wenige Großbetriebe konzentriert ist. Getreideanbau spielt eine untergeordnete Rolle. Ein wichtiger Industriestandort ist Swindon *(S. 226)* mit seinen Eisenbahnwerken und -reparaturbetrieben, die einst zu den größten der Welt zählten.

Die Landschaft Wiltshires lebt von großen Kontrasten. Den Norden durchziehen die lieblichen Kreidehügel der Marlborough Downs, das Herz der Grafschaft nimmt die einsame und stellenweise düstere offene Hochebene Salisbury Plain ein. Ein stärkerer Kontrast zwischen den Downs mit ihren guten Wandermöglichkeiten und schönen Ausblicken und dem von Heideland bestimmten Salisbury Plain, die im Englischen den Beinamen »The Heart of Wiltshire Loneliness« trägt, tritt in kaum einer Grafschaft des englischen Südens zutage.

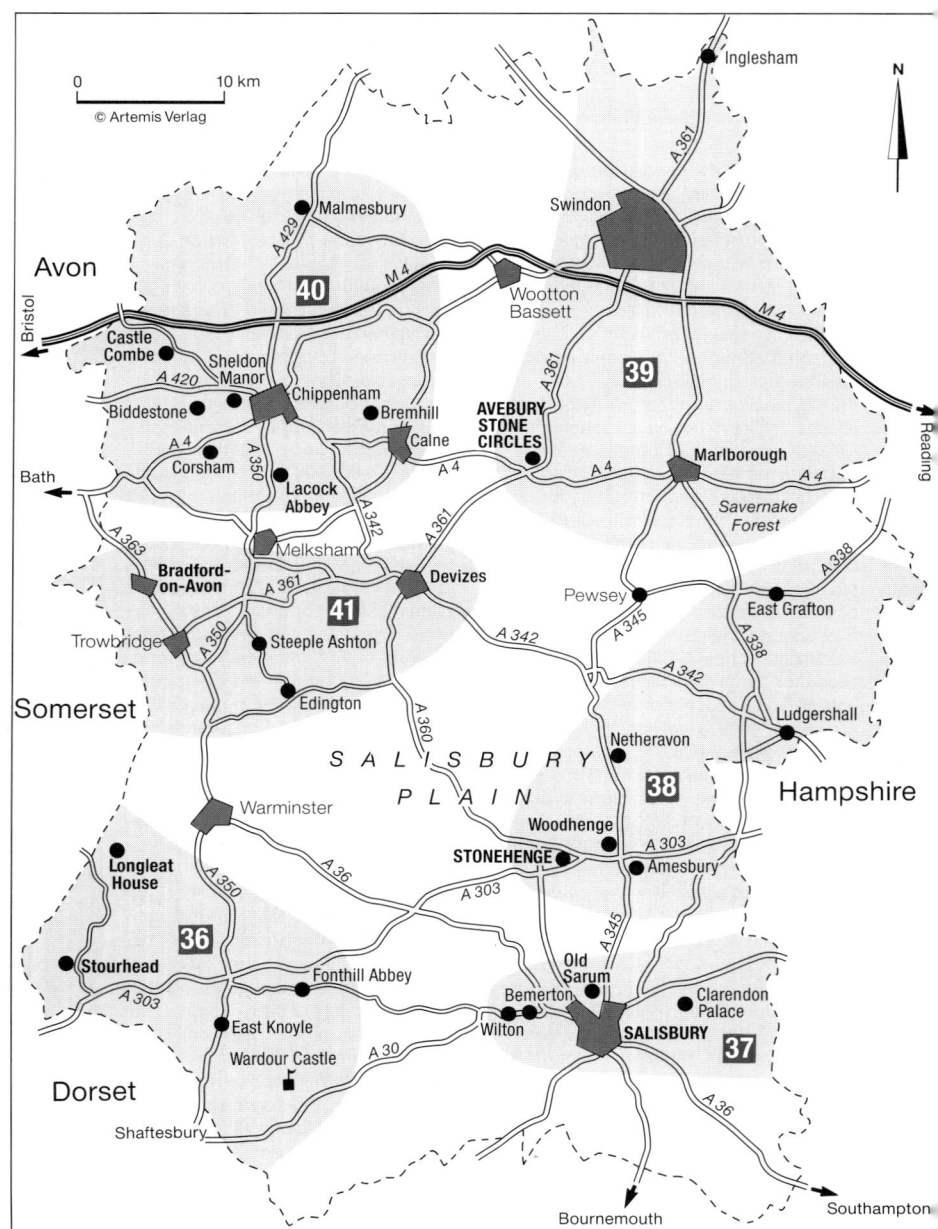

Avon

Bristol

Bath

Somerset

Dorset

Inglesham

Malmesbury

Swindon

Wootton
Bassett

40

Castle
Combe

Sheldon
Manor

Chippenham

Biddestone

Bremhill

Calne

**AVEBURY
STONE
CIRCLES**

Corsham

39

Marlborough

Lacock
Abbey

Savernake
Forest

Melksham

**Bradford-
on-Avon**

Devizes

Pewsey

East Grafton

41

Trowbridge

Steeple Ashton

Ludgershall

Edington

Netheravon

S A L I S B U R Y

P L A I N

Hampshire

Warminster

Woodhenge

38

**Longleat
House**

STONEHENGE

Amesbury

36

Stourhead

Fonthill Abbey

Old
Sarum

Clarendon
Palace

Bemerton

East Knoyle

Wilton

SALISBURY

37

Wardour Castle

Shaftesbury

Bournemouth

Southampton

0   10 km
© Artemis Verlag

N

Wiltshire

36 Stourhead und Umgebung

** **Stourhead** (NT; abseits der B 3092 bei Stourton, 18 km NW Shaftesbury)

»Unmöglich ist's, diese Gärten durch bloße Worte darzustellen, man muß sie gesehen haben, um sie sich denken zu können. Sie bilden die schönste, lieblichste Landschaft, die nur eine Dichter-Phantasie erfinden konnte. (...) Die englischen Gärtner sind wahre Landschaftsmaler im Großen, ja wir möchten sie fast für die einzigen eigentlichen Künstler der Nation erklären.«

So urteilte Johanna Schopenhauer, als sie Anfang des 19. Jh. den als *Urbild des »Englischen Gartens«* geltenden Park von Stourhead bewundern konnte. Und nach wie vor dürfte sich kaum ein Besucher der Poesie dieser ab 1741 in der Nähe eines palladianischen Landhauses entstandenen Anlage entziehen können.

Der etwa 2 km lange, dem Ufer des künstlichen Sees folgende *Rundweg* beginnt hinter der Dorfkirche. Hier berührt er zunächst das *Bristol Cross*, ein Marktkreuz aus Bristol aus dem 14. Jh. Über die *Turf-Brücke* hinweg fällt der Blick auf das *Pantheon* (1753, mit Statuen des Herkules und der Flora von Rysbrack). Links des Weges steht oben am Hang der *Apollo-Tempel* (1765); es folgen eine *Felsengrotte*, ein *Wasserfall* (1765), eine *Eisenbrücke* (1860), ein *gotisches Cottage* (nach 1806) und

Stourhead: Blick auf Turf-Brücke und Pantheon

eine *dreiteilige Grotte* (ab 1748). Die Statuen des Flußgottes und der schlafenden Ariadne inspirierten Alexander Pope zu seinem berühmten Gedicht über die »Grottennymphe«. An der Südseite des Sees steht in der Nähe der Turf-Brücke ein *Flora-Tempel* (1744). Von hier führt ein steiler Serpentinenpfad an den Stallungen vorbei zu *Stourhead House* (1721–24). Die Innenräume, die nach einem Brand 1902 nach alten Fotos wiederhergerichtet wurden, beherbergen Möbel und Tischgeräte von Thomas Chippendale d. J. (1749–1822) und eine Gemäldesammlung (Nordflügel). Der erste Besitzer des Hauses, der Londoner Bankier Henry Hoare d. Ä., ist in der spätgotischen Dorfkirche *St. Peter* begraben.

** Longleat House (an der A 362, 12 km N Stourhead)

bietet Attraktionen ganz anderer Art. Ein Teil des 1757 von ›Capability‹ Brown umgestalteten Parks wird seit 1966 als *Safari-Park* genutzt, und die »Löwen von Longleat« sind, obschon nicht alleinige Bewohner des Parks, in ganz Großbritannien zu einem Begriff geworden – zumal das (laut Eigenwerbung) *größte Gartenlabyrinth der Welt*, eine Eisenbahn, Puppenhäuser aus dem 19. Jh., ein Afrika-Laden, die typisch englische ›Amusement Arcade‹ und schließlich ein Friedhof für die Haustiere der Familie die Besucher in Scharen herbeilocken.

Longleat House selbst beeindruckt durch seine Ausmaße: ein gewaltiges dreistöckiges Prunkstück der englischen Frührenaissance (ab 1567), der erste Großbau der elisabethanischen Zeit. »Finster, baufällig, winklich (sic) und unbequem«, meinte Johanna Schopenhauer, jedoch ist damit dem um einen großen und kleinen Innenhof angelegten Gebäude mit seinen streng gegliederten Fassaden sicher unrecht getan. Das Innere, im 19. Jh. dem Zeitgeschmack angepaßt, bietet eine kostbare Ausstattung (französische Möbel des 18. Jh.; flämische Gobelins; Gemälde u. a. von Tizian, John Wootton und Graham Sutherland). Die auf mehrere Räume verteilte Bibliothek umfaßt über 30000 Bände, darunter sehr seltene Bücher. Am wenigsten verändert blieb die elisabethanische Große Halle, deren Stichbalkendecke zwar noch erhalten ist, im 17. Jh. jedoch geschlossen wurde, um einen zusätzlichen Raum schaffen zu können.

East Knoyle (an der A 350, 8 km N Shaftesbury)

ist der Geburtsort (1632) *Christopher Wrens*, des Architekten der Londoner Kathedrale St. Paul's. Sein Vater, der Pfarrer des Dorfes, entwarf 1639 die Stuckreliefs für den Chor seiner Kirche *St. Mary*. Die

Longleat House (1567 begonnen)

Himmelfahrt Christi, Jakobs Traum und die Opferung Isaaks sind die großen Themen, umgeben von vielen kleineren Darstellungen (z. B. Elias, der von den Raben gefüttert wird), fast alle mit Inschriften und Versen angereichert. Acht Jahre später wurde ihm dafür von den Anhängern Cromwells der Prozeß gemacht, und er wurde seiner Pfarrstelle enthoben. *Clouds House* (1881/89; Umbau 1939) oberhalb *Knoyle House* (an dessen Stelle Wrens Geburtshaus Haslam's stand) ist eine auffallende Mischung aus Gotik, Renaissance und Klassizismus. Das Balkongitter ist ein interessantes Stück Art Nouveau.

Fonthill Abbey (abseits der B 3089, 8 km O East Knoyle)

Die nicht mehr erhaltene »Abtei« von Fonthill war das Werk des *William Beckford jr.* (1759–1844), des schwerreichen Erben einer Familie, die es im karibischen Zuckeranbau und Sklavenhandel zu unermeßlichen Reichtümern gebracht hatte. Zusammen mit dem Architekten James Wyatt (1747–1813) baute Beckford den wohl unglaublichsten Folly, der je in England geschaffen wurde: ein kreuzförmig angelegter Bau wie eine gotische Klosteranlage mit einem Mittelturm von »84 m Höhe und über 30 m langen »Armen«. Ab 1796 wurde gebaut, teilweise bei Nacht und mit 500 Leuten. Das Anwesen wurde mit einer 3,50 m hohen Mauer von rund 10 km Länge umgeben. Beckford zog 1807 ein und lebte die meiste Zeit allein in diesem unpraktischen und ungastlichen Haus. Wegen einer homosexuellen Affäre war er in der großen Gesellschaft geächtet, und er verbrachte seine Zeit mit Reisen, dem Sammeln von Kunstgegenständen und dem Schreiben von Reisebüchern. Diese stehen jedoch alle im Schatten seines Romans ›The History of the Caliph Vathek‹ (1786), eines orientalisch beeinflußten Buches mit Faust-Thematik, das in seiner großartigen Melancholie und gleichzeitig schrecklichen Erfindungsgabe in der englischen Literatur ohne Parallele ist.

1823 war Beckfords Vermögen nach Abschaffung des Sklavenhandels und dem Rückgang der karibischen Zuckerprofite so weit geschrumpft, daß er Fonthill Abbey verkaufen mußte und nach Bath zog, wo er 1844 starb. Zwei Jahre nach dem Verkauf stürzte der Turm ein, das Haus verfiel, übrig blieb leider nur eine Ruine.

Wardour Castle (abseits der A 30, 6 km NO Shaftesbury)

Old Wardour Castle (EH), eine romantisch an einem See gelegene Ruine, wurde 1393 errichtet. Das neue *Wardour House* (1770–76; heute Mädchenpensionat) besitzt ein grandioses rundes Treppenhaus (Höhe 8 m, Durchmesser 14 m). Die beiden freitragenden Aufgänge führen in eine Galerie hoher korinthischer Säulen, überdacht von einer großen Kuppel mit einer Laterne.

Salisbury: Ostchor der Kathedrale *(S. 213)* ▷

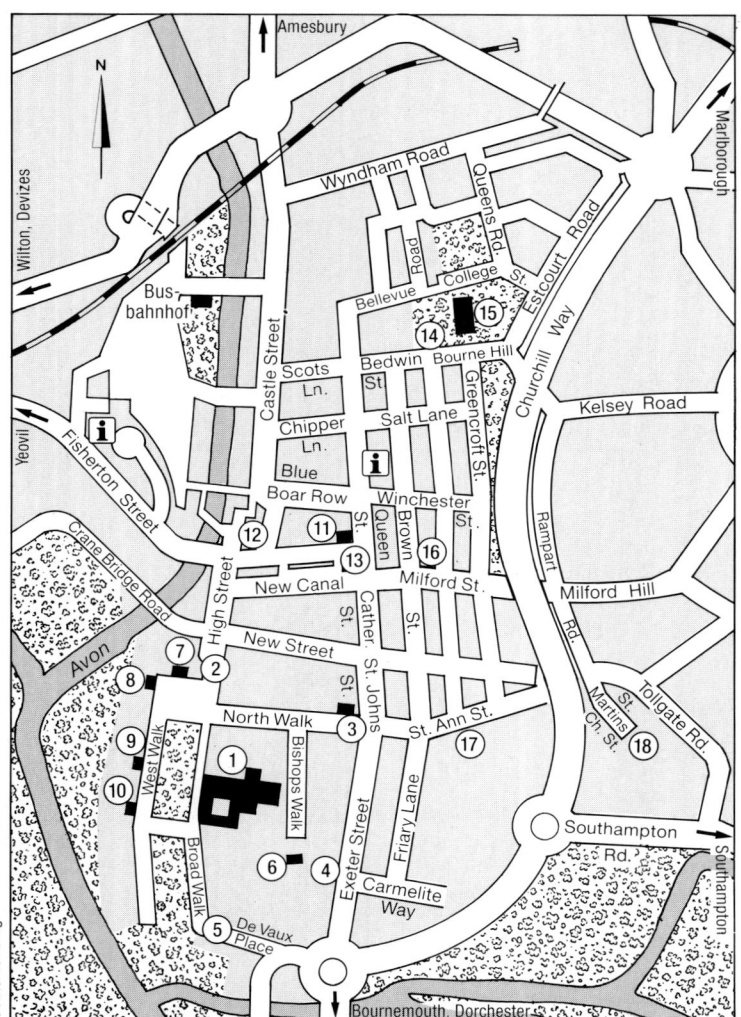

Salisbury: Stadtplan

*** ① Kathedrale *(S. 213)*
  * ② North Gate *(S. 215)*
    ③ St. Anne's Gate *(S. 215)*
    ④ Bishop's Gate *(S. 215)*
    ⑤ Harnham Gate *(S. 216)*
    ⑥ ehem. Bischofspalast *(S. 216)*
    ⑦ Mompesson House *(S. 216)*
    ⑧ Matrons' College *(S. 216)*
    ⑨ North Canonry *(S. 216)*
  * ⑩ King's House (Museum) *(S. 216)*

    ⑪ Market Place (mit *Market Cross) *(S. 216)*
  * ⑫ St. Thomas of Canterbury *(S. 216)*
    ⑬ Guildhall *(S. 216)*
    ⑭ St. Edmund's Art Centre *(S. 217)*
    ⑮ Council House
    ⑯ Red Lion Hotel *(S. 217)*
  * ⑰ Joiners' Hall *(S. 217)*
    ⑱ St. Martin *(S. 217)*

212

37 · Salisbury und Umgebung

*** Salisbury

Lage: An A 36, A 30 und A 338, 27 km NW Southampton, 36 km N Bournemouth

* Old Sarum (EH)

Salisbury, die Hauptstadt von Wiltshire (35 000 Einw.), ist hervorgegangen aus dem nordwestlich der Stadt gelegenen eisenzeitlichen Hügelfort Old Sarum. Die Römer, die es *Sorviodunum* nannten, bewohnten es vom frühen 1. bis zum 3. Jh., die Angelsachsen kamen im 6. Jh., und die Normannen schließlich verlegten um 1075 den Bischofssitz von Sherborne *(S. 201)* hierher. Sie bauten die *normannische Burg* (im inneren Ring) und eine *Kathedrale* (im NW-Teil des äußeren Rings). Von beiden sind nur noch die Grundmauern erhalten. Wassermangel und ständige Streitigkeiten zwischen Garnison und Klerus hatten dazu geführt, daß die Geistlichkeit den »verfluchten Hügel« (William Cobbett) verließ und die Uferwiesen am River Avon zum Standort einer neuen Kathedrale wählte.

*** Kathedrale ① *(Farbtafel nach S. 272)*

Geschichte: Die fünf Grundsteine der Kathedrale (für den Papst, für Erzbischof Langton, für Bischof Poore und für William Longespée, den Earl of Sarum, und seine Gemahlin Ela) wurden unter Bischof Poore im Jahre 1220 gelegt. 1255 erfolgte die Weihe der ersten drei Altäre in *Achskapelle* (**A**) und *Retrochor* (**B**). Der Bischof erhielt das Marktrecht zugesprochen, und schon 1258 konnte im Beisein Heinrichs III. die Kirchweihe feierlich begangen werden. Die faktische Vollendung des Baus ist für 1266 zu verzeichnen, als das Dach mit Blei – kostspielig, aber haltbar – eingedeckt wurde. Die Arbeiten am *Kreuzgang* (**C**) und am *Kapitelhaus* (**D**) wurden um 1300 vollendet; ein frei stehender Glockenturm aus derselben Zeit wurde 1790 abgerissen. Nach 1334 wurde der *Vierungsturm* (**E**), mit 123 m Höhe der höchste Kirchturm Englands, nach kontinentalem Vorbild mit einem spitzen Turmhelm versehen. Der um ca. 80 cm nach SW geneigte Turm wurde unzählige Male vom Blitz getroffen.

Außenansicht: Die verhältnismäßig kurze Bauzeit ermöglichte die Schaffung eines durchgängig im Stil des Early English, der englischen Frühgotik, gehaltenen Baues, dessen Gesamteindruck durch Vierungsturm und Kreuzgang (beide hochgotisch) nicht beeinträchtigt wird. Durch den hellen Stein, der im 20 km entfernten Chilmark gebrochen wurde, und durch seine Lage in der großzügig bemessenen Domfreiheit, der größten Englands, wirkt das Gebäude von weitem wie aus der Nähe beeindruckend majestätisch. Der unbestrittene Blickfang ist die

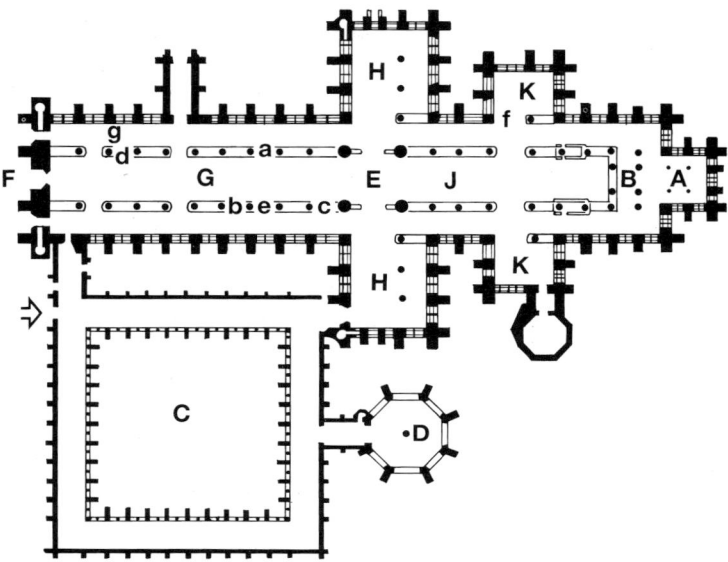

Kathedrale von Salisbury: Grundriß

A Achs-(Marien-)Kapelle
B Retrochor
C Kreuzgang (mit Dombibliothek)
D Kapitelhaus
E Vierungsturm
F Westfassade
G Langhaus
H Westl. Querschiffe

J Chor
K Östl. Querschiffe

a Grabmal Lord Hungerford
b Grabmal Bischof Beauchamp
c Grabmal William Longespée d. Ä.
d Grabmal William Longespée d. J.
e Schrein des hl. Osmund
f Brass Bischof Wyville
g Uhr (ca. 1386)

Westfassade (**F**), die mit ihrem reichhaltigen Skulpturenschmuck im Maßwerk der Arkadengalerien an Wells erinnert. Anders als in Wells wurden diese Skulpturen 1862 restauriert, so daß lediglich sechs Figuren, unter ihnen die beiden Apostelfürsten, der Periode des Decorated zuzurechnen sind.

Innenraum: Der Innenraum weist die gleiche Einheitlichkeit auf wie die Außenansicht. Die relativ geringe Gewölbehöhe von 25 m wird ausgeglichen durch das Zusammenspiel der schlanken Pfeiler aus glänzendem Purbeck-Marmor mit den in Zweier- und Dreiergruppen angeordneten Lanzettfenstern. Das dreischiffige *Langhaus* (**G**) ist zehn Joche lang. In der *Vierung* (**E**) erkennt man an den durchgebogenen Pfeilern, daß die ursprüngliche Konstruktion nicht für die Aufnahme der zusätzlichen 6000 Tonnen Stein der Turmerhöhung berechnet war. Stützbögen zwischen Vierung und dem *westlichen Querschiff* (**H**) zeigen, daß die statischen Probleme durch die Stützbögen zwischen *Chor* (**J**; *Abb. S. 211*) und *östlichem Querschiff* (**K**; Scherenbögen wie in Wells und Lincoln), die gleich nach dem Turmausbau im 14. Jh. eingesetzt wurden, nicht ausreichend gelöst waren. Die Sicherungsarbeiten wurden im 18. Jh. fortgesetzt, als James Wyatt umfangreiche Restaurationsarbeiten ausführte. Er ließ eiserne Spannstangen in den Turm einbauen, die im 19. Jh. durch Sir George Gilbert Scott erneuert wurden.

Wyatt veränderte den Innenraum drastisch. Er entfernte die *Grabkapellen von Lord Hungerford* (**a**) und Bischof Beauchamp (**b**) aus der Achskapelle und verlegte auch einige andere bedeutende Grabdenkmäler: *William Longespée* (**c**; † 1226), dessen Bildnis das älteste englische »Kriegerdenkmal« ist, *William Longespée d. J.* (**d**; † 1250), *St. Osmund* (**e**; 13. Jh.), den monumentalen *Brass für Bischof Wyville* (**f**; † 1375) und andere mehr. Im nördlichen Seitenschiff befindet sich auch das Werk der um 1386 entstandenen *Uhr* (**g**) des 1790 abgerissenen Glockenturms, das als ältestes erhaltenes Uhrwerk Englands gilt. Das *Chorgestühl* mit Misericordien aus dem 14. Jh. wurde von Scott im oberen Teil neu geschaffen. Von ihm stammen auch die *Kanzel* und der *Bischofsthron*. Das Glas der Fenster ist bis auf wenige Ausnahmen des 13., 15. und 16. Jh. (Westfenster; Westseite des südlichen Querschiff) das Werk des 19. Jh.

Obwohl die Kathedrale keine monastische Gründung ist, erhielt sie 1270 unter Bischof de la Wyle einen (eigentlich nicht benötigten) *Kreuzgang* (**C**) an ihrer Südseite. An dessen Ostseite schließt sich das (sehr wohl benötigte) achteckige *Kapitelhaus* an (**D**; vierbahnige Fenster nach dem Vorbild des Kapitelhauses von Westminster Abbey). Der Kreuzgang ist der früheste erhalten gebliebene Kreuzgang in England. 1445 folgte als Erhöhung des östlichen Teils der Bau der *Bibliothek*. Sie enthält neben anderen Kostbarkeiten 187 alte Handschriften, unter ihnen eines der vier Originale der *Magna Charta*, die von William Longespée d. Ä., einem Halbbruder König Johanns, nach Salisbury gebracht worden war.

✳✳ Die Domfreiheit (The Close)

Die rechteckige Domfreiheit ist die größte in England. Ihre Mauer (14. Jh.) besteht teilweise aus dem Stein der Kathedrale von Old Sarum. Vier Tore stellen die Verbindung zur Stadt her: *North Gate* ② (Perpendicular; Fragmente aus Old Sarum auf der Innenseite; in einer Nische Statue Eduards VII.); *St. Anne's Gate* ③ (Bestandteil des *Malmesbury House*), erbaut 1331; *Bishop's Gate* ④ (14. Jh.) und schließlich das

Harnham Gate ⑤ am de Vaux Place. Etwa von hier malte John Constable 1822 eines seiner drei Bilder von der Kathedrale für seinen Freund, den Bischof John Fisher.

Südlich der Kathedrale steht der *ehem. Bischofspalast* ⑥, heute Schulgebäude der *Cathedral School*. Südwestlich des Kreuzganges steht Barbara Hepworths Kreuzigungsszene von 1966. Die Häuser der Domfreiheit sind georgianisch bis auf wenige Ausnahmen. *Mompesson House* ⑦ (NT) von 1701 hat interessante Stuckornamente aus der Mitte des 18. Jh. Bischof Seth Wards 1682 errichtetes *Matrons' College* ⑧, Wohnhaus für die Witwen der Kleriker, fällt durch seine verglaste achteckige Laterne auf. Es wird Christopher Wren zugeschrieben. *The North Canonry* ⑨ geht auf vorreformatorische Zeit zurück und wurde im 17. und 19. Jh. umgebaut. *The King's House* ⑩ wurde im 13. Jh. für die Äbte von Sherborne *(S. 201)* erbaut. Es beherbergt das **Salisbury and South Wiltshire Museum* mit Funden aus Stonehenge und Old Sarum, Glas, Porzellan und englischer Keramik sowie einer beachtlichen Gemäldesammlung mit Werken von Turner.

*** Die Stadt

Salisbury (New Sarum) entstand mit der Kathedrale. Bis 1611 unterstand die Stadt, die sich vom *Market Place* ⑪ aus schachbrettartig nach Osten ausbreitete, der Macht der Bischöfe. Zahlreiche alte Gebäude sind erhalten, Fachwerkhäuser bestimmen das Bild mancher Straße.

Östlich des Marktplatzes steht die Kirche **St. Thomas of Canterbury* ⑫ (sehenswertes Altargitter; Retabel in der Südkapelle von 1724; Brass für John Webbe mit Frau und sechs Kindern), die erste von drei noch im 13. Jh. errichteten Pfarrkirchen. (Die anderen sind *St. Martin* ⑱ und *St. Edmund* ⑭.) An der Südseite des Marktplatzes, jenseits der Straße New Canal, befindet sich, umgeben von den Fassaden etlicher dieser Fachwerkhäuser, auf dem Gelände des früheren George Inn ein moderner Ladenbezirk. Am Eingang erinnert eine Gedenktafel an Samuel Pepys, der 1668 hier wohnte und nach eigenen Worten den Turm der Kathedrale als Wegweiser bei seinen Wanderungen über die Salisbury Plain benutzte. An die Marktrechte erinnert das **Market Cross* (»Poultry Cross«) aus dem 15. Jh., das einzige erhaltene der ehemals vier Marktkreuze der Stadt.

Westlich des Marktplatzes (Fish Row/Ecke Queen Street) steht die *Guildhall* ⑬ (1788–95; Portikus mit sechs toskanischen Säulen). Nebenan zwei georgianische Häuser sowie ein mit Schindeln verkleidetes Haus aus dem 14. Jh.; gegenüber das *Plume of Feathers Inn* aus dem 15. und 17. Jh. und *John à Port's House* von 1450. Die Endless Street mit dem Regency-House *Bellevue* führt nach Norden in die Bedwin Street mit *Frowd's Almshouses* (1750) und *Taylor's Almshouses* (1698, restauriert 1886). Neben dem *St. Edmund's Arts Centre* ⑭ (ehem. Pfarrkirche) am Bourne Hill steht das *Council House* ⑮, das frühere College House, Sitz der Familie Wyndham. Im Südosten des Grundstücks befindet sich ein Torbogen (15. Jh.) des nördlichen Querhauses der Kathedrale, der 1791 von James Wyatt entfernt worden war. Über die Greencroft Street kommt man zur Milford Street. Das *Red Lion Hotel* ⑯ (14. Jh.) mit seiner Fassade von 1820 ist ein altes Coaching Inn mit einem efeuverhangenen Innenhof. Über die Gigant Street gelangt man zur *St. Ann Street*, einer der schönsten Straßen der Stadt. *St. Anne's Manor* aus dem 16. und 17. Jh. steht gegenüber einem Fachwerkhaus aus dem 14. Jh., das als Rest eines Herrenhauses gilt. *Joiners' Hall* ⑰ ist das schönste Fachwerkhaus der Stadt. Schließlich *St. Martin* ⑱, die dritte von Salisburys Pfarrkirchen aus dem 13. Jh. (mit normannischem Altarraum und einem Messing-Adlerpult aus dem 15. Jh.) steht jenseits der Hauptstraße Churchill Way.

Umgebung von Salisbury

Bemerton (abseits der A 36, 3 km W Salisbury)

verdankt seinen Ruf dem Dichter *George Herbert* (1593–1633), dem wohl bekanntesten der als ›Metaphysical Poets‹ bezeichneten religiösen Dichter des 17. Jh. Herbert, der trotz seiner Verwandtschaft mit verschiedenen Familien des Hochadels zeitlebens keine befriedigende Stellung erlangt hatte, wurde drei Jahre vor seinem Tod Geistlicher und erhielt auf Vermittlung des Earl of Pembroke die Pfarrstelle von Bemerton. Er wurde in der alten Dorfkirche *St. Andrew* begraben. Die neue Kirche *St. John* (1860–61) ist heute das offizielle Denkmal der Church of England für ihren berühmten Kleriker.

Wilton (an A 30 und A 36, 5 km W Salisbury)

Wilton war zur Sachsenzeit die Hauptstadt von Wessex. König Alfred gründete hier ein Benediktinerinnenkloster, das im Mittelalter in großem Ansehen stand. Seit dem 17. Jh. ist der Name Wilton untrennbar verbunden mit der berühmten *Teppichmanufaktur*, die 1655 gegründet wurde. Sie ist die älteste Teppichfabrik der Welt.

Wilton House ist seit 1544 der Familiensitz der *Earls of Pembroke*. Die sieben grandiosen Staatsgemächer des Hauses, in denen außer vergoldeten Möbeln die immensen Kunstschätze der Pembrokes unter-

gebracht sind (Bilder u. a. von Rembrandt, Rubens, Reynolds, Brueghel und eine einzigartige Serie von 55 Gouachen zur ›Haute Ecole‹ der Spanischen Reitschule von Baron Reis von Eisenberg), entwarf Inigo Jones. Im ›Double Cube Room‹ (30 × 30 × 60 Fuß) hingen bis 1990 die von Anthonis van Dyck (1599–1641) für den 4. Earl of Pembroke gemalten Familienporträts.

Der ›Single Cube Room‹ (30 × 30 × 30 Fuß) zeigt in seinem Deckengemälde Szenen aus Sir Philip Sidneys (1554–86) Staatsroman ›The Countess of Pembroke's Arcadia‹, der 1580 in Wilton begonnen wurde. Er widmete das Werk Mary Countess of Pembroke, jener Muse, deren literarischen Salon u. a. John Donne, Nicholas Breton, Ben Jonson und Philip Massinger besuchten. Im Park wird der River Nadder von einer Palladianischen Brücke (1737; Eckpavillons und Zentralstück auf ionischen Säulen) überspannt, die so populär wurde, daß sie 1745 in Stowe/Buckinghamshire und 1750 auf Ralph Allens Landsitz Prior Park *(S. 246, Abb. S. 355)* bei Bath kopiert wurde.

Ein unerwartetes Stück viktorianischer Architektur, das dazu noch reichlich unenglisch wirkt, ist die Pfarrkirche *St. Mary and St. Nicholas* an der Hauptstraße einige hundert Meter westlich Wilton House. Sidney Herbert, der damalige Kriegsminister, ließ sie 1841–45 im Rundbogenstil der italienischen Romanik bauen: eine Basilika mit 33 m hohem Kampanile, Säulen aus dem römischen Venustempel von Porto Venere, italienischer Marmor, Fensterglas vom 12. bis 16. Jh. aus England, Frankreich, Holland und Deutschland, der ›Shrine of Capoccio‹ aus Horace Walpoles Landhaus Strawberry Hill und eine lange Reihe von Grabdenkmälern für verschiedene Mitglieder der Familie der Earls of Pembroke – eine aufwendige und gediegene Innenausstattung, die hält, was das außergewöhnliche Äußere verspricht.

Clarendon Palace (im Waldgelände Clarendon Park, 4 km O Salisbury)

ist die Ruine eines königlichen Palastes aus dem frühen 12. Jh. Edward Hyde (1609–74), der erste Historiker des englischen Bürgerkriegs, lebte hier. *Clarendon Park House* (2 km SO der Palastruine) wurde um 1737 gebaut und im 19. Jh. um einen Flügel erweitert.

◁ Wilton House: »Doppelwürfelsaal« von Inigo Jones

219

Amesbury (an A 303 und A 345, 12 km N Salisbury)

Hier wurde Ende des 10. Jh. die Benediktinerabtei *Amesbury Abbey* gegründet. Die Klostergebäude sind jedoch nicht erhalten, so daß nicht sicher ist, ob die große Kirche *St. Mary and St. Melor* die Klosterkirche oder eine Pfarrkirche war. Normannische Spuren sind zu sehen, jedoch ist der Gesamteindruck trotz einiger späterer Veränderungen (Generalrenovierung 1853) frühgotisch. Von der Innenausstattung sind zu nennen: ein quadratisches normannisches Taufbecken, ein großartiger Lettner, die Uhr der alten Abtei (Mechanismus aus dem 15. Jh.), Fensterglasfragmente aus dem 13. Jh. und der Kopf eines keltischen Kreuzes (9. Jh.). Die *neue Amesbury Abbey*, ein zweistöckiger Bau mit Portikus und einem wuchtigen Mittelturm, in dem ein monumentales Treppenhaus untergebracht ist, entstand 1830 als Nachfolgerbau eines Herrenhauses von 1661, in dem John Gay 1728 zu Gast war und seine berühmte ›Beggar's Opera‹ verfaßte.

* **Woodhenge** (an der A 345, 2,5 km N Amesbury)

ist das weniger bekannte der beiden Henge-Monumente in der Salisbury Plain – obwohl es zusammen mit den um 2500 v. Chr. gebauten, unmittelbar nördlich gelegenen ›Durrington Walls‹ wahrscheinlich der Vorgänger seines ungleich berühmteren Nachbarn Stonehenge ist. Die 75 m weite Anlage wurde 1925 aus der Luft entdeckt. Ausgrabungen förderten sechs konzentrische Ringe von Löchern zutage (heute durch Betonpfähle markiert), die für hölzerne Pfähle angelegt waren. Diese waren wie in Stonehenge so angeordnet, daß der Sonnenaufgang zur Sommersonnenwende angezeigt wurde. Wall und Graben umgaben die Anlage, die nur über einen einzigen Eingang im Nordosten zugänglich war. Ausgrabungsfunde beinhalten Windmill Hill-Keramik und eine Bestattung in der Mitte des Kreises: ein Kind mit gespaltenem Schädel.

*** **Stonehenge** (EH)

Lage: zwischen A 303 und A 344, 3,5 km W Amesbury

»Ein stilles Grauen ergriff uns in dieser öden Wildnis beim Anschauen eines Werks, dessen Urheber wir uns nicht deutlich zu denken vermöchten und das vor uns stand wie die Erscheinung aus einer anderen Welt.« Diese Worte, mit denen Johanna Schopenhauer die jungsteinzeitliche Steinsetzung auf der Ebene der Salisbury Plain beschreibt, die sicher das berühmteste neolithische Denkmal Großbritanniens, wenn nicht Europas ist, wird der Besucher auch heute noch nachvollziehen können. Zu allen Zeiten haben sich neben den Archäologen auch die Schriftsteller und Maler mit dem geheimnisvollen Steinkreis beschäftigt (u. a. John Constable, 1836, und Henry Moore, 1971–73) und ihn dabei meistens mißverstanden und falsch gedeutet. So schrieb z. B. Adolf Brennecke 1887 in seiner Reisebeschreibung ›Alt-England‹ über die »rätselhaften Blöcke von Stonehenge«: »Aus welchem Zeitalter die Aufstellung jener Blöcke stammt, und welches einst die Anordnung derselben gewesen sein mag, ist immer noch fraglich; die gangbarste Ansicht neigt sich dahin, daß die Felsstücke in drei konzentrischen Kreisen ums Jahr 100 v. Chr. von Druiden errichtet wurden als eine Art Nationalheiligtum der heidnischen Briten.«

Daß Stonehenge mit Druiden nichts zu tun hatte, steht mittlerweile fest. Doch Deutungen wie die Brenneckes sind nach wie vor populär, und sie werden es auch bleiben. Nur so jedenfalls erklärt sich der jährliche Pilgerzug der modernen Druiden, die am 21. Juni zum »summer solstice«, der Sommersonnenwende, nach Stonehenge kommen, um vom Altarstein aus über dem Heel Stone die Sonne aufgehen zu sehen.

Doch zu den Fakten: Neben der offensichtlichen astronomischen Bedeutung dürfte Stonehenge eine besondere Stellung im Totenkult gehabt haben, wie die über 300 Hügelgräber der unmittelbaren Umgebung zeigen, deren aufgefundene Grabbeigaben die Erforschung der Wessex-Kultur (1600–1400 v. Chr.) wesentlich gefördert haben. Die Anlage mit einem Gesamtdurchmesser von 96 m, 1655 vom Architekten Inigo Jones erstmals vermessen, wurde ab ca. 1900 v. Chr. als typisches

Der Steinkreis von Stonehenge (Ausschnitt)

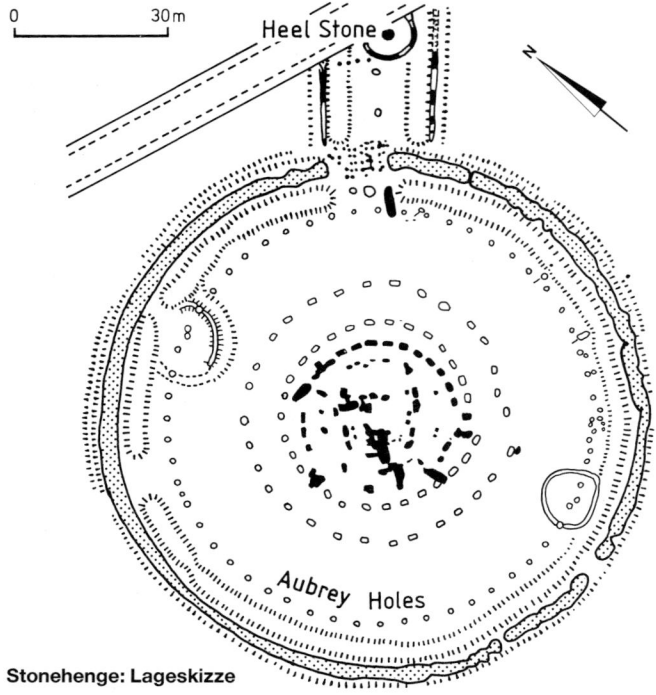

Stonehenge: Lageskizze

spätneolithisches Henge-Monument begonnen und in drei Phasen erbaut. Zunächst entstanden der äußere Wall und ein Graben, außerhalb deren der Heel Stone gesetzt wurde, sowie die 56 »Aubrey Holes« (nach ihrem Entdecker, dem Altertumsforscher John Aubrey, 1626–97, benannt) innerhalb des Ringes. Sie enthielten bei ihrer Entdeckung u. a. Spuren von Feuerbestattungen. Heute sind sie durch Betonpunkte markiert. In der zweiten Phase wurde ein Kreis von 82 (nicht mehr vorhandenen) Blausteinen gesetzt, deren Herkunftsort die Preseli Hills in Wales sind und die über die um 1800 v. Chr. errichtete Avenue (zwischen Stonehenge und dem River Avon) herangeführt wurden. In der dritten Phase (um 1400 v. Chr.) folgten die inneren hufeisenförmigen Steinsetzungen aus Sandstein und Blaustein, die durch ihre Gestaltung (Entasis wie bei griechischen Säulen) und die teilweise erhaltene Trilithenanordnung die Einzigartigkeit von Stonehenge ausmachen. Die »Querbalken« wurden dabei genau den Orthostaten angepaßt, deren herausgearbeitete Zapfen dort zu sehen sind, wo die Decksteine heute fehlen.

Netheravon (an der A 345, 8 km N Amesbury)

Die Kirche der kleinen Garnisonsstadt, *All Saints*, zeigt im westlichen Teil noch deutliche sächsische Spuren, die sich im restlichen Baukörper ständig mit normannischen Bauelementen vermischen. In einem Feld bei der Kirche ist ein interessantes *Taubenhaus* (EH) aus dem 18. Jh., ein Ziegelbau mit über 700 Nistplätzen, zu besichtigen.

Ludgershall (an der A 342, 12 km NO Amesbury)

Hier sind die Erdwälle und Mauerreste einer königlichen *Burg* (EH) aus der Zeit Heinrichs I. erhalten. In der Castle Street (Ziegelbauten aus dem 17. Jh.) befindet sich der *Kopf eines mittelalterlichen Kreuzes* (EH), und in der Kirche *St. James* ist das pompöse Grabmal für Sir Robert Brydges († 1158) und seine Frau einen Blick wert.

East Grafton (an der A 338, 11 km N Ludgershall)

ist ein unscheinbares Dorf mit einer neo-normannischen Kirche (*St. Nicholas*, 1844) und (2 km NO des Dorfes) der einzigen erhaltenen Windmühle von Wiltshire, der *Wilton Windmill* von 1821.

39 Marlborough und Umgebung

Wer von Südosten aus nach Marlborough fährt, kommt zunächst durch den *Savernake Forest (zwischen A 4 und A 346). Ähnlich wie der New Forest *(S. 148)* in Hampshire war das ca. 8 km² große Waldgelände ein bereits zur Normannenzeit bestehendes königliches Jagdreservat. Die königlichen Privilegien bestehen nicht mehr, und so ist auch Savernake Forest mit seinen großartigen Eichen- und Buchenbeständen heute in der Obhut der Forestry Commission und somit der Öffentlichkeit zugänglich. Wanderwege und verschiedene Wirtschaftswege, die befahren werden dürfen, erschließen dem Besucher ein Erholungsgebiet, das für seine wilden Blumen und Pilze sowie seltenen Vögel bekannt ist. Die Grand Avenue, eine 6 km lange Buchenallee, läßt die großartige Ausdehnung des Jagdreservats zu mittelalterlicher Zeit ahnen. Das Gelände um das sehr ansehnliche *Tottenham House* (1825) herum wurde teilweise von ›Capability‹ Brown gestaltet.

* **Marlborough** (an A 4 und A 345, 20 km S Swindon)

Das Prunkstück der kleinen Stadt ist die von kolonnadengeschmückten georgianischen Häuserreihen gesäumte *High Street*. Sie ist eine der breitesten in England. Eine Bauvorschrift im 17. Jh. bestimmte, daß die High Street breit genug sein müsse, damit Fuhrwerke auf ihr wenden

223

konnten. Ob man dabei an die Fahrzeuge von Marktbeschickern gedacht hat, ist nicht mehr festzustellen – der Markt wird jedenfalls noch
heute auf der High Street abgehalten. Marlborough ist, wohl auch dank
der Lage an der früheren Postkutschenroute London – Bath, der Haupt-
handelsplatz für landwirtschaftliche Erzeugnisse in Wiltshire.
In *St. Mary* (gegr. 1160; Neubau nach einem Brand 1653) am östlichen Ende der High Street wird immer noch die traditionelle Abendglocke geläutet. *St. Peter and St. Paul* (Perpendicular-Stil), die Kirche,
in der der machtbesessene Kardinal Heinrichs VIII., Thomas Wolsey,
die Priesterweihe empfing, beeindruckt durch ein außergewöhnliches
Grabdenkmal für die drei Kinder Sir Nicholas Hydes (Lord Chief
Justice unter Karl I.), die 1626 alle innerhalb eines Monats starben.

Wenige Meter von der Kirche befindet sich der Haupteingang zum
Grundstück der Public School *Marlborough College*, einer der renommiertesten Schulen Englands. Das Kernstück der Schule (das heutige C-
Haus) wurde um 1700 als Wohnsitz der Dukes of Somerset begonnen,
die das Gelände und früher existierende Wohngebäude seit 1550 besaßen, als das in normannischer Zeit gebaute Schloß auf einem künstlichen Erdhügel schon nicht mehr bestand. Das neue Haus war um 1723
vollendet, und der normannische Hügel wurde im Stil der Zeit mit
Wasserfall und Grotte geschmückt. Das Haus besteht aus einem zweistöckigen Mittelteil, der von zwei dreistöckigen, unmerklich vorsprin-
genden Flügeln flankiert wird. Dieses Gebäude wurde 1750 als Hotel
(The Castle Inn) vermietet, das vor allem von Londonern auf ihrem
Weg zum Kurort Bath genutzt wurde. Mit dem Bau der Eisenbahnlinie
London – Bristol verlor das Hotel seine Kundschaft, und 1843 erfolgte
die Gründung des College. Zu den berühmten Schülern zählten William
Morris (der ein Fenster in der Kapelle gestaltete) und Dichter und
Schriftsteller wie John Meade Falkner (1858–1932), Sir Anthony Hope
Hawkins (1863–1933), Siegfried Sassoon (1886–1967), Charles Sorley
(1895–1915) und Louis MacNeice (1907–63).

In Marlborough ist auch eines der berühmten *»***Wiltshire White
Horses«** zu besichtigen, jener Hügelzeichnungen, die durch Abtragen
der Grasnarbe oder Ackerkrume von Kalksteinhängen im 18. und
19. Jh. entstanden sind. Ihr Vorbild dürfte das *Weiße Pferd von Uffing-
ton* in der Nachbargrafschaft Berkshire sein, das auf 600 bis 100 v. Chr.
datiert wird. (Die anderen befinden sich in Bratton, bei Edington,
S. 233, Abb. S. 6; Cherhill, zwischen Avebury und Calne, *S. 231*; Milk
Hill bei Alton Priors, 10 km SW Marlborough; Hackpen Hill bei Broad
Hinton, 10 km NW Marlborough; Broad Town, NW Broad Hinton; und
Pewsey, 10 km S Marlborough.)

*** **Avebury Stone Circles** (an A 4 und A 361, 10 km W Marlborough)

Avebury ist, sieht man ab von dem Herrenhaus *Avebury Manor* (1557 begonnen) und der Pfarrkirche *St. James* (12./13. Jh., restauriert 1879, schönes normannisches Taufbecken), ein eher unbedeutendes Dorf. Dennoch ist es berühmt: wegen der zahlreichen neolithischen Stätten in seiner unmittelbaren Umgebung, derentwegen der ehemalige Poeta laureatus Sir John Betjeman Avebury als »Kathedrale« im Vergleich zur »Pfarrkirche« Stonehenge bezeichnete.

Die jungsteinzeitliche Stätte von über 300 m Durchmesser (zum Vergleich: 120 m in Stonehenge) gehört zu den wichtigsten Denkmälern ihrer Zeit in Europa, obwohl ihr Bekanntheitsgrad und ihre Popularität deutlich im Schatten von Stonehenge stehen. Einer der Gründe dafür dürfte sein, daß durch die Ansiedlung eines Dorfes der Gesamteindruck

Avebury Stone Circles: Lageskizze

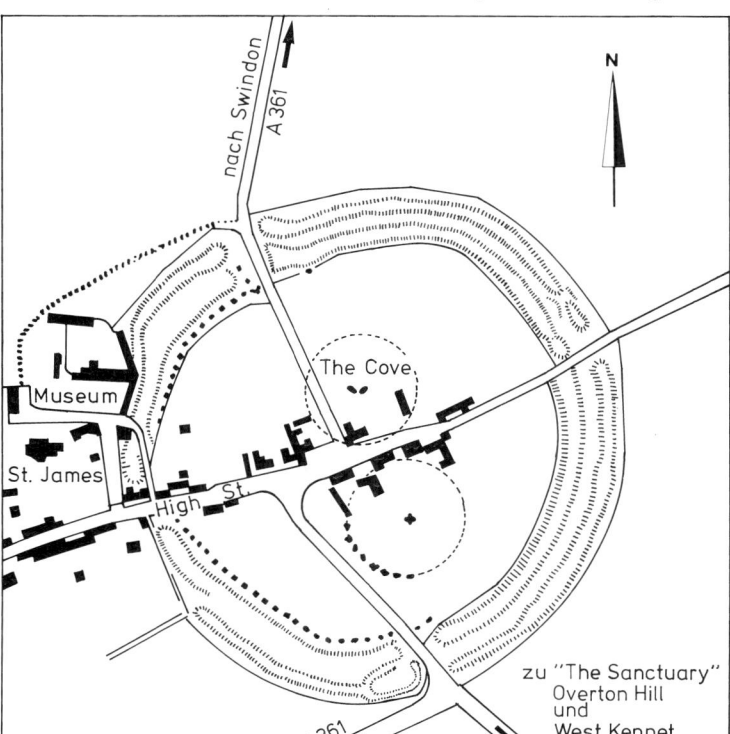

der Anlage verloren gegangen ist. Vier Straßen durchziehen den Kreis von Avebury wie ein Fadenkreuz. Ein bis zu 17 m hoher Wall und ein Graben umgeben eine Fläche von 1,1 km². Innerhalb stand ein Steinkreis, dessen westliche Hälfte noch teilweise erhalten ist. In dessen Mitte befanden sich zwei kleinere Steinkreise von je 30 m Durchmesser. Viele der von den Marlborough Downs stammenden Monolithen wurden im 18. Jh. zum Bau des Dorfes verwendet.

Vom südlichen Ausgang des Wall-und-Graben-Systems führt die sogenannte Avenue zu einer zweiten Anlage auf dem *Overton Hill*. Hierbei handelt es sich um eine ca. 2,5 km lange paarweise Steinsetzung, die auf 1900–1600 v. Chr. datiert wird. *The Sanctuary* auf dem Overton Hill selbst dürfte ein Heiligtum und Begräbnisplatz gewesen sein, wie spärliche Funde in den 30er Jahren ergaben. Etwa 1,5 km S steht gleich an der Hauptstraße der rund 40 m hohe *Silbury Hill* (EH), ein künstlicher Hügel von rund 160 m Basisdurchmesser und einem Durchmesser von 30 m auf seinem Plateau. Der Zweck des Hügels ist bis heute ungeklärt, jedoch haben Bohrungen und Ausgrabungen ergeben, daß die Aufschüttung ab ca. 2500 v. Chr. in vier kurz aufeinander folgenden Abschnitten vorgenommen wurde.

Etwas mehr als 1 km südöstlich des Silbury Hill liegt südlich der A 4 auf einem Hügel der *West Kennet Long Barrow* (EH): ein 113 m langer Komplex mehrerer aneinandergereihter Dolmen, in denen Gebeine von 40 Menschen sowie Keramikfragmente aus der Windmill Hill-Zeit (3000–2500 v. Chr.) gefunden wurden, jener Zeit, welcher der *Windmill Hill* (EH; 2,5 km NW Avebury) den Namen gegeben hat (bisher älteste bekannte Phase des britischen Neolithikums). Windmill Hill war ein sogenanntes »causewayed camp«, eine Gemeinschaftsanlage von drei konzentrischen Gräben, die eine Gesamtfläche von 8 ha umgaben. Kleine Verbindungsstege (»causeways«) unterbrachen diese Gräben. Der genaue Zweck der Anlage ist nicht bekannt, doch steht fest, daß sie immer nur zeitweilig benutzt wurde. Es kann sich um einen Markt oder um ein Stammeszentrum gehandelt haben. Werkzeugfragmente und Knochensplitter lassen darauf schließen, daß Tierherden zum Schlachten in das Camp gebracht wurden.

Swindon (an A 419 und M 4, 60 km N Salisbury)

ist mit 120000 Einwohnern die größte Stadt und der größte Industriestandort von Wiltshire. Ihren Aufstieg verdankt die erst 1900 durch die Vereinigung zweier Dörfer entstandene Stadt der *Great Western Railway*. In ihren besten Zeiten beschäftigten die Lokomotivfabriken und Reparaturwerkstätten von Swindon, die zu den größten der Welt

Malmesbury Abbey: Normannische Lünette im Südportal

gehörten, bis zu 12000 Arbeiter. Das *Railway Village*, eine ehemalige Siedlung der Arbeiter, steht heute unter Denkmalschutz. In *Old Swindon* (im Südosten der Stadt) kann man durch einige schöne Straßen (Cricklade Street, Wood Street, Bath Road) bummeln und den alten Marktplatz und das Museum besuchen, in dem u. a. Werke von Ben Nicholson und von Graham Sutherland ausgestellt sind.

Inglesham (an der A 361, 15 km N Swindon)

ist Wiltshires einzige Ortschaft an der Themse. In der Kirche *St. John Baptist* (begonnen um 1200), deren Restaurierung William Morris veranlaßte, sind eine elisabethanische Kanzel, Fragmente eines Altarretabels von 1330, jakobianisches Gestühl und eine späte sächsische Skulptur Marias mit dem Kinde erhalten.

40 Malmesbury und Umgebung

Malmesbury (an der A 429, 32 km W Swindon)

Der Geburtsort des Philosophen Thomas Hobbes, eine alte Tuchhändlerstadt, erhebt den Anspruch, Englands älteste »borough« zu sein (Gründung 924 durch Eduard, Sohn Alfreds des Großen). Auf eine entsprechend lange Geschichte blickt auch die *Abtei* zurück. Sie bestand bereits im 7. Jh., und ihr Bibliothekar William of Malmesbury (ca. 1090 bis ca. 1143), Autor der ›Gesta Regum Anglorum‹, pries sie als Englands schönste Kirche. Der Zerstörung unter Heinrich VIII. entging sie, weil ein reicher Kaufmann das Gebäude erwarb und der Stadt als Pfarrkirche schenkte.

Das Südportal der heute nur noch teilweise erhaltenen normannischen Abteikirche ist der unbestrittene Blickfang und gehört zu den besten normannischen Arbeiten Englands: Ikonographisch auf angelsächsischer Überlieferung fußend, ist in den Archivolten jeder Höhepunkt des Alten und des Neuen Testamentes dargestellt. Innen sind in zwei gegenüberliegenden Lünetten über den Blendbögen je sechs Apostel dargestellt, über denen jeweils ein Engel schwebt. Ein spätgotischer Sarkophag in der Kirche gilt als Begräbnisstätte König Athelstans, der sich der Überlieferung nach neben St. Aldhelm († 709), dem berühmten Abt von Malmesbury, begraben ließ.

Eine Kostbarkeit ist auch das 12 m hohe *Marktkreuz* (1500) der Stadt, dessen von großen Strebepfeilern getragene Laterne »armen Leuten einen trockenen Platz bietet, wenn Regen kommt«. So jedenfalls erklärte es der Altertumsforscher John Leland (1506–52) seinerzeit. Interessante Straßen sind die High Street (*Armenhaus St. John*, gegr. 1694) und die Horsefair Street mit Giebelhäusern aus dem 17. Jh.

* **Castle Combe** (abseits der B 4039, 15 km SW Malmesbury)

ist sicherlich eines der beliebtesten Postkartenmotive Großbritanniens – und das nicht erst, seitdem im Dorf der ›*Doctor Doolittle*‹ verfilmt wurde: ein kleines Straßendorf in einer Mulde (»combe«) an einem Bach mit adretten gelblich-braunen Giebelhäusern, dahinter eine kleine Brücke, über der sich ein Kirchturm erhebt. Das *Schloß* (um 1140) existiert nur noch als spärlicher Mauerrest. Nicht so die Kirche *St. Andrew* (im wesentlichen Perpendicular): Sie wurde 1850, als sie baufällig geworden war, abgetragen und Stein für Stein wieder aufgebaut. Sehenswert sind das Taufbecken (14. Jh.), spätgotische Chorschranke und Kanzel, das Grab mit der Statue eines Ritters (frühes 14. Jh.) und der funktionierende Mechanismus einer mittelalterlichen Uhr ohne Zifferblatt.

Biddestone (abseits der A 420, 5 km SO Castle Combe)

mit seinem Dorfanger (mit Teich), seinen Häusern aus grauem Cotswold-Stein, seinen alten Bäumen, dem Dorfkreuz und der Dorfpumpe ist ebenfalls ein verträumter Ort. Einen schönen Ausblick hat man von der Gartenmauer von *Pool Farmhouse*. Die Kirche *St. Nicholas* ist normannischen Ursprungs.

Sheldon Manor (abseits der A 420, 4 km W Chippenham)

Das Herrenhaus, dessen ältester Teil der Eingang ist (spätes 13. Jh.), beherbergt eine Sammlung früher Eichenmöbel und eine Nailsea-Glas-Kollektion. Der Garten ist für seine Rosenabteilung bekannt.

Corsham (an der A 4, 5 km S Biddestone)

am südlichen Ausläufer der Cotswold Hills ist aus einer reichen mittelalterlichen Webergemeinde hervorgegangen, deren architektonisches Erbe weitgehend erhalten ist. Gewissermaßen das Kennzeichen der kleinen Stadt (10000 Einw.) sind die flämisch beeinflußten giebelverzierten Cottages u. a. in der *Church Street* und in der *High Street*. Die Nähe zu Bath kommt deutlich im Baumaterial zum Ausdruck. Das *Rathaus* (High Street) ist von 1784, das zweistöckige *The Grove* von 1737. In *Lady Hungerfords Schule* (1668) in der Nähe stehen noch die alten Schulbänke und das Lehrerpult. Die große Kirche *St. Bartholomew* ist die Summe aller Baustile seit der Normannenzeit. Das Ostfenster (1899) gestaltete C. E. Kempe. Die Methuen-Kapelle (1874–78), das Grabmonument für die 1829 mit zwei Jahren verstorbene Constance Methuen und das Denkmal für Lady Methuen von 1960 – sie alle weisen auf jene Familie hin, deren Name untrennbar mit der Stadt und *Corsham Court*, dem 1582 begonnenen elisabethanischen Herrenhaus der Familie, verbunden ist. Der Stolz der Familie Methuen (die das Haus 1745 erwarb), ist (neben Möbeln von Chippendale d. J. und Robert Adam) eine hervorragende Sammlung italienischer Gemälde (u. a. Tintoretto) und von Werken Rubens' und van Dycks.

Chippenham (an der A 4, 8 km NO Corsham)

Seit dem 14 Jh. als Marktstadt bekannt (heute 19000 Einw.), hat Chippenham noch heute einen der größten *Viehmärkte* Englands. Die spätgotische Kirche *St. Andrew* (restauriert und umgebaut 1875–78) hat eine aufwendig gestaltete Südkapelle, die Hungerford Chapel (1442), benannt nach ihrem Erbauer Walter Lord Hungerford, Schatzkanzler Heinrichs VI. In ihr befinden sich etliche Gedenktafeln für die Familie Hungerford, ein aus dem 13. Jh. stammendes Grabmonument einer Dame sowie das prächtige Denkmal für Sir Gilbert Pryn († 1627) mit botanischer Dekoration, die sich in den Sinnsprüchen widerspiegelt (u. a.»Man's a plant, and every tree,/ like man, is subject to mortalitie.«).

Die Stadt ist ein harmonisches Miteinander der aus dem 16. und 17. Jh. stammenden Fachwerkhäuser und der georgianischen Architektur. *Old Yelde Hall* aus dem 16. Jh. am Marktplatz, Rathaus bis 1841, ist eines der ältesten Häuser der Stadt und dient heute als lokalgeschichtliches Museum. Einer der beiden kleinen Giebel über dem Eingang trägt ein Wappen und das Datum 1776. Das spektakulärste Haus in Chippenham ist *Ivy House* in der Bath Road: Es wurde um 1730 erbaut und hat zwei vorspringende Flügel mit Segmentgiebeln über dem gedrungenen 3. Stockwerk. Das Zentrum ist zweistöckig mit drei Fensterreihen und einem Portal mit durchbrochenem Dreiecksgiebel.

Im nordwestlichen Vorort Hardenhuish (sprich: Harnish) steht die schöne Kirche *St. Nicholas* (1779). In der Nähe des Altars befindet sich ein Denkmal für den Nationalökonomen *David Ricardo* (1772–1823), der auf dem Friedhof begraben ist und von William Pitts ein grandioses Denkmal gesetzt bekam: Ein großer Baldachin auf vier dorischen Säulen, gekrönt von einer Urne, überdacht vier Mädchenfiguren, die um ein korinthisches Säulenkapitell gruppiert sind.

Bremhill (abseits der B 3102, 8 km O Chippenham)

wurde durch den Dichter, Exzentriker und Pfarrer *William Lisle Bowles* (1762–1850) bekannt. *St. Martin* (sächsisches long-and-short work im Nordwestteil des Schiffs; großartiges Grabdenkmal für George Hungerford, † 1698, mit Insignien des Friedens und des Krieges) war seine Pfarrstelle. *Bremhill Court* ist das ehemalige Pfarrhaus, das sich Bowles nach dem Vorbild von William Shenstones Haus The Leasowes (in Halesowen/Worcestershire) in ein gotisches Herrenhaus umbauen ließ: Offene Brüstung, Türmchen und Fialen lassen keinen Zweifel aufkommen. Auch den Garten von The Leasowes versuchte Bowles zu kopieren. Heute sind noch einige Urnen, ein Obelisk, eine Grotte und einige Fragmente der nahe gelegenen ehemaligen Stanley Abbey vorhanden. Bowles' literarische Freunde, unter ihnen Wordsworth, Charles Lamb und Thomas Moore, teilten Bowles' Geschmack nicht immer. Moore jedenfalls warf ihm vor, er habe die »Schönheit des Besitzes verschleudert mit Grotten, Einsiedeleien und Shenstone'schen Inschriften«.

Auf dem Wick Hill (NW des Dorfes) erinnert ein Denkmal für *Maud Heath* an die Marktfrau und Stifterin des vier Meilen langen deichartigen Fußweges zwischen Wick Hill und Chippenham. Sie hatte sich zeitlebens so sehr über den schlechten Zustand des Weges zum Markt in Chippenham geärgert, daß sie bei ihrem Tode 1474 ihre Hinterlassenschaft in eine Stiftung einbrachte, die einen befestigten Weg nach Chippenham bauen und unterhalten sollte. So entstand »*Maud Heath's Causeway*«. Beim Dorf Kellaways, wo der Weg über eine Brücke mit 64 Bögen führt, steht ebenfalls ein Denkmal für sie.

230

Lacock Abbey (1229 gegründet)

Calne (an der A 4, 10 km O Chippenham)

Wie die Nachbarorte kam Calne im Mittelalter durch die Tuchherstellung zu Reichtum. Seit der Industriellen Revolution ist der Ort eines der Zentren der Lebensmittelherstellung mit Wurst- und Pastetenfabriken und Räuchereibetrieben.

Der Wohlstand im Mittelalter spiegelt sich in der spätgotischen Kirche *St. Mary*, deren Kern normannisch ist (Kirchenschiff und Nordportal). Der Turm wurde 1638 über dem nördlichen Querschiff neu erbaut, da der ursprünglich vorhandene Vierungsturm eingestürzt war. Das Altarretabel (1890) schuf J. L. Pearson. *Harris' Bacon Factory*, 1770 gegründet, ist praktisch das Zentrum der Stadt. Gegenüber stehen das 1884–86 im Tudor-Stil erbaute *Rathaus* und das *Lansdowne Arms Hotel*, ein großer Bau aus dem 18. Jh., dessen Name auf den Marquess of Lansdowne hinweist, der das 3 km südlich der Stadt gelegene *Herrenhaus Bowood* errichten ließ. Castle Street, High Street, Curzon Street und The Green haben zahlreiche, zum Teil prächtige Häuser aus dem 18. Jh.

✳ Lacock Abbey (NT; abseits der A 350, 5 km S Chippenham)

wurde 1229 von Ela, der Witwe William Longespées d. Ä. (er liegt in der Kathedrale von Salisbury begraben) als Augustinerinnen-Abtei gegründet. Nach der Auflösung unter Heinrich VIII. wurde die Abtei zur Residenz umgebaut. Im 18. Jh. ließ der Hausherr John Ivory Talbot den »Gentleman-Architekten« Sanderson Miller die Halle der Äbtissin umgestalten: im damals aufkommenden Stil des Gothic Revival, geschmückt mit Terrakotta-Figuren des österreichischen Bildhauers Victor Sederbach. Weltberühmt wurde Lacock Abbey aber durch einen späteren Talbot: durch *William Henry Fox Talbot* (1800–77), einen gebildeten, belesenen und weitgereisten Mann, den *Erfinder der Fotografie*. Im Gegensatz zu dem Franzosen Daguerre, der nicht reproduzierbare Metallplatten benutzte, verwendete Talbot bei seiner Erfindung ein Negativ, von dem beliebig viele Abzüge gemacht werden konnten – die Geburtsstunde des Negativ-Positiv-Verfahrens der Fotografie. Eines der ersten Bilder entstand in Talbots Südflügel: ein Erkerfenster. Der National Trust, dem neben Lacock Abbey das *Dorf Lacock mit seinen unverfälschten Fachwerkhäusern gehört, eröffnete in einer ehemaligen Scheune in der Nähe des Eingangs zum Herrenhaus das *Fox-Talbot-Museum* früher Fotografie.

41 Von Devizes nach Bradford-on-Avon

* **Devizes** (an der A 360/361, 16 km S Chippenham)

Die alte Marktstadt ist aus einer normannischen Burg (12. Jh.) hervorgegangen, die auf der Grenze zwischen zwei Lehnspartien stand. Daraus (»ad divisa«) soll sich der heutige Stadtname herleiten. Von der Burg selbst sind nur noch die Fundamente erhalten, auf denen 1842 das schloßähnliche Haus gebaut wurde, das zwischen 1860 und 1880 seine heutige Fassade erhielt.

Im Bereich des mittelalterlichen Festungskomplexes befindet sich die normannische Kirche *St. John*. Sehenswert sind die Deckengewölbe der Südkapelle (Beauchamp Chapel) und der Lamb Chapel, die Grabmonumente (u. a. von Sir Richard Westmacott) aus dem 18. und frühen 19. Jh. und – als Kuriosität – der Obelisk auf dem Kirchhof: Zum Gedenken an fünf Bürger der Stadt, die 1751 bei einem sonntäglichen Ausflug ertranken, trägt er die Mahnung »Remember the Sabbath Day to keep it holy«. Die Kirche *St. Mary*, ebenfalls normannischen Ursprungs, hat eine schöne Holzbalkendecke mit interessanten Kragsteinen. In der dritten mittelalterlichen Kirche der Stadt, *St. James*, befindet sich ein bewegendes Grabmal: Edward Colston, 1859 im Alter von 9 Jahren gestorben, liegt auf einer Couch, umgeben von trauernden Kindern, und kleine Engel reichen ihm die Hand.

Der geräumige Marktplatz hat nach alter Tradition ein *Marktkreuz*, das 1814 errichtet wurde. Eine Inschrift erzählt die Geschichte von Ruth Pierce, die 1753 auf dem Markt tot zusammenbrach, als man sie bei einem kleinen Betrug ertappte. Der große Brunnen (1879) wird Henry Woodyer (1816–96) zugeschrieben. Das *Bear Hotel* an der südwestlichen Ecke des Platzes bestand schon im 16. Jh. als Coaching Inn. Sehenswert sind auch die Markthallen *Butter and Poultry Market* (1835) und *Butchers' Market* (1803), das *Black Swan Hotel* (1737), das um 1740 gebaute Haus eines Arztes (*Parnella House*, mit einer Äskulapstatue), die *Corn Exchange* von 1857 mit einer Ceres-Darstellung und das Gerichtsgebäude *(Assize Court)* mit seiner Sammlung von Dokumenten und Briefen u. a. von Cromwell, Raleigh und Laud. Auf dem *Roundway Hill* nördlich der Stadt fand 1643 eine der ersten Schlachten des Bürgerkriegs statt. Westlich der Stadt wird der *Kennet and Avon Canal* über eine Folge von 29 Schleusen (die höchste Schleusenfrequenz, die es an einem englischen Kanal gibt) auf die Anhöhe Caen Hill gebracht.

Edington (an der B 3098, 13 km SW Devizes)

Die ehem. *Klosterkirche* – sie ist heute *Pfarrkirche* – ist eine eigenartige Mischung aus Decorated und Perpendicular. Der Gründer des Klosters, das ab 1358 den Bonshommes gehörte (einem Priesterorden, der nach den Regeln der Augustiner lebte) war der Lordkanzler von England und (ab 1345) Bischof von Winchester *William of Edington*. Sein Porträt findet sich (neben denen des Schwarzen Prinzen, Williams of Wykeham und Johns of Aylesbury) am neuen Lettner der Kirche. Von den Grabmonumenten im Chor sind hervorzuheben: Sir Simon Taylor († 1815), ein gutaussehender Mann auf dem Totenbett, beklagt von zwei Frauen (vermutlich seiner Mutter und seiner Schwester, die Sir Francis Chantrey 2000 Pfund für die Gestaltung des weißen Marmordenkmals zahlte); und Sir Edward Lewys mit seiner Frau, Lady Anne Beauchamp († 1730), zwei liegende Alabaster-Figuren, sie höher als er angeordnet, um ihre höhere Abstammung zu dokumentieren. Ihre fünf Kinder knien zusammen mit betenden Engeln, ein schwebender Engel hält ihnen eine Sternenkrone hin.

Steeple Ashton (abseits der A 350, 5 km N Edington)

leitet seinen Namen von dem 1670 zerstörten Turmhelm (»steeple« = Turm) der Pfarrkirche *St. Mary* (15. Jh.) ab, der bis auf 57 m Höhe aufragte. Aber auch ohne den Turmhelm bleibt die Kirche äußerst eindrucksvoll. Eine Besonderheit sind die steinernen Gewölbe der Seitenschiffe mit kunstvoll gearbeiteten Schlußsteinen, die die Himmelfahrt Mariens, die Evangelistensymbole und den von Propheten und Sibyllen umgebenen Christus zeigen. Kurios ist der Brass an der Nordwand, ein Palimpsest. Die eine Seite erinnert an eine Deborah Marks,

die 1730 im Alter von 99 Jahren starb. Die Rückseite zeigt eine
allegorische Szene, die ein Vers als protestantischen Angriff auf den
Katholizismus zur Zeit der Königin Anna erklärt: Die rundliche Figur
der Königin, die ein Schwert in der Hand hält und zusammen mit ihrem
gekrönten Ehemann auf eine Waage blickt, in der eine (protestantische) Bibel den Papst, den Teufel und einen Franzosen aufwiegt. Eine
kunstlos dargestellte Kirche trägt die Aufschrift »Church of England«,
und eine Person mit einer Mönchskappe entfernt sich von der Gruppe
mit der Aufforderung, das »heretic book« zu verbrennen.

** **Bradford-on-Avon** (an der A 363, 20 km W Devizes)

ist wegen seiner einmaligen Lage in einer bewaldeten Mulde im tief
eingeschnittenen Tal des Avon (›Bradford‹ = breite Furt) ein beliebtes
Reiseziel eigener Kategorie – und zwar nicht nur auf dem Weg nach
Bath. Eine eigene Kategorie, die des Folly, beansprucht auch der in
einem privaten Garten neben der winzigen Kirche *St. Lawrence* (sächsischen Ursprungs) gelegene *Bear Garden:* eine vergnügliche Ver-
sammlung von etwa 50 cm hohen Bären aus Beton, die in der Schule,
beim Tanz, sitzend, stehend und sogar mit der Milchflasche auftreten.

Ein Blickfang der Stadt ist die *Brücke über den Avon*, die bereits im
13. Jh. bestand. Zwei der neun Bögen sind aus dieser Zeit erhalten. Der
Rest stammt aus dem 17. Jh. In der Mitte steht ein zellenartiges
Häuschen, das oft als Kapelle der Pilger, die von Malmesbury nach
Glastonbury zogen, interpretiert wird. Tatsächlich jedoch war es – wie
der lange überlieferte Name »blind house« dezent andeutet – eine
Arrestzelle.

Das nördlich des Flusses gelegene Stadtviertel hat mit *The Shambles*,
einer engen Gasse, den malerischsten Teil der Stadt überhaupt. Sie
verbindet Market Street mit Silver Street, die beide interessante Ensembles vom 17. Jh. bis in die viktorianische Zeit aufweisen. *Abbey Mill*
in der parallel zur Silver Street verlaufenden Church Street ist ein
Fabrikgebäude von 1857, das inzwischen restauriert und als Bürogebäu-
de eingerichtet wurde.

Ein großartiges jakobianisches Patrizierhaus ist *The Hall* (1610) in
der Woolley Street, das den Namen seines Bauherrn trägt, des Tuch-
händlers John Hall. In dem Dörfchen Westwood südlich der Stadt liegt
Westwood Manor (NT), ein Herrenhaus aus dem 15. Jh. mit Umbauten
des späten 16. Jh.

Das Römerbad und die Abteikirche von Bath *(S. 238–41)* ▷

Grafschaft Avon

Fläche: 1336 km²; Einwohner: ca. 950000; Hauptstadt: Bristol

Avon, das nach einer Gebietsreform von 1973/74 aus Teilen von Somerset und Gloucestershire hervorging, ist die kleinste Festlandsgrafschaft des englischen Südens. Wirtschaftlich jedoch ist sie eine der potentesten. Die Bedeutung **Bristols ist hier besonders hervorzuheben. Die Stadt war bereits im Mittelalter wegen ihres sicheren Hafens und der daraus resultierenden Handelsaktivitäten das ökonomische Zentrum des Westens. Ihre Wichtigkeit wurde durch die Erhebung zur Grafschaft gewürdigt und unterstrichen. Einen neuerlichen Aufschwung erlebte Bristol als einer der Ausgangspunkte für die nordamerikanischen Landnahmen. Kostspielige Güter wie Wein und Tabak wurden hier ebenso umgesetzt wie später die unglücklichen Sklaven für Nordamerika. Literarisch fanden derlei Aktivitäten ihren Niederschlag in den Schriften von Stevenson und Defoe.

Der heutige Industriestandort Bristol und seine Umgebung haben durch die veränderten technischen Anforderungen und Gegebenheiten, die andernorts Rezession verursachten, nicht an Bedeutung verloren. Luftfahrt- und Rüstungsindustrie mit der zugehörigen Hochtechnologie, Chemie, Tabak- und Schokoladenherstellung sind die wichtigsten Stützen der Wirtschaft von Avon.

Architektonisch liegt das Schwergewicht eindeutig bei **Bristol und ***Bath, wo allein mit der **Kathedrale und der Kirche **St. Mary Redcliffe (Bristol, S. 250) und der **Abteikirche (Bath, S. 238) drei sakrale Großbauten ersten Ranges die Zerstörungen des 2. Weltkrieges überstanden haben. Bath als Paradebeispiel der Stadtplanung des 18. Jh. kann nicht nur in

Großbritannien den Anspruch auf Einmaligkeit erheben. Darüber hinaus befindet sich in Bath mit dem **Römerbad, das der Stadt ihren Namen gegeben hat, eine der besterhaltenen Leistungen römischer Baukunst. Die Bäder und der Badebetrieb machten Bath im 18. Jh. zum bedeutendsten Kurort Englands, dessen Besuch zum Pflichtprogramm der Prominenz gehörte, die wiederum Künstler und Schriftsteller – und solche, die sich dafür hielten – nach sich zog.

Der River Avon, der der Grafschaft den Namen gab, teilt sie in zwei nahezu gleich große Gebiete. Der südliche Teil der Grafschaft unterscheidet sich naturgemäß nicht von Somerset, aus dem er hervorgegangen ist. Hier finden wir die typischen, von reichen Tuchhändlern und -herstellern gestifteten spätgotischen Dorfkirchen (»wool churches«) mit ihren charakteristischen hohen Westtürmen. Im nördlichen Teil von Avon sind es vor allem die herrschaftlichen Landsitze, denen sich das Besucherinteresse zuwendet, so insbesondere *Great Badminton (S. 248), dessen Halle als der Geburtsort des Badminton-Spiels gilt. Immerhin sind ihre Abmessungen auf die Badminton-Felder heutiger Prägung übergegangen.

Auch landschaftlich bildet der River Avon eine Zäsur: zwischen den Nordausläufern der Mendip Hills im Süden und dem Südteil der Cotswold Hills im Norden. Beide Mittelgebirge bestehen aus Kalkstein, dem Baumaterial, das man in Bath und Bristol bevorzugt verwandt hat. Die Küstenregion Avons ist im wesentlichen flaches Marschland. Hier, am Bristol Channel, spielt der Badetourismus (vor allem in dem Seebad *Weston-super-Mare, S. 256) eine nicht unerhebliche Rolle.

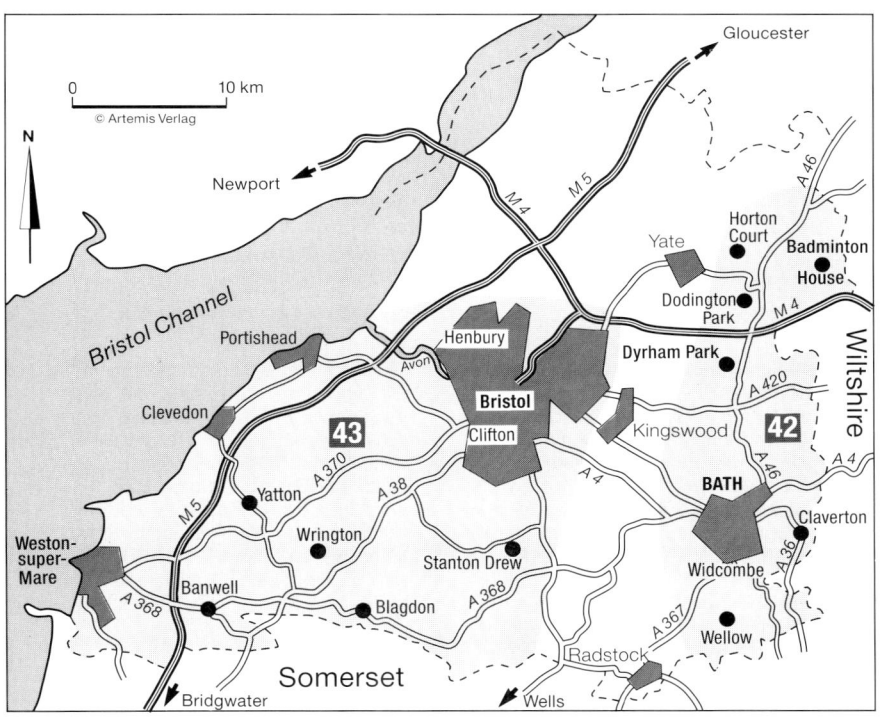

Avon

*** Bath

Lage: An der A 4, 20 km SO Bristol; 18 km SW Chippenham

Bath am River Avon: 85 000 Einwohner, berühmter englischer Kurort, Sitz einer Universität, Wirtschaftszweige Fremdenverkehr, Verwaltung, leichte verarbeitende Industrie, Handel und Banken – das sind die nüchternen Fakten aus einer Stadt, die einen eigenen Führer verdient, hier aber nur in wichtigen Einzelaspekten dargestellt werden kann.

Geschichte: Der Legende nach entdeckte *Bladud*, Vater König Lears, die heilkräftigen Quellen, nachdem er von einer Lepraerkrankung durch das Baden in den heißen Quellen genesen war. Die Römer gründeten 44 n. Chr. ihre Siedlung *Aquae Sulis*, benannt nach der keltischen Gottheit Sul (oder Sulis). Sie schufen die **Badeanlagen** ①, die neben dem Hadrianswall zu den besterhaltenen und bedeutendsten Relikten der Provinz Britannia zählen.

Zwischen dem Abzug der Römer im 5. Jh. und dem 10. Jh. liegt die Geschichte der Stadt im Dunkeln. Die *Sachsen* gründeten im 10. Jh. eine **Abtei**②, und 973 wurde König Edgar in Bath gekrönt. 1088 wurde Bath für etwa 150 Jahre Bischofssitz, und im Mittelalter kam die Stadt durch den Tuchhandel zu beträchtlichem Reichtum. Das moderne Bath entstand mit der Wiederentdeckung der heilenden Quellen Anfang des 17. Jh.

** Das Römerbad ① *(Abb. S. 235)*

wurde 1727 bei Bauarbeiten am westlichen Ende des bestehenden »modernen« Bades an der Stall Street entdeckt, als man einen vergoldeten Minerva-Kopf ausgrub. Um 1750 wurden weitere kleinere Funde gemacht, doch die eigentliche Ausgrabung war erst 1880 mit der Entdeckung des Great Bath abgeschlossen. Insgesamt sind fünf Bäder und zwei Schwimmbecken nachgewiesen, die von 49 °C heißen Quellen gespeist werden, deren Wasserausstoß heute noch 2,2 Millionen Liter Wasser pro Tag beträgt.

Der vorbildlich präsentierte Komplex enthält außer den Bädern und ihren Nebenanlagen Reste eines Minerva-Tempels, Grabsteine, Skulpturen, Schmuckgegenstände und Mosaikreste aus der Römerzeit.

** Bath Abbey ② *(Farbtafel vor S. 273)*

ist eigentlich eine Prioreikirche und wird oft Kathedrale genannt, weil die Bischöfe von Wells von 1088 bis ins 12. Jh. in Bath residierten (und bis heute den Titel »Bishop of Bath and Wells« führen). Der heutige

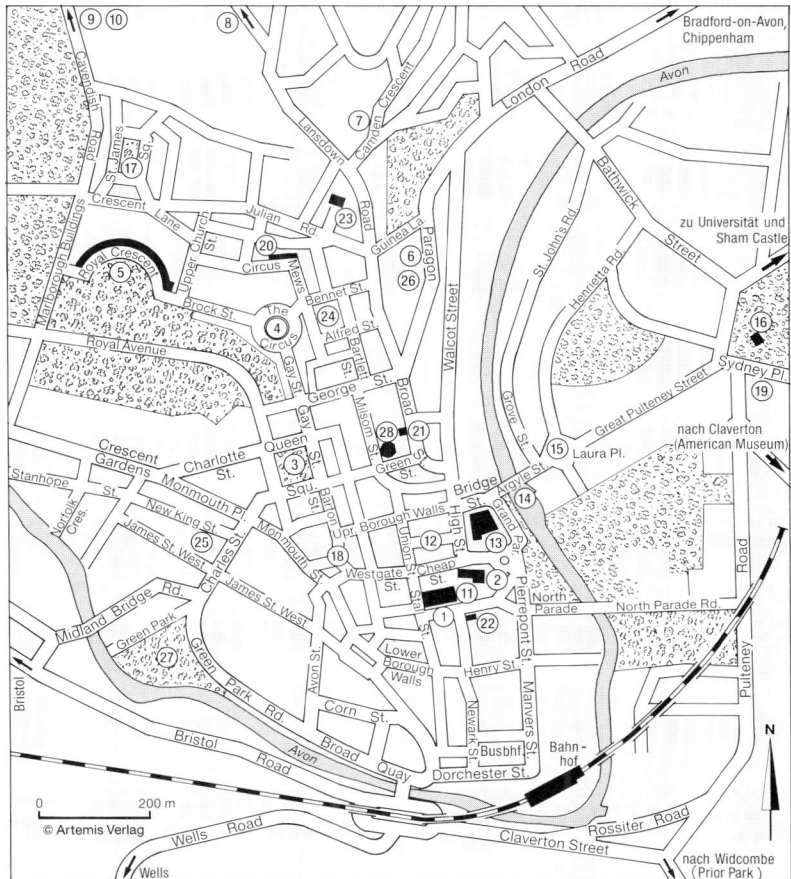

Bath: Stadtplan

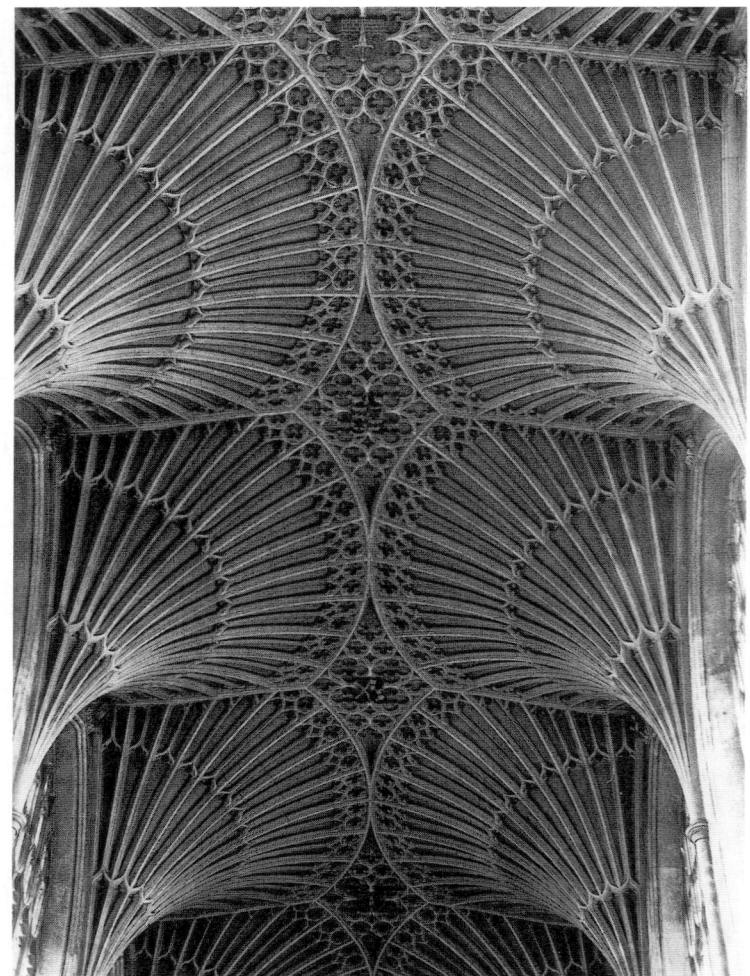

Bath Abbey: Fächergewölbe im Hauptschiff

Bau hatte einen sächsischen und einen normannischen Vorgänger. Auf
dessen Fundamenten wurde Bath Abbey 1499 von Bischof Oliver King,
einem Vertrauten König Heinrichs VII., nach einem Traum neu begonnen. Den Traum schildert die Westfassade: Engel, die wie in Jakobs
Traum auf einer Leiter auf- und niedersteigen. Der Bau dürfte bei der
Auflösung der Klöster 1539 vollendet gewesen sein. Aber anders als in

Romsey/Hampshire *(S. 145)* lehnten die Bürger der Stadt den Kauf der Kirche ab, und das Gebäude wurde mit dem Verkauf seiner Baumaterialien wie Stein, Eisen, Blei und Glas dem Verfall preisgegeben. Zu Beginn des 17. Jh. setzten Wiederherstellungsbemühungen ein, die endgültig zum Abschluß kamen, als 1860 Sir George Gilbert Scott mit der Restaurierung betraut wurde. Er ließ nach dem Vorbild der Decke im Chor die großartigen *Fächergewölbe des Hauptschiffs* einziehen, die neben dem gewaltigen *Ostfenster* die große Sehenswürdigkeit der Kirche sind. Von den etlichen hundert Grabdenkmälern, Gedenktafeln und Urnen (u. a. von Flaxman, Chantrey und Nollekens) können hier nur die *Votivkapelle für Prior Bird* im Chor (1515) und die *Gedenktafel* für den in der Kirche begrabenen *Richard ›Beau‹ Nash* erwähnt werden. Die Tafel, nach Art der sprechenden Grabsteine gestaltet, preist Nash in lateinischer Sprache u. a. als ›Elegantiae Arbiter‹.

*** Die georgianische Stadt (1720–1820)

War Bath im frühen 17. Jh. noch ein Kurort von niedrigem Standard gewesen (und entsprechend ein Anziehungspunkt für Taschendiebe, Falschspieler, Quacksalber und sonstige Glücksritter), so änderte sich das gründlich mit der Ankunft des *Richard Nash* im Jahre 1704. Denn Nash lehrte das Publikum, das sich amüsieren wollte, seine Regeln des guten Geschmacks und der Etikette. Er selbst hatte (nach Mißerfolgen in Cambridge, an der Londoner Rechtsschule The Temple und beim Militär) als Glücksspieler begonnen. Sein (wenig attraktives) Aussehen trug dem berühmtesten Dandy Europas den Spitznamen Beau ein, während ihm seine Tätigkeit als allgewaltiger Zeremonienmeister den Beinamen ›King of Bath‹ bescherte. *Ralph Allen* (1693–1764), der als Postmeister ein gewaltiges Vermögen verdient hatte, erkannte in *John Wood d. Ä.* (1704–54), einem 1727 aus Yorkshire gekommenen Architekten, den Mann, der geeignet war, Bath entsprechend dem Zeitgeschmack ein neues Gesicht zu geben.

Das erste große Projekt war *Queen Square* ③ (1727–36), entworfen von John Wood. Das quadratische Ensemble ist wegen des hohen Aufwuchses im parkähnlichen Zentrum nicht mehr als die grandiose Einheit zu erkennen, die es zweifellos darstellt. In der Mitte des Parks steht ein 1738 von ›Beau‹ Nash gestifteter Obelisk.

Gay Street, die östliche Begrenzung des Queen Square, führt nach Norden in den *Circus ④ (ursprünglich King's Circus genannt), Woods Meisterwerk in Bath, das in seinem Todesjahr 1754 begonnen und bis 1758 von seinem Sohn *John Wood d. J.* (1727–81) mit dem nördlichen Teil der Gay Street vollendet wurde: ein von drei Straßen (Gay Street, Bennett Street und Brock Street) unterbrochener Kreis, dessen einheitliche Fassade gekuppelte Säulen (toskanische, ionische und korinthische) als auffälliges Merkmal aufweist. Die gesamte östliche Nachbarschaft des Circus wurde 1768–74 vom jüngeren Wood entworfen, der auch die Festsäle an der Ecke zur Bennett Street schuf.

Nach Westen führt die Brock Street aus dem Circus hinaus, und an ihrem Ende folgt mit dem ****Royal Crescent** ⑤ (1767–74) das Meisterwerk John Woods d. J.: eine sichelförmige Reihe von 30 Häusern, der erste Crescent überhaupt, einer der größten und sicher der berühmteste, der nicht nur vielerorts nachgeahmt wurde, sondern seinen Namen auch mancher weitaus weniger »königlich« geratenen Imitation leihen mußte. Über einem einfach gehaltenen unteren Stockwerk erheben sich zwischen allen Fenstern riesige ionische Säulen (insgesamt 100) über die zwei oberen Stockwerke hinweg und geben dem Royal Crescent sein unverwechselbares Aussehen.

Die erste Crescent-Kopie in Bath selbst war *The Paragon* ⑥, 1769 von T. W. Atwood erbaut. Es folgten *Camden Crescent* ⑦ (John Eveleigh, 1788), *Lansdown Crescent* ⑧ (John Palmer, 1789–92), *Somerset Place* ⑨ (Eveleigh, 1790) und *Cavendish Crescent* ⑩ (John Pinch d. Ä., 1817–30).

Zurück zum Stadtzentrum: Das *Kurhaus* ⑪ (Pump Room) von Bath, 1789–99 von Thomas Baldwin gebaut, steht am Platz vor der Westfassade der Abbey (Abbey Churchyard). Links der High Street (nördlich der Abbey) finden wir die einzige Passage von Bath, die gleichzeitig eine der frühesten Englands ist: *The Corridor* ⑫ (nach ihrem Erbauer Edmund Goodridge auch Goodridge's Corridor genannt) von 1825. Rechts der High Street liegt der Komplex *Guildhall and Municipal Buildings* ⑬ (1766–75 von Thomas Baldwin). Die Bridge Street dahinter führt zur *Pulteney Bridge ⑭ über den River Avon (1770 von Sir William Pulteney nach einem Entwurf von Robert Adam gebaut) mit Ladenlokalen zu beiden Seiten.

Die Brücke war der Beginn der Verbindung des ursprünglichen Bath zu der Neuentwicklung *Bathwick*, heute Stadtteil von Bath. Von Thomas Baldwin 1788 konzipiert, entstanden *Argyle Street*, der rautenförmige *Laura Place* ⑮ (andeutungsweise als Entsprechung des Queen Square zu sehen) und die *Great Pulteney Street* – überlange Terraces, von Baldwin und Atwood entworfen. Der Endpunkt war das Sydney Hotel (1796), das heutige *Holburne of Menstrie Museum ⑯ (Silber und Porzellan; Gemälde von Gainsborough, Guardi, Stubbs, Zoffany; Crafts Study Centre). Von hier führt die Straße auf den Bathwick Hill zu Ralph Allens »Sham Castle« (um 1755), einem Folly, den er sich von Sanderson Miller als Blickfang für sein Stadthaus bauen ließ, sowie zur *Universität* (gegr. 1966).

Der Royal Crescent, Schaustück georgianischer Architektur   243

Bath und die Prominenz

Das Badeleben, das sich in Bath ab dem frühen 17. Jh. wieder entfaltete, hat Samuel Pepys als einer der ersten beschrieben:»Sehr schöne Damen«, so notierte er 1668,»auch mit guten Manieren; jedoch – mich deucht, es kann doch nicht sauber sein, so viele Körper in dasselbe Wasser gehen zu lassen.« Und Celia Fiennes berichtete knapp zwanzig Jahre später, neuerdings werde es Mode, mit steifen Leinenhüllen die Körperformen zu verdekken, was ein Fortschritt sei gegenüber dem bisher üblichen gemischten Nacktbaden. Der eigentliche Aufstieg zum»watering place« begann aber erst Anfang des 18. Jh., als *Dr. William Oliver* (nach dem die»Bath Oliver Biscuits« benannt sind) eine Klinik einrichtete. Jetzt begann Bath, die Prominenten anzuziehen wie keine andere englische Stadt.»Follow

the famous to Bath«, so hieß der (noch heute verwendete) Slogan der Stadt, deren»wunderbar einzige Schönheit« Johanna Schopenhauer bei ihrem Besuch Anfang des 19. Jh. ebenso in Entzücken versetzte wie ihre Beobachtung, daß die»ganze Stadt ein ungeheures Hôtel garni« sei. Daß sie nicht übertrieb, belegen die zahlreichen Gedenktafeln an den Häusern, in denen die Berühmtheiten von damals für kurze oder auch längere Zeit wohnten. Folgen wir also einigen von ihnen – vielleicht auch mit der Nostalgie eines J. B. Priestley, der 1933 nach Bath kam und es beschrieb als»eine schöne Witwe von Stand, die einen Empfang gibt«, als eine Stadt, deren»Reihen über Reihen von Häusern eigentlich für die Bühnen- und Romanfiguren Sheridans und Jane Austens gedacht« sind.

Im Haus Nr. 20 Lansdown Crescent ⑧ im Norden der Stadt lebte *William Beckford*, der Exzentriker von Fonthill Abbey *(S. 210)*, von 1822 bis zu seinem Tode 1844. (Im *Lansdown Tower* am Ortsrand des nordwestlichen Vorortes Lansdown sind Erinnerungsstücke aus Beckfords Leben und Fonthill Abbey ausgestellt.) Nr. 35 St. James Square ⑰ war 20 Jahre das Haus von *Walter Landor*, der u. a. *Charles Dickens* hier empfing. *Christopher Anstey*, der Dichter des humorig-satirischen ›New Bath Guide‹ von 1766, wohnte in Nr. 5 Royal Crescent ⑤, der Romancier *Edward Bulwer-Lytton* in Nr. 9. Ganz in der Nähe, am Circus ④, lebte in Haus Nr. 17 einer der ganz Großen von Bath: der Maler *Thomas Gainsborough* (1727–88), der als Prominentenmaler in Bath ein glänzendes Auskommen fand. *William Thackeray* (1811–63), der minder bekannte Romancier, zog 1857 ebenfalls an den Circus (Haus Nr. 5). Am Queen Square ③ stadteinwärts hielt sich in Nr. 6 *P. B. Shelley* mit *Mary Godwin* auf; in der Gay Street (zwischen The Circus und Queen Square) *Fanny Burney* (Haus Nr. 41). Bei einem späteren Aufenthalt zog die Schriftstellerin die Great Stanhope Street weiter im Westen der Stadt vor (Haus Nr. 23). Nr. 9 in der King Street (deren Verlängerung die Gt. Stanhope St. ist) bot dem Komödiendichter *Richard Sheridan* Quartier und, und in Nr. 6 Green Park Buildings (weiter südlich) logierte der romantische Dichter und Verfasser der ›Bekenntnisse eines englischen Opiumessers‹ (1821/22), *Thomas De Quincey*. Im

Zentrum der Stadt, in der Saw Close ⑱, hatte ›Beau‹ *Nash* von 1705–61 sein Haus, in Nr. 39 Westgate Street um die Ecke lebte der Töpfer *Josiah Wedgwood* (1730–95). In der North Parade zum Avon wohnte *William Wordsworth* (Haus Nr. 9), als er 1841 nach Bath kam. *Oliver Goldsmith*, ›Beau‹ Nashs kritischer Biograph, hatte 70 Jahre zuvor daneben im Haus Nr. 11 gelebt. Jenseits des Avon schließlich, am Sydney Place ⑲ im Nordostteil der Umgehung, schrieb *Jane Austen* (Haus Nr. 4), die sich in ›Northanger Abbey‹ und ›Persuasion‹ so schön über das Badeleben lustig machte, ihren Roman ›Lady Susan‹.

Museen

Die Stadt besitzt eine überdurchschnittliche Anzahl von Museen, die zum größten Teil in direktem Zusammenhang mit der Geschichte der Stadt und des Bades stehen. In alphabetischer Reihenfolge sind dies:

Bath Carriage Museum ⑳, Circus Mews: Über 40 Pferdekutschen, darunter die Staatskarosse des Duke of Somerset; Kutscherkleidung und Erinnerungsstücke aus der Kutschenzeit.

Bath Postal Museum ㉑, Broad Street: Das erste Museum seiner Art in England zeigt alle Aspekte des Postwesens, insbesondere die Ära der königlichen Postkutschen und ihre Verbindung zu Ralph Allen.

Burrows Toy Museum ㉒, York Street: Einziges Spielzeugmuseum im westlichen England mit Beständen von ca. 1820 bis zur Gegenwart.

Camden Works Museum ㉓, Julian Road: Authentische Rekonstruktion der Werkstatt des viktorianischen Ingenieurs J. B. Bowler, der u. a. eine Messinggießerei und eine Mineralwasserabfüllung betrieb.

***The Museum of Costume, Assembly Rooms** ㉔: Kleidung und Mode vom späten 16. Jh. bis zur Gegenwart, teilweise auf Kleiderpuppen. Daneben zeitgenössischer Schmuck sowie Unterwäsche und Kinderspielzeug.

The Fashion Research Centre, 4 Circus ④: Studienkollektion zur Kostümgeschichte mit angeschlossener wissenschaftlicher Bibliothek.

The Geology Museum, 18 Queen Square ③: Kern des Museum ist die Sammlung des bedeutendsten Geologen Südwestenglands im 19. Jh., Charles Moore (1814–81): Fossilien aus dem Jura-Gestein Nord-Somersets.

***Holburne of Menstrie Museum** ⑯: *S. 242.*

Herschel House and Museum ㉕, 19 New King Street: Georgianisches Haus, in dem der Musiker und Astronom Sir Friedrich Wilhelm (William) Herschel (1738–1822) lebte. Zeitgenössische Musikinstrumente, die astronomische Ausrüstung Herschels und der Garten, in dem er 1781 den Planeten Uranus entdeckte.

***Museum of English Naive Art** ㉖, The Vineyard/Paragon: ›Crane Kalman Collection‹ engl. naiver Kunst von 1750 bis 1900.

The Orpheus Mosaic, Green Park ㉗: Kopie eines römischen Mosaiks mit Orpheus-Zentralmotiv – mit 1,6 Millionen Steinen das größte in Großbritannien ausgestellte Mosaik.

No. 1 Royal Crescent ⑤, Ecke Upper Church Street: Museum des Bath Preservation Trust, der hier mit authentischen Einrichtungsgegenständen ein typisches Interieur des 18. Jh. zeigt.

RPS National Centre of Photography, The Octagon ㉘, Milsom Street: Von der Royal Photographic Society eingerichtete Galerie historischer und zeitgenössischer Fotografie mit einigen der ältesten bekannten Fotos sowie Ausrüstungsgegenständen aus der Pionierzeit der Fotografie.

Victoria Art Gallery ⑬, Bridge Street: Städtisches Kunstmuseum mit europäischen Alten Meistern und englischen Malern, Zeichnern und Aquarellisten vom 18. bis zum 20. Jh. unter Einschluß lokaler Künstler (Barkers of Bath) und den Bath-Veduten Thomas Maltons. Porzellan und Keramik, Uhren des 18. und 19. Jh. sowie die Carr Collection of English Glass.

Vororte von Bath

In **Widcombe** (an der A 3062, 3 km S Bath) steht mit *Prior Park* (1735–50), dem Privathaus Ralph Allens, des Erbauers von Bath, das vollständigste und anspruchsvollste palladianische Landhaus Englands. Der gelbliche »Bath Stone«, aus dem es errichtet wurde, stammte aus den Steinbrüchen des Anwesens. Allen ließ das Haus oberhalb eines engen, steil abfallenden Tals bauen, um die Gebrauchsfähigkeit »seines« Materials unter Beweis zu stellen, und so ergibt sich von dem Haus aus ein freier Blick bis in das Zentrum von Bath. Die palladianische Brücke im Tal (1750, vgl. Wilton, *S. 219*) wurde von Richard Jones, dem zweiten Baumeister von Prior Park (nach John Wood d. Ä.) gebaut. 1830 wurde Prior Park in eine katholische Public School umgewandelt. Die Kirche *St. Paul* (1863 fertiggestellt) wurde nach französischem Vorbild des späten 18. Jh. entworfen: Das Hauptschiff mit Tonnengewölbe ist von den Seitenschiffen durch je acht riesige korinthische Säulen getrennt.

Auf dem Kirchhof von *St. Mary* in **Claverton** (an der A 36, 4 km O Bath) liegt Ralph Allen begraben. Sein Mausoleum ist ein quadratischer Bau mit je drei Bögen an den Seiten und einer Pyramide als Dach. Der Architekt ist wahrscheinlich Robert Parsons, der Allen am Tag vor dessen Tod Pläne für eine Begräbnisstätte gezeigt hat. *Claverton Manor*, der 1820 geschaffene Neubau eines älteren Herrenhauses, ist aus »Bath Stone« gebaut. Hier wurde 1961 von den Amerikanern Dallas Pratt und John Judkyn das *American Museum* als erstes seiner Art in Großbritannien gegründet. 18 Räume allein sind mit amerikanischen Möbeln (spätes 17. bis Mitte 19. Jh.) ausgestattet. Silber, Glas und Zinngegenstände aus Amerika sind ebenso Thema von Spezialabteilungen wie die Kunst und Gepflogenheiten der amerikanischen Indianer oder die Öffnung des Westens der USA.

Umgebung von Bath

Wellow (zwischen A 367 und B 3110, 8 km S Bath)

1 km südwestlich des kleinen Dorfes mit der eleganten Kirche *St. Julian* (spätes 14. Jh.; Taufbecken ca. 1300; mittelalterliches Gestühl; Fresken von 1500 in der Nordkapelle; sehenswerte Grabdenkmäler) finden wir mit dem *Stony Littleton Long Barrow* (EH) den besterhaltenen Dolmen der Grafschaft. Er ist 32 m lang und 4 m hoch, war jedoch ursprünglich wahrscheinlich höher. Es handelt sich um ein Ganggrab, wie es in den Cotswold Hills häufig nachgewiesen wurde, mit einer 15 m langen Passage, an deren Seiten je drei Grabkammern liegen. Da das Grab wahrscheinlich Anfang des 19. Jh. geplündert wurde, sind bei der Ausgrabung keinerlei Funde gemacht worden.

* **Dyrham Park** (NT; 13 km N Bath, Eingang und Zufahrt von der A 46)

wurde im Auftrag William Blathwayts, eines Staatssekretärs Wilhelms III., als Erweiterung eines bereits bestehenden Hauses aus dem späten 16. Jh. errichtet. Der Westflügel (Entwurf Samuel Hauduroy; 1692) ist heute die Gartenseite des Gesamtkomplexes, das daran angeschlossene zweieinhalbgeschossige Haus (William Talman; 1700–04) der vom National Trust mit einem genuesischen Palazzo verglichene Eingangskomplex. Die südlich an das Haus anschließende Orangerie (Talman; 1701) war eine der ersten in England. Die Fassade mit ihren doppelten toskanischen Säulen verrät den Einfluß von Versailles. Blathwayts Stellung verschaffte dem Vertrauten des Königs eine gute Kenntnis der Niederlande, deren Kunst folglich im Haus reichlich vertreten ist (Delfter Porzellan; Ledertapeten und Wandteppiche; perspektivische Interieurs von Samuel van Hoogstraeten; Vogelbilder von Melchior d'Hondecoeter). Besondere Erwähnung verdienen die Dekkengemälde im Treppenhaus und in der Großen Halle, die Andrea Casali für Beckfords Fonthill Abbey *(S. 210)* gemalt hatte, und die Kopie eines Murillo-Gemäldes von Gainsborough, das zusammen mit dem Original zu besichtigen ist. Der Landschaftsgarten, in dem heute eine große Damwildherde lebt, war ursprünglich ein nach niederländischem Vorbild in Terrassen angelegter Regelgarten. Die Kirche *St. Peter* (begonnen im 13. Jh.) steht unmittelbar hinter dem Westflügel und bildet mit dem Landhaus und den Stallungen eine interessante Einheit. Das Schaustück ihrer Innenausstattung ist das prunkvolle Grab George Wynters († 1581) und seiner Frau, des Besitzers des Anwesens, bevor Blathwayt es erbte.

Dodington Park (3 km N Dyrham Park)

Auch hier bilden Kirche und Herrenhaus eine Einheit: Sie sind durch einen Wintergarten miteinander verbunden. Das Haus (1796–1816) wurde als Nachfolgerbau eines frühelisabethanischen Hauses gebaut (Architekt James Wyatt), nachdem ›Capability‹ Brown den Park mit seinen Seen und Wasserfällen gestaltet hatte. Die architektonischen Höhepunkte des Hauses sind der gewaltige Portikus mit sechs korinthischen Säulen (Westfront), die Pförtnerloge Bath Lodge, die Stallungen (in denen heute ein Kutschenmuseum untergebracht ist), die Chippenham-Pförtnerloge und vor allem das grandiose Treppenhaus.

* Badminton House (abseits der B 4040, 6 km NO Dodington)

Das zwischen 1691 und 1740 gebaute Haus gehört bis heute den Herzögen von Beaufort. Die eindrucksvolle Nordfront hat Canaletto 1748/50 gemalt (im Haus zu sehen). William Kent hat sie entworfen, ebenso wie das üppige Interieur der Großen Halle, die Sportkenner als *Geburtsort des Badminton-Spiels* feiern. Um 1850 spielte man es hier angeblich erstmals, und die Abmessungen der Halle gelten seither als offizielle Spielfeldmaße. Den Speisesaal, dessen Wände allerlei Eßbares und Tierstilleben verzieren, dekorierte Grinling Gibbons. Im Großen Salon kann man einen Teil der umfangreichen Gemäldesammlung besichtigen: Sir Thomas Lawrence, Sir Joshua Reynolds, die beiden Canalettos und unzählige Pferdebilder und Reiterszenen, großenteils von John Wootton. (Alljährlich im April findet mit der dreitägigen ›Badminton Hunt‹ eines der prestigereichsten Pferdesportereignisse Englands in Great Badminton statt.) Ein beachtlicher Teil dieser Sammlung ist in der Kirche *St. Michael* (1785) untergebracht. Das schönste Denkmal der Kirche, das für Henry Somerset, 1. Duke of Beaufort und Erbauer des Hauses († 1700), schuf Grinling Gibbons. Bewegender aber ist der Vers auf der kleinen Gedenktafel für Caroline Isabella Somerset, die 1800 im Alter von drei Jahren verstarb: »Pale now those lips where blushing rubies hung / And mute the charming music of her tongue.«

Horton Court (NT; 3 km N Dodington)

ist eines der wenigen Beispiele unbefestigter normannischer Residenzen in England. Der Nordflügel und die Great Hall wurden um 1140 errichtet.

43 Bristol und Umgebung

** Bristol

Lage: An M 4 und M 5, 185 km W London; an der A 4, 22 km W Bath

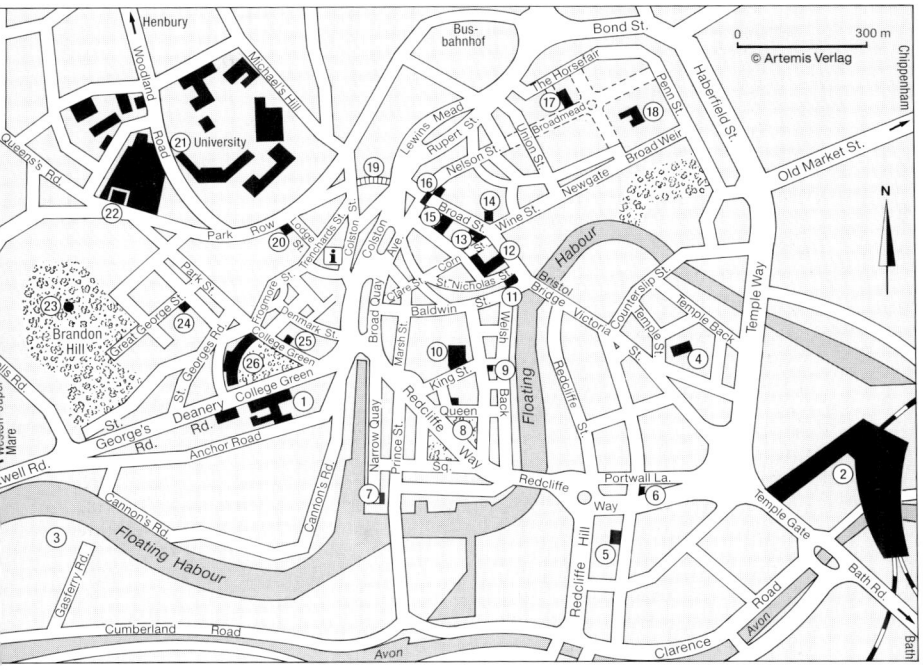

Bristol: Stadtplan

** ① Kathedrale *(S. 250)*
   ② Temple Meads Station *(S. 251)*
   ③ Maritime Heritage Centre (SS Great Britain) *(S. 251)*
   ④ Temple Church *(S. 251)*
** ⑤ St. Mary Redcliffe *(S. 251)*
   ⑥ Geburtshaus Thomas Chattertons *(S. 252)*
   ⑦ Arnolfini Centre *(S. 252)*
   ⑧ Queen Square *(S. 252)*
   ⑨ ›Llandoger Trow‹ *(S. 252)*
   ⑩ Theatre Royal *(S. 252)*
   ⑪ St. Nicholas *(S. 252)*
 * ⑫ Börse und Markthallen *(S. 252)*
   ⑬ Old Council House *(S. 252)*
   ⑭ Christ Church *(S. 252)*
   ⑮ Guildhall *(S. 253)*
   ⑯ St. John's Gate und St. John Baptist *(S. 253)*
   ⑰ Wesley's New Room *(S. 253)*
   ⑱ Friends Meeting House *(S. 253)*
 * ⑲ Christmas Steps *(S. 253)*
   ⑳ Red Lodge *(S. 253)*
   ㉑ Universität *(S. 254)*
   ㉒ Art Gallery *(S. 254)*
   ㉓ Cabot Tower *(S. 254)*
   ㉔ Georgian House Museum *(S. 254)*
   ㉕ St. Mark *(S. 254)*
   ㉖ Council House *(S. 254)*

249

Geschichte: »Man vergleicht Bristol mit Rom; denn wie jene Königin der Städte thront es ebenfalls auf sieben Hügeln, und einige davon gewähren von ihren Gipfeln eine sehr schöne Aussicht in das Land rings umher.« Die schöne Lage der Vororte von Bristol, für die Johanna Schopenhauer hier schwärmt (1830), hatte es dem nüchternen Daniel Defoe, der über hundert Jahre vor ihr schrieb, weniger angetan als die Zahlen: 3000 registrierte Schiffe vermerkte er; schließlich sprach er von einem der bedeutendsten britischen Häfen. Schon zur Sachsenzeit wichtige Hafenstadt, erhielt *Bristowe* bereits 1373 durch Dekret Eduards III. Grafschaftsstatus. (Erst 1974 bei der Ein-gliederung in die neu geschaffene Grafschaft Avon wurde er aufgehoben.) Weinhandel, Schiffbau und ab dem 18. Jh. der Sklavenhandel, die Tabakwarenherstellung und der Handel mit Zucker brachten weiteren Wohlstand. Nach der Abschaffung des Sklavenhandels verlagerte sich das wirtschaftliche Schwergewicht auf die Technik: Schiffbau und später Flugzeugherstellung (Grund für die verheerenden Bombardements im 2. Weltkrieg) und Hochtechnologie traten an die Spitze. Heute ist British Aerospace, u. a. Hersteller der Concorde, der größte Arbeitgeber. Jedoch sind Tabak- und Schokoladenindustrie und die Chemie nach wie vor wichtige Industriezweige.

** Die Kathedrale ①

Geschichte: Die Kathedrale wurde 1140 als Augustinerabteikirche von Robert Fitzhardinge gegründet. Vom normannischen Bau sind das großartige *Kapitelhaus*, das große *Torhaus*, der Eingang zur Wohnung des Abts, die Wände des südlichen Querschiffs sowie der Ostteil des *Kreuzganges* erhalten. 1220 folgte als Anbau an das nördliche Querschiff die ebenfalls erhaltene *ältere Marienkapelle*. 1298 begann unter Abt Edmund Knowle der Umbau der normannischen Kirche (um 1330 Vollendung des *Chors* und der östlich angrenzenden *neueren Marienkapelle* und gleichzeitiger Stillstand der Arbei-ten). Der verwendete Plan war so originell, daß er zum Vorbild für die europäische Hallenkirche wurde. Zwischen 1470 und 1515 wurden die *Querschiffe* und der *Vierungsturm* gebaut. Drei Jahre nach der Auflösung der Klöster erhielt der unfertige Bau den Status einer Kathedrale (1542; Dedikation: The Holy and Undivided Trinity). *Hauptschiff* und *Westtürme* kamen erst zwischen 1868 und 1888 nach den Plänen G. E. Streets hinzu, der die mittelalterliche Gestaltung bis auf das Maßwerk der Fenster beibehielt, so daß die Kathedrale heute einen einheitlichen Eindruck macht.

Im **Innenraum** sind die hohen Arkaden des *Chors* (die höchsten in England) und die Gewölbekonstruktion der Chorseitenschiffe der Blickfang: Die quer verlaufenden Tonnen zwischen Fenstern und Arkaden werden durch eine Querstrebe abgestützt, die ihrerseits auf einem Spitzbogen mit Fischblasen in den offenen Zwickeln ruht. Sternförmige Nischen in den Wänden nehmen die Bischofsgräber auf. Das verwirrende Liernengewölbe nach dem Vorbild der Krypta der Stephen's Chapel im Palace of Westminster existiert nur im mittelalterlichen Teil der Kathedrale und wurde von Street bei der Fertigstellung des Gebäudes im Hauptschiff nicht wieder aufgenommen. Nach Streets Tod über-nahm J. L. Pearson die Bauleitung, und nach seinen Entwürfen entstanden 1899 Altarrückwand und Lettner am *Hochaltar* des Chors. Die Miserikordien des Chorgestühls stammen von 1520 und sind mit lebhaften biblischen und profanen Szenen geschmückt. Im nördlichen Chorseitenschiff finden wir eine Büste des Dichters *Robert Southey* (1774–1843), der in Bristol geboren wurde. Das *Ostfenster* soll eine Stiftung Nell Gwynnes sein, der berühmten Mätresse Karls I. Eine Seltenheit sind die Messing-Kandelaber in der *Berkeley-Kapelle* (15. Jh.).

** Die Stadt

Anfahrt von Bath: Wer von Bath nach Bristol kommt, fährt zunächst an dem neugotischen Bahnhofsgebäude *Temple Meads* ② (1840) vorbei und trifft damit auf die ersten Spuren *Isambard Kingdom Brunels* (1806–59), des genialen Ingenieurs, der Eisenbahnen, Schiffe, Kanäle, Brücken und Tunnel konstruiert hat, die zu seiner Zeit den Gipfel des technisch Machbaren darstellten. (Das Dampfschiff ›Great Britain‹, der erste vollständig aus Eisen bestehende Ozeandampfer – Stapellauf 1843 – ist im *Maritime Heritage Centre* ③ zu besichtigen.)
In der Temple Street steht die *Temple Church* ④ (EH; 1150; Neubau 15. Jh.). Sie wurde im 2. Weltkrieg von mehreren Bomben getroffen und ist nur von außen zu besichtigen. Die deutliche Neigung des 35 m hohen Turms erklärt man in Bristol gern mit einer Legende: Die Fundamente der Kirche sollen auf Wollsäcken ruhen.
Der Stadtteil Redcliffe (benannt nach dem roten felsigen Untergrund) hat mit der Pfarrkirche **St. Mary** ⑤ (frühes 13.–15. Jh.) »die schönste, stattlichste und berühmteste Pfarrkirche von England«. So jedenfalls sah es Königin Elisabeth I. bei ihrem Besuch 1574; und in der Tat muß St. Mary den Vergleich mit einer Kathedrale allein schon wegen des 90 m hohen Turms nicht scheuen. Sie hat – auch hierin einer Kathedrale gleich – eine Marienkapelle östlich des Chors und Querhäuser mit Seitenschiffen. Das Schaustück ist das *Nordportal* (1325) mit seiner sechseckigen Vorhalle, deren Eingang mit der verwirrend gearbeiteten Laubwerkumrahmung eines der Meisterwerke der englischen Hochgotik ist. Der Obergaden und fast alle Gewölbe der Kirche (mit über 1100 Schlußsteinen) entstanden im Rahmen eines Wiederaufbaus nach einem Sturmschaden 1446. An den Stifter, der dieses damals ermöglichte, den Kaufmann und fünfmaligen Bürgermeister William Canynge d. J., erinnern zwei Grabdenkmäler im südlichen Querschiff. Im nördlichen Querschiff liegt ein Robert de Berkeley begraben. 1190 ließ er eine 3,6 km lange Wasserleitung für die Pfarrgemeinde anlegen, und seither findet ihm zu Ehren alljährlich an einem Samstag im September eine ›Pipe Walk‹ genannte Prozession statt, die dem Lauf

der Leitung folgt. In der St. John's Chapel unter dem Turm erinnert eine Walfischrippe an *John Cabot*, der 1497 von Bristol aus Neufundland entdeckte (s. auch Cabot Tower ㉓).

Gegenüber der Kirche, jenseits der Hauptstraße steht das *Geburtshaus des »boy poet« Thomas Chatterton* ⑥ (1752–70), der als Schüler durch die Schriften der Kirchenbibliothek die Anregung zu seinen in gotischer Manier abgefaßten Gedichten erhielt, die er als Werk des aus dem 15. Jh. stammenden (fiktiven) Mönchs Thomas Rowley ausgab. Von seiner Mission überzeugt, ging er mit 17 Jahren nach London, wo er jedoch Selbstmord beging, als seine Werke als Fälschung erkannt wurden. 1839 wurde ihm vor der Kirche ein Denkmal gesetzt.

Innenstadt: Die Hauptstraße Redcliffe Way führt über den östlichen Arm des **Floating Harbour*, der die Altstadt auf drei Seiten umschließt. (Empfehlenswert: das *Arnolfini Centre for the Contemporary Arts* ⑦ in einem der ehem. Stapelhäuser.) Sie durchschneidet den *Queen Square* ⑧ (benannt nach Queen Anne), an dessen Nordende Sir Robert Smirkes *Custom House* (1836) steht. Den Vorgänger dieses Baus besichtigte Samuel Pepys im Juni 1668, um sich anschließend, wie er erzählt, zu einem opulenten Mahl »and above all Bristol milk« zurückzuziehen – dem berühmten Sherry, den Harveys of Bristol noch heute liefert. Daneben führt die kleine King William Avenue zur *King Street*, der einzigen fast unverfälschten Straße Bristols. Hier steht die Kneipe *Llandoger Trow* ⑨ (1669), ein dreigiebliges Fachwerkhaus, in dem Daniel Defoe den Matrosen Alexander Selkirk traf, nach dessen Abenteuern er ›Robinson Crusoe‹ schrieb. Robert Louis Stevenson (1850–94) beschrieb die Kneipe als ›The Spy Glass‹ in ›Treasure Island‹. Es folgen in westlicher Richtung *St. Nicholas Almshouses* (1652), die palladianische *Coopers' Hall* (1743), das *Theatre Royal* ⑩ (1764, Fassade aus dem 19. Jh.; ältestes durchgehend bespieltes Theater Englands), die *ehem. Bibliothek* (1739), die 1613 als zweitälteste öffentliche Bibliothek Englands gegründet worden war, sowie die *Merchant Venturers' Almshouses* (1696).

Von der King Street führt Welsh Back zur *Bristol Bridge* (1764 und 1861) und zu der ehem. Kirche *St. Nicholas* ⑪. Ihre Krypta (um 1330) hat ein Gewölbe von der Brillanz St. Mary Redcliffes. Die Kirche ist heute Museum und beherbergt William Hogarths für St. Mary Redcliffe gemalte Hochaltartafeln (1755). Gegenüber stehen in der High Street die *Markthallen* von 1745, die an die **Börse* ⑫ in der Corn Street grenzen. Sie wurde 1740–43 von John Wood d. Ä. aus Bath gebaut und ist das einzige von ihm entworfene öffentliche Gebäude. Vor ihrem Erdgeschoß stehen 4 bronzene »Nails«, jene tischhohen Säulen, auf

Park Row mit Blick auf die Universität

denen vor dem Bau der Börse Bargeld »auf den Nagel« bezahlt wurde. An der Ecke zur Broad Street steht das *Old Council House* ⑬ (Sir Robert Smirke; 1822–27), gegenüber *Christ Church* ⑭ (1786–90), dann die *Guildhall* ⑮ (1843). Die Broad Street endet am *St. John's Gate* ⑯, einem Rest der Stadtmauer. *St. John the Baptist* (14. Jh.) in der Seitengasse Tower Lane hat eine sehenswerte Krypta.

Ein Abstecher führt über die Nelson Street in die Fußgängerzone Broadmead und damit zu *Wesley's New Room* ⑰ (1739), der ältesten Methodistenkirche der Welt. Das *Friends Meeting House* ⑱, eine Quäkerkapelle von 1747, ist in der Nähe.

Über Christmas Street, die Fortsetzung der Broad Street jenseits der Nelson Street, kommt man zu den steilen *Christmas Steps* ⑲ (1669), einem von zahlreichen Antiquariaten, Buchläden und Souvenirgeschäften gesäumten Durchgang. *Red Lodge* ⑳ (1570) an der Ecke zur Lodge Street ist eines der ältesten Häuser der Stadt (elisabethanische Einrichtung). Die Park Row führt zum gigantischen Komplex der *Universität* ㉑ (Hauptgebäude 1925 eröffnet). Der imposante Turm, von Sir George Oatley im Stil des Gothic Revival erbaut, ist 65 m hoch. Die *Art Gallery* ㉒ nebenan besitzt u. a. Gemälde des in Bristol geborenen Sir Thomas Lawrence.

Südlich des Universitätsgeländes erhebt sich der *Brandon Hill* mit dem *Cabot Tower* ㉓. Im *Georgian House Museum* ㉔ (1791) in der Great George Street trafen sich die wohl berühmtesten englischen Romantiker, William Wordsworth und S. T. Coleridge, das erste Mal (vgl. *S. 282)*. *St. George* gegenüber, von Sir Robert Smirke zum Gedenken an die Schlacht von Waterloo entworfen, ist heute Konzertsaal. Über den dreieckigen *College Green* und an *St. Mark* ㉕ (seit 1721 Kapelle des Lord Mayor von Bristol) und dem wie ein Crescent gewölbten *Council House* ㉖ (1938–56) vorbei gelangt man schließlich zur Kathedrale.

Vororte von Bristol

Westlich des Universitätskomplexes und nördlich des Floating Harbour liegt **Clifton**, einer jener noblen Vororte, die Johanna Schopenhauer zu ihrer Begeisterung für das Bristol des 19. Jh. hinrissen *(S. 250)*. So sind denn auch einige der Terraces und Crescents von Clifton ganz außergewöhnliche Bauwerke, die fast ohne Parallele sind. Der *Royal York Crescent* etwa (1810–20) ist der längste Crescent überhaupt. Großartig am Hang oberhalb der York Gardens gelegen, kann man ihn in seiner Gesamtheit nur aus dem Tal des Avon betrachten.

Wer in Bristol ist, sollte sich auch den Anblick der *Clifton Suspension Bridge* (1836–64), Isambard K. Brunels Hängebrücke über die 80 m tiefe Schlucht des Avon, nicht entgehen lassen. Die Brücke, für deren Überquerung Brückenzoll erhoben wird, ist schon bei Tage, auf jeden Fall aber bei Nacht einen Besuch wert. Dann nämlich markieren unzählige Lampen die imposante Brückenkonstruktion. (Beste Aussichtspunkte: Parkgelände Clifton Down und Avon-Brücke ›Brunel Way‹.) In der Nähe des Clifton Down und gegenüber dem Zoo von Bristol liegt *Clifton College* (College Road), seit dem 19. Jh. eine der renommiertesten Public Schools des Landes. Ein besonders erwähnenswertes Stück moderner Architektur ist die 1973 geweihte kath. *Kathedrale Peter and Paul* in der Pembroke Road.

Ein anderes sehenswertes ›Bristol Village‹ ist **Henbury** im Nordwesten der Stadt. Im Kirchhof von *St. Mary* kann man einen Schritt in eines der dunkleren Kapitel der Geschichte Bristols tun: beim Anblick des bewegenden Grabsteins für den Negersklaven Scipio Africanus, der 1720 mit 18 Jahren im Dienst des Earl of Suffolk starb.

Die Clifton Suspension Bridge

Ein spektakulärer Folly ist *Blaise Hamlet* (NT), ein 1811 von keinem Geringeren als John Nash, dem Lieblingsarchitekten des Prinzregenten, entworfenes Dörfchen. Jedes der 9 reetgedeckten Häuschen wurde nach eigenem Plan erbaut und mit teils skurrilen Anleihen aus verschiedenen Stilepochen bedacht. Die Cottages sind heute noch bewohnt; die Besichtigung von außen ist jedoch gestattet.

Umgebung von Bristol

Portishead (an A 369 und B 3124, 14 km W Bristol)

am Bristol-Kanal in der Nähe der Avon-Mündung, ein Seebad, das allerdings nie die Bedeutung von *Weston-super-Mare oder Clevedon *(S. 256)* erreichte, entwickelte sich ab 1830. Der Kern des vorher existierenden Dorfes ist um die Kirche *St. Peter* (14./15. Jh.) herum noch auszumachen: *The Court*, ein Herrenhaus aus dem späten 16. Jh., die Cottages in der Church Road und die Kirche *St. Peter* (15. und 16. Jh.) mit einem überdurchschnittlichen normannischen Taufbecken.

Clevedon (an der M5, 12 km SW Portishead)

ist das älteste der Seebäder in Avon (insgesamt 2 km Strand). Der kleine Hafen der Stadt wird heute hauptsächlich als Yachthafen genutzt. Architektonisch überwiegt das Viktorianische in Clevedon. Da paßt es gut ins Bild, daß *Alfred Tennyson*, der wohl bedeutendste viktorianische Dichter, Clevedon im Jahre 1850 auf seiner Hochzeitsreise besuchte, um bei der Gelegenheit erstmals die Verse von ›In Memoriam A. H. H.‹ vorzutragen, sein berühmtes, dem Freund Arthur Henry Hallam gewidmetes Gedicht. Hallam, der 17 Jahre zuvor verstorben war, liegt auf dem Friedhof von *St. Andrew* begraben.

Clevedon Court (NT), ein Herrenhaus aus dem 14. Jh., liegt 1 km östlich des Stadtzentrums an der Autobahn M5. Tennyson, Charles Lamb und *William Thackeray* waren hier gern gesehene Gäste. Letzterer schrieb hier Teile seines bekanntesten Romans ›Vanity Fair‹ (1847/48). Ein Thackeray-Zimmer erinnert an ihn.

✳ Weston-super-Mare (an der A370, 15 km SW Clevedon)

Heute eines der größten Seebäder des Landes, war Weston zu Anfang des 19. Jh. noch ein verschlafenes Fischernest. Doch schon 1810 baute man das erste Hotel (Royal Hotel, heute *Berni Hotel*, an der Royal Parade), und die Entwicklung zum Badeort – der Strand ist 3 km lang! – kam in Gang. Auf den ersten Blick wirkt die Stadt durchgängig viktorianisch, doch sind einige der typischen Crescents und Terraces noch der Regency-Zeit verpflichtet, auch wenn sie zum Teil erst Mitte des 19. Jh. gebaut wurden. Über die frühe Zeit des Seebads informiert eine interessante Sammlung alter Fotografien im *Woodspring Museum* (Burlington Street). Am Ende der Halbinsel nördlich der Weston Bay befinden sich die Reste eines eisenzeitlichen Hügelforts *(Worlebury Camp)*.

Banwell (an der A368, 10 km O Weston)

Das attraktive Dörfchen möchte man fast allein einer dort befindlichen Hinweistafel wegen den Besuchern empfehlen: »*Banwell Castle*, built in the nineteenth century and of no historic interest. Kindly observe that this Englishman's Castle is his home, and do not intrude.« So kann man diesen typisch viktorianischen Folly von 1845 mit seinen Ecktürmchen und dem befestigten Torhaus nur von außen bewundern.

St. Andrew, die spätgotische Dorfkirche, hat einen 31 m hohen Westturm, einen Lettner von 1522 mit dem Wappen Heinrichs VIII., ein rundes normannisches Taufbecken mit gotischen Reliefs, eine steinerne Kanzel und eine Reihe von Brassen aus dem 15. und 16. Jh.

Wareham am River Frome *(S. 183)*

Yatton (an der B 3133, 21 km SW Bristol)

hat die interessante Kirche *St. Mary* (frühes 14. Jh.; im 15. Jh. umgebaut), deren Südportal als eine der besten Arbeiten ihrer Art aus spätgotischer Zeit in Südwestengland gilt.

Wrington (zwischen A 370 und A 38, 6 km W Yatton)

Die literarische Vergangenheit des malerischen Ortes wird in seiner spätgotischen Kirche *All Saints* lebendig. *Hannah More* (1745–1833), die zeitweise mit ihren Schwestern zusammen das reetgedeckte Cottage *Barley Wood* nördlich des Dorfes bewohnte (wo u. a. Coleridge und de Quincey sie besuchten), ist in der Kirche eine Gedenkplatte gewidmet. Sie ist auf dem Friedhof begraben. Beim Südportal steht eine Büste für die Schriftstellerin und Sozialreformerin gleich neben derjenigen für *John Locke* (1632–1704), einen der berühmtesten Philosophen Englands. Er wurde in Wrington im Haus eines Onkels geboren.

Blagdon (an der A 368, 5 km SO Wrington)

Auch in diesem zwischen dem nördlichen Steilhang der Mendip Hills und dem Blagdon Lake gelegenen Wohnort besserverdienender Bristol-Pendler begegnet uns Hannah More. 1795 eröffnete sie in der Church Street eine Schule (das heutige *Hannah More Cottage*), für die sie moralisierende Schriften verfaßte. Deren Popularität führte zur Gründung der Religious Tract Society, die sich auf dem Gebiet der Massenalphabetisierung große Verdienste erwarb.

Etwa 2 km südwestlich von Blagdon liegt eine der spektakulärsten Schluchten im Kalkstein der Mendip Hills: die *Burrington Combe*, durch die (an der Grenze zu Somerset) die B 3134 verläuft.

Stanton Drew (abseits der B 3130, 12 km S Bristol)

Östlich des Dorfes liegt das bedeutendste prähistorische Denkmal der Grafschaft, schlicht *The Stone Circles* (EH) genannt. Es handelt sich um drei Steinkreise von 110 (24 Steine), 27 (8 Steine) und 40 (12 Steine) Metern Durchmesser. In der Nähe der Dorfkirche *St. Mary* (13./19. Jh.) steht mit *The Cove* (EH) eine kleine Gruppe von drei Monolithen, die möglicherweise die Reste eines Dolmen sind.

◁ Der Gold Hill in Shaftesbury *(S. 204)*

Grafschaft Somerset

Fläche: 3458 km²; Einwohner: ca. 450000; Hauptstadt: Taunton

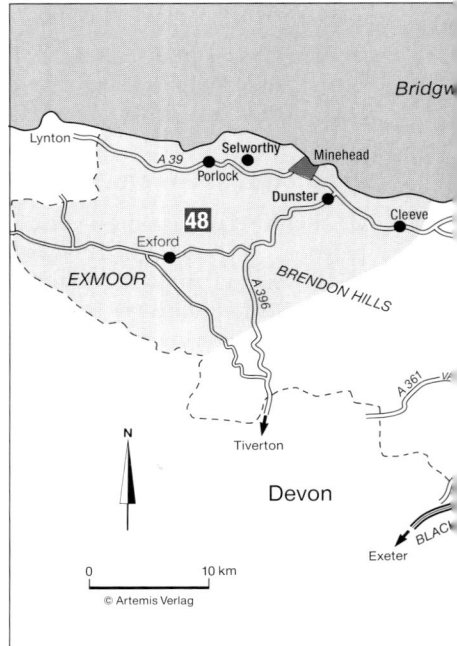

Somerset lebt von Legenden. Wie in kaum einer anderen englischen Grafschaft, mit Ausnahme vielleicht Cornwalls, haben die Hügellandschaften (die Mendip Hills im Nordosten, die Quantock Hills bei Taunton und die Brendon Hills im Westen) hier den Sagenschatz des Landes bereichert. So sind die atemberaubenden Schluchten und Höhlen in den Mendip Hills (**Cheddar, S. 262) traditionell als bevorzugter Wohnsitz von Hexen angesehen worden, während die wildromantische Moorlandschaft des *Exmoor (S. 285) den Hintergrund für Geschichten von mörderischen Räuberbanden gestellt hat. Doch damit nicht genug. Auch die ewig junge Legende vom König Artus hat zwei ihrer wichtigsten Stützpunkte in Somerset: Cadbury Castle (S. 276) und die **Abteiruine Glastonbury (S. 272).

Auf historisch gesichertem Boden hingegen befinden wir uns im (paradox mag es klingen!) Marschgelände des Sedgemoor, auf dem James Scott, Herzog von Monmouth, 1685 in seiner »Monmouth Rebellion« erfolglos versuchte, König Jakob II. die Krone zu entreißen (S. 275).

Auch archäologisch gesehen ist Somerset eine der interessantesten Gegenden des Landes. Höhlenfunde in den Mendip Hills zeigen, daß hier seit der Steinzeit ständig auf hohem Niveau gesiedelt wurde. In der Bronzezeit waren die Höhenlagen der verschiedenen Mittelgebirge die stark besiedelten Punkte. Eisenzeitliche Hügelforts wie Cadbury Castle (S. 276) weisen auf eine außergewöhnliche Bedeutung ihrer Umgebung hin.

Architektonisch nimmt *Wells (S. 264) unbestritten die Spitzenstellung ein. Die weltberühmte Vierung der

***Kathedrale, das Kapitelhaus mit seiner 32strahligen Mittelsäule und seiner »Sea of Steps« genannten Treppe sowie die Westfassade sind die Höhepunkte dieses Ausnahmewerks. Ebenso zu erwähnen sind der *Bischofspalast und die mittelalterliche Reihenhaussiedlung *Vicars' Close.

Somerset hatte bis in die Zeit Heinrichs VIII. zahlreiche Klöster, von denen **Glastonbury das bedeutendste und reichste war, aber auch Cleeve Abbey (S. 282) und Muchelney (S. 275) sind einen Besuch wert. Im Gegensatz zu den monastischen Anlagen gab es wenige Burgen und Schlösser. In der elisabethanischen Zeit entstand in Somerset eine stattliche Anzahl von Landsitzen meist neureicher Bauherren. **Montacute (S. 278) und *Lytes Cary (S. 276) sind entsprechende Beispiele.

Vom 16. bis zum 18. Jh. entstanden viele attraktive Dorfanlagen mit steiner-

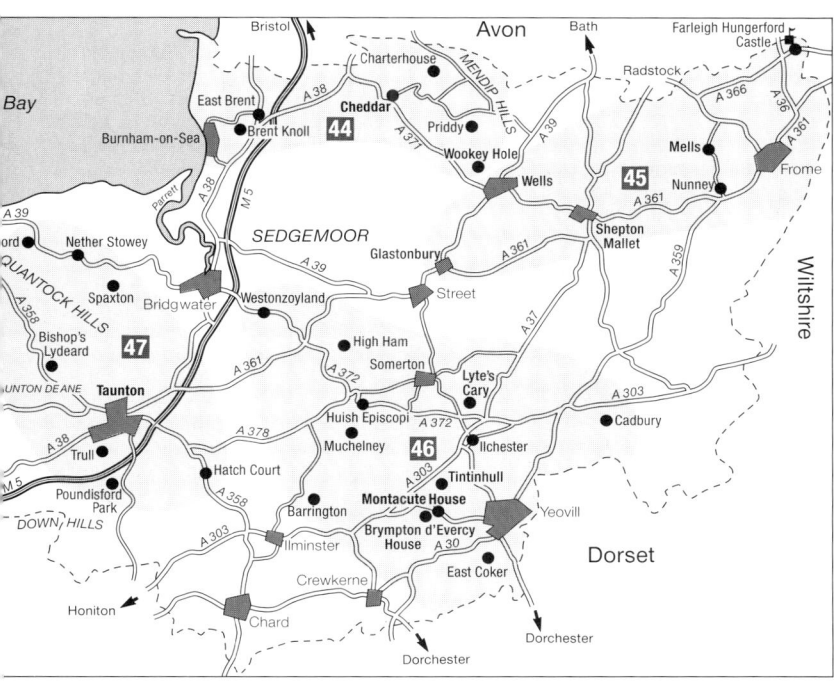

Somerset

nen Farm- und Stallgebäuden, die oftmals reetgedeckt waren. Etliche dieser Dörfer, allerdings auch manche der kleineren und größeren Städte (z. B. **Taunton, *S. 279*) weisen mit dem »Somerset-Kirchturm« ihrer Pfarrkirchen eine Besonderheit auf, die in England ihresgleichen sucht. Diese massigen spätgotischen Türme, die stellenweise über 50 m hoch sind (Taunton), haben keinen Turmhelm; sie sind flach gedeckt, haben Ecktürmchen und sind oftmals mit verschwenderisch gestalteten Fenstern versehen. Mit reichen Schnitzarbeiten ausgestattete Gestühlswangen aus dem 15. und 16. Jh. sind in etlichen dieser Kirchen vorhanden *(S. 261, 281)*.
Literatur-Touristen kommen auch auf ihre Kosten: sie finden das Grab T. S. Eliots in East Coker *(S. 278)* und können auf der Wanderung durch die Quantock Hills den Spuren Words-worths und Coleridges folgen. *(S. 282)*
Hauptwirtschaftszweig Somersets ist die Landwirtschaft mit einerseits Viehzucht und zum anderen Obstanbau. Dessen wichtigster Faktor ist der Apfel als Grundlage der über England hinaus bekannten Cider-Herstellung. Während Cider, der englische Apfelwein, auch in Cornwall, Devon, Dorset, Kent und Norfolk hergestellt wird, gilt der aus Taunton und Umgebung stammende Somerset-Cider unter Kennern als der beste. Das mag zutreffen oder nicht – Tatsache ist jedoch, daß der Cider aus Somerset als einziger den Eingang in die Folklore gefunden hat, z. B. in »That's My Home!« und »Drink up the Cider, George!« Weitere solide, wenn auch nicht überragende Stützen der Wirtschaft in Somerset sind Fremdenverkehr, Handschuhherstellung, Schieferabbau im Exmoor und Kalksteinabbau in den Mendip Hills.

44 Durch die Mendip Hills nach Cheddar

Burnham-on-Sea (an A 38 und M 5, 15 km S Weston-super-Mare)

Eine unerwartete Sehenswürdigkeit ist in dem ansonsten eher durchschnittlichen Badeort in der Pfarrkirche *St. Andrew verborgen: die Reste des sogenannten *Whitehall-Altars*, den Jakob II. 1686 von Grinling Gibbons für die Kapelle des Londoner Whitehall-Palastes schnitzen ließ. Bischof King von Rochester, der den Altar 1820 zum Geschenk erhielt, brachte ihn als Pfarrer von Burnham hierher. Die herausragenden Stücke dieses nicht mehr als Ganzes existierenden Kunstwerks sind zwei kniende Engel.

Brent Knoll (zwischen A 38 und B 3140, 5 km O Burnham-on-Sea)

hat seinen Namen von der gleichnamigen, 137 m hohen Erhebung, an deren Westhang es liegt. Der Hügel steigt aus dem flachen Marschland auf und wirkt dadurch höher, als er ist. Eine Legende bringt ihn, nicht unerwartet, mit dem Teufel in Verbindung, der hier beim Ausheben der Schlucht von Cheddar (S. 262) eine Schaufel Erde abgeladen haben soll.

Der Fuchs in Gefangenschaft.
Gestühlswange in St. Michael, Brent Knoll

Eine ganze Reihe von Schätzen gibt es in der Pfarrkirche *St. Michael* (normannischer Ursprung) zu sehen: das Wagendach des Schiffs, die grandiose Kassettendecke des Seitenschiffs, das Grabmal für John Somerset († 1663) und seine beiden Ehefrauen und schließlich – alles überragend – die kunstvoll geschnitzten Gestühlswangen, die eine außergewöhnliche Tiergeschichte darstellen: Der Fuchs predigt im Gewand eines Abts vor den Gänsen und anderen Tieren, während zu seinen Füßen zwei Affen ein Schwein rösten. Auf der nächsten Bank ist der Fuchs in den Block gelegt worden, und ein Affe bewacht ihn. Zuletzt wird der Fuchs von den Gänsen gehenkt. Man nimmt an, daß diese Szenenfolge als Reaktion auf mögliche Auseinandersetzungen

zwischen Gemeinde und Obrigkeit geschaffen wurde. (Die Predigtszene befindet sich übrigens noch in zwei Kirchen in Cornwall: Holy Trinity
in St. Austell, *S. 336* und St. Petroc in Padstow, *S. 333*.)

East Brent (an der A 370, 3 km NO Brent Knoll)

Durch ihren eindrucksvollen spitzen Turmhelm fällt die Pfarrkirche *St.
Mary* auf. Eine Besonderheit ist auch die auf gotisch getrimmte Decke
(1637) des Kirchenschiffs, die zu dem ansonsten spätgotischen Bauwerk
gut paßt.

Axbridge (an der A 371, 9 km NO East Brent)

Im *Rathaus* gibt es einen silbernen Amtsstab von 1623 und allerlei
Kurioses zu besichtigen: das offizielle Probierglas des Bierkosters zum
Beispiel oder ein Brandeisen zur Kennzeichnung herumstreunenden
Viehs. Die *King John's Hunting Lodge* (NT; ca. 1500) in der High Street
hat keinerlei Verbindung zu König Johann. *St. John the Baptist* oberhalb des Marktplatzes ist ein nobler Perpendicular-Bau mit einer exquisiten Stuckdecke (1636) im Hauptschiff.

** **Cheddar** (an A 371 und B 3151, 5 km O Axbridge)

Cheddar Cheese, »mild« oder »mature« und seit langem auch in den Imitationen Irish Cheddar und New Zealand Cheddar zu haben; **Cheddar Caves, die berühmten Tropfsteinhöhlen am östlichen Ortsrand; schließlich **Cheddar Gorge, die gewaltige, weit über 100 m tiefe Schlucht im Kalkstein der Mendip Hills – diese drei Dinge haben das etwa 2500 Einwohner zählende Dorf weit über England hinaus zu einem Begriff werden lassen.

Zum Ort selbst: Das Zentrum ist das *Marktkreuz* (15. Jh.) mit seiner
umlaufenden Kolonnade (16. oder 17. Jh.). Das unbestrittene Wahrzeichen des Ortes ist der 33 m hohe Westturm von *St. Andrew*. In der
Lower North Street steht ein kleines weißes Cottage, in dem *Hannah
More* eine Zeitlang wohnte. Sie gründete 1788 mit ihren Schwestern
zusammen eine der ersten Schulen Cheddars.
   Doch nun zu den unvergleichlich anziehungsstärkeren Naturschönheiten, die Cheddar die Touristenströme bescheren. Die ***Cheddar
Caves* wurden 1877 entdeckt. Die Tropfsteinhöhle Gough's Cave reicht
800 m in den Felsen hinein. Auf gut ausgebauten Wegen und vorbei an
riesenhaften Stalagmiten und Stalaktiten geht der Besucher zu der 20 m
hohen Halle St. Paul's. Ein kleineres Höhlensystem ist Cox's Cave, das
auch zur Besichtigung per Tonbandführung freigegeben ist. Seit einigen

Jahren können Wagemutige auch in Begleitung eines Höhlenforschers
auf eigene Gefahr die nicht öffentlich zugänglichen Höhlenpartien
unter dem Etikett »Adventure Caving« besichtigen. Die steinzeitlichen
Funde (ein auf etwa 10000 Jahre geschätztes Skelett sowie zahlreiche
Werkzeuge und Waffen) sind im angeschlossenen kleinen Museum zu
besichtigen.
Die zweite große Attraktion ist die gut 1,5 km lange Klamm ****Cheddar Gorge*. Eine stark gewundene Straße, die ständig von Steinschlag
heimgesucht wird, führt bis auf den Rücken der Mendip Hills hinauf.
Einen atemberaubenden Blick auf die tiefste Stelle der Schlucht be-
kommt der Besucher gleich außerhalb Cheddars, wenn er die 322 Stufen
der »Jakobsleiter« nicht scheut. Und wenn er im Juni oder Juli anreist,
lohnt die Entdeckung einer botanischen Besonderheit, die in diesen
Monaten ihre süß duftenden fünfblättrigen rosa Blüten entfaltet, vielleicht die Mühe: Die »Cheddar Pink«, eine etwa 20 cm hoch wachsende
Nelkenart, kommt nur in der Cheddar Gorge vor.

Charterhouse und Priddy
(abseits der B 3134, 8 km NO Cheddar; abseits der B 3135, 9 km O Cheddar)

waren lange *Zentren des Bleiabbaus* auf den Mendip-Höhen. In Priddy
wurde bis etwa 1900 gefördert. Der Ort ist auch eine bedeutende
Fundstätte von Befestigungen und Gräbern aus Steinzeit und Bronzezeit (*Priddy Nine Barrows, Priddy Circles* u. a.).

* Wookey Hole (abseits der A 371, 10 km SO Cheddar)

Überlaufen wie die Höhlen von Cheddar, aber kaum weniger beeindruckend: das Höhlensystem Wookey Hole. Die Höhlen, deren Name
vom altenglischen »wocig« (Tierfalle) abgeleitet wird, haben zum Teil
unterirdische Seen. Einige Kalksteinformationen, darunter die *Hexe
von Wookey*, ein riesiger Stalagmit, sind besonders bizarr – wie einige
der Sagen und Legenden, die sich um Wookey Hole ranken. Als man
zum Beispiel 1912 das Skelett einer Frau ausgrub, die ein Opfermesser
bei sich hatte, flackerten alte Geschichten, nach denen die Höhlen von
einer Hexe bewohnt gewesen sein sollen, sofort wieder auf. Um die
Vermarktung solcher Geheimnisse kümmert sich seit 1973 die Wookey
Hole Caves Ltd. Neben einem kleinen *Museum* mit archäologischen
Funden, einer Papiermühle und einer Sammlung von Jahrmarktacces-
soires betreibt sie – passend zum Ort – eine Abstellkammer für Köpfe
und Requisiten von Madame Tussaud's.

* Wells

Lage: An A 39 und A 371, ca. 30 km S Bristol

Geschichte: Der Name Wells geht auf die Quellen zurück, in deren Nähe König Ina von Wessex (688–ca. 726), der große Gesetzgeber, ein Stift errichtet hatte, aus dem 909 ein Bischofssitz wurde. Als dieser 1088 nach Bath verlegt wurde, begann ein Tauziehen, das erst Mitte des 13. Jh. beendet wurde. Durch päpstliches Dekret entstand der Titel »Bishop of Bath and Wells«, der heute ebenso noch besteht wie dessen seit der Krönung Richards I. (Löwenherz) im Jahre 1189 existierendes Recht, den Monarchen bei der Krönung zusammen mit dem Bischof von Durham zu stützen. Mit knapp 10 000 Einwohnern ist Wells heute Englands kleinste »City« und einzige in Somerset.

*** Kathedrale

Geschichte: Von den Vorgängern der Kathedrale sind keine Spuren mehr nachzuweisen. Der heutige Bau, charakteristisch für den Early English-Stil, zu dessen frühesten Beispielen er gehört, entstand im wesentlichen in zwei Abschnitten: Ca. 1180 bis 1240 wurde der *Kathedralenbau* (**A, B, C**) ohne die Westtürme errichtet; 1290 bis 1340 wurden der *Altarraum* (**D**) umgebaut und um *Querschiffe* (**E**) und eine östliche *Marienkapelle* (**F**) erweitert, der *Vierungsturm* (**G**) ausgebaut und das *Kapitelhaus* (**H**) fertiggestellt. Die Westtürme wurden 1386 (*südl. Turm*, **J**) und 1424 (*nördl. Turm*, **K**) gebaut.

Außenansicht: Das berühmteste Element ist die *Westfassade* (**L**) mit ihrer Bilderwand, die über die großzügig bemessene Domfreiheit hinweg weithin sichtbar ist. Die Stellung der Westtürme trägt zu dem überwältigenden Eindruck bei, den diese Fassade hinterläßt, obwohl von den ursprünglich etwa 400 Figuren viele zerstört sind und nichts mehr von der ebenfalls bei der Entstehung der Kathedrale aufgetragenen Bemalung der Nischen und Figuren zu ahnen ist. Viele der erhaltenen Figuren sind heute nicht mehr zu identifizieren, jedoch erkennt man über dem Hauptportal die Krönung Mariens, umgeben von zahlreichen Heiligendarstellungen. Szenen aus dem Alten und Neuen Testament, die neun Ordnungen der Engel, die Zwölf Apostel, das Jüngste Gericht, aber auch weltliche Motive wie Könige und Ritter oder einfache Leute neben Bischöfen sind zu sehen. Oberhalb dieser Bilderwand wirken die Westtürme, in deren Strebepfeilern sich Nischen mit Statuen ihrer Stifter befinden, verständlicherweise kahl und schmucklos.

An den Südwestturm schließt sich der *Kreuzgang* (**M**) mit der über 40 m langen *Dombibliothek* an, einer der größten in England. Die

Kathedrale von Wells: Westfassade

Ausdehnung des Langhauses ist von der Nordseite einzusehen. Das Maßwerk der Fenster ist spätgotisch; das einzige Schmuckelement ist der Bereich des fast in der Mitte gelegenen *Nordportals* (**N**), das als Haupteingang geplant gewesen sein dürfte. Vom östlichen Seitenschiff des *nordwestlichen Querhauses* geht der Aufgang zum achteckigen *Kapitelhaus* (**H**) ab. Das reiche Maßwerk der Fenster gipfelt in jeweils drei Sechspässen. Die Verbindung zwischen dem Kapitelhauszugang und den jenseits der Straße Cathedral Green gelegenen Häusern (*Chain Gate*; **O**) wurde 1459 gebaut: eine Brücke, die den Bewohnern der *Vicars' Close (S. 270)* trockenen Fußes den Zugang zur Kathedrale ermöglicht. *Chor* (**C**) und *Altarraum* (**D**) schließlich sind sechs Joche, die beiden *östlichen Querschiffe* (**E**) ein Joch lang. Über der *Marienkapelle* (**F**) erhebt sich das große siebenbahnige Ostfenster.

Kathedrale von Wells: Grundriß

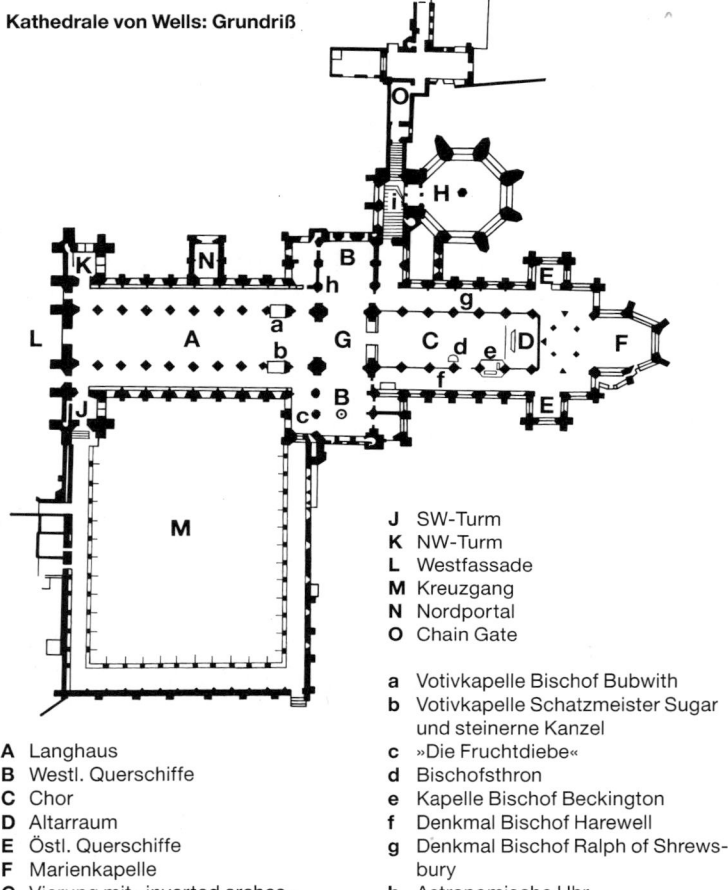

J   SW-Turm
K   NW-Turm
L   Westfassade
M   Kreuzgang
N   Nordportal
O   Chain Gate

a   Votivkapelle Bischof Bubwith
b   Votivkapelle Schatzmeister Sugar
     und steinerne Kanzel

A   Langhaus
B   Westl. Querschiffe
C   Chor
D   Altarraum
E   Östl. Querschiffe
F   Marienkapelle
G   Vierung mit »inverted arches«
H   Kapitelhaus

c   »Die Fruchtdiebe«
d   Bischofsthron
e   Kapelle Bischof Beckington
f   Denkmal Bischof Harewell
g   Denkmal Bischof Ralph of Shrews-
     bury
h   Astronomische Uhr
i   »Treppe von Wells«

Innenraum: Das Schiff bietet einen einheitlichen und schlichten Gesamteindruck, der durch die eng gesetzten Arkaden des Triforiums
verstärkt wird. Das den Blick fesselnde Element in dieser nüchternen
Umgebung ist der westliche Stützbogen, der mit seinen identischen
Entsprechungen im Norden und Süden der *Vierung* (**G**) nach 1338
notwendig wurde, als das Gewicht des Vierungsturms (der damals noch
einen bleigedeckten Turmhelm hatte, welcher 1439 nach einem Brand
einstürzte) die Fundamente zu zerstören drohte: Es wurden die »*inverted arches*« geschaffen, die die Kathedrale von Wells berühmt gemacht

haben. Zwischen den Vierungspfeilern entstand ein Bogen, der etwa die Höhe der Arkaden des Schiffs hat. Auf ihm sitzt (so der optische Eindruck) umgekehrt ein weiterer Bogen, dessen »Basis« oberhalb des Triforiums in die Vierungspfeiler eingreift. Die Zwickel sind schließlich von runden fensterartigen Öffnungen durchbrochen. Auf der Ostseite der Vierung übernimmt der Lettner die stützende Funktion. Zwischen den beiden letzten Pfeilern vor der Vierung befinden sich, einander gegenüber, die *Votivkapellen für Bischof Nicholas Bubwith* (**a**; † 1424), den Stifter des nördlichen Westturms, und den *Schatzmeister Hugh Sugar* (**b**; † 1489). Von Sugars Kapelle aus erreicht der Prediger die *steinerne Kanzel*, die eines der frühesten Renaissance-Stücke in England ist. Vor der Bubwith-Kapelle steht ein prächtiges *Lesepult* von 1660, das deutliche Parallelen zu Canterbury und Lincoln aufweist.

Im südlichen Querschiff befinden sich verschiedene sehenswerte Bischofs- und Honoratiorengräber aus dem frühen 14. und 15. Jh. Die kunstvollen Blattornamente der Säulenkapitelle, die sich in der ganzen Kathedrale finden, erhalten durch eine Serie humorvoller Darstellungen an den Kapitellen im südlichen Querhaus eine unerwartete Abwechslung: Eine gezäumte Frau, ein Mann mit Zahnschmerzen, ein Kahlkopf, ein Mann, der sich einen Dorn aus dem Fuß zieht und schließlich – in mehreren Szenen – *die Fruchtdiebe* (**c**), wie sie stehlen, verraten und zur Strafe verhauen werden.

Die Gestaltung des *Chors* (**C**) zeigt deutlich eine spätere Entstehungszeit. Hier herrscht im Gegensatz zum Schiff nicht die Schlichtheit vor: Im östlichen Teil sind die glatten Wandflächen über den Arkaden nicht wieder aufgenommen. Sie sind durch Nischen unterbrochen, in denen Bischofsfiguren stehen. Die Dienste sind aus schwarzem Purbeck-Marmor und reichen bis auf den Boden hinunter. Säulen aus dem gleichen Material tragen die Baldachine der Chorgestühl-Rückwand, die mit Fialen und Kreuzblumen bekrönt ist. Das elegante Netzgewölbe ist die logische Fortsetzung des aufwendiger gehaltenen Ostteils. Das Chorabschlußfenster *(Golden Window)* stammt von 1430 und hat die Wurzel Jesse zum Thema. Die sieben Skulpturen unter dem Fenster zeigen Gott flankiert von den Heiligen Andreas, Petrus, Dunstan, Patrick, David und Georg. Sie wurden nach dem 1. Weltkrieg geschaffen. Auf der Südseite befindet sich hinter dem *Bischofsthron* (**d**) zwischen zwei Pfeilern die prächtige *Grabkapelle Bischof Beckingtons* (**e**). Die Miserikordien des *Chorgestühls* stammen von ca. 1340 und gehören zu den besten Arbeiten in England. Sie zeigen viele geläufige Motive (z. B. eine Katze, die Violine spielt, oder Meerjungfrauen und Pelikane), aber auch Ausgefallenes, wie z. B. Alexander den Großen, der von Greifen zum Himmel getragen wird.

Die »Treppe von Wells«

Zu den interessantesten Denkmälern der Kathedrale zählen ohne Zweifel die 1220–30 entstandenen *Figuren der sächsischen Bischöfe* im südlichen Chorseitenschiff. Das *Alabaster-Denkmal für Bischof Harewell* (**f**; † 1386) zeigt zwei Hasen in Anspielung auf den Namen des Stifters des Südwestturms. Im nördlichen Chorseitenschiff finden wir drei weitere Figuren sächsischer Bischöfe sowie das *Alabaster-Denkmal für Bischof Ralph of Shrewsbury* (**g**; † 1363).

Das nördliche Querschiff wird hauptsächlich wegen der berühmten *Wells Clock* (**h**), der um 1390 gebauten Astronomischen Uhr, besucht. Mit Wimborne Minster *(S. 181)*, Ottery St. Mary *(S. 296)* und Exeter *S. 302)* gehört sie zu den einzigen ihrer Art in England. Das Zifferblatt zeigt die Himmelskörper, wie sie sich nach mittelalterlicher Vorstellung in 24 Stunden und 30 Tagen um die Erde bewegen. Rechts neben der Uhr versieht die als Jack Blandifer bekannte Figur seit 1390 ihren Dienst als Clock Jack, und jede Viertelstunde setzen sich über der Uhr vier berittene Figuren in Bewegung und führen ein Ritterturnier vor. Unter der Uhr finden wir den ›Auferstandenen Christus‹ (1956), eine Skulptur von Sir Jacob Epstein (1880–1959).

Vom nördlichen Querschiff aus führt die *»Treppe von Wells«* (**i**), ebenso berühmt wie die Stützbögen in der Vierung und die Astronomische Uhr, unter einer säulentragenden Mönchsfigur her zum achteckigen *Kapitelhaus* (**H**) hinauf. Sein Gewölbe wird, ähnlich wie in Westminster Abbey, Lincoln oder Salisbury, von einem zentralen Bündelpfeiler getragen, von dem 32 Rippen ausgehen, die sich palmenartig ausbreiten. Eine umlaufende Sitzbank bietet unter jedem Fenster sieben Mitgliedern des Domkapitels Platz, deren Namen auf einer kleinen Messingplatte unter je einem aufwendig gestalteten Wimperg verzeichnet sind.

* Die Stadt

Wells tritt in der Besuchergunst zu Unrecht hinter den Ruhm der Kathedrale zurück. Die Zeit für einen kleinen **Rundgang** zur Vicars' Close und dem Bischofspalast sollte man sich wenigstens nehmen. Immerhin ist die **Vicars' Close* (über Chain Gate von der Kathedrale aus zu erreichen) die älteste noch erhaltene Reihenhausanlage Europas: Sie wurde 1348 erbaut. An ihrem Ende steht die Vicars' Chapel. Zum *Bischofspalast (begonnen 1230) südlich der Kathedrale gelangt man über St. Andrew Street (Verlängerung von Cathedral Green), Tor Street und den Fußweg Tor Furlong, der am Wassergraben des Palastes entlangführt. Sehenswert ist die Long Gallery mit ihrer gotischen Decke (1846), den Porträts früherer Bischöfe und dem »Glastonbury-Stuhl«

aus der frühen Zeit des Bistums. An der Brücke, die den Palast mit der Stadt verbindet, hängt eine Glocke, die von den Schwänen »bedient« wird, wenn sie gefüttert werden wollen.

Wer sich etwas mehr Zeit nehmen will, sollte von der St. Andrew Street nach Norden in die Straße East Liberty abzweigen (*Tower House*, begonnen im 14. Jh.; *Principal's House*, 15. Jh.) und vorbei an der *Cathedral School* und dem Herrenhaus *The Cedars* (1759) durch North Liberty (Häuser aus dem 18. Jh.) und New Street in die Chamberlain Street gehen. Sie blieb – im Gegensatz zu ihrer südlichen Parallele, der Geschäftsstraße High Street – ein Residenzviertel. An ihr stehen die röm.-kath. Kirche *St. Joseph and St. Teresa, Archibald Hooper's Almshouses* (ein Altersheim für Wollkämmer) und die *Bubwith Almshouses* von 1436. Kurze Abstecher in die Seitenstraßen führen zur *Ebenezer Chapel* (1827) in der Union Street und den *Llewelyn's Almshouses* in der Priest Row. Portway am Ende der Chamberlain Street führt nach links in die St. Cuthbert Street, benannt nach der Kirche **St. Cuthbert*, der größten Pfarrkirche Somersets, die wie die Stadt im Schatten der Kathedrale steht. Die Kirche geht auf einen Bau des 13. Jh. zurück, ist aber in ihrer heutigen Form ein großartiges Werk des 15. Jh., das von den verschiedenen Zünften verschwenderisch ausgestattet wurde. Teile dieser Ausstattung sind die Fragmente der Altarrückwände aus den Querschiffen. Im südlichen Querschiff existierte eine Darstellung der Wurzel Jesse (1470).

St. Cuthbert Street geht in die High Street über (*King Charles Bar*, 17. Jh.; *King's Head Inn*, 15. Jh.), die auf den *Marktplatz* führt (mittwochs und samstags Markt). Die Nordseite des Platzes geht auf die Zeit Bischof Beckingtons zurück (15. Jh.), was an einigen Details noch zu erkennen ist. Das *Crown Hotel*, ein dreistöckiges Fachwerkhaus mit drei Giebeln (17. Jh.) wurde durch den Quäker William Penn (1644–1718) bekannt. Er wurde, als er hier predigte, im Anschluß an seinen Auftritt verhaftet. Der Marktplatz ist das wahre Zentrum der Stadt und ein guter Aussichtspunkt für die abendliche Betrachtung der flutlichtbestrahlten Kathedrale.

Umgebung von Wells

* Glastonbury

Lage: An der A 361, 10 km SW Wells

Die ca. 6000 Einwohner zählende Kleinstadt ist wie kaum ein anderer Ort in Großbritannien Schauplatz hochkarätiger Legenden. Die Artus-Sage wird mit ihr verbunden und die Überlieferung, daß Joseph von Arimathäa mit dem Gral hierher kam, um Britannien zum Christentum zu bekehren. König Artus' Grablege Avalon soll Glastonbury sein, und die Behandlung dieses Sagenstoffes durch Geoffrey of Monmouth (1100–54) und andere mittelalterliche Chronisten und Poeten inspirierte die Schriftsteller bis in unser Jahrhundert hinein (z. B. Tennyson, ›Idylls of the King‹, 1859; John Masefield, ›The Badon Parchments‹, 1948; John Cowper Powys, ›A Glastonbury Romance‹, 1933). Doch bewiesen ist von all dem nichts. Und so ist *Glastonbury Tor*, der 150 m hohe Hügel südlich der Stadt, der Legende nach die Stätte des Grals, wohl nur dies: ein beliebter Aussichtspunkt.

**Glastonbury Abbey: Greifbarer als in der Legende ist die Geschichte von Glastonbury in den Ruinen der ehem. Benediktinerabtei. Die erste verbürgte Gründung des Klosters erfolgte durch König Ina von Wessex um das Jahr 700. Eine normannische Klosteranlage fiel 1184 einem Brand zum Opfer, und unmittelbar danach entstand ein prächtiger Kirchenbau, der seinen Abschluß mit dem Bau einer Kapelle für die Gebeine König Edgars (der 975 in der Abtei begraben worden war) zu Beginn des 16. Jh. fand. Die damit erreichte Gesamtlänge der Anlage (von der Marienkapelle im Westen bis zur Edgarkapelle im Osten) betrug 177 m – ein in England unübertroffen gebliebener Rekord. 1539 aber wurde die Abtei, die damals die reichste Englands war, aufgelöst. Die Gebäude wurden größtenteils bis auf die Grundmauern abgetragen, und was übrigblieb, darf heute als die wohl berühmteste Ruine Englands gelten.

Mehr als nur die Grundmauern blieb von der spätnormannischen *St. Mary's Chapel* (**a**). Ihre reich verzierten Portale und Innenwände allein sind den Besuch schon wert. Als einziges Gebäude völlig unversehrt blieb die *Abbot's Kitchen* (**n**) aus dem späten 14. Jh. Der Bau ist viereckig und hat einen achteckig gestalteten Innenraum. Achteckig ist auch das dreistufige Pyramidendach, dessen erste zwei Stufen von einer Laterne bekrönt werden. Ebenfalls erhalten geblieben sind das *Torhaus* (heute Museum) an der Nordwestecke des von vier Straßen umgebenen Geländes und die außerhalb der südöstlichen Begrenzung an der Bere Street gelegene frühere *Klosterscheune* von ca. 1500 (heute *Rural Life Museum*). (Der Neubau von *St. Benedict* in der Bere Street erfolgte 1520 unter Abt Bere.)

Die Kathedrale von Salisbury *(S. 213–15)*

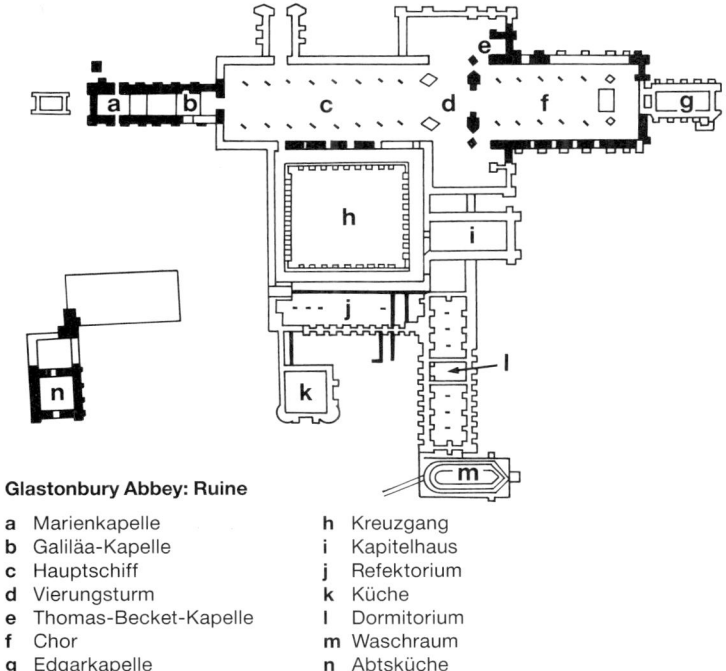

Glastonbury Abbey: Ruine

a Marienkapelle
b Galiläa-Kapelle
c Hauptschiff
d Vierungsturm
e Thomas-Becket-Kapelle
f Chor
g Edgarkapelle

h Kreuzgang
i Kapitelhaus
j Refektorium
k Küche
l Dormitorium
m Waschraum
n Abtsküche

Das dominierende Element der High Street (nördlich des Geländes) ist die Kirche *St. John the Baptist* (15. Jh.). Ihr Turm ist mit 41 m der zweithöchste Pfarrkirchturm in Somerset. St. John ist eine der typischen »wool churches« dieser Gegend, die von reichen Tuchhändlern maßgeblich finanziert wurden. Einige prächtige Grabdenkmäler (z. B. für Richard Atwell, † 1476) machen diesen Sachverhalt der Nachwelt deutlich. In westlicher Richtung führt die High Street zum Marktplatz (*Marktkreuz* von 1846), vorbei am heutigen Museum *The Tribunal* (EH), einem gotischen Steinhaus, das ursprünglich Gerichtsgebäude des Abts war. Auf derselben Straßenseite folgt kurz vor dem Markt mit dem *George and Pilgrim Hotel* eine der wenigen erhaltenen vorreformatorischen Pilgerherbergen in England. In der Magdalene Street (südlich des Marktes) stehen die *St. Patrick's Almshouses* (1517) und mit dem *ehem. Pump Room* (1754) der letzte Zeuge des Versuchs, in Glastonbury wegen der hier vorhandenen eisenhaltigen Quellen ein Kurbad aufzubauen. *St. Mary's Almshouses* (14. Jh.) mit einer Kapelle aus dem 13. Jh. schließen sich an.

◁ Bath Abbey: Westfassade *(S. 238–40)*   273

* **Shepton Mallet** (an A 371 und A 37, 7 km O Wells)

verdient heute mit Käse, Cider, Schuhen und Handschuhen sein Geld. Daß im Mittelalter Wolle und Tuche es waren, die der Stadt Reichtum brachten, davon kündet die Pfarrkirche *St. Peter and St. Paul* (Ursprung im 12. Jh.): eine typische »wool church« mit einem Somerset-Westturm aus dem späten 14. Jh. Der Stolz der Kirche ist das Tonnengewölbe des Hauptschiffs mit der zweifellos schönsten spätgotischen Holzkassettendecke Englands. Sie besteht aus 350 Kassetten und hat über 300 kunstvoll geschnitzte Bosse, von denen keiner dem anderen gleicht. Eine weitere Rarität steht am Marktplatz des Städtchens: *The Shambles*, ein kleines hölzernes Gebäude, in dem im Mittelalter der Fleischmarkt abgehalten wurde.

Nunney (abseits der A 361, 12 km O Shepton Mallet)

ist ein reizvolles Straßendorf: reetgedeckte Häuschen aus Mendip-Stein, im 17. und 18. Jh. gebaut, und ein Kneipenschild *(George Inn)* über der Straße, die Kirche *(All Saints)* und Burgruine *(Nunney Castle*, EH; begonnen 1373) voneinander trennt.

* **Mells** (4 km N Nunney)

ist als eines der schönsten Dörfer in Somerset bekannt. Bemerkenswert ist auch sein Aufbau; denn Abt John Selwood von Glastonbury, der die Neuanlage des Dorfes 1470 ins Werk setzte, orientierte sich an mediterranen Vorbildern: Vier Straßen durchziehen unter alten Bäumen das Dorf und treffen sich – wie in einer römischen Stadt – in der Mitte. *St. Andrew* (16. Jh.), die Pfarrkirche mit dem 32 m hohen Westturm, ist die Grablege der Familie Horner, die bis heute auf *Mells Manor*, dem nicht mehr datierbaren Herrenhaus bei der Kirche, zu Hause ist.

Farleigh Hungerford Castle (EH; an der A 366, 12 km N Frome)

Sir Thomas Hungerford, der erste Speaker des House of Commons, ließ diese Burg (heute Ruine) ab 1369 nach dem Vorbild der edwardianischen Burgen des ausgehenden 13. Jh. anlegen: ein innerer und ein äußerer Burghof, beide mit einer hohen Mauer mit runden Ecktürmen und mächtigem Torhaus befestigt. In der Hungerford Chapel (Nordkapelle der Chapel of St. Leonard im äußeren Hof) ist Hungerford zusammen mit seiner Frau begraben.

»Ich heiße James Monmouth und bin
  der Sohn
Karl Stuarts und Lucy Walters,
Ich wurde geköpft vor Jahren schon,
Das war so Mode vor alters. . . .«

Mit diesen parodistischen Versen erzählt Theodor Fontane die Geschichte jenes Mannes, der das **Sedgemoor** (zwischen Bridgwater, Somerton und Wells) im Jahre 1685 für zwei Tage in den Blickpunkt der englischen Geschichte rückte. *James Scott, Duke of Monmouth*, war der älteste (natürliche) Sohn Karls II. und seiner Mätresse Lucy Walters. Als sein Vater starb, meldete er Anspruch auf den Thron an – gegen den jüngeren Bruder seines Vaters, den Duke of York und späteren Jakob II. Er landete an der englischen Südküste (Lyme Regis, S. 199), stellte sich nördlich von Westonzoyland dem Rivalen zur Schlacht – und verlor.

Westonzoyland (6 km SO Bridgewater)

in der typisch weidenbestandenen Marschlandschaft des Sedgemoor zu besuchen, ist nicht nur für Militärhistoriker interessant (s. o.). Die Pfarrkirche *St. Mary* nämlich hat eine spätgotische Holzdecke, die zu den beeindruckendsten Arbeiten ihrer Art in England zu zählen ist.

High Ham (abseits der A 372, 10 km SO Westonzoyland)

Sehenswerte Bauwerke sind *St. Andrew* und die *Stembridge Windmill* (NT) östlich des Dorfes. Die vierstöckige Kappenwindmühle von 1822 ist die einzige erhaltene strohgedeckte Windmühle Englands.

Huish Episcopi (an der A 372, 5 km S High Ham)

Eine weitere der großzügig ausgestatteten »wool churches« von Somerset ist *St. Mary*. Von Bedeutung sind ihr spätgotischer Somerset-Westturm und das Ostfenster der Südkapelle (›Anbetung der Drei Könige‹, 1899) aus der Werkstatt des William Morris.

Muchelney (2 km S Huish Episcopi)

Als »Insel« im Marschland (noch im frühen 17. Jh. sollen große Teile des Sedgemoor mehrere Monate im Jahr überflutet gewesen sein) taucht Muchelney in den Urkunden des Mittelalters auf. Die Endung -ey deutet auf die Insellage hin. 6000 Aale, so heißt es im ›Domesday Book‹, wurden hier jährlich gefischt. Sehenswerte Baudenkmäler im Ort sind die Reste einer *Benediktinerabtei* (EH; Südabschnitt des Kreuzganges und der Abtswohnung) und *The Priest's House* (NT; Besichtigung nach Absprache mit dem Mieter).

Lytes Cary Manor: Ostseite

Somerton (an B 3151 und B 3153, 12 km S Glastonbury)

ist der Überlieferung nach der Geburtsort des *Wessex-Königs Ina* (688 bis ca. 726), jenes Mannes, der als Schafhirte begann und, nach langen Regierungsjahren des politischen Geschäfts überdrüssig, im fernen Rom starb. Der *Marktplatz* des Ortes mit dem Marktkreuz von 1673 bildet mit den ihn umgebenden Häusern eine schöne Einheit. In *St. Michael* (13./14. Jh.) gibt es wieder eine herrliche spätgotische Holzdecke zu sehen.

∗ Lytes Cary Manor (abseits der B 31351, 5 km SO Somerton)

aus der ersten Hälfte des 14. Jh. ist eines der frühesten herrschaftlichen Häuser in England, die praktisch ohne Verteidigungsanlagen gebaut wurden. Seine spektakulärsten Teile stammen aus dem 15. und 16. Jh.: die Halle mit ihrer Kehlbalkendecke, The Great Parlour und The Great Chamber mit Faltwerktäfelung und einer prächtigen Stuckdecke mit dem Wappen Heinrichs VIII.

Cadbury Castle (abseits der A 303, 12 km O Lytes Cary)

Das über 7 ha große eisenzeitliche Hügelfort – das größte in Somerset – hält die Legende für *König Artus' Camelot.* Zwei Quellen zu Füßen der

ovalen Anlage hat man entsprechende Namen gegeben:»Arthur's
Well« und »St. Anne's Wishing Well«.
South Cadbury, das Dörfchen unterhalb Cadbury Castle, hat sich sein
unverfälschtes Ansehen bewahren können. Es gehört zu den schönsten
der Grafschaft.

Ilchester (an A 37 und A 303, 7 km SO Somerton)

Wer durch dieses kleine Dorf kommt, wird nicht glauben wollen, daß
der schon den Römern bekannte Ort *(Lendiniae)* im Mittelalter eine
bedeutende Stadt mit mehreren Kirchen und zwei monastischen Häusern war. Ein winziger und in seiner Art kaum zu übertreffender Beweis
befindet sich jedoch in dem kleinen georgianischen *Rathaus*: ein
Amtsstab aus dem 13. Jh., der einer der ältesten in Europa ist. Leider ist
die Inschrift auf seinem mit drei Königsfiguren und einem Engel
verzierten Messingkopf nicht deutbar.

* **Tintinhull** (abseits der A 303, 4 km S Ilchester)

ist ein weiterer Ort, in dem die Zeit stehengeblieben zu sein scheint.
Hier kündet ein *Dorfpranger* von einst gestrengen Zeiten. Sehenswert
ist *Tintinhull House* (NT), ein um 1600 als einfaches zweistöckiges
Bauernhaus begonnenes Herrenhaus, das seine Westfront aus Ham
Hill-Stein um 1700 erhielt. Die Attraktion des Anwesens aber ist der
nach 1900 von einer Reihe verschiedener Besitzer angelegte *Garten*.
Einzelne Sektionen sind durch Hecken abgetrennt, Stufen und ein
»Sunken Garden« geben den Besuchern die Illusion, sich auf verschie-
denen Ebenen zu bewegen. Man erreicht dieses Kleinod englischer
Gartenkunst durch die Halle des Hauses und das breite Westportal.

* **Brympton d'Evercy House** (abseits der A 3088, 4 km W Yeovil)

Das inmitten eines Parks gelegene Landschloß wurde um 1520 begonnen. Zu besichtigen sind die wichtigsten Räume des Erdgeschosses
(Möbel und Gemäldesammlung; Täfelung 18. Jh.) und die Tudor-Halle
mit ihrem gigantischen Treppenhaus. Das Witwenhaus zwischen Haus
und der ebenfalls zum Anwesen gehörenden Kirche St. Andrew
(13.–15. Jh.) stammt aus dem 15. Jh. Der Garten wurde von Lady
Georgiana Fane angelegt, von der eine romantische Überlieferung
berichtet, sie sei ledig geblieben, weil ihr Vater einer Verbindung mit
einem »einfachen Soldaten« nicht zustimmen wollte. Dieser »einfache
Soldat« wurde später als Herzog von Wellington bekannt.

Zum Anwesen gehört neben einem gut ausgestatteten *Landwirt-schaftsmuseum* ein *Weingut*, aus dessen Ernte 1990 der erste eigene Brandy hervorging.

** **Montacute House** (abseits der A 3088, 6,5 km W Yeovil)

Der aus dem goldbraunen Stein des nahe gelegenen Ham Hill errichtete Bau gehört zu den sog.»big houses«, die gegen Ende der elisabethanischen Ära (Baubeginn 1590) parallel zu drastischen Veränderungen in den oberen Gesellschaftsschichten entstanden. Die Hauptfassade schmückt eine Darstellung der»Nine Worthies« Hektor, Alexander, Cäsar, David, Judas Makkabäus, König Artus, Karl der Große und Gottfried von Bouillon. Die Innenausstattung des Hauses entspricht bis auf wenige Ausnahmen (Stuckarbeiten und Täfelungen im ehem. Eßzimmer, in der Bibliothek und einigen der Räume im 1. Stock) nicht mehr dem Originalzustand. Die *Long Gallery* jedoch – mit über 50 m Länge im übrigen die größte ihrer Art – beherbergt zusammen mit ihren Nebenräumen eine besondere Sehenswürdigkeit: eine umfangreiche Sammlung von Porträts des 15. und 16. Jh., darunter auch einige Königsporträts, aus der *National Portrait Gallery*.

East Coker (an A 30 und A 37, 5 km SO Yeovil)

ist ein Muß für alle Pilger in Sachen Literatur. Hier liegt in der Pfarrkirche *St. Michael* der berühmteste moderne Lyriker englischer Sprache (und einer der wichtigsten der modernen Literatur überhaupt) begraben: *T. S. Eliot* (1888–1965), Nobelpreisträger und Verfasser des ›Waste Land‹ (1922), jenes Gedichts, das so eindringlich wie kaum ein anderes das seit dem 1. Weltkrieg veränderte Gesicht unseres Jahrhunderts beschrieben hat. Verfasser auch der ›Four Quartets‹ (1944), deren zweites ›East Coker‹ betitelt ist. Denn East Coker ist der Ort, von dem aus Eliots puritanische Vorfahren in die Neue Welt auswanderten und an dem der Dichter, der Jahrhunderte später an den Ursprung seiner Familie zurückkehrte, seine letzte Ruhe finden wollte.»In my beginning is my end – In my end is my beginning« – so lauten zwei berühmte Zeilen aus dem Gedicht. Sie sind es auch, die die Gedenktafel über dem Grab ihres Verfassers zieren.

Doch auch ein anderer berühmter Sohn der Gemeinde wird in East Coker nicht vergessen: *William Dampier* (1652–1715), Weltumsegler und Pirat, Schriftsteller und Entdecker Australiens. Er wurde im *Hymerford House* am Mühlbach geboren und liegt ebenfalls in St. Michael begraben. Dampier, dessen ›Voyage Round the World‹ (1692) auch heute noch begeisterte Leser findet und dessen ›Discourse on Winds, Tides and Currents‹ (1692) Nelson hoch schätzte, ist (ungewollt) auch als Initiator eines Stücks Weltliteratur bekannt geworden: Von einer seiner Reisen brachte er den Matrosen Alexander Selkirk mit nach Hause, dessen Schicksal Daniel Defoe so sehr beeindruckte, daß er einen Roman daraus spann: den ›Robinson Crusoe‹.

Barrington (abseits der A 303, 20 km W Yeovil)

Die große Sehenswürdigkeit des Ortes ist *Barrington Court* (NT), ein 1515 begonnener Tudor-Landsitz, den sich Henry Lord Daubeney, ein Vertrauter Heinrichs VIII., errichten ließ. Auffällig sind die absolute Symmetrie des Baues und sein E-Grundriß – eine Form, die eher in elisabethanischer Zeit beliebt war. Besucher sollten bedenken, daß das Gebäude an eine Innenausstattungsfirma verpachtet ist, deren Erzeugnisse hier ausgestellt und zum Verkauf angeboten werden.

47 Taunton und Umgebung

** Taunton

Lage: An der M 5, zwischen Bristol und Exeter

Geschichte: »Town on Tone«, die Stadt am River Tone, wurde bereits im frühen 8. Jh. von König Ina von Wessex gegründet. In ihrer langen Geschichte war sie mehrfach Schauplatz blutiger Auseinandersetzungen wie etwa der »*Bloody Assizes*«, die Judge Jeffreys 1658 hier abhielt *(vgl. S. 183, 190)*. Im *Tudor House* (1578) am Fore Street-Dreieck im Zentrum der Stadt soll der blutrünstige Richter damals gewohnt haben; in der Großen Halle der ehem. normannischen Burg (heute *Somerset County Museum, Taunton Castle)* fällte er seine gnadenlosen Urteile.

Heute ist Taunton, mit ca. 57000 Einwohnern die Hauptstadt der Grafschaft, vor allem als eines bekannt: als *Zentrum der Cider-Herstellung.* Die Bedeutung dieses Industriezweiges wird alljährlich zünftig gefeiert: beim »Traditional Cider Barrel Race« an jedem dritten Samstag im Oktober, bei dem Zweiermannschaften ein 40-Liter-Faß nahezu 1 km bergauf bewegen müssen.

Rundgang: Das ohne Zweifel bedeutendste Bauwerk Tauntons ist die Kirche **St. Mary Magdalene* in der Hammet Street, eine prachtvolle spätgotische »wool church«. 26 Jahre (1488–1514) brauchte man allein, um den 50 m hohen Westturm zu bauen. In Somerset ist nur der Vierungsturm der Kathedrale von Wells höher.

Südlich der Kirche führt Magdalene Street zur Canon Street und

passiert mit *Huish Almshouses* (1615) eine der von den reichen Woll-
händlern der Stadt ins Leben gerufenen karitativen Einrichtungen.
Canon Street führt nach Norden zur Middle Street (Methodistenkapelle
The Octagon, 1776/78 unter der Leitung von John Wesley selbst gebaut)
und zur St. James's Street, wo mit *St. James* eine weitere »wool church«
mit Somerset-Westturm (36 m) steht. Sehenswert: das über und über
mit naiven Darstellungen aus der biblischen Geschichte geschmückte
Taufbecken (15. Jh.)

North Street am Ende der St. James's Street hat mit dem *Post Office
Telecommunication Museum* die einzige Einrichtung dieser Art im
westlichen England. Das älteste hier ausgestellte Telefon wurde 1877
gebaut. Die North Street führt zum Fore Street-Dreieck zurück. Nach
links führt von hier die East Street zu *Gray's Almshouses* (1635). Die
georgianische High Street zweigt von dem Dreieck nach Süden ab. Sie
mündet in die Upper High Street mit ihrer östlichen Fortsetzung Mary
Street, in der die 1850 umgebaute *Unitarierkapelle* von 1721 steht, in der
Samuel Taylor Coleridge während seines Aufenthaltes in Nether Stowey *(S. 282)* gelegentlich als Prediger auftrat.

Umgebung von Taunton

Hatch Court (an der A 358, 10 km SO Taunton)

Das palladianische Herrenhaus von 1755 war einer der Schauplätze der
BBC-Verfilmung von Jane Austens Roman ›Sense and Sensibility‹. Zu
besichtigen sind Möbel (17. und 18. Jh.), Gemälde und – in einem
halbkreisförmigen Zimmer – wertvolles Porzellan. Die obligate Führung schließt auch das 1975 eingerichtete kleine Canadian Military
Museum ein.

Poundisford Park (abseits der B 3170, 6 km S Taunton bei Pitminster)

ist ein sehr gut erhaltenes Beispiel der Landhausarchitektur der Tudor-
Zeit. Das Haus wurde 1546 begonnen und äußerlich nie verändert.
Meisterlich sind die Stuckdecken des Hauses, vor allem die der Großen
Halle (1570) und der Bibliothek (1670).

Trull (abseits der A 38, 3 km SW Taunton)

Eine der vielen Kirchen in Somerset, die vom hohen Niveau der
Holzschnitzkunst der Grafschaft zeugen, ist *All Saints. Zu ihrer Innenausstattung zählen: die Fragmente eines Lettners, reichhaltig geschnitz-

Hölzerne Kanzel
(um 1500) in der
Dorfkirche von Trull

te Gestühlswangen (ca. 1530–40), Abschlußgitter vor den Seitenkapellen und schließlich eine in Somerset einzigartige hölzerne Kanzel von etwa 1500, in deren Nischen sich makellos erhaltene Heiligenfiguren befinden.

Bishop's Lydeard (abseits der A 358, 8 km NW Taunton)

Die Holzschnitzkunst beherrscht auch den Innenraum der hiesigen Pfarrkirche. Unter dem geschlossenen Wagendach von *St. Mary* erhebt sich ein Lettner, der die gesamte Breite des Kirchenraumes einnimmt und als Inschrift das Apostolische Glaubensbekenntnis trägt. Interessant auch hier die Wangen des Gestühls: Neben den bekannten Motiven zeigen sie u. a. ein Schiff, einen Hirsch und eine Windmühle, zwischen deren Flügeln sich Vögel tummeln.

Spaxton (abseits der A 39, 10 km W Bridgewater)

Etwas ganz besonderes haben die Holzschnitzer hier mit dem Gestühl von *St. Margaret* hinterlassen. Neben den üblichen Vögeln, Pflanzen und Köpfen ist hier ein Tuchwalker (»fuller«) mit seinem Werkzeug bei der Arbeit dargestellt – ein Hinweis auf die zur Entstehungszeit des Gestühls (Tudor-Zeit) wichtigste Einnahmequelle der gesamten Umgebung.

Nether und Over Stowey (an bzw. abseits der A 39, 3 km NW Spaxton)

Weniger der sakralen Kunst als der literarischen Assoziationen wegen kommen Reisende in diese Dörfchen in den Quantock Hills. Zwar werden Liebhaber von Glasfenstern die aus der Werkstatt William Morris' stammenden Fenster von *St. Peter and St. Mark* in Over Stowey nicht verpassen wollen, jedoch geht die größere Anziehungskraft vom *Coleridge Cottage* (NT) in der Lime Street in Nether Stowey aus. Hier nämlich schrieb *Samuel Taylor Coleridge* (1772–1834), der große Mystiker unter den romantischen Dichtern, seine berühmtesten Gedichte: ›The Rime of the Ancient Mariner‹ z. B. und das fast schon legendär zu nennende Fragment ›Kubla Khan‹ *(S. 284)*. *William Wordsworth* (1770–1850), noch vor Coleridge der eigentliche Begründer der romantischen Bewegung in England, lebte damals mit seiner Schwester Dorothy in Dorset. Er zog, um in der Nähe des Freundes zu sein, 1797 in das Herrenhaus *Alfoxton Park* (heute Hotel) in **Holford** (3 km NW Nether Stowey). Und hier wuchs eine der fruchtbarsten literarischen Freundschaften, die die englische Literaturgeschichte kennt. Gemeinsam unternahmen die beiden Dichter Wanderungen in den Quantock Hills – ihrer Fremdartigkeit wegen hielt man sie zeitweise für Spione! –, um Eindrücke für ihre große Naturlyrik zu sammeln. 1798 brachen sie zu einer Deutschlandreise auf, und im Jahre 1800 schließlich veröffentlichten sie mit den ›Lyrical Ballads‹ jene Gedichtsammlung, die zur Bibel der romantischen Poesie in England geworden ist.

48 Im *Exmoor

Cleeve (abseits der A 39, 30 km W Bridgwater)

hieß bei den Zisterziensermönchen, die *Cleeve Abbey* (die einzige Abtei ihres Ordens in Somerset) gegen Ende des 12. Jh. gründeten, *Vallis Florida*. Erhalten geblieben ist aus dieser Zeit nicht viel: von der Klosterkirche ein Teil des südlichen Querschiffs, von den Klostergebäuden aus dem 13. Jh. Torhaus und Vorraum zum Kapitelhaus, und von dem vor der Auflösung (1538) errichteten Umbau das neue Refektorium mit einem großartigen Tonnengewölbe, das den einstigen Glanz der Abtei im »blühenden Tal« erahnen läßt.

Marktkreuz (ca. 1689) und Schloß (13. Jh.) von Dunster

* **Dunster** (an der A 396, 8 km W Cleeve)

In dem herrlich am Fuße des Conygar Hill und am Rande des Exmoor Forest gelegenen Dorf sind ebenfalls Spuren einer monastischen Vergangenheit erhalten. So gilt das *Luttrell Arms* am Marktplatz als die ehemalige Residenz der Äbte von Cleeve; und die heutige Pfarrkirche *St. George* (normannischer Ursprung) gehörte einst den Benediktinern. Der Stolz der Kirche ist die Chorschranke von 1498. Sie wurde errichtet, um einen Streit zwischen Kloster und Bevölkerung zu schlichten.

Auf *Dunster Castle* (NT; 13. Jh.), zu deren Füßen der Ort liegt, sind ein großartiges Treppenhaus und das Speisezimmer mit seiner verschwenderisch gestalteten Stuckdecke (17. Jh.) besonders sehenswert. Im Regelgarten des Schlosses wachsen seltene Pflanzen, im großen Park wird Rotwild gehalten. Ein Hinweis auf den Tuchhandel, der die Quelle des mittelalterlichen Wohlstandes von Dunster war, findet sich auf dem Marktplatz: Dort steht das Marktkreuz *Yarn Market (NT; ca. 1589), ein großzügiges achteckiges Gebäude mit großen Zwerchhäusern rundum. Ein weiteres Marktkreuz, das *Butter Cross* (EH) steht heute einige hundert Meter nordwestlich der Kirche an der Straße nach Alcombe. Erwähnenswert sind schließlich *The Nunnery*, ein schieferverkleidetes Fachwerkhaus aus dem 14. Jh. und die mittelalterliche *Pack Horse Bridge* (EH) am nördlichen Dorfrand abseits der A 396.

Minehead (an der A 9, 5 km NW Dunster)

Das kleine Seebad ist die westlichste Stadt Somersets. Sichere Strände, ein großes Meerwasserschwimmbad, schöne Parks und Veranstaltungen wie der Tanz des *»Minehead Hobby-Horse«* am Morgen des 1. Mai – das sind die Attraktionen, die die Touristen locken. Über den Ursprung des Umzuges der farbenprächtig geschmückten Pferdeattrappe streiten sich übrigens die Geister. Fruchtbarkeitsritual zum Frühlingsbeginn sagen die einen, Erinnerung daran, daß eine solche Attrappe einst einen Wikingerangriff abgeschreckt haben soll, die anderen.

Wichtige Kunstdenkmäler sind die 1719 errichtete *Alabasterstatue Königin Annas* am Wellington Square und die Pfarrkirche *St. Michael* (15. Jh.) auf dem North Hill, dem höchsten Punkt der Stadt. Der mächtige Westturm der Kirche verrät wie der schöne spätgotische Lettner bereits die Hand eines Baumeisters aus dem nahen Devon.

* **Selworthy** (abseits der A 39, 8 km W Minehead)

gehört ohne Zweifel zu den schönsten Ortschaften in Großbritannien. Es liegt in einer kleinen Schlucht am Südhang des *Selworthy Beacon* (325 m). Seine weißgekälkten strohgedeckten Cottages, der Ausblick über das Porlock Vale und auf *Dunkery Beacon*, die mit 520 m höchste Erhebung im Exmoor – das alles sind beliebte Motive für Fotografen und Hobbymaler, die oft genug in großer Zahl hier anzutreffen sind.

Porlock (an der A 9, 4 km W Selworthy)

ist der nächste Ort auf dem Weg nach Devon. Die steil abfallende Zufahrtsstraße zu dem kleinen Seebad ist berühmt – ebenso wie jener »gentleman from Porlock«, der Samuel Taylor Coleridges Opiumtraum so nachhaltig störte, daß dieser das Gedicht, das er im Rausch bereits ausformuliert hatte, nur noch als Fragment rekonstruieren konnte. So jedenfalls erklärt man das Zustandekommen der visionären Zeilen von ›Kubla Khan‹ *(S. 282).*

Die Pfarrkirche *St. Dubricius* (13. Jh. und später) mit ihrem auffallend schiefen schindelverkleideten Turm ist einem walisischen Missionar des ausgehenden 6. Jh. geweiht. In ihr ist mit dem *Harrington Monument* eines der prächtigsten Grabdenkmäler in Somerset erhalten: die beiden Alabasterfiguren des 1418 verstorbenen John Harrington und seiner Frau, unter einem verschwenderisch gestalteten Baldachin ruhend. Auf dem Friedhof finden wir das Grab eines anderen Ehepaares, ausgestattet mit einer lokalen Variante des berühmten Grabspruchs, den der Schriftsteller und Diplomat Sir Henry Wotton

Blick auf das Dörfchen Oare im Exmoor

(1568–1639) gedichtet hat:»He first deceased, she, for a little tried / To live without him, liked it not and died«.

Von **Porlock Weir** aus, dem hübschen kleinen Hafen Porlocks, führt ein Pfad durch den Wald in den Flecken **Culbone**. Er ist mit Motorfahrzeugen nicht zu erreichen. Seine Kirche *St. Culbone* (normannischer Ursprung) gilt mit ihrer Länge von nicht einmal 11 m, der Breite von 3,70 m und dem winzigen spitzen Spindelturm als die kleinste mittelalterliche Kirche Englands. Im Mittelalter war sie das Zentrum einer Siedlung für Leprakranke, die durch ein Fenster den Gottesdienst verfolgen konnten.

* Exmoor

Südlich von Porlock beginnt der **Exmoor National Park**, berühmt nicht nur als ausgezeichnetes Wandergebiet, sondern auch als der perfekte Wirkungskreis einer Räuberbande, die im 17. Jh. von sich reden machte: der Doone-Bande, nach der das Doone Valley bei **Oare** (abseits der A 39, 8 km W Porlock) benannt sein soll. Wer Genaueres über die Bande wissen will: R. D. Blackmore hat ihre Taten in seinem 1869 erschienenen Erfolgsroman ›Lorna Doone‹ literarisch verewigt.

Im Zentrum des Nationalparks liegt **Exford** (an der B 3224, 16 km S Porlock) am River Exe. Das Dorf ist bekannt als guter Ausgangspunkt für Wanderungen, für seine Flußfischerei, seine Pferdeschauen (an jedem zweiten Mittwoch im August) und die »Devon and Somerset Staghounds«. Die Dorfkirche *St. Mary Magdalen* (15. Jh.) auf einem Hügel östlich des Ortes bietet außer einem schönen Rundblick ein spätgotisches Taufbecken sowie einen Lettner, der aus der mittelalterlichen Kirche von West Quantoxhead stammt.

Bei **Ashway** (ca. 10 km S Exford) liegt ****Tarr Steps**, die berühmteste und mit über 50 m längste Clapper Bridge des Landes (vgl. Postbridge, *S. 314*). Zugleich aber ist sie auch die rätselhafteste, denn ihren Ursprung hat bisher niemand erklären können. Möglicherweise wurde die aus Steinpfeilern und -platten bestehende Konstruktion schon in der Eisenzeit errichtet.

Grafschaft Devon

Fläche: 6765 km²; Einwohner: ca. 1 Mill.; Hauptstadt: Exeter

Devon, die flächenmäßig größte Grafschaft des englischen Südens, gehört zu den meistbesuchten Regionen Englands. Der Grund hierfür liegt zu einem großen Teil in den landschaftlichen Reizen Devons, die voneinander verschieden sind wie kaum anderswo auf den britischen Inseln: So ist der Norden durchweg von bizarrer Steilküste geprägt, die von unerwartet attraktiven Seebädern wie *Ilfracombe *(S. 292)* oder Fischerdörfern wie **Clovelly *(S. 293)*, Englands »show village« schlechthin, unterbrochen wird. Piraten-Reminiszenzen geben diesen Ansiedlungen ebenso wie der vor der Nordküste gelegenen Vogelinsel *Lundy *(S. 295)* zusätzliche Anziehungskraft. Einen deutlichen Kontrast dazu bildet die Südküste Devons, wegen ihrer vom Golfstrom begünstigten subtropischen Vegetation, der mondäne Seebäder wie **Torquay, Paignton, *Brixham *(S. 308–09)* u. a. ihre Existenz und über die britischen Inseln hinausreichende Popularität verdanken, gern mit dem Beinamen ›Englische Riviera‹ versehen.

An anderen Stellen fesselt »Natur pur« den Blick und oft genug die Emotionen des Betrachters: neben der wilden wasserdurchtosten Schlucht **Lydford Gorge *(S. 316)* vor allem der Flußlauf des River Dart, Namenspatron des Dartmoor und der Hafenstadt **Dartmouth *(S. 310)*. Königin Viktoria nannte ihn den »englischen Rhein«.

Bei im wesentlichen mildem und feuchtem Klima sind erhebliche Teile Devons, vor allem die wildromantischen Landschaften des *Exmoor *(S. 286)* an der Grenze zu Somerset und das **Dartmoor *(S. 313)* im Südwesten, unfruchtbare Landstriche, in denen Sandstein- und Granitformationen dominieren. Reichlich vorhandene prähistorische Relikte haben hier im Verein mit legendenumwitterter Moorlandschaft einen beliebten Hintergrund für die englische Abenteuer- und Kriminalliteratur vornehmlich des 19. Jh. geliefert. Die Existenz des berüchtigten Dartmoor-Gefängnisses Princetown *(S. 313)* dürfte hier in Verbindung mit dem ebenso berüchtigten Dartmoor-Wetter Pate gestanden haben, von dem schon John Keats nicht begeistert war: »You may say what you will of Devonshire, but the truth is it is a splashy, rainy, misty, snowy, foggy, haily, floody, a muddy, slip-shod County.«

Nicht zuletzt ist Devon als die Heimat bzw. Wahlheimat weltberühmter Seefahrer wie Sir Francis Drake oder Sir Walter Raleigh Schauplatz einiger der spektakulärsten Kapitel in der Geschichte des Königreichs. Von Devon aus wurde die spanische Armada in die Niederlage geschickt und mit der Landung Wilhelms von Oranien das Schicksal Jakobs II. besiegelt. Vor der Küste Devons schließlich zerrannen auch Napoleons Träume von einem Exil in England. *(S. 297, 309, 317)*

Im Hinblick auf architektonische Sehenswürdigkeiten bietet Devon schon wegen seiner unterschiedlichen Landschaftsformen und seiner Größe kein einheitliches Bild. So stehen kleinen Dörfern im Dartmoor, in denen sogar die Dorfkirchen bescheidene Ausmaße und Erscheinung haben, großzügig geplante Städte wie **Plymouth oder **Exeter *(S. 289, 317)* sowie die im wesentlichen im 19. Jh. entstandenen Badeorte gegenüber. Große Landsitze (z. B. *Powderham Castle, S. 307, oder *Saltram House S. 320) sind ebenso selten wie große Sakralbauten des Mittelalters. Hier bildet die romanisch-gotische ***Kathedrale von Exeter

Devon

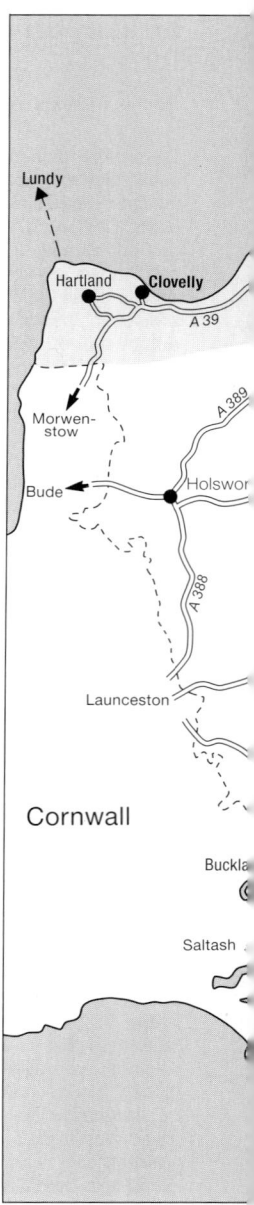

Lynton
ombe
Combe Martin
Porlock
A 361
A 399
Arlington Court
A 39
EXMOOR
Somerset
Braunton
49
N
Barnstaple
A 39
A 361
South Molton
Taunton
eford
A 361
High
Bickington
Taunton
Great Torrington
Knightshayes Court
A 386
A 373
Tiverton
Dorset
A 377
51
M 5
A 377
Crediton
A 396
Killerton House
A 373
Okehampton
A 30
A 30
Exeter
Honiton
A 35
Axminster
Shute Barton
Castle Drogo
A 3052
50
Lyme
Regis
DARTMOOR
FOREST
Seaton
A 375
54
A 382
Manaton
Powderham
Castle
Bicton
House
Sidmouth
A 376
East Budleigh
Postbridge
Widecombe-
in-the-Moor
Budleigh Salterton
Exmouth
Tavistock
Princetown
Ashburton
Newton Abbot
Teignmouth
Holne
A 381
Yelverton
Buckfastleigh
53
Torquay
A 386
55
Dean Prior
Berry
Pomeroy
Torbay
Paignton
Plymouth
Dartington
Totnes
A 3022
A 38
Brixham
Saltram House
A 381
Dartmouth
A 379
Kingsbridge

0   20 km
© Artemis Verlag

289

(S. 299; Farbtafel nach S. 304) eine Ausnahme. Hervorzuheben sind jedoch die früheren Tuchherstellungszentren Totnes *(S. 311)*, Crediton *(S. 305)*, Ottery St. Mary *(S. 296)* und *Tiverton *(S. 305)*, in denen bedeutende mittelalterliche Pfarrkirchen stehen und verschiedentlich beachtliche Profanbauten erhalten sind, die zumeist von den Besitzern der Manufakturen gebaut wurden.

Auf dem Gebiet der Archäologie sind vor allem die prähistorischen Funde im Dartmoor zu erwähnen, allerdings auch die römischen Bauten in Exeter und die verlassenen »Zinndörfer« im Dartmoor, die auf das 13. Jh. zurückgehen. Eine Besonderheit schließlich ist die Höhle *Kent's Cavern *(S. 308)* bei Torquay, in der die frühesten Zeugnisse menschlicher Besiedlung auf den britischen Inseln gefunden wurden.

Trotz der augenfälligen geographischen Nachteile ist die Landwirtschaft ein gut entwickelter Erwerbszweig in Devon, wenn auch das Schwergewicht der landwirtschaftlichen Aktivitäten in der Futtererzeugung für die Milchwirtschaft liegt. Daneben gibt es ausgedehnte Apfelplantagen, und der Devon Cider gehört mit dem Apfelwein aus dem benachbarten Somerset zu den bekanntesten Erzeugnissen seiner Art in England.

Kaolin und Granit sowie die Tonerde aus der Bovey-Mulde werden zwar nur in geringem Maße abgebaut, sind aber Produkte, die in Fachkreisen einen besonderen Ruf haben, ähnlich wie im Mittelalter das Zinn, dessen spärliche Spuren im Dartmoor zu finden sind. Der wichtigste wirtschaftliche Einzelstandort ist **Plymouth *(S. 317)*, die größte Stadt Devons und seit jeher einer der bedeutendsten englischen (Kriegs)häfen.

49 Barnstaple und der Nordwesten

* **Barnstaple** (an A 39 und A 377, 50 km W Minehead, 65 km NW Exeter)

Geschichte: Die ca. 17 000 Einwohner zählende Stadt erhebt neben Malmesbury den Anspruch, Englands älteste Borough zu sein (erste Stadterhebung 930). Als Umschlagplatz für Wolle, als Tuchherstellungsort, als Schiffbauzentrum und als Hafenstadt für den Amerika-Handel spielte die Stadt seit dem Mittelalter eine bedeutende Rolle, die erst durch die Verlandung des Taw-Mündungstrichters beeinträchtigt wurde. Heute sind die landwirtschaftlichen Aktivitäten der Umgebung die Hauptstützen ihrer Wirtschaft.

Das älteste erhaltene Gebäude Barnstaples ist neben dem Kern der vermutlich im 13. Jh. gebauten 16bogigen *Long Bridge* über den River Taw die 1318 geweihte Pfarrkirche *St. Peter and Paul.* Ihre zahlreichen Grabmonumente aus dem 17. Jh. stellen ein regelrechtes »Who is Who« der damaligen Kaufmannschaft dar. *St. Anne's Chapel* (frühes 14. Jh.) östlich der Kirche wurde von 1547 bis 1908 als Schule genutzt (heute Heimatmuseum). *John Gay* (1685–1732), der Verfasser der ›Beggar's Opera‹ (1728), des Vorbilds für Brechts ›Dreigroschenoper‹, ging hier zur Schule. Er wurde im Haus Nr. 35 in der High Street (Ecke Joy Street; Gedenktafel) geboren.

In der *Guildhall* (1826) sind neben dem Ratssilber 40 Porträts örtlicher Würdenträger zu sehen. Die *High Street* mit ihren Häusern aus dem 17. und 18. Jh. wirkt wie ein Abbild der Stadt im kleinen. An Barnstaples große Vergangenheit als Handelszentrum wird man in der *Börse Queen Anne's Walk* (1708) in der Castle Street erinnert. Auf dem Tome Stone wurden hier formell und bindend Handelsgeschäfte abgeschlossen, indem die Partner das erforderliche Geld auf dem Stein hinterlegten. Eine Inschrift erinnert an James Wilson, einen Kapitän aus Barnstaple, der von den Spaniern gefangengenommen wurde und seine Freiheit zurückerhalten sollte, falls er die Armada durch den Ärmelkanal führen würde. Als wahrer Patriot lehnte Wilson ab und verlor sein Leben.

Arlington Court (NT; an der A 39, 11 km NO Barnstaple)

besitzt ein nicht gerade auffälliges Äußeres. Doch sollte das von einem Besuch der prachtvollen Innenräume des Hauses nicht abhalten – zumal die aufwendig ausgestatteten Räume noch heute den Eindruck erwecken, als kehre Rosalie Chichester (1869–1949), die letzte Besitzerin des Anwesens, jeden Augenblick zurück. Denn neben Möbeln aus dem 18. Jh. sind es vor allem die vielen von ihr angelegten Sammlungen, die den Charme des Hauses ausmachen: Schiffsmodelle, Muscheln, tropische Vögel und Schmetterlinge, Fächer, Schnupftabakdosen, Emailarbeiten und Kleider der Chichester-Damen von 1830 bis 1910. Das wertvollste Stück im Hause ist ein Aquarell von William Blake (1757–1827), das bei der Übernahme des Hauses durch den National Trust durch Zufall entdeckt wurde.

* Combe Martin (an der A 399, 10 km N Arlington)

In dem attraktiv gelegenen Straßendorf an der Combe Martin Bay wurden vom 14. bis zum 16. Jh. Blei und Silber abgebaut. Die Kirche des Ortes, *St. Peter ad Vincula* (begonnen im 13. Jh.), legt mit ihrem 30 m hohen Westturm und ihrer großzügig gestalteten Nordfassade von dem Wohlstand jener Tage Zeugnis ab. Der Lettner mit bemalten Tafeln ist der einzige seiner Art in Nord-Devon.

Ein Denkmal in der Kirche erinnert an George Ley († 1716), der der Erbauer des *Pack of Cards Inn* sein soll. Dieser Folly wurde angeblich gebaut, um einen großen Gewinn zu feiern, den der Erbauer beim Kartenspiel erzielte. (Die Legende von der Entstehung ist auf Pergament im Schankhaus nachzulesen.) Also legte er das Kartenspiel seinen Bauplänen zugrunde, und es entstand ein Haus wie ein Kartenhaus: vier Stockwerke, die sich nach oben verjüngen, das Erdgeschoß mit 13

Türen, und alle zusammen mit 52 Fenstern, eines für jede Karte. Sollte es tatsächlich zutreffen, daß das Haus zu Leys Lebzeiten entstand, dann wären die venezianischen Fenster in den Giebelseiten ein außergewöhnlich frühes Beispiel ihrer Art in einem englischen Profanbau.

* **Ilfracombe** (an A 361 und A 399, 18 km N Barnstaple)

ist das größte Seebad Nord-Devons (9000 Einw.). Das Bad entwickelte sich in der 2. Hälfte des 19. Jh., untypisch für Devon, um den Hafen herum. Von hier fahren Schiffe nach Wales (u. a. Swansea) und zur Insel Lundy *(S. 295)*.
Die Stadt ist stufenweise in die sie umgebenden steilen Hügel hineingebaut worden, die direkt vom Meeresufer aufsteigen. Lantern Hill am nördlichen Ende des Hafens ist einer dieser Hügel. Auf ihm steht *St. Nicholas Chapel*, die in der frühen Zeit Heinrichs VIII. halb zu einem Leuchtturm umgebaut wurde. Seinerzeit erhielten bußfertige Sünder einen Ablaß, wenn sie bereit waren, in diesem ungünstig gelegenen Turm das Feuer zu hüten. Am Südhang des Capstone Hill, der weit ins Meer hinausragt, liegen die *Jubilee Gardens* mit einem 1888 zum Goldenen Thronjubiläum (1887) Königin Viktorias erbauten Pavillon. Über einen Fußweg kann man der Küstenlinie folgen bis zu den *Tunnel Baths* von 1836. Von hier führen zwei Tunnel zu den sogenannten *Tunnelsträndent*, die durch die künstlichen Zugänge erst benutzbar wurden. Es sind graue Steinstrände, die zum Teil durch die Flut voneinander abgeschnitten werden. Dem großen Gezeitenunterschied sind einige »Rock Pools« zu verdanken, die bei Ebbe benutzt werden können.
Die Pfarrkirche *Holy Trinity* (begonnen im 13. Jh.), die wie die Pfarrkirchen in vielen anderen Städten Devons außerhalb der ursprünglichen Siedlung steht, hat ein normannisches Taufbecken und sehenswerte Gewölbedecken: Die Balkenenden ruhen auf über Wasserspeiern schwebenden Engelsfiguren.

Braunton (an der A 361, 10 km W Barnstaple)

besuchen Reisende meistens, um auf den beiden Naturlehrpfaden durch die Dünen der *Braunton Burrows* (ganzjährig begehbar) Schmetterlinge und Seevögel zu beobachten. Eine auffallend große Kirche ist *St. Brannock* (13. und 14. Jh.): Ein normannisches Taufbecken mit Maßwerkdekor von 1300, ein spätgotischer Lettner, eine Altarrückwand von 1563 und zahlreiche reich verzierte Gestühlswangen aus der 2. Hälfte des 16. Jh. – das sind die vielfältigen Höhepunkte einer nicht gerade durchschnittlichen Innenausstattung.

High Bickington (an der B 3217, 15 km SO Barnstaple)

besitzt ebenfalls eine Pfarrkirche (*St. Mary*; normannischen Ur-sprungs), in der die Holzschnitzer Meisterwerke ihrer Kunst hinterlas-sen haben. Die ca. 70 Gestühlswangen (16. Jh.) der Kirche haben in der Vielfältigkeit ihrer Themen und dem Standard ihrer Ausführung in Devon kaum Konkurrenz: Neben (mutmaßlichen) Stifterinitialen fin-den wir Blätterwerk, Medaillons, Putten, Heilige, Propheten und die Passionswerkzeuge. Eine örtliche Überlieferung erklärt die Tatsache, daß die Stifterinitialen nach innen gekehrt bzw. seitenverkehrt ge-schnitzt sind, mit der tiefen Demut der Stifter.

* **Bideford** (an der A 39, 12 km SW Barnstaple)

Das Wahrzeichen des Ortes ist die 200 m lange, 24bogige *Brücke* über den River Torridge. An ein Werk der Literatur, mit dem Bideford untrennbar verbunden ist, erinnert der kleine Küstenvorort **Westward Ho!** Der nämlich erhielt seinen seltsamen Namen nach dem Titel jenes berühmten Romans aus dem Jahre 1855, in dem *Charles Kingsley* (1819–75) die Blüte Bidefords als Handelshafen und Werftplatz zur Zeit der großen elisabethanischen Seefahrer beschrieben hat.

** **Clovelly** (abseits der A 39, 16 km W Bideford)

Das »Show Village« Devons oder gar – glaubt man den vollmundigen Slogans einiger Fremdenverkehrswerber – ganz Englands: das ist das Fischerdorf Clovelly. Tatsächlich ist der Ort, der Jahr für Jahr Ziel zahlloser Besucher ist, schlicht einzigartig: Die Dorfstraße ist etwa 800 m lang und führt bei einem Gefälle von 35% auf direktem Weg zum winzigen Hafen. Sie ist kopfsteingepflastert und an einigen Stellen leidlich fußgängerfreundlich gemacht. Motorfahrzeuge können (und dürfen) hier nicht fahren, und größere Waren (oder z. B. Umzugsgut) werden mit hölzernen Schlitten transportiert. Die schmucken kleinen Häuschen, die die Straße säumen, sind mit Blumen dekoriert. Ihre Türen sind fast immer geöffnet, so daß der Besucher ins Hausinnere schauen kann. Seit Menschengedenken transportieren Esel die gehun-willigen Gäste zum Hafen hinunter. In neuerer Zeit wurde vom Gast-haus Red Lion aus (am Hafen) ein rauher Fahrweg an der Klippenkante entlang eingerichtet. Er kann im Notfall (und manchmal auch zum Personentransport) von geländegängigen Fahrzeugen benutzt werden.

Clovelly und sein Hafen haben von jeher die Maler angezogen. So kennen wir Bilder von Turner, F. W. Sturge und William Daniell sowie Rex Whistlers Porzellanmalereien. Als ›Steepway‹ begegnet Clovelly

Der Fischerhafen von Clovelly

uns in Charles Dickens' ›A Message from the Sea‹ (›Christmas Stories‹).
Am ausführlichsten hat Charles Kingsley das Dorf in ›Westward Ho!‹
beschrieben. Er lebte 1830–36 in Clovelly, als sein Vater Pfarrer von *All
Saints* (normannischen Ursprungs) oberhalb des Dorfes war.

Hartland (an der B 3248, 8 km W Clovelly)

Das heute ländlich geprägte große Dorf war in elisabethanischer Zeit
eine bedeutende Stadt. In der Filialkirche *St. John* (1839) ist ein
unerwartetes Kunstwerk verborgen: das Gemälde ›Die Geburt Christi‹
von Romanino (ca. 1484–ca. 1559). Die Mutterkirche ist *St. Nectan*
(14. Jh.) im 2 km westlich gelegenen Flecken **Stoke**. Ihr Turm aus dem
späten Perpendicular ist mit 39 m der höchste Kirchturm Devons – ein
weithin sichtbares Wahrzeichen. Eine Rarität ist das hölzerne Chorgitter (15. Jh.) mit seinen eingeschnitzten Schilden. Ebenfalls sehenswert:
das reich verzierte normannische Taufbecken.

   Nicht weit von Hartland stürzt das Land über dramatisch zerklüftete
Klippen in den Ozean: Hier liegt *Hartland Point** mit seinem Leuchtturm, die imposante Nordwestspitze Devons. *Hartland Quay* (südlich
Hartland Point), eine Bootsanlegestelle aus der Zeit Elisabeths I.,
wurde 1893 endgültig aufgegeben.

* Lundy

Fährverbindungen von Bideford und Ilfracombe; Hubschrauber von Hartland Point

Bizarre Felsformationen als an Devons Nordküste gibt es auf Lundy zu bewundern, der winzigen Insel (Länge ca. 5 km, Breite ca. 1 km) am Ausgang des Bristol-Kanals. Besonders die Westküste ist so furchterregend, daß man ihre Klippen fast sämtlich mit dem Teufel in Verbindung bringt. Sie heißen Devil's Slide, Devil's Chimney, Devil's Limekiln, Devil's Kitchen oder ähnlich. Der Insel selbst gaben norwegische Piraten den Namen. (»Lund« heißen die Papageientaucher, die sie antrafen, als sie die Granitinsel im ausgehenden 9. Jh. einnahmen.) Vom 12. Jh. bis 1321 gehörte die Insel der Familie de Marisco. Reste einer Wehrburg *(Marisco Castle)* südlich des kleinen Dorfes und die Kneipe *Marisco Tavern* (die außerhalb der englischen Schankzeiten betrieben werden darf!) erinnern an sie. In den folgenden Jahrhunderten war Lundy Unterschlupf für Piraten, Faustpfand, Königliche Münze unter Karl I. (nach 1646) und illegale Strafgefangenenkolonie. 1836 begannen unter der Eigentümerschaft William H. Heavens geregelte Verhältnisse. Sein Haus, *Millcombe House*, wurde im einzigen nach Osten gelegenen Tal gebaut und mit einem durch hohe Mauern vor den ständigen Stürmen geschützten Garten umgeben. Heavens Sohn war Pfarrer und ließ 1896 die Kirche *St. Helen* bauen, die von Harry Hems aus Exeter ausgestattet wurde. Das Baumaterial kam zum Teil von den Unterkünften, die eine kurzlebige Steinbruchgesellschaft in den 60er Jahren errichtet hatte. Die Trasse der Steinbruchbahn ist an der Ostseite der Insel noch zu sehen und ist ein vor den heftigen Westwinden gut geschützter Wanderweg *(Rhododendron Walk)*.

Heute wird die 1968 vom National Trust erworbene Insel vom Landmark Trust bewirtschaftet (etwa 130 Unterkunftsplätze). Die meisten Besucher kommen der Einsamkeit wegen und um zu wandern und zu klettern. Etwa ein halbes Dutzend mögliche Abstiege führen zum Meer hinunter. Von ihnen sind die Straße zum *Landing Beach* und der Stufengang zum *Kittiwake Gully* in der Nähe der Nordspitze der Insel die sichersten.

Ein ausgesprochenes Paradies ist Lundy für Freunde der britischen Leidenschaft des »Bird-watching«: Über 400 Vogelarten hat man auf der Insel gezählt. Die Lundy-Ponies schließlich, die einen Teil der Insel bevölkern, stammen vom Dartmoor-Pony und dem Welsh Mountain Stallion ab.

50 Ottery St. Mary und Ost–Devon

Shute Barton (NT; S der A 35 an der B 3161, 5 km SW Axminster)

ist ein Herrensitz von ca. 1787, der von den Resten eines wesentlich älteren Hauses (14., 15. und 16. Jh.) umgeben ist.

Loughwood Meeting House (NT; an der A 35, 6,5 km W Axminster)

Das kleine rechteckige Reetdachgebäude wurde 1653 von der Baptistengemeinde des Ortes Kilmington als Ersatzkirche gebaut, da die puritanische Verwaltung des Ortes die Glaubensfreiheit nicht respektierte und die Baptisten an der Ausübung des Gottesdienstes hinderte.

Honiton (an A 30 und A 35, 15 km W Axminster)

ist seit elisabethanischer Zeit ein Zentrum der Klöppelspitzenherstellung. Eine wertvolle Sammlung von Honiton-Spitze ist im *Honiton and Allhallows Museum* zu sehen. *Hembury Fort* außerhalb der Stadt ist eine sehr gut erhaltene eisenzeitliche Hügelfestung.

Ottery St. Mary (an der B 3174, 7 km SW Honiton)

Einer einzigen Sehenswürdigkeit wegen ist das in schöner ländlicher Umgebung gelegene Städtchen einen längeren Aufenthalt wert: der Kirche **St. Mary. Die auf einen 1260 geweihten Bau zurückgehende Kirche ist in ihrer großartigen Anlage deutlich der Kathedrale von Exeter nachempfunden. Den Bischöfen verdankt sie auch die wesentlichen Bauimpulse: Marienkapelle, Chor und Hauptschiff mit den Seitenschiffen in ihrer heutigen Form wurden gebaut, als Bischof John Grandisson von Exeter hier im Jahre 1337 für 40 Geistliche ein Stift einrichtete. Offensichtlich von Exeter übernommen ist die höchst ungewöhnliche Anordnung der Türme über den Querhäusern. Weitere Parallelen finden sich in der überaus reichen Innenausstattung: St. Mary hat wie Exeter (und die Kathedrale von Wells sowie Wimborne Minster) eine *astronomische Uhr*, und die Schlußsteine der Marienkapelle sind wohl den Künstlern zuzuschreiben, die die Schlußsteine des Hauptschiffgewölbes von Exeter schufen. Sie zeigen Bischof Grandisson, Johannes den Täufer, die hl. Anna mit der Jungfrau Maria, die Verkündigung Mariens, Jungfrau und Kind, die Himmelfahrt Mariens, die Krönung Mariens und das Jüngste Gericht. Aus Bischof Grandissons Zeit stammen darüber hinaus die Sedilia, die Altarrückwand, die

Miserikordien in Marienkapelle und Chor sowie das vergoldete hölzerne Adlerpult in der Marienkapelle, eines der ältesten in England. Auch die prachtvollen Grabdenkmäler für Mitglieder der Familie Bischof Grandissons und schließlich die Brasse im südlichen Seitenschiff tragen dazu bei, daß St. Mary mehr mit einer Kathedrale als mit einer Dorfkirche zu vergleichen ist.

An der Kirchhofmauer erinnert eine Gedenktafel an den berühmtesten Sohn der Stadt, den Dichter *Samuel Taylor Coleridge*. Er wurde hier 1772 als 13. und letztes Kind des Pfarrers und Schulmeisters John Coleridge geboren. Das Denkmal zeigt seine Reliefbüste und den Albatros aus seinem ›Rime of the Ancient Mariner‹ von 1798.

Etwa 2 km NW Ottery liegt der Landsitz *Cadhay Manor*, eines der bedeutendsten Tudor-Häuser in Devon.

* Bicton House (an der A 376, 13 km S Ottery St. Mary)

beherbergt heute eine Landwirtschaftsschule. Herrlich für eine kurze Rast ist der Park, der das Anwesen umgibt: exotische Bäume, ein schön gelegener See, eine Araukarienallee. Kein Geringerer als *André le Nôtre*, der Schöpfer der Gärten von Versailles, legte den Park an. Trotz der Schmalspurbahn, die die Besucher transportiert, ein lohnendes Ziel.

East Budleigh (2 km S Bicton House)

Hier wurde in einem Bauernhaus (*Hayes Barton*, W des Dorfes) einer der großen Helden der englischen Geschichte geboren: *Sir Walter Raleigh* (ca. 1552–1618), der legendenumwobene Dichter, Kriegsheld und Vertraute Elisabeths I. Das Familienwappen der Raleighs ist, von Hirschen getragen, auf einer der 63 überaus kunstvollen Gestühlswangen der Dorfkirche *All Saints* (frühes 15. Jh.) zu sehen.

Budleigh Salterton (4 km S East Budleigh)

Auch hier ist der Name Raleigh Bestandteil der örtlichen Geschichte – jedenfalls seit *John Everett Millais* (1829–96), der präraffaelitische Maler, ›*The Boyhood of Raleigh*‹ malte: Sir Walter und sein Halbbruder Sir Humphrey Gilbert als Knaben an der Mauer oberhalb des grauen Kieselstrandes. Doch auch wer nicht im Gedenken an den großen Seefahrer herkommt, wird die idyllische Lage des Ortes schätzen. Die Klippen, die den Ort umgeben, sind bis zu 75 m hoch und gewähren eine Aussicht bis zur Halbinsel Portland in Dorset und entlang der Küste von Devon bis Torquay und Berry Head bei Brixham.

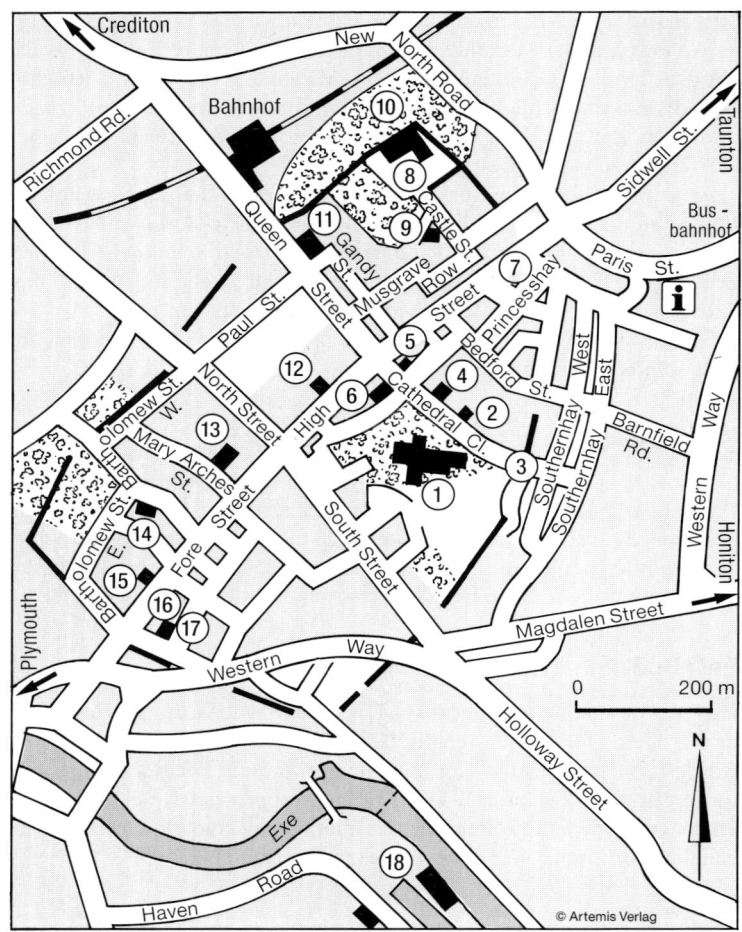

Exeter: Stadtplan

*** ① Kathedrale *(S. 299)*
② Mol's Coffee House *(S. 302)*
③ New Cut *(S. 302)*
④ St. Martin's Church *(S. 303)*
⑤ Ship Inn *(S. 303)*
⑥ Royal Clarence Hotel *(S. 303)*
* ⑦ Underground Passages *(S. 303)*
⑧ Rougemont Castle *(S. 303)*
⑨ Rougemont House *(S. 304)*

⑩ Northernhay Gardens *(S. 304)*
* ⑪ Royal Albert Memorial Museum *(S. 304)*
* ⑫ Guildhall *(S. 304)*
⑬ St. Mary Arches *(S. 304)*
⑭ St. Nicholas Priory *(S. 304)*
⑮ Tuckers Hall *(S. 304)*
⑯ St. Mary Steps *(S. 304)*
* ⑰ Stepcote Hill *(S. 304)*
* ⑱ Maritime Museum *(S. 304)*

** **Exeter**

Lage: An der M 5, 277 km W London

Geschichte: Exeter, die heute rund 100 000 Einwohner zählende Bischofs- und Universitätsstadt sowie Hauptstadt von Devon, trat erstmals um 80 n. Chr. als *Isca Dumnoniorum* ins Licht der geschriebenen Geschichte. Um 200 wurden die Stadtmauern gebaut (Reste im Bereich der Straße Southernhay); 1050 wurde Exeter Bischofssitz. Nach der normannischen Invasion 1066 widersetzte sich Exeter als einzige englische Stadt noch zwei Jahre den neuen Herren, und erst im Winter 1068 gelang es Wilhelm, die Stadt nach 18tägiger Belagerung einzunehmen. Ab Anfang des 12. Jh. (erste Stadtrechtsverleihung unter Heinrich I.) entwickelte Exeter sich, da der River Exe für Seeschiffe befahrbar war, zu einem blühenden Handelszentrum. 1290 jedoch kam der Handel durch einen Willkürakt der Lady Isabel, Countess of Devon, nahezu zum Erliegen: 5 km südlich der Stadt baute sie ein Wehr in den Fluß. Erst nach fast dreihundertjährigem Rechtshandel konnte die Stadt das Wehr beseitigen lassen. Doch der Fluß war zwischenzeitlich so stark versandet, daß 1564 der *Exeter Ship Canal* gebaut werden mußte, Englands erster Kanal. Er dient heute nur noch Privatbooten als Wasserweg.

Im 2. Weltkrieg fiel ein großer Teil der mittelalterlichen Gebäude einem Bombenangriff zum Opfer (5. Mai 1942).

*** **Kathedrale** ①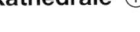

Geschichte: Von dem normannischen Vorgängerbau sind hauptsächlich die den gotischen Bau flankierenden Türme über den Querschiffen (**A**) erhalten – eine ungewöhnliche Anordnung, die später in Ottery St. Mary *(S. 296)* wiederholt wurde. Der gotische Neubau wurde im Todesjahr Bischof Grandissons fertiggestellt. Ähnlich wie die Kathedrale von Salisbury wurde die Kathedrale von Exeter ohne Veränderung des Bauplanes oder der Stilrichtung geschaffen. Sie fällt in die Periode der englischen Hochgotik (Decorated) und bietet wie die frühgotische (Early English) Kathedrale von Salisbury einen einheitlichen Anblick – das Erbe der normannischen Periode außer acht gelassen, das sich außer an den Türmen auch in der verhältnismäßig geringen Gewölbehöhe von 21 m zeigt.

Außenansicht: Unbestrittener Höhepunkt der Außenansicht ist die überwältigende dreischichtige *Westfassade* (**B**). Mit drei übereinanderliegenden Skulpturenreihen umschließt die unterste Fassadenschicht die relativ kleinen Portale. Engel, Könige in Richterpose mit gekreuzten Beinen, Apostel – alle unter steinernen Baldachinen und ursprünglich farbig bemalt – lassen diese vorgeblendete Bilderwand fast wie eine Altarrückwand erscheinen. Rechts neben dem Hauptportal versteckt sich *Bischof Grandissons* winzige *Grabkapelle* (**a**). Die zweite Schicht

Kathedrale von Exeter: Westfassade

der Fassade besteht fast zur Hälfte aus einem neunbahnigen Fenster mit großartiger Rose. Die oberste und dritte Schicht bildet der Giebel. In einer Nische unter dem First thront hier eine Petrusstatue.

Innenraum: Beim Eintritt in die Kathedrale öffnet sich dem Betrachter ein gewaltiger Raum. Das auf sechzehnteiligen Pfeilern aus Purbeck-Marmor ruhende Gewölbe erstreckt sich bis zum Ostende des Chors. Es ist auch in der Vierung nicht unterbrochen und gilt somit als das längste durchgehende gotische Gewölbe der Welt. Lediglich der steinerne *Lettner* (**b**, 1317), dessen Pfeiler die ersten englischen Netzgewölbe tragen, und die darauf thronende Orgel behindern den Blick *(Farbtafel nach S. 304)*. Die lange Reihe der über 100 Schlußsteine erstrahlt heute wieder in reicher Farbigkeit: Sie zeigen die Krönung Mariens, König David mit der Harfe, die Kreuzigung, aber auch den Löwentöter Samson und die Ermordung Thomas Beckets. In der Nordarkade des Hauptschiffs befindet sich die *Minstrels' Gallery* (**c**, um 1330), möglicherweise eine Sängerempore. Sie ist mit 14 Engeln geschmückt, die Musikinstrumente spielen.

Ohne Zweifel das Glanzstück des Innenraumes ist der *Chor* (**C**). Hier sind die ältesten *Miserikordien* Englands erhalten (1230–70), 51 reich geschnitzte und eine außerordentliche Themenvielfalt darstellende

Stücke: ein Krokodil, das seine Beute verspeist; ein Elefant mit Kuhfü-
ßen zwischen Mönch und Kreuzfahrer; ein Ritter im Kampf mit einem
Leoparden; eine Meerjungfrau mit einem Fisch in den Händen; ein
Mann in einem Boot, der, wie Lohengrin, von einem Schwan gezogen
wird. Oder – wohl am bemerkenswertesten – die Figur eines Königs,
den man in einen Kessel mit kochendem Wasser gesteckt hat.
Einzigartig ist der *Bischofsthron* (**d**, 1313–17), der der erste und
prächtigste seiner Art in England ist. Das 18 m hohe Kunstwerk, nahezu
ein Gebäude für sich, ist über und über mit Schnitzereien dekoriert. Die
vier Paneele, die den Stuhl des Bischofs umgeben, tragen Porträts der
vier Bischöfe, die maßgeblich am Bau der Kathedrale beteiligt waren:
William Warelwast (1107–37), Peter Quivil († 1291), Grandisson und
Walter Stapledon († 1326), der Auftraggeber des Throns. Daß beim
Zusammenbau der Einzelteile ausschließlich Zapfen und Dübel verwendet wurden, erwies sich im 2. Weltkrieg als glücklich. Der Thron
konnte schnell zerlegt und in Sicherheit gebracht werden. Von dem

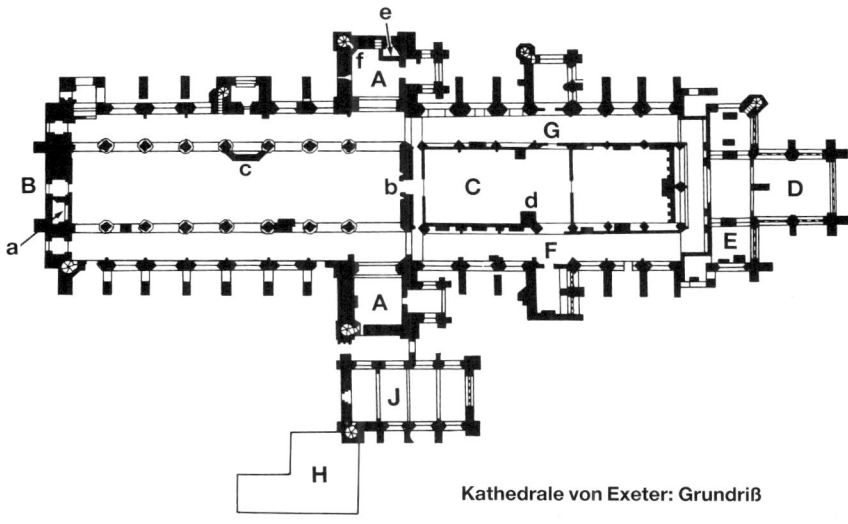

Kathedrale von Exeter: Grundriß

A Querschiff mit normann. Türmen
B Westfassade
C Chor
D Marienkapelle
E Gabrielskapelle
F Südl. Chorseitenschiff
G Nördl. Chorseitenschiff
H Dombibliothek
J Kapitelsaal

a Grabkapelle Bischof Grandisson
b Lettner
c Minstrel's Gallery
d Bischofsthron
e Sylke Chantry
f Astronomische Uhr

Bombentreffer, den die Kathedrale an dieser Stelle erhielt, blieb er so
verschont.

Einige *Grabdenkmäler* verdienen besondere Beachtung: in der *Marienkapelle* (**D**) für die Bischöfe Bartholomeus Iscanus († 1184), Simon
of Apulia († 1223) und Peter Quivil († 1201); zwischen Marienkapelle
und Gabrielskapelle (**E**) für Bischof Branscombe († 1280); im südlichen
Chorseitenschiff (**F**) für zwei Ritter (14. Jh.), die mit Sir Humphrey de
Mohun, Earl of Hereford, und Sir Henry de Ralegh identifiziert werden, sowie für Bischof Berkeley († 1327); im nördlichen Chorseitenschiff (**G**) für die Bischöfe Leofric († 1072), Marshall († 1206), Walter
Stapledon († 1326) und dessen Bruder Sir Richard († 1320); im südlichen Querschiff für Hugh Courtenay, 2. Earl of Devon († 1377) und
seine Ehefrau. Im nördlichen Querschiff schließlich (in der Sylke
Chantry, **e**) ein »Cadaver« († 1509) mit »sprechender« Inschrift, die um
das Gebet des Betrachters bittet.

An der Nordwand des nördlichen Querschiffs befindet sich die *astronomische Uhr* (**f**) von 1376 (neues Gehäuse von 1760), die Minuten,
Stunden, Tage und Mondphasen anzeigt. Das mittelalterliche Uhrwerk
ist in der Sylke Chantry (**e**) zu sehen. Über dieser Kapelle zeigt eine
Wandmalerei aus dem 14. Jh. die Himmelfahrt Christi.

In einem der Schaukästen in der Kathedrale ist eine Kopie des
Testaments Heinrichs VIII. ausgestellt. Die *Dombibliothek* (**H**) besitzt
unter rund 8000 Büchern eine Rarität: den als »Exeter Book« bekannten *Codex Exoniensis* aus dem 10. Jh., der ungefähr ein Drittel der
überlieferten altenglischen Versdichtung enthält und der Kathedrale
von Bischof Leofric geschenkt wurde.

* Die Domfreiheit (Cathedral Close)

Trotz der Zerstörungen des 2. Weltkrieges ist der intime Charakter der
verhältnismäßig kleinen Domfreiheit erhalten geblieben. Fachwerkhäuser und Bauten aus dem örtlichen roten Kalkstein bestimmen das
Bild. Vor dem Nordportal der Kathedrale steht die Statue des in Exeter
geborenen Theologen *Richard Hooker*. Sein achtbändiges Werk ›Of the
Laws of Ecclesiastical Polity‹ (1594–97 und posthum), eine Auseinandersetzung mit dem Puritanismus, hat den streitbaren Geistlichen berühmt gemacht. *Mol's Coffee House* ② (heute Kunsthandlung), ein
vierstöckiges Fachwerkhaus von 1596 mit Erkern und breiten Fenstern,
trägt einen geschweiften Giebel von 1885. An Häusern aus dem 17. Jh.
und mittelalterlichen Klerikerresidenzen vorbei geht es rechts von
Mol's zum *New Cut* ③, einem 1814 geschaffenen Durchbruch durch die
Stadtmauer unter einer eisernen Brücke.

Die Stadt

Links an Mol's schließt sich die kleine *St. Martin's Church* ④ an. In der Martin's Lane steht das *Ship Inn* ⑤, der Überlieferung zufolge Sir Francis Drake's Lieblingskneipe, heute eines der führenden Restaurants der Stadt. Das *Royal Clarence* ⑥ gegenüber erhielt 1770 als erster Beherbungsbetrieb in England die Bezeichnung »Hotel«.

Martin's Lane mündet in die High Street. Rechts ab geht es an Gebäuden vorbei, die erkennen lassen, daß hier einer der Schwerpunkte des Bombenangriffs von 1942 lag. An die damals zerstörte Kirche St. Olave erinnert eine Plakette.

Die Bedford Street führt nach rechts zur Fußgängerzone Princesshay. Hier sind die *»*underground passages*« ⑦ zu besichtigen, die mittelalterlichen Tunnel der städtischen Wasserversorgung – ein, wenn auch stellenweise sehr unbequemes, so doch hochinteressantes Unterfangen.

Exeter: Am Stepcote Hill *(S. 304)*

Zurück über die High Street kommt man in der Castle Street zum Komplex des *Rougemont Castle* ⑧. Auf der linken Straßenseite steht das *Rougemont House* ⑨ aus dem frühen 19. Jh., das heute Archäologisches und Historisches Museum für Devon ist. Von der mittelalterlichen Burg sind Graben, Ringmauer, Torhaus und Athelstan's Tower erhalten. Das vom Torhaus aus sichtbare Haus aus dem 18. Jh. ist das Gerichtsgebäude (nicht der Öffentlichkeit zugänglich). Das 1612 angelegte Parkgelände *Northernhay Gardens* ⑩ umgibt den Burgkomplex. In der viktorianischen Queen Street steht das 1868 von Königin Viktoria eröffnete *Royal Albert Memorial Museum* ⑪ (Britische Malerei, Exeter-Silber, Kunsthandwerk aus der Grafschaft Devon).

Die Queen Street führt zur High Street zurück. Auf der rechten Seite steht die *Guildhall* ⑫ von 1468/70 und 1592/94 mit viktorianischen Umbauten. Sie ist die älteste in England und hat wertvolles Amtssilber aus mehreren Jahrhunderten. Im *Turk's Head* neben der Guildhall kehrte schon Charles Dickens ein. Hier fand er das Vorbild für den »dicken Knaben« seiner ›Pickwick Papers‹ (1837).

St. Mary Arches ⑬ in der gleichnamigen nach rechts abzweigenden Querstraße hat als einzige Kirche in Devon beidseitige normannische Arkaden von vier Jochen. Die nächste Abzweigung rechts, The Mint, bringt uns zu den restaurierten Überresten der *St. Nicholas Priory* ⑭, einer Benediktiner-Gründung von 1080. Ein normannisches Untergeschoß, ein Tudor-Saal und die Küche aus dem 14. Jh. sind zur Besichtigung freigegeben. *Tuckers Hall* ⑮, das alte Zunfthaus der Weber, Tuchwalker und Tuchscherer, wird von diesen noch heute genutzt. Sehenswert ist die Täfelung aus dem 17. Jh. Links der New Bridge Street, südwestliche Fortsetzung der Fore Street, erkennt man die erhalten gebliebene Hälfte der Exe-Brücke von 1200.

An der Kreuzung zweigt die West Street nach links ab. Neben dem früheren Standort des westlichen Stadttores steht die Kirche *St. Mary Steps* ⑯ mit einem zylindrischen normannischen Taufbecken und einer Uhr aus der 1. Hälfte des 16. Jh., ihres Zifferblattes wegen »Matthäus der Müller und seine Söhne« genannt. Hinter ihr zweigt steil aufwärts mit *Stepcote Hill* ⑰ das malerischste Sträßchen Exeters ab: ein von flachen Stufen gesäumter gepflasterter Weg, an dem halb aus Fachwerk gebaute zweistöckige Häuschen stehen. Eine Kuriosität ist hier »*The House that moved*«: Es »zog« einst aus der St. Edmunds Street an den Stepcote Hill »um«.

Schließlich noch eine Empfehlung für einen Museumstag: Das *Maritime Museum* ⑱ in zwei Becken des Exeter Ship Canal ist hervorragend ausgestattet.

Das Hauptschiff der Kathedrale von Exeter *(S. 300)* ▷

Der Hafen von Polperro *(S. 328)*

Umgebung von Exeter

Killerton House (NT; abseits der B 3185, 11 km NO Exeter)

Dieser georgianische Landsitz beherbergt die *Kostümsammlung Paulise de Bush*. Die Räume sind zu den verschiedenen Modeepochen passend eingerichtet – ein Querschnitt durch die Kostümgeschichte vom 18. Jh. bis zur Gegenwart. In dem 6 ha großen *Landschaftspark* (1815) hat man großartige Ausblicke in die Flußtäler des Clyst und des Culm und bis hinüber zu den Höhen des Dartmoor. Im Baumgarten steht u. a. die erste in Großbritannien gezogene Wellingtonia. Im Frühjahr, wenn die Magnolien, Azaleen, Rhododendren und Kamelien blühen, entfaltet der Park seine größte Pracht.

* **Tiverton** (an der A 396, 25 km N Exeter)

Twifyrde-tun – die »Stadt an den zwei Furten« (River Exe und River Lowman) – so hieß Tiverton in sächsischer Zeit. Die heute rund 16 000 Einwohner zählende Stadt kam durch Wollhandel und Tuchherstellung zu Reichtum – und durch die Stiftungsbereitschaft reicher Bürger zu ihren Armenhäusern und einigen ihrer Kunstwerke. Die deutlichsten Beispiele für solches Mäzenatentum sind das Südportal und die Südkapelle der Pfarrkirche **St. Peter* (1073 geweiht). John Greenway, reichster Tuchmacher der Stadt, ließ die beiden Anbauten 1517 errichten, und der Skulpturenschmuck weist eindeutig auf diese Herkunft hin: Ein Fries über den Fenstern der Kapelle zeigt die Schiffe, mit denen der lukrative Handel betrieben wurde, und über der Tür im Südportal ist die Himmelfahrt Mariens dargestellt, flankiert von Abbildern John Greenways und seiner Ehefrau sowie den Initialen IG.

* **Knightshayes Court** (NT; abseits der A 396, 3 km N Tiverton)

ist der viktorianische Landsitz der Fabrikantenfamilie Heathcoat-Amory, die hier eine beeindruckende *Gemäldesammlung* zusammengetragen hat: Werke von Raffael, Holbein d. J., Rembrandt, Cranach d. Ä., Constable, Turner und anderen. Eine Büste von Jacob Epstein stellt die Haushälterin Sir Heathcoat-Amorys, Miss Deirdre, dar.

* **Crediton** (an A 377 und A 3072, 12 km NW Exeter)

war von 909 bis 1050 (Verlegung der Diözese nach Exeter) Bischofssitz und gilt als Geburtsort (672) des »Apostels der Deutschen«, Winfrid, genannt *Bonifatius*. Ein Denkmal im Ort erinnert an ihn.

Stolz der Stadt ist die frühere Stiftskirche *Holy Cross*, die fast Kathedralenausmaße hat. Sie wurde im 12. Jh. begonnen. Vierung und Wände der Querschiffe stammen aus dieser Zeit. Um 1300 folgte die Marienkapelle. Der Rest, insbesondere der für Devon ungewöhnliche Obergaden, ist spätgotisch. Die Kirche hat ein normannisches Taufbekken mit einem Baldachin aus Eichenholz und eine Reihe interessanter Grabdenkmäler.

* **Powderham Castle** (abseits der A 379, 12 km S Exeter)

ist der Hauptsitz der Familie Courtenay (Earls of Devon). Der Bau ist eine Abfolge von Bauabschnitten aus dem 14., 16., 18. und 19. Jh. Aus dem Mittelalter sind die starken Türme erhalten; der Backsteinflügel zeugt davon, daß im 16. Jh. ein Umbau dem Haus den damals modernen E-Grundriß gab. Das Interieur beginnt Ende des 17. Jh. 1755 folgten das Treppenhaus und die Bibliothekszimmer, 1770–75 das an den Nordostflügel angebaute überkuppelte Musikzimmer. Im Rotwildpark des Schlosses wurde 1773 ein dreieckiger Aussichtsturm gebaut. Einmal wöchentlich wird hier eine Falkenbeize mit Tieren aus eigener Zucht vorgeführt.

52 Die »Englische Riviera« bis Dartmouth

Teignmouth (an A 379 und A 381, 20 km S Exeter)

Ein sicherer Strand, umgeben von bizarren roten Sandsteinklippen (»Parson and Clerk«) und die malerische Lage am Mündungstrichter des River Teign lockten schon im 18. Jh. die Gäste nach Teignmouth. Da auch Berühmtheiten der Literaturszene wie Fanny Burney oder Jane Austen darunter waren, stieg die Popularität des Ortes rapide an, und er entwickelte sich schnell zu einem typischen Regency-Städtchen. Der *Crescent* (1826) mit dem Festsaal in der Mitte (heute auch mit Carlton Theatre, Kino und Aquarium) ist die interessanteste architektonische Hinterlassenschaft aus dieser Zeit.

Newton Abbot (an der A 381, 8 km W Teignmouth)

Zwei Herrenhäuser lohnen den Besuch: *Forde House* (1610) im Zentrum hat großartige Stuckdecken. Im Bürgerkrieg wechselte es mehrfach den Besitzer, und 1688 diente es Wilhelm III. von Oranien als erste Unterkunft in England nach seiner Landung in Brixham *(S. 309)*.

◁ Holy Cross Church in Crediton

Bradley Manor (NT), ein kleines Herrenhaus der Familie Yarde mit drei Giebeln und Erkern, wurde 1419 begonnen. 1428 kam die Kapelle hinzu, deren Altarbild aus Alabaster aus dem 15. Jh. stammt. Die Great Hall beeindruckt durch ihre schöne Holzbalkendecke, und ein Raum im Südflügel durch elegante Täfelung (1695) und ein kunstvolles Stuckgesims.

** Torquay

Lage: An der A 379, 10 km S Teignmouth

Torquay ist das größte, berühmteste und zweifellos auch das eleganteste Seebad an Devons »Englischer Riviera«. Das milde Klima, vom Golfstrom entscheidend beeinflußt, zog neben den Durchschnittsurlaubern seit jeher die literarische Prominenz nach Torquay. Für Alfred Tennyson war das Seebad »the loveliest sea-village in England«, das ihn zu seinem Gedicht ›Audley Court‹ inspirierte. Charles Kingsley, Autor von ›Westward Ho!‹, kam aus Sorge um die Gesundheit seiner Frau nach Torquay; Benjamin Disraeli, Elizabeth Barrett und Edward Bulwer-Lytton (der 1873 in Torquay starb), waren häufige Wintergäste. Sean O'Casey (1880 bis 1964), der große irische Dramatiker, verbrachte seine letzten neun Lebensjahre in Torquay, und Agatha Christie (1890–1976) schließlich, die Grande Dame des Kriminalromans, wurde in der Stadt geboren.

Die Ursprünge von Torquay liegen bei der 1196 von Mönchen aus dem französischen Prémontré gegründeten *Torre Abbey*. Nach der Auflösung unter Heinrich VIII. wurde sie teilweise zur Residenz umgebaut. Der älteste erhaltene Teil ist das Torhaus von 1320. Reste des Kapitelhauses sind noch zu erkennen; der jüngste Teil der Residenz ist georgianisch. Die Zehntscheune *Spanish Barn* (westlich des Hauses; heute Gemäldegalerie und Museum) mußte nach der Niederlage der Armada als Gefängnis für spanische Seeleute herhalten.

Die heutige Stadt besteht im wesentlichen aus einem Städtebauprojekt, daß die Großgrundbesitzerfamilie Palk zwischen 1820 und 1860 ins Werk setzte. Unter Leitung des Architekten Jacob Harvey und seiner Söhne entstanden *Higher Terrace* (1811) oberhalb des Inner Harbour, *Vaughan Parade* (1830) und *Hesketh Crescent* (1846), die spektakulärste Reihenhausanlage der Stadt.

Am nordöstlichen Stadtrand kann man die rot, grün und weiß schillernden Stalagmiten von *Kent's Cavern besuchen, ein Höhlensystem, in dem man Spuren menschlicher Besiedlung von ca. 40000 v. Chr. nachgewiesen hat – die frühesten, auf die man je in Großbritannien stieß. *Compton Castle* (NT; ca. 6 km W Torquay), ein 1320 begonnenes befestigtes Herrenhaus, war einst im Besitz Sir Humphrey Gilberts (1539–83), des Entdeckers Neufundlands und Halbbruders von Sir Walter Raleigh.

Torquay

Paignton (3 km S Torquay)

ist wie Torquay eine viktorianische Stadt und Sitz zahlloser Sommer-
sprachschulen. In der Kirche *St. John* (normannischen Ursprungs) sind
die prunkvollen Grabdenkmäler in der Votivkapelle der Familie Kirkham sehenswert. *Kirkham House* (EH; 15. Jh.), die Stadtresidenz der
Familie, bietet – unerwarteterweise – eine Ausstellung moderner Möbel. Ein erstaunliches Haus ist *Oldway Mansion*. Der mit Pilastern und
Säulen geschmückte Bau (1873 begonnen) war das Wohnhaus des
amerikanischen Nähmaschinenmagnaten *Isaac M. Singer*. Sein Sohn
Paris Singer, der das Haus vor dem 1. Weltkrieg zusammen mit der
gefeierten Tänzerin Isadora Duncan bewohnte, vollendete es um 1900
nach eigenem Entwurf. Versailles und die Pariser Oper standen deutlich dabei Pate. Heute ist das Haus, dessen Ballsaal und Foyer öffentlich
zugänglich sind, Sitz der Stadtverwaltung von Paignton.

* Brixham (6 km SO Paignton)

Die kleine Hafenstadt atmet regelrecht Geschichte: 1588 brachte *Sir
Francis Drake* hier ein von ihm erbeutetes spanisches Kriegsschiff in den
Hafen; und hundert Jahre später landete *Wilhelm III. von Oranien* in
Brixham auf seinem Weg zur Nachfolge Jakobs II. – der Beginn der
unblutigen »Glorreichen Revolution«. Die Statue des Königs am Hafen
erinnert daran.

309

Denkwürdiges ereignete sich auch im Jahre 1815 vor Brixham: Der bei Waterloo geschlagene *Napoleon* versuchte, hier an Land und in englisches Exil zu gehen. Doch es wurde ihm verwehrt. Auf offener See mußte er in die englische ›Northumberland‹ umsteigen und den Weg in die Verbannung nach St. Helena antreten. Brixham hat sich – anders als Paignton und Torquay – eine beschauliche Atmosphäre bewahrt. Der bunte kleine Hafen ist Hobbymalern ein vertrautes Motiv. Die Kirche *All Saints* am Hafen wurde 1820–24 gebaut, *St. Mary* in Upper Brixham im späten 14. Jh.

** Dartmouth

Lage: An der A 379, 10 km SW Brixham

Dartmouth ist wie Brixham mit Recht auf seine idyllische Lage stolz. Doch ebenso gern verweist man in der Stadt auf deren ruhmreiche Marinegeschichte: Von Dartmouth aus zogen Schiffe zu Kreuzzügen (1190), zur Belagerung von Calais durch Eduard III. (1347) und zum Kampf gegen die Armada (1588). Und 1944 lagen 400 amerikanische Schiffe im Warfleet Creek und warteten auf ihren Einsatz bei der Invasion in der Normandie. Kein Wunder also, daß Dartmouth 1905 Sitz des *Royal Naval College* wurde, zu dessen Kadetten auch der Herzog von Edinburgh und Kronprinz Charles gehörten. Der pompöse rote Backsteinbau (Entwurf Sir Aston Webb) krönt einen Hügel nördlich der Stadt. Die militärische Bedeutung der Stadt kommt auch in zwei Befestigungsanlagen zum Ausdruck: *Dartmouth Castle* (EH; 1481–94, Erweiterungen im 16. Jh.) südlich der Stadt wurde zum Schutz des schiffbaren Mündungstrichters des River Dart gebaut, *Bayard's Cove Castle* (EH; 1537), wie Dartmouth Castle eine reine Artilleriestellung, zum Schutz des Innenhafens.

Das Zentrum der Stadt ist *The Quay*, das attraktive Ensemble auf den drei Seiten des heute hauptsächlich von privaten Booten genutzten Innenhafens. Schöner als die Häuser am Quay sind aber die Fachwerkbauten am *Butterwalk*, in der Coliford Lane und in der Higher Street. *Newcomen Lodge* am Ridge Hill erinnert an Thomas Newcomen, der 1705 die erste Dampfmaschine baute. Ein Originalexemplar der Maschine steht in den Royal Avenue Gardens nördlich des Hafens.

Von den Kirchen ist neben *St. Petrox* (ca. 1640, in der Nähe der Burg), die der Überlieferung nach aus der Einsiedlerkapelle des hl. Petroc († 594) hervorgegangen sein soll, vor allem *St. Saviour* am Fluß sehenswert. Man betritt die Kirche durch das Südportal (1620). Die einzigartigen schmiedeeisernen Beschläge (14. Jh.) der Tür stellen zwei Leoparden mit dem Lebensbaum dar. Die Westempore von 1633 ist noch im Stil der späten Tudor-Zeit gestaltet. Neben ihrem Treppenaufgang steht eine ehemalige Altarrückwand, die mit den Zehn Geboten und einer großen Bibel geschmückt ist. Das hölzerne Chorgitter hat ein exzellentes Maßwerk und verschwenderisch mit Blattwerk und Tieren geschnitzte Friese. Die steinerne Kanzel, mit reichem Skulpturenschmuck, stammt von ca. 1500. Eine mittelbare Erinnerung an die ruhmreiche Marinevergangenheit der Stadt ist der grandiose *Brass für John Hawley* († 1408) und seine beiden Ehefrauen, alle drei unter Baldachinen dargestellt. Hawley war ein reicher Schiffseigner, der mehrfach Bürgermeister von Dartmouth war und möglicherweise das Vorbild für Geoffrey Chaucers Seemann in den ›Canterbury Tales‹ (1387–1400):»For aught I woot, he was of Dertemouthe« – so jedenfalls stellt der Dichter ihn dort vor.

53 Totnes und Umgebung

Totnes (an A 381 und A 385, 10 km N Dartmouth)

Wenn wir der ›Historia Regum Britanniae‹ (1136) des Geoffrey of Monmouth glauben wollen, dann ist Totnes der Ort, an dem der Aeneas-Enkel *Brutus* in grauer Vorzeit landete und den folgenden, bequemerweise gleich in Versform überlieferten Spruch tat:»Here I sit and here I rest / And this town shall be called Totnes.« Und da er gerade dabei war, gab er auch der Insel, die er gerade betreten hatte, einen Namen – in Anlehnung natürlich an den eigenen:»Britannien«. Der Stein, auf dem er gesessen haben soll, der *»Brut's Stone«*, steht noch in der Fore Street, und bis auf den heutigen Tag verkünden die Stadtväter von Totnes von ihm aus den Beginn der Regierung eines jeden neuen Monarchen.

Aber nicht nur dieses fraglos liebenswerte Relikt seiner Geschichte hat Totnes zu bieten. Von einer runden *normannischen Wehrburg* (EH) sind die Außenmauern erhalten, von den mittelalterlichen Befestigungen zwei restaurierte Stadttore (*East Gate* und *North Gate*). In der Pfarrkirche *St. Mary* (15. Jh.) am oberen Ende der steil zum Fluß hin abfallenden Fore Street ist ein Kupferstich zu besichtigen, der der ›größte seiner Art sein soll: eine Kopie von Rubens' ›Kreuzerhöhung‹ aus der Kathedrale von Antwerpen, 1638 vom Künstler angefertigt, unter Anleitung von Rubens persönlich. In der von Granitpfeilern getragenen *Guildhall* (1611) nebenan sind u. a. Münzen aus sächsischer Zeit ausgestellt. *Tingrith House* (Ashburton Road) war von 1938 bis 1955 das Heim des irischen Dramatikers Sean O'Casey (1880–1964).

Berry Pomeroy (abseits der A 385, 4 km O Totnes)

Die elisabethanische Residenz innerhalb der Ruinen von *Berry Pomeroy Castle* (Torhaus von 1300; Anbauten ca. 1550) baute die Familie

Seymour. Sir Edward Seymour († 1593), der Bruder Jane Seymours, der dritten Frau Heinrichs VIII., ist zusammen mit seinem Sohn Edward und dessen Familie in der Pfarrkirche *St. Mary* beigesetzt. Der Lettner der Kirche (15. Jh.) ist einer der schönsten in Devon.

Dartington (abseits der A 385, 3 km NW Totnes)

lebt von und für *Dartington Hall*. Der Landsitz (1390; Tudor-Umbauten) wurde 1925 von dem amerikanischen Philanthropen Leonard Elmhirst erworben und in die Stiftung Dartington Trust überführt. Diese unterhält ein College of Arts, mehrere Schulen, eine Glasmanufaktur, ein Freilichttheater und exeperimentelle landwirtschaftliche Betriebe. Oberhalb des Hauses befindet sich im terrassenförmig angelegten Garten eine Skulptur von Henry Moore (1947).

Dean Prior (an der A 38, 10 km W Totnes)

liegt bereits am Rande des Dartmoor. In der einfachen *Kirche* des Ortes machen eine Gedenktafel, ein Glasfenster und eine Vitrine mit Büchern auf einen berühmten Pfarrer der Gemeinde aufmerksam: Hier hatte *Robert Herrick* (1591–1674), der berühmteste der »Kavalier-Dichter«, eine Pfarrstelle inne, die einzige seines Lebens. Seine nahezu 1000 Gedichte, in denen das elisabethanische Kunstlied Auferstehung zu feiern schien, machten den ursprünglich aus dem Londoner Literaturkreis um Ben Jonson stammenden Pfarrer im ganzen Land bekannt. Pastorales überwiegt in diesen Gedichten, und Liebesgedichte an drei Mädchen (Corinna, Julia und Anthea) lassen so gar nicht den Kirchenmann vermuten. Als ›Hesperides‹ erschien diese Sammlung erstmals 1648.

Buckfastleigh (an der A 38, 4 km N Dean Prior)

Die Benediktinerklosterkirche *Buckfast Abbey* wurde 1907 im Stil französischer Zisterzienserkirchen erbaut. Sie ist 65 m lang und hat einen großen Vierungsturm, der nicht zu dem Zisterzienserplan paßt. Normannisches Portal und Early English-Architektur, nahtlos angepaßt – eine vom äußeren Erscheinungsbild her zwar gewaltige, jedoch architektonisch unbefriedigende Arbeit.

Holne (4 km NW Buckfastleigh)

In dem kleinen Dorf mit Cottages und einem alten Inn wurde *Charles Kingsley* geboren *(s. S. 293)*. Ein Gedenkfenster in der mittelalterlichen Dorfkirche *St. Mary* (im nördl. Querschiff) erinnert an ihn.

54 Im **Dartmoor Forest

Lage: Zwischen Plymouth, Tavistock, Okehampton und Buckfastleigh

Drei Dinge sind es, die man gemeinhin mit der großartig wilden, fast menschenleeren Landschaft des ehemals königlichen Jagdreservats (heute Naturschutzgebiet) Dartmoor Forest verbindet: ein berüchtigtes Gefängnis, vorwiegend schlechtes Wetter und Ponies in freier Wildbahn. Zwei Flüsse, East und West Dart, haben dem Gebiet den Namen gegeben. Sie gelten als »Mother of Rivers« im Dartmoor und durchziehen das Mittelgebirge von Norden und Westen in östlicher Richtung und treffen sich bei Dartmeet. Die höchsten Erhebungen liegen bei Okehampton (High Willhays, 619 m, und Yes Tor, 616 m). Viele von ihnen tragen eigenartig zerklüftete Granitauswüchse, die durch Erosion entstanden und geformt sind und an vielen Stellen wie von Menschenhand geschaffen aussehen. Diese »Tors« erlauben einen weiten Ausblick auf die unwirtliche Heide- und Moorlandschaft und sind entsprechend beliebte Aussichtspunkte.

Das gesamte Gelände wird von lediglich zwei Straßen (A 384 Tavistock-Ashburton und B 3212 Yelverton-Moretonhampstead) erschlossen. Sie kreuzen sich bei Two Bridges und sind beim Princetown-Gefängnis durch eine kleine Querstraße miteinander verbunden. Der östliche, niedriger gelegene Teil, in dem fast alle kleinen Ansiedlungen liegen, hat jedoch ein richtiges kleines Straßennetz.

Die vielen prähistorischen Relikte (Hügelforts, Dolmen, Menhire, Steinhüttenkreise) sind stumme Zeugen der ersten Siedler. Im Mittelalter wurden im Dartmoor Zinn, Blei, Kupfer und Mangan abgebaut. Aus dieser Zeit ist die Bezeichnung »Stannary Towns« (stannum = Zinn) für die Städte Tavistock, Chagford, Ashburton und Plympton (heute Stadtteil von Plymouth) erhalten. Hier wachten »Stannary Courts« über Wohl und Wehe der Industrie, da in diesen Städten das Zinn offiziell gewogen wurde.

Heute wird das Dartmoor landwirtschaftlich genutzt (Schaf- und Rinderzucht, Getreideanbau). Es ist überdies ein beliebtes, wenn auch nicht ganz ungefährliches Wandergebiet. Der Wanderer sollte sich unbedingt an die Empfehlungen der Verwaltung des Nationalparks halten.

Ein einsamer Landstrich wie das Dartmoor ist natürlich in die Literatur eingegangen – vorwiegend in die Abenteuer- und Kriminalliteratur. So kennen wir Sir Arthur Conan Doyles ›The Hound of the Baskervilles‹ (1902), wissen von Victoria Holts Romanen, in denen das Gefängnis Princetown erwähnt wird. Nahezu vergessen sind hingegen die 18 Dartmoor-Romane von Eden Philpotts (1862–1960) und R. D. Blackmores (1825–1900) ›Christowell: A Dartmoor Tale‹, das 1881 die Herzen der Leser rührte.

Princetown (an der B 3212, 22 km W Ashburton, 11 km O Tavistock)

ist die größte Ansiedlung im Dartmoor und mit 440 m über dem Meeresspiegel eine der am höchsten gelegenen Ortschaften Englands. Seine ungeschützte Lage macht es zum düstersten Punkt im Dartmoor – ein passender Standort für Englands berühmtestes *Gefängnis*. Es wurde 1806 für Gefangene aus den Napoleonischen Kriegen gebaut und wird seit 1850 für Strafgefangene genutzt. Das Grundstück, auf dem es steht, wurde vom damaligen Prince of Wales, dem späteren König Georg IV., aus dem Besitz des Herzogtums Cornwall gestiftet. Daher erklärt sich der Name des Ortes. Gefangene waren es übrigens auch, die die Kirche *St. Michael* (1813) bauten. Eine Gedenktafel in der Kirche erinnert an 200 amerikanische Gefangene aus dem Krieg von 1812, die in Princetown starben.

Postbridge (an der B 3212, 8 km NO Princetown)

hat seinen Namen von einer sehenswerten *Clapper Bridge mit drei »Bögen«. Ähnlich Tarr Steps *(S. 286)* im Exmoor besteht sie aus großen flachen Steinen, die von gewaltigen Granitblöcken gehalten werden. Diese Clapper Bridges sollen bronzezeitlichen Ursprungs sein. Im Mittelalter waren sie willkommene Brücken für die Lastpferde, die Zinn und Kupfer aus den Dartmoor-Bergwerken in die Stannary Towns brachten. Aus diesem Grunde bezeichnet man sie auch als »Pack Horse Bridges«.

* Widecombe-in-the-Moor (7 km SO Postbridge)

ist einer der meistbesuchten Orte im Dartmoor. Die schöne Lage am Fuße des *Hameldown Beacon* (520 m) ist dafür ebenso verantwortlich wie der eindrucksvolle Gegensatz zwischen der Dorfkirche *St. Pancras* und den geweißten strohgedeckten Cottages aus Granit (und einigen aus »cob«, einer Mischung aus Lehm und Stroh). Die Kirche (mit sehenswertem Lettner aus dem 16. Jh.) überragt das Dorf deutlich. Zu Recht trägt sie den stolzen Beinamen »Cathedral of the Moor«. Das *Church House* (NT; 16. Jh.) nebenan war ursprünglich ein Brauhaus, diente zeitweise als Schule und ist heute Dorfversammlungsraum (Informationszentrum des NT im Anbau *Sexton House*).

Manaton (6 km NO Widecombe)

In der Umgebung dieses verschlafenen Dorfs, in dem der Romancier *John Galsworthy* (1867–1933) seinen Sommersitz hatte, sind zahlreiche Spuren prähistorischer Siedlungsformen erhalten: das eisenzeitliche Hügelfort *Hound Tor* (EH; 2 km S; mit *Hound Tor Medieval Village*, das von der Sachsenzeit bis etwa 1300 bewohnt war); dann *Hunter's Tor Camp* (2,5 km NO), ebenfalls aus der Eisenzeit, und schließlich – als interessantestes – *Grimspound* (EH; 3 km W), eine bronzezeitliche Siedlung landwirtschaftlicher Prägung: 24 runde Hütten innerhalb eines 3 m breiten Walls (»pound«) und einige der Mauern, die einzelne Felder voneinander trennten, sind noch zu erkennen.

Die Clapper Bridge von Postbridge

** **Castle Drogo** (NT; abseits der A 382, 4 km W Moretonhampstead)

ist Großbritanniens jüngstes Schloß (1910–30). Es liegt oberhalb der bewaldeten Schlucht des River Teign. Bauherr war der Teehändler Julius Drewe, der seine Abstammung von Drogo, einem Kampfgefährten Wilhelms des Eroberers, herleitete; sein Architekt war Sir Edwin Lutyens (1869–1944), berühmt wegen seines Talents, Stilelemente vergangener Zeiten in glaubhafte moderne Formen umzusetzen. So entstand Castle Drogo, ursprünglich viel größer geplant, als 60 m langer Granitbau, der von außen wie ein Tudor-Schloß wirkt und innen römische und normannische Gewölbe und Säulen aufweist.

Das Schloß hat wie ein mittelalterliches Schloß eine Kapelle mit Gewölbedecke, eine »Waffenkammer« (zur Aufbewahrung von Angelgerät!) und eine Gesindeküche, in der heute die Besucher bewirtet werden. Im Garten kann man gegen ein Entgelt Krocket spielen.

Okehampton (an der A 30, 22 km NW Moretonhampstead)

ist als »Hauptstadt des nördlichen Moors« bekannt. Architektonisch ist die kleine Marktstadt (4000 Einw.) nicht sehr bedeutend. Zu nennen sind aber: *Okehampton Castle* (EH; normannischer Bergfried); das im griechischen Stil erbaute Herrenhaus *Oaklands* (1830) am Nordrand der Stadt; und *All Saints*, die Pfarrkirche westlich der Stadt, mit Fenstern von C. E. Kempe und aus der Werkstatt von William Morris. Südlich der Stadt befinden sich die höchsten Erhebungen des Dartmoor (allerdings militärisches Sperrgebiet).

✳ **Lydford** (abseits der A 386, 15 km S Okehampton)

am Westrand des Dartmoor läßt aufgrund seines heutigen Erscheinungsbildes – kleine graubraune Cottages mit Schieferdächern – wenig von seiner früheren Bedeutung vermuten. Die Ortschaft war bereits in der Sachsenzeit eine der wichtigsten Siedlungen Devons (Erwähnung im ›Domesday Book‹). Im Mittelalter machte der Zinnabbau sie reich und mächtig, und so diente die *normannische Burg* (EH) jahrhundertelang als Tagungsort des Stannary Court und als Gefängnis für diejenigen, die sich gegen die Gesetze der Zinngilde vergangen hatten. Die Burg hatte einen grausamen Ruf: Der Überlieferung nach wurden Angeklagte hier am Morgen hingerichtet, die erst am Nachmittag ihren Prozeß bekamen – getreu der »Regel«: »First hang and draw, and then hear the cause, is Lydford law.«

Die Pfarrkirche *St. Petroc* (15. Jh.) zeichnet sich durch einen modernen hölzernen Lettner und 69 Gestühlswangen aus, in die Abbilder englischer Berühmtheiten zwischen Blumen und allerlei Tieren eingeschnitzt sind.

Südlich des Dorfes befindet sich mit der dramatischen ✳✳*Lydford Gorge* (NT) eines der größten Naturschauspiele Englands: 2,5 km lang ist die tiefe bewaldete Schlucht, die der River Lyd geschaffen hat. Verschiedene Strudel und Höhlen entstanden durch das mit großer Geschwindigkeit zu Tal rauschende Wasser. Die berühmteste und größte ist der »Teufelskessel« (Devil's Cauldron). Wie eine Krönung der Szenerie wirkt der 27 m tief abstürzende White Lady-Wasserfall. Die Schlucht war im 17. Jh. das Versteck der Gubbins-Bande. Von ihrem Anführer Roger Rowle – dem Robin Hood des Westens – erzählt Charles Kingsley in ›Westward Ho!‹ (1855).

Tavistock (an A 384, 386 und 390, 27 km S Okehampton, 25 km N Plymouth)

verdankte seine mittelalterliche Bedeutung ebenfalls dem Zinn (neben Tuchen und Kupfer). Wie Lydford war die Stadt ab 1281 Stannary Town.

Eine 981 gegründete *Benediktinerabtei*, von der lediglich Fragmente erhalten sind, kam nach der Auflösung unter Heinrich VIII. zusammen mit dem Umland in den Besitz der Familie Russell (Earls und spätere Dukes of Bedford). Dem 7. Duke of Bedford ist in der Mitte des Square im Stadtzentrum ein Denkmal gesetzt. Der großzügige Bau von *St. Eustace* (15. Jh. und früher) gegenüber der *Guildhall* (1848) wurde durch die Spenden großzügiger Tuchmacherfamilien ermöglicht. Sehenswert: das Ostfenster (1876) des nördlichen Seitenschiffs, von William Morris; ein italienisches Gemälde aus dem 15. Jh. (›Grablegung

Christi‹); schließlich das Alabaster-Monument für John Glanvill († 1600) und seine Ehefrau.

Der größte Sohn der Stadt ist *Sir Francis Drake*. Er wurde auf der Crownsdale Farm am südwestlichen Stadtrand geboren (1543). Sein Denkmal (mit Globus und Schwert; 1883, von J. E. Boehm) an der Straße nach Plymouth wird uns dort erneut begegnen *(S. 319)* – als Kopie.

`55` Plymouth und Umgebung

** Plymouth

Lage: An der A 38, 74 km SW Exeter

Geschichte: Plymouth, Devons größte Stadt (250 000 Einw.), hat einige ruhmreiche Kapitel englischer Marinegeschichte geschrieben. Zwar taucht der Name Plymouth erst 1231 in den Quellen auf (an die Vorgängersiedlung, das Fischerdorf Sutton, erinnert Sutton Harbour), doch bereits im Hundertjährigen Krieg spielte die Stadt eine wichtige Rolle. Von hier jedenfalls segelte Eduard, der Schwarze Prinz, 1355 das letzte Mal nach Frankreich.

In den Mittelpunkt der englischen Seefahrtsgeschichte rückte Plymouth zur Zeit Elisabeths I., als *Sir Francis Drake* (ca. 1543–96), der legendäre Freibeuter der Königin, im Jahre 1577 mit der ›Golden Hind‹ von Plymouth aus aufbrach, um die Welt zu umsegeln. Drei Jahre später kehrte er zurück, schwer beladen mit dem Gold spanischer Galeonen. 1588 folgte ein weiterer Geniestreich des durch die Königin in den Ritterstand erhobenen »Drachen«, wie die Spanier ihn nannten: Die Armada tauchte vor Plymouth auf, als Drake und seine Offiziere auf der Halbinsel Hoe gerade Bowling spielten. Doch Drake ließ sich nicht aus der Ruhe bringen. Vermutlich in richtiger Einschätzung des Windes und des Gezeitenstandes bestand er – so jedenfalls die Überlieferung – darauf, das Spiel zu beenden. Erst danach wandte er sich seinen militärischen Aufgaben zu – und schlug die Armada vernichtend.

Doch Drake ist nicht der einzige berühmte Mann, der mit Plymouth verbunden ist. 1620 lief die von Southampton kommende ›Mayflower‹ der Pilgerväter von Plymouth nach Amerika aus. Und Raleigh, Hawkins und Frobisher – um nur die bekanntesten zu nennen – nutzten Plymouth ebenso als Heimathafen wie James Cook (1728 bis 79) oder – den Spuren seiner berühm-

Sir Francis Drake (1543–96)

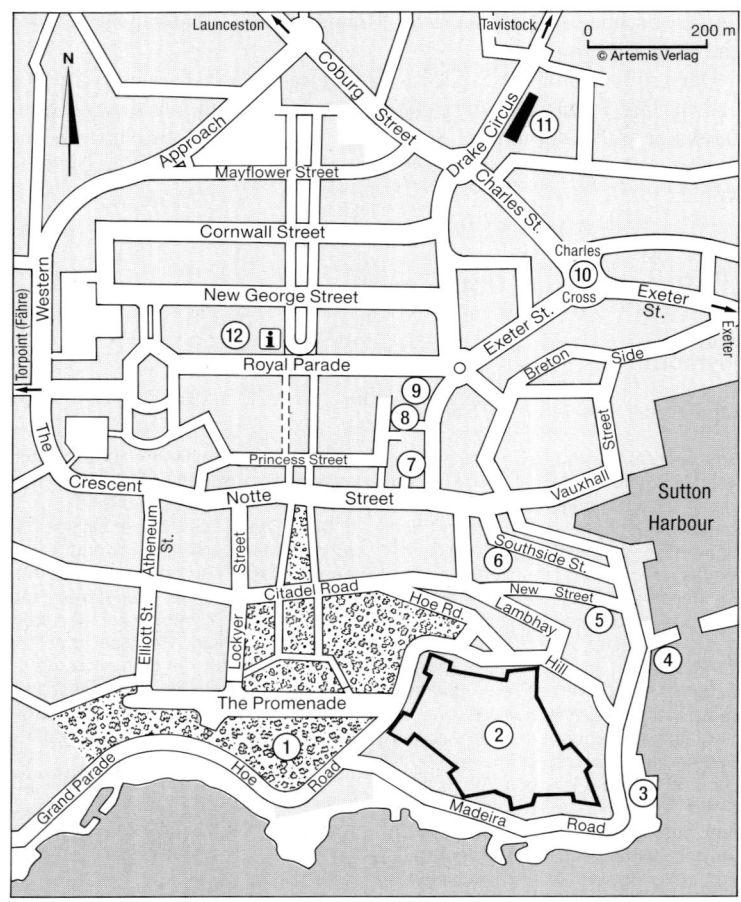

Plymouth: Stadtplan

* ① The Hoe
② Zitadelle
③ Phoenix Wharf
④ Mayflower Steps
⑤ Elizabethan House
⑥ Dominikanerkloster (Ruine)
⑦ Merchant's House

⑧ Prysten House
⑨ St. Andrew
⑩ Charles Church (Ruine)
⑪ Central Library/City Museum and
Art Gallery
⑫ Civic Centre

ten Vorgänger folgend – Sir Francis Chichester, der Plymouth 1966 zum Start und Ziel seiner Einhand-Weltumsegelung wählte. Dunkle Tage hingegen erlebte Plymouth im 2. Weltkrieg. Durch deutsche Bombenangriffe (1941) wurde die Stadt fast völlig zerstört. Da der Wiederaufbau nach dem Krieg modernen Plänen folgte, ist vom alten Plymouth nicht viel erhalten.

Heute spielt der Hafen außer als Standort des Royal Naval Dockyard vor allem als Fährhafen (Verbindungen nach Roscoff in der Bretagne) eine wichtige Rolle.

** Die Stadt

The Hoe ①, jenes Gelände, auf dem Drake seinerzeit Bowling spielte, wurde 1817 als Park angelegt. Hier nimmt die prächtige Allee *Armada Way*, die Nord-Süd-Achse der Stadt, ihren Anfang. The Hoe ist die perfekte Lokalität für Denkmäler und Gedenkstätten. Unübersehbar steht im Zentrum die gewaltige Steinsäule des *Kriegerdenkmals der Marine* (1920–24, von Sir Robert Lorimer). Buchstäblich in seinem Schatten stehen das *Armada-Denkmal* (1888, von Charles May), geschmückt mit einer Britannia und den Wappen jener Städte, die Mittel zur Verteidigung der Armada zur Verfügung stellten, sowie die Kopie von Joseph Edgar Boehms *Denkmal für Sir Francis Drake* (1884; Original in Tavistock, *S. 317*): der Weltumsegler mit Globus und Schwert in Siegerpose. *Smeaton's Tower*, ein ehem. Leuchtturm, dient heute als Aussichtsturm.

Östlich The Hoe liegt die *Königliche Zitadelle* ② (EH). Ihr gewaltiges Torhaus von 1670 stellt die anderen aus dem 17. Jh. stammenden Gebäude in den Schatten. Im Innenhof wurde 1728 eine Statue Georgs II. errichtet. An der südwestlichen Seite der Zitadelle kann das Aquarium der Meeresbiologischen Gesellschaft besichtigt werden. Die Madeira Road, die die Zitadelle seeseitig umgibt, führt, vorbei an *Phoenix Wharf* ③ (Anlegestelle für Ausflugsschiffe) zu den *Mayflower Steps* ④, einem zum Gedenken an die Pilgerväter errichteten Portal (Anlegestelle für Boote zur Abenteuerinsel *Drake's Island* gegenüber The Hoe). In der Nähe: Gedenktafeln für die »Tolpuddle Martyrs« *(S. 192)* und die ersten Atlantikflieger (1919) Alcock und Brown. Im alten Stadtviertel *The Barbican* längs des Sutton Harbour sind zu besichtigen: *Elizabethan House* ⑤ in der New Street (Haus Nr. 32) und die Reste eines *Dominikanerklosters* ⑥ (gegr. 1383) in der Southside Street.

Nach Norden geht es über die Notte Street (mit *Merchants' House* ⑦ aus der Tudor-Zeit, sozialgeschichtliches Museum) in die St. Andrew Street zu *Prysten House* ⑧, dem wichtigsten mittelalterlichen Profanbau der Stadt, und zur Kirche *St. Andrew* ⑨. Die nach dem 2. Weltkrieg wiederaufgebaute Kirche von 1430–90 ist die größte Pfarrkirche Devons.

Eine interessante Erinnerung an den Weltumsegler Drake befindet sich, eingeritzt in die Südwand der Kirche, westlich des Südportals: die Darstellung der Weltkugel und eines Schiffs (Drakes Wappen) sowie ein Bogen, der die Weltumsegelung andeutet. Zu den aus dem 19. Jh. erhaltenen Glasfenstern kommen als besondere Farbtupfer die beim Wiederaufbau der Kirche eingebauten Fenster von John Piper, sehr gute Arbeiten moderner englischer Glasgestaltung.

Über die Exeter Street kommt man zur Ruine der im Krieg zerstörten *Charles Church* ⑩ (1640–58; heute Denkmal für die rund 1000 zivilen Opfer der Bombenangriffe von 1941) und danach am Drake Circus zum Komplex *Central Library/City Museum and Art Gallery* ⑪ (u. a. Gemälde von Reynolds, Silber- und Porzellansammlungen). Von hier führt die Cornwall Street zur Armada Way, der Flaniermeile im Zentrum. Zwischen Royal Parade und Princess Street bestimmt das 1962 eröffnete *Civic Centre* ⑫ das gesamte Gelände. Von einer Aussichtsplattform im 14. Stock des Hauptgebäudes hat man einen fantastischen Blick auf die Stadt und – bei gutem Wetter – bis ins Dartmoor.

Umgebung von Plymouth

✳ **Saltram House** (NT; zwischen A 38 und A 379, 6 km O Plymouth)

ist ein prachtvoller georgianischer Landsitz (Umbauten 1750). Das Haus besitzt neben kostbaren Porzellansammlungen (China, Meißen, verschiedene englische Manufakturen) und wertvollen Möbeln eine einzigartige *Gemäldesammlung*. Sie wurde von den Besitzern, der Familie Parker, nach Beratung mit *Sir Joshua Reynolds* zusammengetragen. Reynolds, der aus dem Nachbarort Plympton gebürtig war und vier Jahre lang ein Atelier in Devonport hatte, war ein häufiger und gern gesehener Gast auf Saltram House. Seine Porträts von Mitgliedern der Familie (und nach seinen Porträts angefertigte Stiche) sind ein prominenter Teil der Sammlung. Außerdem: Werke von Angelica Kauffmann (darunter ein Selbstporträt und ihr berühmtes Reynolds-Porträt), Rubens, Stubbs, Northcote sowie Gilbert Stuart, dem amerikanischen Präsidentenmaler.

Buckland Abbey (NT; abseits der A 386, 17 km N Plymouth)

Die 1278 gegründete Zisterzienserabtei kam 1539 nach der Auflösung der Klöster in den Besitz der Krone, die sie 1541 für £ 233 an Sir

Land's End *(S. 348)*

Richard Grenville d. Ä. verkaufte. Dessen Enkel, *Sir Richard Grenville d. J.* (1542–91), Kapitän der ›Revenge‹, ließ den Umbau in eine Residenz durchführen. Anders als die meisten anderen neuen Inhaber früheren Klosterbesitzes riß Grenville nicht die Kirche ab, um danach die Wohngebäude zum Landsitz umzubauen. Er ließ vielmehr sein Haus in Kirchenschiff, Vierung und Chor »einbauen«, indem er drei Stockwerke einziehen ließ, die den benötigten Wohnraum hergaben – einschließlich einer Great Hall, in der ein Kamin die Jahreszahl 1576 trägt. Auf diese Weise blieb die Abteikirche äußerlich erhalten. 1581 kaufte der von seiner Weltumsegelung zurückgekehrte *Sir Francis Drake* den Landsitz. So beherbergt das Haus, das seit 1948 dem National Trust gehört, heute ein *Marinemuseum* mit Andenken an Grenville und Drake: Drakes legendäre Trommel und Modelle der ruhmreichen Schiffe der Armada-Schlacht, auch Drakes ›Golden Hind‹ und Grenvilles ›Revenge‹.

Grafschaft Cornwall

Fläche: 3515 km^2; Einw.: 450000; Hauptstadt: Bodmin (Verwaltungssitz: Truro)

Der River Tamar, Cornwalls Grenze zu Devon, war stets mehr als nur eine natürliche Grenze. Zumindest bis ins 19. Jh., als die Eisenbahn den keltischen Südwesten stärker mit England verband, war er vor allem auch eine kulturelle Grenze. So haben sich in keiner anderen englischen Grafschaft Erinnerungen an die keltische Vergangenheit und deren Auswirkungen so stark behaupten können wie in Cornwall. Bis zum Ende des 18. Jh. wurde hier noch »Kornisch« gesprochen, ein Zweig des Keltischen, der mit dem Walisischen und dem Bretonischen verwandt ist. Ortsbezeichnungen wie *Tre*lissick (Tre = Heimstatt), *Pol*-ruan (Pol = Pfuhl, Teich) oder *Pen*-carrow (Pen = Landzunge/Ende) sind so häufig *(s. die Liste S. 358)*, daß sie zur Sprichwortbildung geführt haben: »By Pol, Tre, and Pen / You may know the Cornish men.« Eine Wiederbelebung keltischer Traditionen jedoch nach walisischem Vorbild wird zwar seit Jahren vereinzelt versucht, ist aber längst nicht so erfolgreich. So gibt es seit 1928 analog dem walisischen Eisteddfod einen Bardenwettstreit »Gorsedd« (der allerdings auch nur Insidern bekannt ist), doch noch im Sommer 1988 wurden in der Stadt Liskeard zweisprachige (kornisch/englisch) »Willkommen«-Schilder am Stadtrand auf Weisung der Grafschaftsbehörden wieder entfernt.

Die Abgeschiedenheit Cornwalls, seine Nähe zum Meer und die unwirtliche Mittelgebirgslandschaft des *Bodmin Moor (S. 330)* drücken sich auch in einem über Jahrhunderte überlieferten überaus starken Hexen- und Geisterglauben aus. Ihn machten sich nachweislich auch die bis ins frühe 19. Jh. an den oft unübersichtlichen Küsten der Grafschaft tätigen Schmuggler zu-

nutze. Erzählungen oder Romane wie ›The Birds‹ oder ›Jamaica Inn‹ von Daphne du Maurier (beide von Alfred Hitchcock zu internationalen Filmerfolgen verarbeitet) sind eindeutig von diesen kornischen Gegebenheiten inspiriert *(S. 330)*, und noch heute ist die »Cornish Litany« ein Verkaufsschlager in den Postkartenläden der Touristenzentren:

From Ghoulies and Ghosties
and long-leggetty beasties
and things that go BUMP in the night –
Good Lord deliver us!

Die zahlreichen prähistorischen Relikte (Dolmen, Steinkreise, Menhire und Siedlungen), deren Anzahl in England nur noch von der Grafschaft Wiltshire übertroffen wird, werden das Ihre zur Legendenbildung beigetragen haben. Und wie manche Ortsbezeichnungen (z. B. Giant's Castle oder The Hurlers) zeigen, wurden sie oft genug falsch gedeutet.

Im Bereich der Baudenkmäler sind es mehr die kostbaren Miniaturen, die den Reiz Cornwalls ausmachen: mittelalterliche Dorfkirchen und kleine Tudor-Landsitze neben Herrenhäusern und Bürgerhäusern aus dem 18. Jh. sind hier an erster Stelle zu nennen. Eine Besonderheit in den Kirchen sind die zahlreichen normannischen Taufbecken, die im wesentlichen zwei Typen (Altarnun, *S. 329*, und Bodmin, *S. 334*) folgen, die den »Slates«, oftmals kunstvoll gestaltete Grabplatten aus Schiefer, der aus dem einheimischen Delabole kam und üblicherweise neben dem Granit zum Haus- oder Kirchenbau verwendet wurde. Ebenfalls oft in den Dorfkirchen zu sehen sind Kopien des Wappens und einer Dankesbotschaft König Karls II., der sich

Cornwall

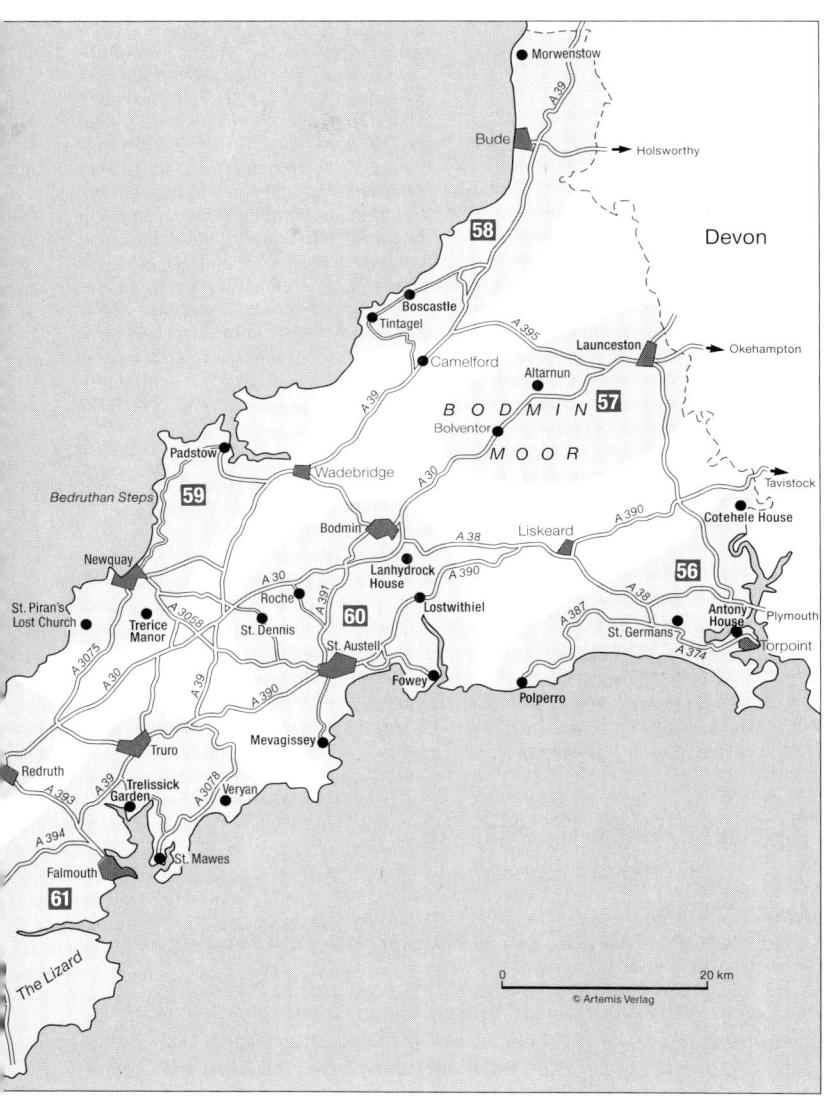

Morwenstow

Bude → Holsworthy

58

Devon

Boscastle
Tintagel
Camelford
Altarnun
Launceston → Okehampton

57

B O D M I N
Bolventor
M O O R

Padstow
Wadebridge
Bedruthan Steps **59**
Bodmin
A 38
Liskeard
A 390
Cotehele House
Tavistock

Newquay
A 30
Roche
Lanhydrock House
A 390
56
St. Piran's
Lost Church
Trerice Manor
60
St. Dennis
St. Austell
Lostwithiel
Antony House
Plymouth
St. Germans
Torpoint
A 374

Fowey
Polperro

Truro
Mevagissey
Redruth
Trelissick Garden
Veryan

St. Mawes
Falmouth
61

The Lizard

0   20 km
© Artemis Verlag

Mousehole *(S. 347)*
* Botallack Head *(S. 347)*
* Porthcurno *(S. 347)*
* Land's End *(S. 348)*

64 Die **Isles of Scilly
(S. 349–52)

nach seiner Wiedereinsetzung 1660 dafür erkenntlich zeigte, daß Cornwall im Bürgerkrieg bis zum Ende königstreu war. Die gleichfalls über Jahrhunderte ungebrochene royalistische Gesinnung in Cornwall spiegelt sich auch in der Tradition, daß der älteste Sohn des regierenden Monarchen den Titel Duke of Cornwall führt und aus den Besitztümern dieses Herzogtums seine persönlichen Einkünfte bezieht.

Im Gegensatz zu anderen südenglischen Grafschaften finden wir in Cornwall keine »großen« mittelalterlichen Sakralbauten oder Ruinen von ehemals bedeutenden monastischen Anlagen. Eine Ausnahmestellung mag **St. Michael's Mount *(S.345)* einnehmen, allerdings mehr wegen seiner einzigartigen Lage als wegen der Bedeutung seiner Gebäude. Die einzige Kathedrale Cornwalls wurde zwischen 1880 und 1910 in Truro gebaut *(S.338)*, nachdem Cornwall wieder Sitz eines Bischofs geworden war.

Cornwalls Wirtschaft wurde jahrhundertelang vom Bergbau bestimmt. Vor allem Kupfer und Zinn waren es, die von der Antike bis zum Anfang des 20. Jh. der Grafschaft einen beachtlichen Wohlstand bescherten. Trotz des Niedergangs dieses Industriezweiges ist die Gegend um Camborne und Redruth *(S. 340)* heute noch ein international renommiertes Ausbildungszentrum für den Erzbergbau. Seit dem Ende des 18. Jh. hat sich in der Gegend um St. Austell der Abbau von Kaolin zum mittlerweile wichtigsten Industriezweig entwickelt *(S. 336)*. Im Nordwesten der Grafschaft besteht darüber hinaus bei Delabole der größte Schieferabbau Großbritanniens. Schiffbau und Fischerei (vornehmlich Sardinen und Makrelen) sind noch ernsthafte Wirtschaftsfaktoren, wenn auch nicht mehr im früheren Ausmaß.

Von ständig wachsender Bedeutung ist hingegen der Tourismus. Das milde Klima, das exotische Parks und Gärten sprießen läßt (*Trengwainton, *S. 345*, *Trelissick, *S. 338*), der Reiz, der offenbar von dem Gedanken ausgeht, an *Land's End (*S. 348; Farbtafel vor S. 321*) den äußersten südwestlichen Zipfel der Insel erreicht zu haben, die schönen Strände, die (besonders an der Nordküste) mit bizarren Granitklippen abwechseln, und schließlich die Aura des Märchenhaften, das man mit dem »Lande Merlins« (Tintagel, *S. 331*) gern verbindet – das alles lockt die Gäste alljährlich in Scharen nach Cornwall.

56 Der Südosten bis Polperro

* Antony House

(NT; an der A 374 bei Torpoint, 8 km W Plymouth, via Torpoint Ferry von Plymouth–Devonport)

Auf diesem aus silbergrauem Stein erbauten Landsitz aus der Zeit der Queen Anne (1710–21) läßt sich – als interessanter Spiegel der kornischen Vergangenheit – die Geschichte der Familie Carew bzw. Carew-Pole zurückverfolgen. In nahezu lückenloser Reihe sind die Porträts der Carews, die das Haus bis 1961 besaßen, zu besichtigen. *Richard Carew* (1535–1620) verfaßte mit ›The Survey of Cornwall‹ (1602) die erste detaillierte Beschreibung der Grafschaft (Erstausgabe im Haus zu besichtigen). Oft genug war die Familie in die Politik verstrickt. So standen die Brüder John und Sir Alexander Carew im Bürgerkrieg als feindliche Parteien einander gegenüber, und die Familie ließ das Porträt Sir Alexanders, des Royalisten, aus dem Rahmen schneiden, als er unter Cromwell 1644 hingerichtet wurde. Bei der Restauration der Monarchie 1660 wurde John Carew hingerichtet, und die Familie ließ das herausgeschnittene Porträt Sir Alexanders wieder in den Rahmen einfügen. Einige Grabdenkmäler der Familie befinden sich in *St. James*, der spätgotischen Dorfkirche, die auch einen der bedeutendsten Brasse Cornwalls (Margery Arundell, † 1420) ihr eigen nennt.

St. Germans (an der B 3249, 12 km W Plymouth)

St. Germanus, eine ehem. Klosterkirche, war zur Sachsenzeit die Kathedrale von Cornwall. Einmalig in Cornwall ist die normannische Westfront der Zweiturmanlage. Das Westportal unter dem Giebel ist ein Gewändeportal mit sieben Archivolten, von denen drei mit Zickzackornamentik dekoriert sind. Sehenswert sind weiter das Ostfenster (1896) von William Morris und Edward Burne-Jones, Burne-Jones' Südfenster (allegorische Darstellung von sechs Tugenden) und vor allem das *Grabdenkmal für Edward Eliot*, einen Nachfahren jenes Sir John Eliot, den die Geschichte als einen der Wortführer des Parlaments gegen die autokratischen Zumutungen Karls I. kennt. Das Denkmal, das Edward und seine Ehefrau darstellt, gilt als ein Meisterwerk seines Schöpfers John Rysbrack (1694–1770).

* Cotehele House
(abseits der A 390, 28 km N St. Germans, 10 km SW Tavistock/Devon)

gilt als der wichtigste Tudor-Landsitz in Cornwall. Das Prunkstück des Hauses ist die *Great Hall* (15. Jh.; Holzdecke frühes 16. Jh.; Sammlung alter Waffen und Trophäen). Mortlake-Wandteppiche, Gobelins flämischer Herkunft und vor allem eine Sammlung seltener Möbel aus der Stuart-Zeit heben Cotehele House über vergleichbare Häuser hinaus. Im Terrassengarten, einem wahren Paradies seltener einheimischer und exotischer Bäume und Blumen, sind ein mittelalterliches Taubenhaus, eine wiederhergestellte Mühle und eine noch gebrauchsfähige Cider-Presse zu besichtigen. Am Kai von Cotehele hat man eine Unterabteilung des Nationalen Schiffahrtsmuseums eröffnet. Die restaurierte Flußbarke ›Shamrock‹ gibt hier Zeugnis von der vergangenen Schiffahrt auf dem River Tamar.

Im Garten von Cotehele House

* **Polperro** (an der A 387, 30 km W Plymouth; Farbtafel vor S. 305)

»Polperro hat alles, was ein kornisches Fischerdorf haben muß: weißge-
tünchte Häuser, die einen Hafen in einem tiefen Tal umgeben; Straßen,
die so eng sind, daß Autos nicht fahren dürfen; Schmugglergeschichte
und einen zeitlosen Sinn für Frieden.« So beschreibt das Handbuch
eines großen britischen Automobilklubs das kleine, von Klippen umgebene Dorf an der Mündung des River Pol. Kunstfreunde kennen es von
einem Gemälde *Oskar Kokoschkas* (1939, Tate Gallery, London), der
in Polperro sein englisches Exil verbrachte. Zumindest in den Sommermonaten jedoch ist es mit dem Frieden nicht weit her – obwohl die
Fahrzeuge der Touristen oberhalb des Dorfes abgestellt werden müssen
und Pferdekutschen die Besucher befördern. Die jahrhundertealte
Geschichte Polperros als Schmugglernest ist im *Museum of Smuggling*
bestens dokumentiert. Interessante Gebäude sind die *alte Mühle* des
Dorfes und ein mit vielfältigen Ornamenten aus Muscheln versehener
Folly (1937–42; von Sam Puckey) in der Straße The Warren.

57 Durch das Bodmin Moor

* **Launceston** (an A 388 und A 30, 35 km NW Plymouth, 25 km O Camelford)

Launceston war bis 1835 die Hauptstadt von Cornwall. Die *normannische Burg* (EH), deren gewaltige Ruine auf einem Hügel die Stadt überragt, war der Hauptsitz des Earl of Cornwall und jüngeren Bruders Heinrichs III., Richard Plantagenet († 1272). Sie grenzte mit ihrer Ringmauer, die einen großen Burghof umschloß (heute öffentlicher Park), an die Stadtmauer, von der nur zwei Tore, *South Gate* und *North Gate*, erhalten sind.

Am Marktplatz unterhalb der Burg steht die einzigartige Kirche **St. Mary Magdalene* (1511–24). Ihr Außenmauerwerk ist rundum mit verschwenderischen Reliefs geschmückt, die in den Granit gearbeitet sind: Palmenblätter, Blumen, Wappen und am Eingangsportal St. Georg, St. Martin und der Stifter der Kirche, Sir Henry Trecarrel, mit seiner Ehefrau. Die Krönung dieser Pracht ist jedoch die liegende Figur der Patronin der Kirche, flankiert von musizierenden Engeln, in einer Nische unter dem Ostfenster. Über dem Fenster: das Wappen Heinrichs VIII. Das Prunkstück der Innenausstattung ist trotz einiger prächtiger Grabdenkmäler aus dem 17. und 18. Jh. die kunstvoll beschnitzte hölzerne farbige Kanzel, die wahrscheinlich aus der Zeit vor der Reformation stammt und zweifellos in Cornwall ohne Parallele ist.

Die Kirche *St. Thomas* am River Kensey hat das größte normannische Taufbecken Cornwalls, das seinem wahrscheinlichen Vorbild in Altarnun täuschend ähnlich sieht: die viereckige Schale zeigt bärtige Gesichter an den Ecken und Rosetten an den vier Kanten.

Altarnun (abseits der A 30, 14 km SW Launceston)

In dem winzigen Straßendorf am Rande des Bodmin Moor steht die Pfarrkirche *St. Nonna* (15. Jh.), ihres 33 m hohen Turmes und der großzügigen Innenmaße wegen »Cathedral of the Moor« genannt. Der Lettner (15. Jh.), der die ganze Breite der Kirche einnimmt, gehört zu den schönsten seiner Zeit in Cornwall. Übertroffen wird er allerdings von den 79 Gestühlswangen. Einige ihrer ungewöhnlicheren Motive sind: der Erzengel Michael, der Luzifer in die Hölle hinabstößt, ein Mann mit einem Wasserkessel, ein Dudelsackspieler und schließlich die einzigartige Darstellung von seltsamen Fischmenschen: bärtige Männer, die aus Fischleibern herauszuwachsen scheinen. Das normannische Taufbecken trägt an den Ecken ebenfalls Darstellungen von bärtigen Gesichtern.

329

* **Bodmin Moor** (zwischen Altarnun, Liskeard, Bodmin und Camelford)

Wer sich gern von Geschichten über das düstere Moor gefangennehmen läßt, der begebe sich am besten in das *Jamaica Inn* in **Bolventor** (an der A 30, 6 km SW Altarnun). Mit ihrer Ankunft vor diesem Haus nämlich endete ein alptraumhafter Ausritt, den die berühmte kornische Schriftstellerin *Daphne du Maurier* (1907–89) an einem stürmischen Novemberabend in den frühen dreißiger Jahren unternommen hatte. Unter dem Eindruck dieses Abends schrieb sie ihren Roman ›Jamaica Inn‹ (1936; Verfilmung von Alfred Hitchcock: ›Riffpiraten‹), eine Geschichte, in der es von Schmugglern und anderen finsteren Besuchern des – mittlerweile respektablen – Gasthofs nur so wimmelt.

58 **Die Nordküste von Morwenstow bis Tintagel**

Morwenstow (abseits der A 39, 15 km SW Hartland/Devon, 10 km N Bude)

liegt im äußersten nördlichen Zipfel Cornwalls. Neben *St. John Baptist*, einer der wenigen normannischen Pfarrkirchen der Grafschaft, zieht vor allem das *Pfarrhaus die Neugier der Besucher an. Dessen Bauherr war der Pfarrer *Robert Stephen Hawker* (1803–75), seinen Zeitgenossen eher als Dichter und Exzentriker von hohen Graden ein Begriff denn als Geistlicher. (Die Farbe Schwarz mochte der Pfarrer ohnehin nicht. Bei seiner Beerdigung in Plymouth trugen die Trauergäste deshalb Violett.) Den Schornsteinen des Hauses gab der Mann, der ein dressiertes Schwein namens Gyp als Haustier hielt, das Aussehen der Kirchtürme der Orte, in denen er vorher gelebt hatte. Der Küchenschornstein erhielt gar die Form des Grabdenkmals seiner Mutter. Einen Namen machte Hawker sich auch als häufiger Retter von Schiffbrüchigen, die vor den Klippen von Morwenstow – sie zählen zu den höchsten in England! – in Gefahr geraten waren. Und aus angeschwemmten Schiffsplanken baute er sich auf der Klippe beim Pfarrhaus eine Dichterklause. Dort schrieb er – wahrscheinlich unter dem Einfluß von Opium – so berühmte Gedichte wie ›The Quest of the Sangraal‹ und ›The Song of the Western Men‹, Cornwalls inoffizielle Hymne.

* **Boscastle** (an der B 3263, 23 km S Bude)

war lange Zeit als Schmugglernest berüchtigt. Der je nach Gezeitenstand und Windrichtung schwer zugängliche Hafen bot dazu ideale Voraussetzungen. Das ehem. Hafenmeisterhaus ist heute Jugendher-

Auf dem Rough Tor im Bodmin Moor

berge. *The Witches' House* dahinter ist ein Museum, das der Geschichte des Aberglaubens in Cornwall gewidmet ist. Ansonsten gilt Boscastle als der einzige Ort in England, in dem es ein *Wellington Inn* und ein *Napoleon Inn* gibt.

Tintagel (an der B 3263, 5 km S Boscastle)

Wer beschwerliche Klippenwanderungen nicht scheut, der sollte von Boscastle nach Tintagel den 6 km langen *Klippenweg benutzen. Die großartige Szenerie der nördlichen Küste Cornwalls ist es wert.

Tintagel verbindet man seit Geoffrey of Monmouths ›Historia Regum Britanniae‹ (1136) vor allem mit einem: mit den Legenden um *König Artus* (und entsprechend mit dem Artus-Tourismus, dem das Dorf nahezu vollständig übereignet worden ist). Die *Burg* (12. Jh.), deren spärliche Ruinen (EH) an der Steilküste des Tintagel Head und des vorgelagerten Felsens liegen, gilt als Artus' Schloß. Auf *The Island* hat man auch die Fundamente einer keltischen monastischen Anlage von ca. 500 gefunden. Und eine große Höhle dieses wahrlich spektakulärsten Abschnitts der kornischen Atlantikküste ist nach König Artus' legendärem Zauberer als *Merlin's Cave* bekannt.

Ob man der Legende glaubt oder nicht – echten historischen Wert hat auf jeden Fall *The Old Post Office* (NT). Das kleine Gebäude mit den

Die alte Post von Tintagel

durchgebogenen Firstbalken ist ein ehem. Herrenhaus aus dem frühen
15. Jh., das allein schon wegen der durchgängigen Verwendung von
Schiefer als Baumaterial und Dacheindeckung auffällt. Nach der Wie-
derherstellung durch den National Trust wurde in einem der Räume die
Kopie einer viktorianischen Poststube eingebaut, da das Gebäude zeitweise als Post gedient hat.

Südwestlich des Dorfes steht auf dem Glebe Cliff unweit eines
ausgebeuteten Schieferbergwerks die normannisch-gotische Pfarrkirche *St. Merteriana*, die möglicherweise einen sächsischen Vorgängerbau
hatte. Aus dem 12. Jh. stammen die eisernen Beschläge der Tür des
Nordportals. Ein Brass von 1430, eine steinerne Grabplatte aus dem
13. Jh. sowie ein spätgotischer Lettner sind die Sehenswürdigkeiten im
Innenraum.

59 Die Nordküste von Padstow bis Newquay

* **Padstow** (an der A 389, 12 km W Wadebridge)

ist eine Stadt wie ein Labyrinth: mittelalterliche Häuser an engen,
verwinkelten Straßen und Gassen, die sich zum Hafen hin absenken.
Am South Quay steht *Raleigh Court* (16. Jh.), wo Sir Walter Raleigh
wohnte, wenn er in seiner Eigenschaft als Warden of Cornwall Steuern

eintrieb. Sehenswerte Gebäude sind *Prideaux Place* (spätes 16. Jh.,
Änderungen 19. Jh.) und die Kirche *St. Petroc* (13. und 14. Jh.), deren
Stolz ein Dolerit-Taufbecken (15. Jh.) des»Meisters von St.
Endellion« (kleines Dorf 6 km N Padstow) ist: Halbfiguren von Engeln an den
Ecken rahmen Nischen ein, in denen die 12 Apostel dargestellt sind.
Interessant auch eine Gestühlswange, die einen Fuchs zeigt, der vor
Gänsen predigt (vgl. St. Austell, *S. 336*, und Brent Knoll, *S. 261*).
Padstow ist einer der Orte, in denen am 1. Mai ein *Hobby Horse-*
Umzug veranstaltet wird – angeblich das älteste Tanzfest in Großbritan-
nien.

Newquay (an der B 3276, 19 km S Padstow)

Die Küstenstraße (B 3276) führt nach Süden an der faszinierenden
Klippenszenerie der **Bedruthan Steps** (NT) vorbei nach Newquay,
dem größten Seebad Cornwalls (zehn getrennte Sandstrände!) und
Mekka der Wellenreiter in Großbritannien. Das älteste Gebäude der
durch und durch viktorianischen Stadt ist *Huer's House* (18. Jh.) am
Ende der Newquay Bay. Der»Huer«, der hier lebte, hatte die Aufgabe,
beim Auftauchen von Sardinenschwärmen»Heva, heva!«zu rufen und
so die Fischer zu verständigen. *Trenance Garden* im Süden der Stadt ist
ein öffentlicher Park mit vielen subtropischen Pflanzen. Bei Ebbe kann
man von hier am River Gannel entlang zu der *Felsenhalbinsel Pentire*
und zu dem Dörfchen *Crantock* wandern. Im Vorort St. Columb Minor
wurde 1911 der Nobelpreisträger und Schriftsteller *William Golding*
geboren.

Trerice Manor (abseits der A 3058, 5 km SO Newquay)

Das elisabethanische Landhaus (1573; mit geschweiften Giebeln) beeindruckt durch seine zweistöckige Great Hall. Die Stuckdecke mit
hängenden Schlußsteinen und die Stuckornamente der Kaminumran-
dung stammen aus der Entstehungszeit des Hauses, die Bleiverglasung
des großen Fensters (576 Scheiben) größtenteils aus dem 16. Jh.

St. Piran's Lost Church (abseits der B 3285, 5 km SW Newquay)

Ein Gedenkstein erinnert an das einfache Oratorium, das der hl. Piran,
Gefolgsmann des Iren Patrick und Schutzpatron der kornischen Bergleu-
te, im 6. Jh. selbst erbaut haben soll. Die durch Flugsand verschüttete
vermutlich älteste Kapelle Cornwalls wurde 1835 zufällig gefunden und ist
seit 1980 (ähnlich Silchester, *S. 120*) wieder unter dem Sand verborgen.

333

Bodmin (an der A 38, 15 km SO Padstow, 20 km W Liskeard)

ist seit 1835 die Grafschaftshauptstadt von Cornwall (12 000 Einw.).
Ihre Geschichte geht auf eine Klostergründung durch den *hl. Petroc*
zurück. Nach ihm ist entsprechend die ****Pfarrkirche** benannt
(1469–72), die größte der Grafschaft. Bekannt ist sie aber hauptsächlich
wegen ihrer Innenausstattung. Zunächst das an vielen Orten Cornwalls
kopierte *normannische Taufbecken* (12. Jh.): ein großes, rundes Bekken
auf einem zentralen Fuß mit vier Säulen, die den äußeren Beckenrand
berühren. Das Becken ist mit Blattwerk, Tieren und dem Lebensbaummotiv
geschmückt; Engelsköpfe bilden die Kapitelle der vier
Säulen. Aus der Zeit des Klosters stammt das prächtige Grabmal aus
schwarzem Dolerit und grauem Marmor für Prior Thomas Vivian (†
1533): eine liegende Figur auf einer mit den Bildnissen der Evangelisten
verzierten Tumba. In der Nähe des Taufbeckens sind zwei der besten
Schiefergrabplatten Cornwalls zu sehen (Richard Durant, † 1632, mit
seinen beiden Ehefrauen und seinen 20 Kindern; sowie der Kaufmann
Peter Bolt, † 1633). Der Elfenbeinsarg in der Kirche soll der Überlieferung
nach die Gebeine des hl. Petroc enthalten haben.

Kapitell des
normannischen
Taufbeckens
(12. Jh.) von
St. Petroc in
Bodmin

* **Lanhydrock House** (abseits der B 3268, 4 km SO Bodmin)

Freilichttheateraufführungen im Sommer und Musikfestspiele im November – das sind die Veranstaltungen, denen Lanhydrock einen ohne Frage würdigen Rahmen verleiht. Man nähert sich dem Anwesen durch eine weite Buchenallee und betritt den Innenhof durch ein mit 12 Obelisken verziertes, zweistöckiges Torhaus (1651). Das Schaustück des zwischen 1620 und 1640 errichteten und nach einem Brand 1681 zum größten Teil wiederaufgebauten Hauses ist die 35 m lange *Long Gallery*. Ihre überwältigende Stuckdecke zeigt einen umfangreichen Zyklus aus der biblischen Geschichte. Die 36 zu besichtigenden Räume des Hauses beherbergen Möbel aus der Zeit Ludwigs XIV. und Georgs II., Tapisserien aus Brüssel und Mortlake sowie Familienporträts von Sir Godfrey Kneller, Thomas Hudson, George Romney und Sir William Richmond.

* **Lostwithiel** (an der A 390, 10 km S Bodmin)

Das Städtchen am Oberlauf des River Fowey war mit Helston, Liskeard und Truro eine der vier »Stannary Towns« Cornwalls, in denen das Zinn aus den Minen der Umgebung gewogen und gestempelt wurde (*Stannary Court* in der Quay Street). Im 13. Jh. war die Stadt sogar für kurze Zeit Hauptstadt Cornwalls.

Wie so viele Kirchen Cornwalls verfügt auch die hiesige Pfarrkirche (*St. Bartholomew*, mit großartigem Turmhelm) über ein außergewöhnliches Taufbecken. Die aus dem 14. Jh. stammende Arbeit beeindruckt durch exzellent gefertigte Reliefs von der Falkenjagd, wilden Tieren und verschiedenen Köpfen. Eine großen Seltenheit ist der *»Pachtstein«* am *Malzhaus* (17. Jh.) in der North Street. 3000 Jahre (!), so die Inschrift, beträgt die Laufzeit der Pacht.

Hauptattraktion des Ortes aber ist wohl *Restormel Castle* (EH), das als das bedeutendste Werk der Militärarchitektur in Cornwall gilt. Auf einem hohen Hügel steht der runde Bergfried (Durchmesser 38 m, Mauerstärke 2,50 m), umgeben von einem Wall und einem ca. 5 m tiefen Graben. Die Ringmauer, deren Umgang 8 m über dem Innenhofniveau liegt, stammt aus dem späten 12. oder frühen 13. Jh. Das Torhaus, der älteste Teil, ist von 1100.

* **Fowey**
(10 km W Polperro/Fähre über den River Fowey/; 20 km S Bodmin an der B 3269)

Fowey verbindet der Historiker mit den »Fowey Gallants«: Schiffen, die im Hundertjährigen Krieg (und danach) der Schrecken der nordfranzösischen Küste waren. Und wie so viele Orte im West Country hat auch diese »kleine

335

graue Stadt am Meer, die sich an eine Seite des Hafens klammert« (Kenneth Grahame in ›The Wind in the Willows‹, 1908), Schmugglergeschichte. Die Kneipe *King of Prussia* am Marktplatz etwa erinnert an einen notorischen »Freihändler«, der sich nach dem preußischen König zu benennen pflegte.

St. Nicholas (frühes 14. Jh.; auch St. Fimbarrus) ist eine der älteren Pfarrkirchen Cornwalls. Das normannische Taufbecken aus Dolerit gehört einem eigenen Typ an, der sich vom Bodmin-Typ *(S. 334)* und dem Altarnun-Typ *(S. 329)* deutlich unterscheidet: Es ist rund und ruht auf einem zentralen Fuß. Der obere Rand ist mit einem umlaufenden Zickzackornament verziert, unter dem sich Rosetten in einzelnen Kreisen befinden.

Einen Einblick in die Stadtgeschichte von Fowey bieten das Museum *Noah's Ark* (16. Jh.) in der Fore Street und das *Fowey Museum* in den ehem. Council Chambers. Das *Rathaus* am Trafalgar Square (1792) hat Elemente aus dem 14. Jh.

St. Austell (an A 390 und A 391, 10 km W Fowey, 15 km S Bodmin)

Die riesigen Abraumhalden aus Quarz und Sand, die *»Kornischen Alpen«*, westlich der Stadt machen es unübersehbar: St. Austell ist das Zentrum der Kaolinindustrie Cornwalls. Die Geschichte dieses wichtigen Wirtschaftszweiges, die mit der Entdeckung gewaltiger Porzellanerdevorkommen im 18. Jh. begann, ist im vorbildlich präsentierten *Wheal Marty China Clay Museum*, einem Freilichtmuseum nordwestlich der Stadt, zu verfolgen.

Herausragend (im wörtlichen Sinne) ist die Kirche *Holy Trinity* (spätes 13. Jh.) mit ihrem skulpturengeschmückten Westturm (1480). Der Innenraum wurde 1872 von G. E. Street restauriert. Das normannische Taufbecken ist an Bodmin *(S. 334)* angelehnt: Darstellungen von Engelsgesichtern und Lebensbäumen sowie Drachenreliefs. Interessant auch einige Gestühlswangen aus dem frühen 16. Jh.: ein Drachenkopf; die Werkzeuge des Bergmannes (ein Hinweis auf den damaligen Abbau von Kupfer und Zinn); ein predigender Fuchs, der aufmerksam eine Dame beobachtet, die vor der Kanzel kniet *(S. 261, 333)*. Im *White Hart Hotel* (18. Jh.) ist ein Ölgemälde von *Edward Lear* (1812–88) ausgestellt. Besser denn als Maler kennt man ihn als Autor des ›Book of Nonsense‹ (1846).

St. Dennis (an der B 3279, 10 km NW St. Austell)

Der Abstecher lohnt wegen der einzigartigen Lage der *Pfarrkirche*: Sie liegt innerhalb eines keltischen Hügelforts und bietet einen hervorragenden Ausblick auf bizarre Landschaft der kegelförmigen Abraumberge der Kaolinbrüche, die hier ihre größte Ausdehnung haben.

Der Hafen von Mevagissey

Roche (an der B 3274, 9 km NW St. Austell)

liegt ebenfalls am Rande der weißen Abraumhalden. Dagegen nehmen
sich die über 30 m hohen Granitfelsen *Roche Rocks* geradezu beschei-
den aus. Wie die Felsen besteht auch die Ruine der *St. Michael's
Chapel* (1409) aus Granit. Optisch scheint sie mit dem Felsen zu
verschmelzen. Sie ist nur über eine steile eiserne Leiter zu betreten.

Im Dorf selbst begegnet uns in *St. Gonand* abermals ein normannisches Taufbecken. Es kommt in seiner aufwendigen Gestaltung (En-
gelsgesichter als Kapitelle der vier Eckpfeiler, Schlangen- und Blumen-
motive am Becken) dem Becken von Bodmin *(S. 334)* am nächsten.
Das auf seiner Westseite dargestellte Rechteck mit gekreuzten Diago-
nalen wird gern als die Flagge Cornwalls gedeutet.

* **Mevagissey** (an der B 3273, 10 km S St. Austell)

kann auf eine wahrlich malerische Lage stolz sein. Kein Wunder also,
daß eine ganze Kolonie von Malern hier lebt und arbeitet. Einige der
Häuser am Hafen sind so eng in den Fels hineingebaut, daß sich ihre
Eingangstüren im Dach befinden. Die Kirche *St. Peter* (1259; im 19. Jh.
stark restauriert) hat ein normannisches Taufbecken und eine sehenswerte Schiefergrabplatte für Lewis Dart († 1632) und seine Familie.

337

61 Truro und The Lizard

Truro (an A 39 und A 390, 21 km SW St. Austell)

Truro ist seit jeher einer der bedeutendsten Orte Cornwalls. Ab 1300 war es »Stannary Town«; 1876 wurde es mit der Wiedererrichtung des Bistums Cornwall Bischofssitz; und heute ist die 16 500 Einwohner zählende Stadt auch Sitz der Grafschaftsverwaltung.

Das die Stadt dominierende Bauwerk ist die *Kathedrale* – die einzige in Cornwall. Sie wurde 1880–1910 im Stil der englischen Frühgotik von John Loughborough Pearson erbaut, der dabei das südliche Seitenschiff der alten Pfarrkirche St. Mary (16. Jh.) mit einbezog. Das hervorstechende Merkmal der Kathedrale sind die französischen Vorbildern folgenden spitzen Helme des Vierungsturmes und der beiden Westtürme. Trotz ihrer Fremdartigkeit paßt die Kathedrale gut in ihre georgianische Umgebung, von der die 1794 begonnene *Boscawen Street* und die nach Westen führende *Lemon Street* ihr besonders einheitliches Bild bewahren konnten. Interessant in der Lemon Street ist der Kontrast der beiden Straßenseiten: Dreistöckigen Häusern auf der einen Seite stehen zweistöckige Häuser auf der anderen Seite gegenüber. Das *Denkmal für Richard Lander* (1804–34), den Entdecker des Niger, am oberen Ende der Straße, wurde 1835 errichtet.

Das *County Museum and Art Gallery* in der River Street ist das bestausgestattete Museum Cornwalls. Seine Mineraliensammlung ist weltberühmt. Die anderen Schwerpunkte sind: Relikte aus Jungsteinzeit und Eisenzeit, Vögel, Möbel, Cookworthy-Porzellan sowie Gemälde von John Opie, Canaletto, Constable, Gainsborough und Godfrey Kneller. Kneller ist auch der Schöpfer des beeindruckenden Porträts des »kornischen Riesen« Anthony Payne (1612–91), das Karl II. in Auftrag gab. Mit seinen 2,24 m Körpergröße war Payne eine fraglos formidable Erscheinung im Truppenkontingent der Royalisten.

* Trelissick Garden (abseits der B 3289 bei Feock, 19 km S Truro)

ist ein Paradies für Gartenfreunde und neben Trengwainton *(S. 345)* der schönste der subtropischen Gärten, die anzulegen das milde Klima des cornischen Südens ermöglicht *(Farbtafel nach S. 320).* Der Garten wurde in den dreißiger Jahren unseres Jahrhunderts geschaffen, das neo-griechisch gehaltene Herrenhaus (nicht zu besichtigen) stammt von 1825. Einzigartig ist auch die Lage des Anwesens. Es liegt am nördlichen Ende des ertrunkenen Flußtals Carrick Roads, auf das man von der Gartenseite des Hauses einen großartigen Ausblick hat.

338

Veryan (abseits der A 3078, 13 km O Trelissick [Fähre], ca. 15 km SO Truro)

Eine Kuriosität sind die fünf eigenartigen *runden Häuser*, von denen je zwei wie Pförtnerlogen am Dorfausgang zu beiden Seiten der Straße stehen. Die Legende weiß von einem Pfarrer zu berichten, der diese Häuser für seine Töchter bauen ließ, damit sich kein Teufel in einer Ecke verstecken konnte. Die Kreuze auf den konischen Reetdächern würden dem entsprechen. Verbürgt ist jedoch ein Hugh Rowe aus Lostwithiel als Erbauer der Häuser (Anfang 19. Jh.). Möglicherweise waren sie schlicht als Landarbeiterquartiere gedacht.

Die Kirche *St. Symphorian* hat ein normannisches Taufbecken im Bodmin-Stil, das wahrscheinlich eine mittelalterliche Kopie ist.

St. Mawes (am Ende der A 3078, 10 km S Veryan)

besitzt einen der beliebtesten Yachthäfen in Cornwall. Das einzige bedeutende Gebäude im Ort ist die Küstenbefestigung **St. Mawes Castle* (1540–43; EH), das Gegenstück zu Pendennis Castle auf der westlichen Seite der Carrick Roads. Die Festung ist Teil der Befestigungslinie, die zur Zeit Heinrichs VIII. entlang der englischen Südküste errichtet wurde (Wappen des Königs an der Außenwand). Sie besteht aus einem runden Hauptturm und drei niedriger angeordneten halbkreisförmigen Bastionen.

Falmouth (an der A 393, 20 km S Truro, Fußfähre von St. Mawes)

Die letzte königstreue Befestigung, die nach fünfmonatiger Belagerung im Bürgerkrieg in die Hand des Parlaments fiel, war *Pendennis Castle*. Sie wurde 1544–46, also direkt nach ihrem Gegenüber St. Mawes Castle, errichtet. Ihr runder Mittelturm steht im Zentrum zweier befestigter Mauerringe, deren äußerer im späten 16. Jh. durch Eckbastionen gestärkt wurde.

In der Altstadt am Hafen von Falmouth begegnet uns erneut die Geschichte der Schmuggler: Am Zollhafen (Arwenack Street) ist eine *»King's Pipe«* erhalten, ein Schornstein aus Backstein, in dem die Zollbehörden sichergestellten Tabak verbrannten.

* **The Lizard** (A 394 über Helston, B 3291 über Gweek)

Etwa 10 km südlich von Falmouth beginnt die Halbinsel The Lizard. *Lizard Point* ist der südlichste Punkt der britischen Hauptinsel.

The Lizard ist hauptsächlich von Steilküste umgeben, die an etlichen Stellen von kleinen Fischerhäfen und sandigen Buchten unterbrochen ist. Die Halbinsel beginnt im Westen südlich **Porthleven** mit den Porthleven Sands, einem rund 5 km langen Sand- und Kieselstrand, hinter dem sich mit *The Loe* Cornwalls größter Süßwassersee verbirgt. Ein Klippenpfad von wechselnder Qualität führt nach Süden (bei einigen Umwegen, die durch tiefe Taleinschnitte bedingt sind) bis zum Lizard Point. Eine der sandigen kleinen Buchten ist Poldhu Cove, in deren Nähe ein Obelisk an *Guglielmo Marconi* (1874–1937) erinnert, den Erfinder der drahtlosen Telegraphie, der 1901 an dieser Stelle die erste Funkverbindung zwischen Europa und Amerika herstellte. Weiter südlich liegt **Mullion**, ein unscheinbares Dorf, in dessen Kirche *(St. Melina)* einige prächtige Gestühlswangen aus der ersten Hälfte des 16. Jh. erhalten sind. **Mullion Cove*, ca. 2 km südwestlich, ist ein kleiner Hafen mit Schmugglervergangenheit. Von hier führt der schönste Teil des **Klippenweges* zum **Lizard Point** und trifft kurz vor dem Dörfchen Lizard auf die Bucht **Kynance Cove*, die mit ihren frei stehenden Felsnadeln einen spektakulären Anblick bietet. Ihres geschützten Sandstrandes wegen ist sie im Sommer an schönen Tagen recht überlaufen (von der A 3083 her mit Fahrzeugen zu erreichen).

62 Redruth und Umgebung

Redruth und Camborne (an der A 30, 15 bzw. 20 km SW Truro)

Die Umgebung der zusammen rund 27 000 Einwohner zählenden Städte Camborne und Redruth war bis zum Ende des 19. Jh. das *Zentrum der Kupfer- und Zinnförderung Cornwalls* mit über 100 Schachtanlagen. Mit der Verfügbarkeit wesentlich kostengünstigeren Zinns aus Malaya kam die kornische Industrie um 1920 praktisch zum Erliegen.

Redruth hat noch mehr als Camborne den Charakter einer Industriestadt. Selbst die Hauptstraße bietet keine außergewöhnlichen Unterbrechungen des absoluten Durchschnitts. Eine *Wesleyan Church* von 1826 und eine *Free Methodist Church* von 1864 fallen allenfalls durch ihre Andersartigkeit auf, was vom *ehem. Armenhaus*, das der damals 27jährige George Gilbert Scott entwarf, nicht unbedingt gesagt werden kann. Eine Gedenktafel an dem kleinen Haus hinter der *Druid's Hall* in der Cross Street ist dem Schotten *William Murdock* (1754–1839) gewidmet, der das Kohlengas als Lichtquelle nutzbar machte und 1792 in diesem Haus die erste Gasbeleuchtung der Welt installierte.

An die stolze Geschichte unabhängiger Prediger erinnern das alte Gasthaus in der Fore Street, in dem der Quäker *George Fox* (1624–91)

340

eingekerkert war, und das *Bank House*, von dessen Balkon der Methodistenführer *John Wesley* (1703–91) predigte. Im nördlich von Redruth gelegenen, durch einen Bergschaden entstandenen künstlichen Amphitheater *Gwennap Pit* predigte Wesley erstmals 1762, nachdem er seit 1743 als Prediger in der Umgebung bekannt war. Diese »Kathedrale der Methodisten«, die 1806 umgestaltet wurde, bietet auf 13 Stufen etwa 2000 Zuhörern Platz und wird heute noch gelegentlich für Gottesdienste genutzt.

An drei Orten in der Umgebung kann man auf den Spuren der Zinnförderung wandeln: in *Tolgus Tin* (5 km N Redruth an der B 3300) und in der stillgelegten *Poldark Tin Mine* (10 km S Redruth an der B 3297 bei Wendron), die allerdings heute in die »facilities« eines typisch englischen Vergnügungsparks einbezogen ist. In dem Dorf **Pool**, auf halbem Wege zwischen Camborne und Redruth, hat der National Trust zwei der *Cornish Engines* zusammen mit den charakteristischen Maschinenhäusern restauriert und zur Besichtigung geöffnet.

* **Godolphin Hall** (abseits der B 3280, 11 km SW Camborne)

Der Tudor-Landsitz war mehrere Jahrhunderte lang Sitz der Familie Godolphin, die unter Heinrich VIII. in die große Gesellschaft aufstieg und dank ihrer Geschäftstüchtigkeit (Zinnbergbau, Pferdezucht) zu einer der führenden und reichsten Familien Cornwalls wurde. Drei Flügel des ursprünglich um einen geschlossenen Innenhof herum angelegten Hauses sind noch erhalten. Die Kolonnadenfront des Hauses wurde um 1640 gebaut.

63 St. Ives · Penzance · Land's End

* **St. Ives** (an A 3074 und B 3306, 15 km W Camborne, 11 km N Penzance)

Geschichte: St. Ives war einst Haupthafen für die Sardinenfischerei. Das änderte sich jedoch in kurzer Zeit, als die Künstler den Ort entdeckten und St. Ives ein zumindest im Sommer touristenüberströmtes *kornisches Künstlermekka* wurde. Die farbenfrohen Häuser, die nahezu unmögliche Windungen vollführenden Straßen, der im Windschatten der hügeligen Halbinsel liegende Hafen, die Sandstrände – der Stoff, aus dem die Gemälde und Zeichnungen entstehen, ist überreichlich vorhanden. Die ersten Künstler, die nach St. Ives kamen, waren *James M. Whistler* (1834–1903) und der deutschstämmige *Walter Sickert* (1860–1942). Von denen, die sie nachzogen, ragen der Schwede *Anders Zorn* (1860 bis 1920), *Ben Nicholson* (1894–1982) und seine Ehefrau, die Bildhauerin *Barbara Hepworth* (1903–75) sowie der Töpfer *Bernard Leach* (1888–1979) besonders heraus. Aus St. Ives selbst stammt der englische Meister des »action painting«, *Peter Lanyon (1918–64). Leach* gründete zusammen mit Nicholson und Barbara Hepworth die *Penwith Society of Arts in Cornwall*. Ihre Galerie befindet sich in der Back Road West am Porthmeor Surf Beach. Das *Trewyn Studio*

ist das ehem. Haus Barbara Hepworths. Bei einem Brand des Ateliers fand sie hier 1975 den Tod. Die *Bernard Leach Pottery* liegt am südwestlichen Ortsrand.

Einige interessante Stücke sind in der Pfarrkirche *St. Ia* (1410–36) am Ende der High Street zu sehen: eine Darstellung der Madonna mit dem Kind von Barbara Hepworth, ein Brass (für Otho Trenwith, † 1463) mit einer kuriosen Darstellung des hl. Michael und die an kunstvoll geschnitzten Bossen reiche Holzdecke der Kirche.

Auf einem Hügel an der Steeple Road steht mit dem *Knill Monument* (1782) ein veritabler Folly: eine dreiseitige, mit zahlreichen Inschriften (z. B.»Resurgam«,»Nil Desperandu«,»I know that my redeemer liveth«) versehene Pyramide. John Knill, Junggeselle und ehem. Bürgermeister, ließ die Pyramide vermutlich als Mausoleum bauen. Gleichzeitig schuf er eine Stiftung, aus der (bis auf den heutigen Tag) alle fünf Jahre eine eigenartige Zeremonie bezahlt wird: Zehn zehnjährige Mädchen, in Weiß gekleidet, steigen am 25. Juli in Begleitung zweier Witwen, eines Geistlichen, eines Geigers, des Bürgermeisters von St. Ives und des örtlichen Zollbeamten zur Pyramide hinauf, singen den 100. Psalm (»Jauchzet dem Herrn, alle Welt!«) und tanzen anschließend eine Viertelstunde lang zu den Klängen der Geige um die Pyramide herum. 10 Schilling (in alter Währung) erhalten die Mädchen, der Geiger und die Witwen dafür, 10 Pfund der Pastor, der Bürgermeister und der Zollbeamte – aufzuwenden allerdings für ein Essen mit je zwei Freunden.

Zennor (an der B 3306, 6,5 km W St. Ives)

ist wegen der Seejungfrau einen Abstecher wert, die eine der beiden alten Gestühlswangen von *St. Senner* ziert. Im nahe gelegenen Weiler *Higher Tregerthen* ließ sich 1916 *D. H. Lawrence* (1885–1930) nieder, der skandalumwitterte Autor von ›Lady Chatterley's Lover‹ (1928). Doch Lawrence war mit der Deutschen Frieda von Richthofen verheiratet – zur Zeit des 1. Weltkrieges den Behörden Anlaß genug, den Schriftsteller wie einst Wordsworth und Coleridge in Holford *(S. 282)* der Spionage zu bezichtigen und zu vertreiben. In ›Kangaroo‹ (1923) hat Lawrence diese Episode beschrieben.

Von den zahlreichen prähistorischen Stätten in der Umgebung ist *Chysauster Ancient Village* (EH, abseits der B 331, 3 km S Zennor) hervorzuheben. Die aus acht Steinhäusern bestehende eisenzeitliche Siedlung (1.–3. Jh.) zählt zu den besterhaltenen in England.

** Penzance

Lage: am Ende der A 30, 130 km W Plymouth, an der B 331, 11 km S St. Ives

Geschichte: Penzance ist allen Reisenden auf dem Weg zur Westspitze der Insel ein Begriff. Doch ist Englands westlichste Stadt (ca. 20000 Einw.) nicht erst durch den Tourismus bedeutsam geworden. Bereits 1332 erhielt die Stadt Marktrechte. Der Hafen wuchs – trotz Zerstörungen durch die Spanier (1595) und im englischen Bürgerkrieg –, und von 1663 bis 1838 war Penzance sogar »Stannary Town«. Die Eisenbahnverbindung mit London brachte die ersten Touristen, und wie damals kommen die Besucher auch heute des milden kornischen Klimas wegen.

Die Hauptstraße von Penzance ist die *Market Jew Street* mit ihren hochgezogenen Bürgersteigen. *Market House* ① (1836–38; von William Harris) an ihrem oberen Ende, heute Lloyds Bank, ist mit seinem

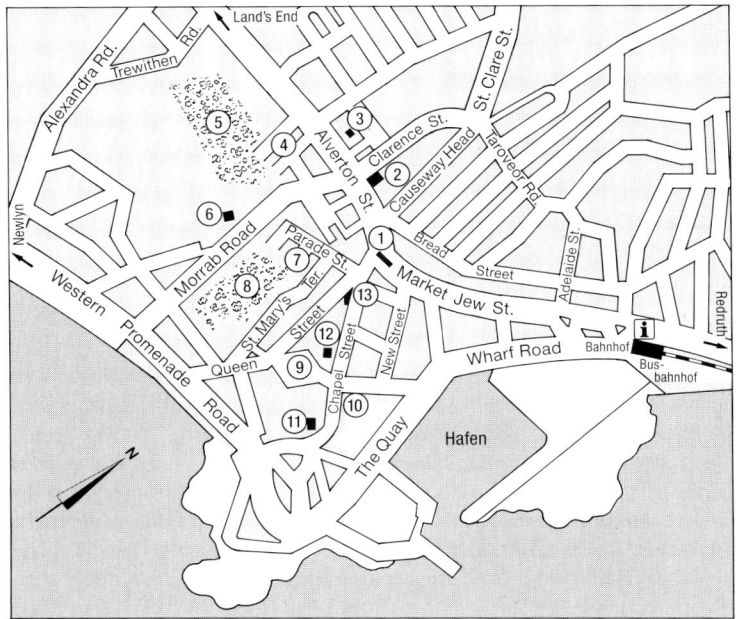

Penzance: Stadtplan

① Market House
② Baptistenkapelle
③ Geologisches Museum
④ Wellington Place und Wellington Terrace
⑤ Penlee Park
⑥ Penlee House
⑦ South Parade
* ⑧ Morrab Gardens
⑨ Regent Square
⑩ »Admiral Benbow«
⑪ St. Mary
⑫ Methodistenkapelle
* ⑬ Ägyptisches Haus

Das »Ägyptische Haus« in Penzance

ionischen Portikus und der grünen Kuppel das Wahrzeichen der Stadt. Davor eine Statue für *Sir Humphry Davy* (1778–1829), den Erfinder der Grubenlampe und Entdecker mehrerer chemischer Elemente. In der Alverton Street kommt man – nach einem Abstecher zur *Baptistenkapelle* ② (1835; normannischer Stil) – zum *Geologischen Museum* ③ und dem Ensemble *Wellington Place/Wellington Terrace* ④ von 1815. Daran schließt der *Penlee Park* ⑤ an, in dem man zwischen subtropischen Pflanzen das milde Klima genießen und dem Müßiggang frönen kann. Vor *Penlee House* ⑥ (1860), einem ehem. Herrenhaus, heute Archäologisches Museum, steht ein altes *Marktkreuz aus dem 9. Jh.* Dem Hauptausgang des Parks (Morrab Road) gegenüber führt ein Pfad an *South Parade* ⑦ vorbei, einem eindrucksvollen Granitensemble von 1815, zu *St. Mary's Terrace.* Rechts ab liegt der Eingang der *Morrab Gardens* ⑧, wie Penlee Park eine Anlage von fast weltläufiger Großzügigkeit (exotische Pflanzen, viktorianischer Orchesterpavillon, *Morrab House* von 1840). Zurück Richtung Hafen kommt man an dem abgeschlossenen Karree *Regent Square* ⑨ vorbei zur Chapel Street. Auf dem Dach der Kneipe *Admiral Benbow* ⑩ ist eine liegende Piratenfigur angebracht. (Immerhin ist eine allerdings andernorts gelegene Kneipe gleichen Namens der Ort, an dem R. L. Stevenson seine Geschichte von der Schatzinsel beginnen ließ.) Rechts führt Chapel Street zur Pfarrkirche *St. Mary* ⑪ (1832–35), links zur *Methodistenkapelle* ⑫ (1814 und 1864). Kurz vor dem Marktplatz steht der wohl spektakulärste Folly Cornwalls: das *Ägyptische Haus* ⑬, ein dreistöckiger Bau, dessen Fassade mit ägyptischen Motiven gestaltet ist. Vorbild dieses heute vom Landmark Trust bewirtschafteten Meisterstücks englischer Exzentrik war die Ägyptische Halle, die P. F. Robinson 1812 am Londoner Piccadilly errichtete.

✴ Trengwainton Garden

(3 km W Penzance, bei Heamoor, zwischen B 3312 und A 3071)

ist eine weitere Attraktion an der »Kornischen Riviera«: ein subtropisches Gartenparadies, das auf eine ganze Reihe von Pflanzen stolz ist, die an keinem anderen Ort in Großbritannien gezogen werden können. Der Garten wurde 1814 von Sir Rose Price als Baumgarten begonnen. Bald darauf folgten die Terrassenanlagen. Die exotische Prägung und die Rhododendronpflanzungen verdanken wir Sir Edward Bolitho († 1969).

✴✴ St. Michael's Mount (NT)

Geschichte: Die gezeitenabhängige Insel in der Mount's Bay bei Marazion (4 km O Penzance), trägt ihren Namen in Anlehnung an den normannischen Mont St. Michel, dem sie in mancher Hinsicht ähnelt und dessen Benediktinerkloster sie um 1050 von Eduard dem Bekenner übergeben wurde. Im Gegensatz zum Mont St. Michel wurde St. Michael's Mount jedoch in erster Linie militärisch genutzt, wie die trutzige Festung auf der Spitze des Felsens beweist, die nach und nach die kleine monastische Ansiedlung überlagerte. Ob die Insel mit dem 70 m hohen Granitfelsen das von dem römischen Geschichtsschreiber Diodorus Siculus beschriebene Zinnhandelszentrum Ictis ist, ist nicht geklärt.

Der Besucher gelangt bei Ebbe über einen grob gepflasterten Damm in das aus einer Handvoll Fischerhäusern bestehende Dörfchen am Fuß des Burgberges. Bei Flut wird mit kleinen offenen Booten übergesetzt. Auf der Mole des kleinen Hafens sieht man die aus Messing nachgebildeten *Fußspuren Königin Viktorias*, die »The Mount« 1846 einen Besuch abstattete. Eine informative Dia-Schau stimmt auf die Besichtigung ein, und nach steilem Aufstieg betritt man die Burg durch das Tor aus dem 15. Jh., auf dem das Wappen der Besitzerfamilie St. Aubyn prangt. Von den monastischen Gebäuden ist das ehem. Refektorium der wichtigste bauliche Zeuge. Es ist heute der *Chevy Chase Room* und hat noch die offene Holzbalkendecke aus dem 15. Jh. Der Stuckfries mit lebhaften Jagdszenen stammt von 1641, während die gotische Gestaltung der Türen unter der Ägide Sir John St. Aubyns (3. Baronet; 1696–1744) durchgeführt wurde, der auch die *ehem. Marienkapelle* (1463) in Salon und Boudoir umwandeln ließ: Die Wände in Pastellblau gehalten, mit stuckverziertem Gewölbe, sind die beiden Räume unter den frühesten Beispielen der Rokoko-Gotik.

Das *Landkartenzimmer* zeigt einige interessante ältere Karten von Cornwall. Die Marmorbüsten Sir John St. Aubyns und seiner Ehefrau Juliana sind von Nollekens. Zwei Kuriositäten stellen die Führer beson-

345

ders gern heraus: ein Taschentuch Oliver Cromwells und das von dem Butler Henry Lee aus Champagnerkorken gebaute Modell des St. Michael's Mount. Die *Kapelle* (14. Jh.) ist stark restauriert. Allerdings sind die Alabasterfiguren hinter dem Altar wegen ihrer Thematik sowie der große flämische Messingleuchter aus dem 15. Jh. beachtenswert. Außerhalb der Kapelle steht ein mittelalterliches Steinkreuz mit einem kunstvollen Relief der Kreuzigungsszene.

Newlyn (an der B 3315, 1,5 km S Penzance)

wurde 1884 Cornwalls erstes Künstlerdorf, als Stanhope Alexander Forbes, Walter Langley, Edward Harris und T. C. Gotch die *Newlyn School* gründeten. (Galerie in der Nähe des Hafens).

Mousehole (3 km S Penzance)

In dem Fischernest – dessen Name übrigens, so gut er auch paßt, eine Ableitung aus dem Kornischen sein dürfte – steht das Haus von *Dorothy Pentreath*. Sie starb 1777 in dem Ruf, als Letzte das keltische Kornisch gesprochen zu haben, das mit dem Walisischen und dem Bretonischen verwandt ist. In **Paul** (1 km NW) setzte Prinz Lucien Bonaparte ihr ein Denkmal in Form eines Obelisken.

* **Botallack Head** (an der A 3071, 10 km W Penzance)

Nördlich von St. Just am Cape Cornwall liegt eines der im 18. Jh. wichtigsten Zinnabbaugebiete. Geblieben sind nur die *Ruinen der Maschinenhäuser*. Vor der grandiosen Klippenszenerie bilden sie jedoch einen höchst eindrucksvollen Anblick.

* **Porthcurno** (abseits der B 3315, 12 km SW Penzance)

lockt mit zwei sehr unterschiedlichen Attraktionen: mit einem von hohen Klippen umgebenen Sandstrand zum einen, und mit *The Minack Theatre*, einem 1932 in einer Mulde der steil zum Meer abfallenden Granitfelsen errichteten Freilichttheater. 800 Zuschauer haben hier auf rasenbepflanzten Bänken Platz. Vor der ersten Aufführung der Saison (Ende Mai bis Mitte September) findet traditionell ein Gottesdienst statt – als Fürbitte für eine Saison guten Wetters.

◁ St. Michael's Mount

* **Land's End** *(Farbtafel vor S. 321)*

Ähnlich wie John o' Groat's, die Nordostspitze Schottlands, zieht Land's End alljährlich in wachsenden Zahlen die Besucher an – obwohl das südwestliche »Ende« der britischen Hauptinsel seit einigen Jahren eintrittsgeldpflichtiger Privatbesitz ist, auf dem der übliche Rummel derartiger Besucherattraktionen anzutreffen ist.

Wenn auch der Weg über die Straße, vorbei am Dörfchen Sennen, der einfachste ist, so bietet der Anmarsch über den *Klippenweg* (entweder von Gwennap Head, westlich Porthcurno, oder von Cape Cornwall bei St. Just) eine angemessene Einstimmung auf die wilde Granitklippenszenerie von Land's End: Steilküste von über 60 m Höhe bestimmt das Bild, und bizarre Felsformationen mit Namen wie »Bewaffneter Ritter«, »Irische Lady«, »Boden des Kessels« oder »Haifischflosse« bilden die unwirtliche und schiffahrtsfeindliche Umgebung. Hier versteht man, warum die nicht gerade wohlhabenden Küstenbewohner in Sturmnächten früher folgendes »Gebet« aufzusagen pflegten:

»Herr, schütze die Schiffahrt! Sollte es dir aber gefallen, ein Schiff stranden zu lassen, dann möge dies an den Klippen Cornwalls geschehen.«

So wurde die Umgebung von Land's End über die Jahrhunderte nicht nur durch Sturmeinwirkung zu einem gewaltigen Schiffsgrab, sondern auch durch das sogenannte »wrecking« gewissenloser Riffpiraten: Durch falsche Leuchtfeuer lockten sie Schiffe auf die Klippen, um deren Wracks auszuplündern, wobei aus Sicherheitsgründen keiner der Schiffbrüchigen am Leben gelassen wurde. Die spektakulärste Schiffskatastrophe war 1967 der Untergang der ›Torrey Canyon‹, eines Öltankers, der den 2 km westlich von Land's End stehenden Leuchtturm Longships übersehen hatte und vor der Küste strandete. Eine beispiellose Verseuchung der kornischen Küste war die Folge.

Bei schönem Wetter sind von Land's End aus die Isles of Scilly zu sehen – über Tennysons »Lost Land of Lyonesse« hinweg. Bei Sturm ist der Anblick der tobenden See ein unvergeßliches Erlebnis – auch ohne »The First and Last House (bzw. Pub, Shop, Petrol Station) in Britain« oder den umwerfenden Hinweis auf einer Andenkenpostkarte, die einen Bus zeigt, dessen Vorderräder über die Klippe hinaushängen: »Wir haben zwar noch genug Benzin, doch das Land ist uns ausgegangen« . . .

348

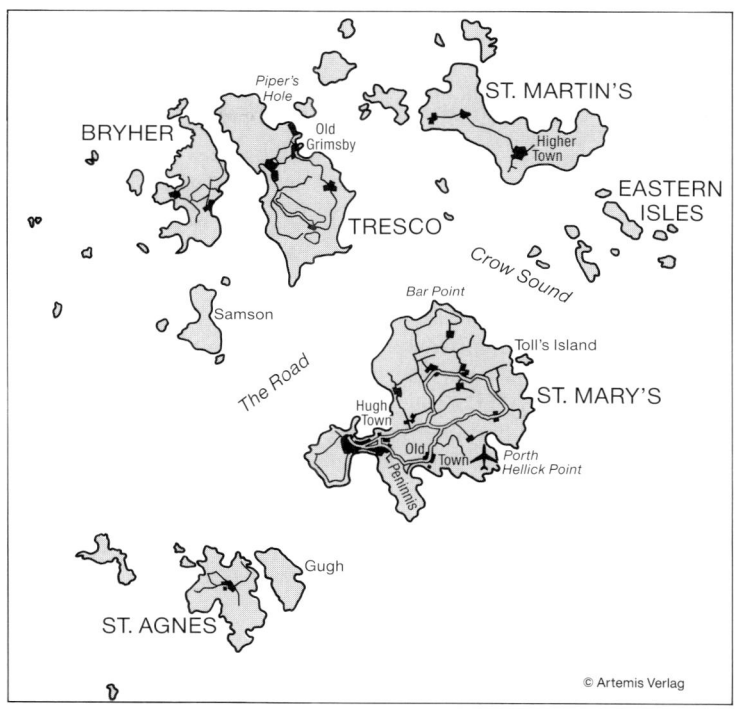

Die Isles of Scilly

** 64 Isles of Scilly

Lage: ca. 40 km SW Land's End; Fährverbindung (nur Fußgänger) und Hubschrauberdienst von Penzance

Land's End ist, nimmt man es ganz genau, noch längst nicht Englands »Ende«. Der äußerste südwestliche Punkt des Königreiches nämlich liegt draußen im Atlantik, drei (oft genug stürmische) Bootsstunden von Penzance entfernt: die Isles of Scilly. Dem griechischen Geographen Strabon waren sie als *Cassiterides* bekannt, dem Römer Solinus als *Insula Sylina*. Ein kleiner Archipel, in seiner Gesamtheit Besitz des Duchy of Cornwall, bestehend aus etwa 140 kleinen Inseln und Felsen, von denen die größeren (St. Mary's, St. Martin's, St. Agnes, Gugh, Tresco und Bryher) von etwa 2000 »Scillonians« bewohnt sind.

349

Geschichte: Daß schon in der Jungsteinzeit auf den Scillies gesiedelt wurde, beweisen etwa 150 erhaltene Grabstätten aus dieser Zeit. Aus der Eisenzeit stammt das Klippenfort *Giant's Castle* auf St. Mary's, und von der Anwesenheit des norwegischen Plündererkönigs Olaf Trygvesson im 10. Jh. berichtet die ›Orkneyinga Saga‹. England wurden die Inseln erst wichtig, als die Konfrontation mit Spanien heraufzog und die Tudors Sir Francis Godolphin (Godolphin Hall, *S. 341*) mit der Einrichtung einer Garnison beauftragten (*Star Castle* auf St. Mary's). 1834 pachtete ein Landedelmann namens Augustus Smith die Inseln. Er war es, der den Grundstein legte für eine der heute wichtigsten Einnahmequellen: die Zucht von Frühlingsblumen. Im milden, vom Golfstrom begünstigten Klima der Scillies gedeihen sie prächtig und wesentlich früher als die Blumen des Festlandes.

St. Mary's (6 km²) ist die größte Insel des Archipels. Hier treffen auch die Schiffe und Hubschrauber von Penzance ein. Von *Hugh Town* aus, der »Hauptstadt«, kann man die Insel bequem an einem halben Tag umwandern. Auf der Halbinsel Peninnis, die von Porth Cressa nach Süden ins Meer ragt, befinden sich einige spektakuläre Felsformationen: *Tooth Rock*, ein Granitblock wie ein umgekehrter Backenzahn, *Monk's Cowl* (Mönchskutte), *Kettle and Pans* (Kessel und Pfannen) und *Pulpit Rock*, der bedrohlich über das Meer hinausragende »Kanzelfelsen«. *Old Town Bay* mit ihrem kleinen Strand unterbricht die Felsenküste für einige hundert Meter. Dann folgen, auf dem Weg zur Bucht Porth Hellick, mehrere Grabhügel und das bereits erwähnte Klippenfort *Giant's Castle*. Am Ufer der geschützten Bucht erinnert ein Denkmal an das Schicksal des Admirals *Sir Cloudesley Shovell*. Er wurde, als er 1707 nach einem Schiffbruch an Land gespült wurde, von einer Einheimischen getötet – des Smaradgringes wegen, den er am Finger trug. Auf der Anhöhe *Port Hellick Down* ist eine der besser erhaltenen megalithischen Grabstätten zu sehen.

Es folgt vor der Küste die gezeitenabhängige *Toll's Island* (mit gutem Ausblick auf die Vogel- und Seehundkolonien auf den vorgelagerten Felsen), dann Watermill Cove und danach die Felsnase *Innisidgen* mit den Dolmen Upper und Lower Innisidgen, den besterhaltenen des Archipels. Nach Bar Point, der Nordspitze der Insel, taucht der Radiomast auf, in dessen Nähe die römische Ausgrabungsstätte *Bant's Carn* liegt. Über die Siedlung Porthloo (mit Ausblick auf die umliegenden Inseln) geht es nach Hugh Town zurück.

Auf **Tresco** (3 km²) ist die Erinnerung an *Augustus Smith* (1804–72) lebendig. Neben der Blumenzucht, mittlerweile die wichtigste Stütze der Wirtschaft des Archipels, führte Smith auch die Pflichtschule auf den Inseln ein, und zwar 40 Jahre, bevor sie in England Gesetz wurde. *Tresco Abbey*, einst eine (unter Heinrich VIII. aufgelöste) Benediktinerabtei, ist das Herrenhaus der Familie Dorrien-Smith (Augustus

Tresco Abbey Gardens

Smiths Nachfolger). Das Haus selbst ist nicht zugänglich, wohl aber der herrliche Garten. *Tresco Abbey Gardens* sind über die Inseln hinaus bekannt – nicht nur wegen der Pflanzensammlung, die einem Botanischen Garten alle Ehre machen würde, sondern auch wegen ihrer eigenwilligen Anlage: Obere und mittlere Terrasse teilen den Garten der Länge nach, der zu den Neptuns-Stufen führende Lighthouse Walk bildet dazu die Querachse. Und noch etwas ist außergewöhnlich: Im Garten befindet sich auch die »Valhalla«, eine Sammlung von über 70 Galionsfiguren gestrandeter Schiffe.

Tresco hat große weiße Sandstrände im Süden, die Nordküste ist felsig und steil. Die Höhle *Piper's Hole* (Nordostküste) soll ein Versteck für Schmuggler gewesen sein. *Cromwell's Castle* (1651) in der Nähe wurde zu Ehren des Lordprotektors erbaut, als Admiral Blake die Inseln im Bürgerkrieg für das Parlament eroberte.

351

Bryher (W Tresco), eine der kleinsten bewohnten Inseln (ca. 40 Einw.), hat an der Nordspitze Felsformationen, die zu den gewaltigsten von ganz Cornwall gehören.

Auf **Samson** (S Bryher), einer heute unbewohnten Insel, ist mit der Ruine *Armorel's Cottage* englische Literaturgeschichte lebendig. Haus und Insel sind der Hauptschauplatz von Sir Walter Besants Roman ›Armorel of Lyonesse‹ (1890).

Auf **St. Agnes** und **Gugh** (SW St. Mary's), die nur bei Flut voneinander getrennt sind, leben etwa 60 Menschen. Der Leuchtturm von St. Agnes (1680) ist einer der ältesten in Großbritannien. Von den zahlreichen sandigen Buchten ist *Beady Pool* die bekannteste. Hier ging ein Schiff unter, das Glasperlen aus dem 16. Jh. geladen hatte. Hin und wieder werden einige von ihnen an Land gespült. Sehenswert auf Gugh: der 3 m hohe Menhir *Old Man of Gugh* und der Dolmen *Obadiah's Barrow*.

St. Martin's (N St. Mary's; 2,5 km²; ca. 80 Einw.) rühmt sich seiner langgezogenen weißen Sandstrände. Das Wahrzeichen der Insel ist ein eigenartig rot und weiß gestalteter konischer *Turm*, den Godolphin 1683 als Seemarke bauen ließ.

Kunst und Architektur

Die wichtigsten Baustile auf einen Blick

Römisch (1. bis 4. Jh.)

Merkmale: massiges Mauerwerk mit Ziegelbändern; kleine Rundbogenfenster
Beispiele: Roman Pharos in Dover; Lullingstone Roman Villa; Richborough Castle; Pevensey Castle; Portchester Castle

Angelsächsisch (500–1066)

Merkmale: schweres Mauerwerk; »long-and-short-work«; kleine Fenster mit runden Bögen
Beispiele: Pfarrkirche in Sompting; St. Mary-in-Castro in Dover; St. Mary and St. Sexburga in Sheerness

Normannisch (1066–ca. 1200)

Der normannische Baustil ist die englische Form der Romanik. Er entstand zunächst nach dem Vorbild der Kirchen in der Normandie.
Merkmale: schweres Mauerwerk; Fenster mit Rundbögen, im Übergangsstil (»Norman Transitional«) leichte Spitzbögen; Zickzackornamente; Würfelkapitelle (ohne Schmuck sowie in der Blütezeit mit reichen Verzierungen, z. B. Palmenblättern oder Grotesken); Kreuzgratgewölbe. Kathedralen haben zumeist eine zweitürmige Westfassade und einen Vierungsturm.
Beispiele: Kathedrale von Chichester; Teile der Kathedralen von Canterbury und Rochester; Romsey Abbey; Christchurch Priory; Burgen von Rochester, Dover, Portchester, Canterbury, Tonbridge, Guildford; Pfarrkirchen von Clayton, St. Margaret's-at-Cliffe, Barfreston, Portchester

Gotik (ca. 1189–ca. 1485)

Early English (frühgotisch; ca. 1189–ca. 1307)
Merkmale: Lanzettfenster; Kreuzrippengewölbe; steile Dächer; Turmhelme anstelle der normannischen flachen Türme; Verlängerung des Kathedralen-Chors durch eine Marienkapelle (Lady Chapel); Hundszahnornamentik (»dog tooth«); Blattkapitelle

Beispiele: Kathedrale von Salisbury; Westteil der Kathedrale von Wells; Chor der Kathedrale von Canterbury

Decorated (hochgotisch; ca. 1307– ca. 1377)
Merkmale: mehrbahnige Einzelfenster größerer Fläche als im Early English; Belebung der Fenster durch reiches Maßwerk
Beispiele: Kathedralen von Canterbury, Wells und Exeter

Perpendicular (spätgotisch; ca. 1377– ca. 1485)
Merkmale: flachere Bögen und Dächer; Besetzung der vertikalen Linien; extensive Verwendung von Strebebögen; großflächige, vielbahnige Fenster; Fächergewölbe; Wandgliederung durch gitterartiges Netzwerk
Beispiele: Kathedralen von Winchester und Exeter; St. Mary Redcliffe in Bristol

Tudor und Elizabethan Style (ca. 1485– ca. 1603)

Tudor und Elizabethan sind neue Stilformen typisch englischer Art. Zeitweilig jedoch verbanden sich auch Renaissanceformen, die unter Heinrich VIII. (1509–47) durch zumeist italienische Künstler ins Land kamen, mit dem Perpendicular Style.
Merkmale: Sakralbauten zumeist ähnlich dem Perpendicular (der bis ins 18. Jh. nie erlosch), jedoch mit flacheren, teils dreieckigen Fensterbögen (»Tudor-Gotik«); Hausbau nicht mehr vom Verteidigungsgedanken bestimmt, sondern vom Wohncharakter; E-Grundriß und H-Grundriß; rechteckige Stabwerkfenster; hohe, schlanke, in Gruppen zusammengefaßte Schornsteine mit üppigem Zierat
Beispiele: Tudor: Guildford Grammar School; Cotehele House; Sissinghurst Castle; Boxgrove Priory (Votivkapelle für Lord de la Warr); Mottisfont Abbey; **Elizabethan:** Loseley House; Trerice Manor; Longleat House; Montacute House

Jacobean – Quenn Anne – Georgian – Regency

Ein Barockstil im europäischen Sinne ist in England nicht entstanden. Neben der sich fortsetzenden Gotik bildet sich eine speziell englische, an den Italiener Andrea Palladio (1508–80) anknüpfende Variante des Klassizismus heraus, die vom Anfang des 17. bis ins 19. Jh. das Erscheinungsbild repräsentativer Bauten bestimmt. Der Einfluß Palladios schlägt sich in der Bezeichnung »**palladianisch**« nieder, die auch die Mitte des 18. Jh. überdauert, als sich ein unmittelbar auf die Antike zurückgehender Klassizismus durchzusetzen beginnt.

Palladianische Brücke im Park von Wilton House *(S. 219)*

Die führenden Baumeister dieser Epoche, deren einzelne Abschnitte kaum voneinander zu trennen sind und in England nach der Regierungszeit des jeweiligen Monarchen benannt werden, waren **Inigo Jones** (1573–1652) sowie sein Schüler **Christopher Wren** (1632–1723). Ihre Nachfolger Henry Flitcroft, William Kent, John Wood (Vater und Sohn), James Gibbs, Colen Campbell u. a. formten die klassischen Vorbilder zu den typisch englischen Stilarten um.
Beispiele: Jacobean (ca. 1603–30 – nach Jakob I. – und 17. Jh.): Abbot's Hospital in Guildford; Chilham Castle; Wilton House; The Vyne. **Queen Anne** (ca. 1702–20 – nach Königin Anna): Antony House. **Georgian** (nach den Königen Georg I.–IV.; ca. 1720–1820): Queen Square in Bristol; Stadtarchitektur von Bath; Garten von Stourhead. **Regency** (nach dem Prinzregenten, dem späteren Georg IV., ca. 1810–30): Royal Pavilion und Stadtarchitektur in Brighton; Seebadarchitektur an der Südküste; Rathaus von Newport; Stadtarchitektur von Tunbridge Wells

Historismus (Ende 18. Jh.–ca. 1925)

Merkmale: Wiederaufleben aller bisherigen Stilrichtungen bis hin zur Übernahme ausländischer und exotischer Stilrichtungen, wobei die **Neugotik** den breitesten Raum einnimmt. Die berühmtesten Baumeister des Gothic Revival waren A. W. N. Pugin, Sir George Gilbert Scott und John L. Pearson
Beispiele: Neo-Norman: Norris Castle; St. Mary and St. Nicholas in Wilton (italienische Vorbilder). **Gothic Revival:** Kathedrale von Truro; St. Philip Neri in Arundel; Lancing College; Universität von Bristol. **Neo-Renaissance:** Royal Holloway College bei Egham; St. Andrew in Hove. **Neo-Egyptian:** Egyptian House in Penzance; Interieur von Northwood House auf der Insel Wight (West Cowes)

Kunstgeschichtliches Glossar

Architrav: waagerecht auf den Säulen aufliegender Balken in der antiken Baukunst und den von ihr abhängigen Baustilen

Archivolte: Bogenlauf im romanischen und gotischen Gewändeportal, der die Gliederung der Gewände fortsetzt; in der Romanik oft in Form eines Rundstabes

Barbakane: Vorwerk einer Burg

Biblia pauperum: Armenbibel; biblisches Bilderbuch, das den nicht des Lesens Kundigen die Heilige Schrift ersetzen sollte; ab etwa 13. Jh. verbreitet

Bosse: kunstvoll gestaltete Ansichtsseite grob behauener Steine; in Sakralbauten oft als Schmuck unter dem Schlußstein eines Gewölbes

Brass: (engl. Messing) Bezeichnung der für England typischen Messinggrabplatten, die häufig idealisierte Porträtdarstellungen des Verstorbenen tragen

Darrehaus: vornehmlich in der Grafschaft Kent existierende Gebäude, in denen Hopfen getrocknet wurde; meist runde Backsteinbauten mit kegelförmigen Dachaufsätzen

Dienst: Viertel-, Halb- oder Dreiviertelsäule, die einem tragenden Element (Mauer, Pfeiler) vorgebaut ist und sich in die Rippen des Gewölbes hinein fortsetzt, dessen Last der Dienst eigentlich trägt

Fiale: schlankes, spitzes gotisches Ziertürmchen als Pfeileraufsatz an Türmen und Wimpergen

Fischblase (Schneuß): Element des gotischen Maßwerks, einer Fischblase ähnlich (seit 14. Jh.)

Folly: (engl. Narretei) vorwiegend in Großbritannien existierende exzentrische Architektur, gewollt unpassend oder phantastisch; als Blickfang, aus Renommiersucht oder als Gegenstand einer Wette entstanden

Gestühlswange: hohe Seitenwand, die eine Sitzreihe des Chor- oder Kirchengestühls abschließt

Hundszahn (engl. dogtooth): frühgotisches Bauornament aus pyramidenförmig übereinanderliegenden vierzackigen Sternen

Joch: Gewölbeabschnitt, der durch Gurte und Stützen von den benachbarten Gewölbeabschnitten oder Raumteilen abgegrenzt ist

Kapitelhaus: Bestandteil einer Klosteranlage bzw. einer Kathedrale mit dem Kapitelsaal genannten Versammlungsraum z. B. des Domkapitels

Kenotaph: griech. wörtlich ›leeres Grab‹; Grabdenkmal, das in Form eines Grabmals an einen Verstorbenen nur erinnert, ihn aber nicht birgt

Knagge: bei Holzbauten (z. B. Fachwerk) Bezeichnung für aus der Wand vorspringende Balkenenden als Stütze für Balkone, Balken oder Figuren (bei Steinbauten Konsole oder Kragstein)

Lanzettfenster: lange, schmale einbahnige Fenster der englischen Frühgotik, oft zu Gruppen geordnet

Laterne: kleiner, durchbrochener Dachaufsatz einer Kuppel

Lettner: Scheidewand zwischen dem Chor einer Kirche oder Kathedrale und dem Mittelschiff zur Trennung von Klerus und Laien

Levitenstuhl (Dreisitz): dreiteiliges Gestühl (meist an der südlichen Seitenwand des Chorraums), vom Priester und seinen zwei Diakonen benutzt, während der Chor das Gloria und Credo singt

Long-and-short-work: Wechsel von waagerechten und senkrechten Steinen (besonders in der sächsischen Baukunst Englands

Lünette: halbkreisförmiges Bogenfeld über Fenstern und Türen, auch oberer gerundeter Abschluß eines Rechtecks

Mandorla: Heiligenschein in Mandel-
form

Martellotürme: kleine runde, meist konische Verteidigungsanlagen an der
englischen Südküste (und auf den
Kanalinseln) von ca.

1793 bis 1814;
von den Engländern 1794 bei Mortel-
la *(sic)/* Korsika erstmals gesehen

Maßwerk: Bauornament aus geometri-
schen Grundformen, ursprünglich als
Lochformen im steinernen Bogenfeld
über zwei von einem gemeinsamen
Bogen überfangenen Fenstern

Miserikordie: (lat. misericordia =
Barmherzigkeit) unter dem hoch-
klappbaren Chorgestühl angebracht;
dient beim Stehen »aus Barmherzigkeit« als Gesäßstütze

Obergaden: der obere, durch die
Hochschiffenster belichtete Wand-
abschnitt einer Basilika

Ochsenauge: kreis- oder ellipsenför-
miges Fenster

Oktogon: (griech. Achteck) Bauwerk,
das über einem regelmäßigen Achteck errichtet ist

Oratorium: (lat. Betraum) 1. Mönchs-
bzw. Priesterchor in Kloster- und
Stiftskirchen; 2. private oder klöster-
liche Hauskapelle; 3. Orgelbühne;
4. vergitterte oder verglaste Loge mit
Blick zum Altar für weltliche oder
geistliche Würdenträger (besonders
in Barockkirchen)

Orthostat: aufrecht stehender Stein
(bei megalithischen Steinsetzungen)

Paß: Kreisteil des gotischen Maßwerks, nach der Anzahl der zusam-
mengehörigen, durch »Nasen« getrennten Kreisbögen Dreipaß, Vier-
paß bis Vielpaß

Pechnase: Gußerker der mittelalterlichen Burg

Piscina: liturgisches Wasserbecken,
meist in Form einer Nische in der
südlichen Chorwand

Portcullis: Fallgitter; Emblem des Kö-
nigshauses Tudor

Portikus: Vorbau an der Hauptein-
gangsseite, von Säulen oder Pfeilern
getragen, häufig mit Dreiecksgiebel

(Antike, Renaissance bis Klassizismus)

Presbyterium: Priesterraum einer
Langbau-Kirche beim Hauptaltar

Quarter Boy/Jack: ornamentale be-
wegliche Figur an Turmuhren zum
Anschlagen (ursprünglich nur) der
Viertelstunden, heute zumeist auch
der halben und vollen Stunde

Reredos: mit Skulpturen geschmückte
hohe Altarrückwand, gleichzeitig
Trennung von Altarraum und Retrochor

Retabel: Altaraufsatz, auf oder hinter
der Mensa des Altars

Retrochor: Raum östlich des Altarraums englischer gotischer Kathedralen, häufig Standort des Heiligen-
schreins

Risalit: in seiner ganzen Höhe einschließlich Dach vorspringender Ge-
bäudeteil; nach der Stellung zur Mit-
telachse Mittel-, Seiten- oder Eckri-
salit

Schalldeckel: »Dach« über der Kanzel

Schlußstein: der Stein im Scheitel eines Bogens oder im Knotenpunkt
von Rippen

Sedilia: Dreisitz, Levitenstuhl

Stichbalkendecke: selbsttragende
Dachkonstruktion, die auf kurzen,
aus der Wand vorspringenden Balken basiert; entwickelt, als den ganzen Raum überspannende Holzbal-
ken knapp und teuer wurden

Tile-hanging: in Großbritannien beliebte Wandverkleidung vornehmlich
der oberen Stockwerke mit Holz-
schindeln

Triforium: schmaler Laufgang zwi-
schen Arkade und Obergaden, zum
Mittelschiff in drei- oder mehrfacher
Bogenstellung geöffnet

Tympanon: Giebelfeld antiker Tempel
bzw. Bogenfeld mittelalterlicher Portale

Überfangbogen: Blendbogen über
Zwillings- oder Drillingsfenstern, der
diese zu einer Einheit zusammenfaßt

Vestibül: Eingangshalle und Vorraum
eines Hauses

Vierung: Raum an der Schnittstelle von Langhaus und Querhaus einer Kirche, über dem sich in England häufig ein markanter Vierungsturm erhebt

Weatherboarding: vornehmlich im englischen Süden im ausgehenden 18. und im 19. Jh. beliebte Holzverkleidung von Häusern durch horizontal angebrachte Bretter

Wimperg: giebelartige, mit Maßwerk verzierte Bekrönung gotischer Portale und Fenster

Zwerchhaus: geschoßhohes Dachfenster rechtwinklig zur Hausachse

Zwickel: dreieckige, auf einer Spitze stehende Fläche zwischen zwei divergierenden Bogenlinien (»Bogenzwickel«) oder zwischen Bogen und rechtwinkliger Einfassung (»Spandrille«)

Kornisch-keltische Bestandteile von Ortsnamen und ihre Bedeutung:

ALS	– Klippe	LYN	– Bach
ARTH	– hoher Ort	MAEN	– Stein
BAL	– Bergwerksstollen	MARHAS	– Markt
BEAN	– klein	MELYN	– Mühle
BOS	– Behausung	MENHYR	– langer Stein
BOUNDER	– Landstraße	MOR	– Meer
BREA	– Hügel	MOREB	– Küste
BRYN	– Hügel	MOW	– Schober
CAR	– Lager	MUR	– groß
CARN	– Steinhaufen	NANS	– Tal
CARRICK	– Fels	NOWETH	– neu
CHY	– Haus	PARC	– Feld
COATH	– alt	PELL	– entfernt
COOMBE	– Tal	PEN	– Landzunge/Ende
CREEK	– Begräbnisstätte	POL	– Pfuhl/Teich
CROWS	– Kreuz	PONT	– Brücke
CUIL	– schmal/eng	PORTH	– (kleine) Bucht
DOWER	– Wasser	PRES	– Wiese
DU	– schwarz	ROS	– Landvorsprung
DYNAS	– Fort/Befestigung	RUTH	– rot
EGLOS	– Kirche	RYN	– Abhang
ENYS	– Insel	SANS	– heilig
FENTON	– Brunnen/Quelle	SCATH	– Boot
FOGO	– Höhle	SCAWEN	– Holunderbaum
FORTH	– Straße	STEN	– Zinn
FOS	– Graben	TOL	– Loch
GARTH	– Garten	TOWAN	– Sanddüne
GOON	– niedrig gelegenes Land	TRE	– Heimstatt
GWEAL	– Feld	TRETH	– Strand
GWYNS	– Wind	VENTON	– Brunnen/Quelle
HAL	– Moor	VEAN	– klein
HAYLE	– Flußmündung	VOR	– Furche
KERNOW	– Cornwall	WARTHA	– höher
KELLY	– Laube	WHEAL	– Bergwerksstollen
KYNANCE	– Schlucht	WOLLAS	– niedriger/tiefer
LAN	– umzäuntes Land		

Literaturverzeichnis

Kunst, Geschichte, Landeskunde

Ashbee, Paul: *Ancient Scilly*, Newton Abbot 1974.

Bindoff, S. T.: *Tudor England*, Harmondsworth 1969.

Brennecke, Adolf: *Alt-England* [1887], Essen 1981 (Reprint).

v. Buttlar, Adrian: *Der englische Landsitz 1715–1760, Symbol eines liberalen Weltentwurfs*, Mittenwald 1982.

ders.: *Der Landschaftsgarten*, München 1980.

Cobbett, William: *Rural Rides* [1830], Harmondsworth 1983.

Defoe, Daniel: *A Tour through England and Wales* [1724], London, New York 1928/1948.

Dicks, Brian: *The Isle of Wight*, Newton Abbot 1979.

Du Maurier, Daphne: *Vanishing Cornwall*, London 1967.

Eagle, Dorothy: Carnell, Hilary (Hg.) *The Oxford Literary Guide to the British Isles*, Oxford 1977.

Fedden, Robin: Joekes, Rosemary (Hg.) *The National Trust Guide*, London 2/1977.

Garmonsway, G. N. (Hg.): *The Anglo-Saxon Chronicle*, London 1978 (Reprint).

Gill, Crispin: *The Isles of Scilly*, Newton Abbot 1975.

Hadfield, John (Hg.): *The Shell Book of English Villages*, London 1980.

Hawkes, Jacquetta: *A Guide to the Pre-historic and Roman Monuments in England and Wales*, London 1951/1978.

Hawkins, Desmond: *Hardy's Wessex*, London 1983.

ders.: *Odd Aspects of England*, Newton Abbot 1968.

Jones, Barbara: *Follies and Grottoes*, London 1979 (Reprint).

Langham, Anthony & Myrtle: *Lundy*, Newton Abbot 1970.

Mitchell, Brigitte: Penrose, Hubert (Hg). *Letters from Bath 1766–1767 by the Rev. John Penrose*, Gloucester 1983.

Pepys, Samuel: *Diary, 1660–69*, 2 Bände, London, New York 1906.

Pevsner, Nikolaus: *The Buildings of England*, London 1951 ff.

Priestley, John B.: *English Journey*, Leipzig 2/1936.

Sampson, George: *The Concise Cambridge History of English Literature*, Cambridge 1965.

Schäfke, Werner: *Englische Kathedralen*, Köln 1983.

Schinkel, Karl-Friedrich: *Reise nach England, Schottland und Paris im Jahr 1826*, München 1986.

Schopenhauer, Johanna: *Reise durch England und Schottland*. Sämmtliche Schriften Band 15 und 16, Leipzig, Frankfurt 1830.

Wilson, David: *The Anglo-Saxons*, Harmondsworth 3/1975.

Romane, Erzählungen und Lyrik in deutscher Übersetzung

Austen, Jane: Emma (dt. Emma, Fischer 1988) – Mansfield Park (dt. ebenso, Fischer 1988) – Northanger Abbey (dt. Die Abtei von Northanger, Insel 1986) – Persuasion (dt. Überredung, Reclams UB) – Pride and Prejudice (dt. Stolz und Vorurteil, Fischer 1987) – Sense and Sensibility (dt. Gefühl und Verstand, Fischer 1988).

Beckford, William: Vathek (dt. Vathek. Eine orientalische Erzählung, Winkler 1987).

Carroll, Lewis: Alice in Wonderland (dt. Alice im Wunderland, Goldmann 1989).

Chaucer, Geoffrey: The Canterbury Tales (dt. Die Canterbury Tales, Winkler 1985).

Coleridge, Samuel Taylor: Gedichte deutsch/englisch (Reclams UB).

Darwin, Charles: Origin of Species (dt. Die Entstehung der Arten durch natürliche Zuchtwahl, Reclams UB).

Defoe, Daniel: Robinson Crusoe (dt. ebenso, Winkler 1976).

Dickens, Charles: Barnaby Rudge (dt. ebenso, Winkler 1963) – Bleak House (dt. Bleakhaus, Winkler 2/1977) – Christmas Stories (dt. Weihnachtserzählungen, Winkler 6/1989) – David Copperfield (dt. ebenso, Winkler 10/1978) – Edwin Drood (dt. Das Geheimnis des Edwin Drood, Winkler 2/1978) – Great Expectations (dt. Große Erwartungen, Winkler 2/1978) – Nicholas Nickleby (dt. ebenso, Winkler 1976) – The Old Curiosity Shop (dt. Der Raritätenladen, Winkler 3/1978) – Pickwick Papers (dt. Die Pickwickier, Winkler 2/1977).

Doyle, Sir Arthur Conan: The Hound of the Baskervilles (dt. Der Hund von Baskerville, Scherz 1983).

du Maurier, Daphne: Jamaica Inn (dt. Gasthaus Jamaica, Scherz 1979).

Eliot, T. S.: The Waste Land (dt. Das wüste Land, Suhrkamp 1975) – Gesammelte Gedichte 1909–62 zweisprachig (Suhrkamp 1988).

Fielding, Henry: Tom Jones (dt. Die Geschichte des Tom Jones, eines Findlings, Winkler 5/1979).

Galsworthy, John: The End of the Chapter (dt. das Ende vom Lied, Heyne 1989).

Hardy, Thomas: Jude the Obscure (dt. Im Dunkeln, Greno 1988) – The Mayor of Casterbridge (dt. Der Bürgermeister von Casterbridge, Reclams UB) – Tess of the d'Urbervilles (dt. Tess von den d'Urbervilles, Reclams UB).

James, Henry: The Ambassadors (dt. Die Gesandten, Ullstein 1984) – The Golden Bowl (dt. Die goldene Schale, Ullstein 1984) – The Wings of the Dove (dt. Die Flügel der Taube, Ullstein 1985).

Kipling, Rudyard: Kim (dt. ebenso, dtv 1981) – Puck of Pook's Hill (dt. Puck vom Buchsberg, Fischer 1987).

Lawrence, T. E.: Seven Pillars of Wisdom (dt. Die sieben Säulen der Weisheit, dtv 1985).

Maugham, William Somerset: Of Human Bondage (dt. Der Menschen Hörigkeit, Diogenes 1986).

Sackville-West, V.: The Edwardians (dt. Schloß Chevron, Fischer 1985) – Pepita (dt. Pepita. Die Tänzerin und die Lady, Ullstein 1984).

Shakespeare, William: Sämtliche Werke in vier Bänden (Winkler 5–6/1986–87).

Shaftesbury, Anthony Ashley Cooper: Characteristics of Men, Manners, Opinions, Times (Sämtliche Werke englisch/deutsch, Frommann-Holzboog 1981–89).

Shelley, Mary W.: Frankenstein (dt. Frankenstein oder Der moderne Prometheus, Reclams UB).

Sidney, Philip: The Countess of Pembroke's Arcadia (dt. Arcadia der Gräfin vom Pembrock, Leiden 1646).

Stevenson, Robert Louis: Treasure Island (dt. Die Schatzinsel, in: Romane, Winkler 2/1978).

Swift, Jonathan: A Tale of a Tub (dt. Märchen von einer Tonne, Ullstein 1988).

Thackeray, William M.: Vanity Fair (dt. Jahrmarkt der Eitelkeit, Winkler 3/1977).

Walton, Izaak: The Compleat Angler (dt. Der vollkommene Angler oder: Eines nachdenklichen Mannes Erholung, Parey 1986).

Reiseinformationen

Hinweis: Alle britischen **Telefonnummern** sind im folgenden ohne internationale Vorwahl angegeben. Für Gespräche nach Großbritannien aus dem Ausland ist die Nummer 00 44 vorzuwählen; die 0 bei der Ortsnetzkennzahl entfällt dabei.

Allgemeine Reisehinweise

Informationen vor Antritt der Reise bieten die *Britische Zentrale für Fremdenverkehr,* Taunusstraße 52–60, 6000 Frankfurt 1, Tel. (069) 2 38 07 11 (zuständig für Deutschland und Österreich); Limmatquai 78, 8001 Zürich, Tel. (01) 2 61 42 77 (zuständig für die Schweiz); und die *British Tourist Authority (BTA),* Information Centre, 64 St. James St, London SW1.

Drei **Verkehrsämter in Südengland** erteilen überregional Auskünfte: für Kent, Sussex und Surrey das *South East England Tourist Board,* Warwick Park, Tunbridge Wells, Kent TN2 5TU; für Hampshire, Wight und Ost-Dorset das *Southern Tourist Board,* 40, Chamberlayne Rd, Eastleigh, Hampshire SO5 5JH; und für West-Dorset, Wiltshire, Avon, Somerset, Devon und Cornwall das *West Country Tourist Board,* Trinity Court, Southernhay East, Exeter, Devon EX1 1QS.

Ihren Mitgliedern erteilen auch die **Automobilclubs** Reiseauskünfte: In Deutschland der *ADAC,* Sendlinger-Tor-Platz 9, 8000 München 2; in Österreich der *ÖAMTC,* Schubertring 1–3, 1010 Wien; in der Schweiz der *TCS,* 9, rue Fatio, 1211 Genf 3; in Großbritannien der *Royal Automobile Club (RAC),* 89–91, Pall Mall, London SW1Y 5HS, und die *Automobile Association (AA),* Fanum House, Basingstoke, Hampshire RG21 2EA.

Detaillierte Informationen sind von den örtlichen Verkehrsämtern *(Tourist Information Centres)* zu erhalten. Im englischen Süden gibt es etwa 150 solcher TICs, von denen die meisten ganzjährig geöffnet sind. Sie bieten Stadtpläne, Landkarten und alle notwendigen Informationen an und sind bei der Buchung von Unterkünften behilflich. Etliche vermitteln Stadtführungen für Einzelpersonen und Gruppen, und in einer Reihe von Verkehrsämtern gibt es den »Book-a-Bed-Ahead Service« (BABA), durch den für die gleiche oder die folgende Nacht in jeder anderen Stadt, in der es diesen Service gibt, provisorisch ein Zimmer gebucht werden kann – eine Möglichkeit, die bei nicht fest geplanten Rundreisen interessant ist.

Die wichtigsten örtlichen TICs sind:

Bath (Avon): 8 Abbey Church Yard, Avon BA1 1LY, Tel. (02 25) 46 28 31
Bournemouth (Dorset): Westover Rd, Dorset BH1 2BU, Tel. (02 02) 29 17 15, 78 97 89 (Info); 29 08 83 (Unterkunft)
Brighton (Sussex): Marlborough House, 54 Old Steine, East Sussex BN1 EQ, Tel. (02 73) 2 37 55, 2 75 60 (Unterkunft)

Canterbury (Kent): 34 St. Margaret's St, Kent CT1 2TG, Tel. (0227) 766567; 455567 (Unterkunft)

Chichester (Sussex): St. Peter's Market, West St, Chichester PO19 1AH, Tel. (0243) 775888

Dorchester (Dorset): 7 Acland Rd, Dorset DT1 1EF, Tel. (0305) 67992

Dover (Kent): Townwall St, Kent CT16 1JR, Tel. (0304) 205108

Eastbourne (Sussex): 3 Cornfield Road, East Sussex BN21 4QL, Tel. (0323) 411400, 27432 (Unterkunft)

Exeter (Devon): Civic Centre, Paris St, Devon EX1 1JJ, Tel. (0392) 437581

Folkestone (Kent): Harbour St, Kent CT20 1QN, Tel. (0303) 585 94

Guildford (Surrey): Guildford House Gallery, 155 High Street, Surrey GU1 3AA, Tel. (0483) 444007

Newquay (Cornwall): Cliff Rd, Cornwall TR7 1SG, Tel. (0637) 871345

Penzance (Cornwall): Station Rd, Cornwall TR18 2NF, Tel. (0736) 62207

Plymouth (Devon): Civic Centre, Royal Parade, Devon PL1 2EW, Tel. (0752) 264849, 264851

Ramsgate (Kent): Argyle Centre, Queen St, Kent CT11 9EE, Tel. (0843) 591086

Ryde (Wight): Western Esplanade, Wight PO33 2EL, Tel. (0983) 62905

Salisbury (Wiltshire): Fish Row, Salisbury SP1 1EJ, Tel. (0722) 334956

Taunton (Somerset): The Library, Corporation St, Somerset TA1 4AN, Tel. (0823) 274785, 270479

Torquay (Devon): Vaughan Parade, Devon TQ1 5EG, Tel. (0803) 27428

Weston-super-Mare (Avon): Beach Lawns, Avon BS23 1AT, Tel. (0934) 626838

Winchester (Hampshire): The Guildhall, The Broadway, Hampshire SO23, 9LJ, Tel. (0962) 840500

Anreise

Mit dem Auto:

Auto- und Passagierfähren verkehren zwischen Hamburg/Harwich, Hoek van Holland/Harwich, Vlissingen/Sheerness, Zeebrugge/Dover, Ostende/Dover und Folkestone, Dünkirchen/Ramsgate, Calais/Dover. Luftkissenboote, die auch Fahrzeuge transportieren, verkehren zwischen Calais/Ramsgate und Dover.

Eine Broschüre (mit Preisen) der **Autofähren** nach Großbritannien und Irland versendet die Britische Zentrale für Fremdenverkehr *(S. 361)*.

Fährgesellschaften in *Deutschland*:

Hoverspeed (Luftkissenboot), Oststr. 122, 4000 Düsseldorf, Tel. (0211) 3613021.

Olau, Immermannstr. 54, 4000 Düsseldorf 1, Tel. (0211) 353388; Mattenwiete 8, 2000 Hamburg 11, Tel. (040) 3601442-446.

P & O European Ferries, Graf-Adolf-Str. 41, 4000 Düsseldorf 1, Tel. (0211) 387060.

Sally Lines, Münchner Str. 48, 6000 Frankfurt a. M. 1, Tel. (069) 250197.

Scandinavian Seaways, Jessenstr. 4, 2000 Hamburg 50, Tel. (040) 38903-71.

Sealink Stena Line, Immermannstr. 65A, 4000 Düsseldorf 1, Tel. (0211) 9069930.

Seetours International, Seilerstr. 23, 6000 Frankfurt a. M. 1, Tel. (069) 1333-210.

Zuständig für *Österreich* sind u. a. die Gesellschaften P & O European Ferries, Bahnhofstr. 42, Postfach 357, CH-8600 Dübendorf, Tel. (01) 8220388/89 und die Sealink Stena Line *(s. oben)*.

Fährgesellschaften in der *Schweiz*:

Hoverspeed (Luftkissenboot), ACS Reisen AG, Wasserwerkgasse 39, 3000 Bern 13, Tel. (031) 224722.

P & O European Ferries, Bahnhofstr. 42, Postfach 357, 8600 Dübendorf, Tel. (01) 8220388/89.

Scandinavian Seaways, c/o Ouboter Reise AG, Pelikanplatz 15, 8022 Zürich, Tel. (01) 2113911.

Sealink Stena Line, Peco Tours AG, St. Galler Str. 96, 8352 Räterschen, Tel. (052) 362621.

Mit dem Bus: Information: Deutsche Touring, Am Römerhof 17, 6000 Frankfurt 90, Tel. (069) 7 90 30. Busreisen von *Deutschland* aus organisieren u. a. Winkelmann-Reisen, Schulstr. 2, 3108 Winsen/Aller, Tel. (051 43) 80 28. Von *Österreich*: Kneissl Touristik, Linzer Str. 4–6, 4650 Lambach, Tel. (072 45) 25 01; Raiffeisen Reisebüro, Alserbachstr. 30, 1090 Wien, Tel. (02 22) 31 75 01 23. Von der *Schweiz*: Fröhlich Reisen AG, Fabrikstr. 50, Postfach, 8031 Zürich, Tel. (01) 2 71 22 22; Reisebüro Marti AG, 3283 Kallnach, Tel. (032) 82 28 22.

Mit der Bahn: Das gesamte britische Eisenbahnnetz kann mit dem preisgünstigen *BritRail Pass* 1 bis 4 Wochen lang unbegrenzt benutzt werden. Sondertarife gelten für junge Leute zwischen 14 und 25 Jahren. Der Paß muß *vorher* im Heimatland erworben werden. Reisebüros und *British Rail,* Neue Mainzer Straße 22, 6000 Frankfurt/M., stellen ihn aus.

Mit dem Flugzeug: Die beiden zentralen Flughäfen für den englischen Süden sind die Londoner Großflughäfen Gatwick (hauptsächlich Charterflüge) und Heathrow (Linienflüge). Von dort gibt es Anschlußflüge nach Bristol, Exeter, Plymouth und Newquay. Direktflüge gibt es von Düsseldorf nach Bristol (Linie) und von München nach Bristol und Exeter (Charter). Informationen bei der BTA Frankfurt, Tel. (069) 2 38 07 11, oder im Reisebüro.

Von *Österreich* (Wien) gibt es Flüge über Brüssel o. Amsterdam nach Bristol, nach Plymouth o. Newquay über London (Heathrow).

Direkte Flugverbindung von der *Schweiz* nach Südengland: Zürich––Bristol (Crossair, Postfach, 4002 Basel, Tel. [061] 3 25 25 25)

Einreisebestimmungen

Personaldokumente: Für deutsche Staatsbürger genügt der Personalausweis. Bei mehr als drei Monaten Aufenthalt ist der Reisepaß erforderlich.

Kinder unter 16 Jahren benötigen einen Kinderausweis.

Schweizer und österreichische Staatsbürger benötigen zusätzlich eine rosafarbene Besucherkarte, die bei den BTAs in Zürich und Frankfurt (Anschriften S. 361) erhältlich ist.

Zollbestimmungen sind generell in den Broschüren vermerkt, die in den »Duty-Free Shops« der Fährschiffe und Flughäfen einzusehen sind. Die wichtigsten Bestimmungen dürften sein bei der zollfreien Einfuhr von Tabakwaren: 300 Zigaretten oder 150 Zigarillos oder 75 Zigarren oder 250 Gramm Pfeifentabak; Alkoholische Getränke: 1,5 l Spirituosen oder 3 l Wein. Diese Mengen gelten pro Person mit einem Mindestalter von 17 Jahren.

Quarantänebestimmungen: Alle einzuführenden Tiere müssen eine sechsmonatige Quarantäne in speziellen Tierheimen durchlaufen, bevor sie endgültig oder vorübergehend ins Land gebracht werden dürfen. Für diese Quarantäne ist eine besondere Landeerlaubnis notwendig, die das britische Landwirtschaftsministerium auf Antrag ausstellt. Bestimmte Beschränkungen bestehen darüber hinaus für die (auch vorübergehende) Einfuhr von *Pflanzen*. Information: Ministry of Agriculture, Fisheries and Food, Hook Rise, South Tolworth, Surbiton, Surrey KT6 7NF, Tel. (01) 3 37 66 11.

Zahlungsmittel ist das englische Pfund (£) zu 100 pence (p), das in unbegrenzter Höhe mitgeführt werden darf. *Euroschecks* werden derzeit bis zu einer Höhe von DM 300,– generell akzeptiert. *Kreditkarten* sind in England weiter verbreitet als im deutschsprachigen Raum und werden auch bei kleineren Beträgen meist bedenkenlos angenommen.

Reisezeiten und Klima

Hauptreisezeit ist für den größten Teil des englischen Südens etwa von Mai bis September, wobei insbesondere die Küstenregion und mancher besonders populäre Ort während der Monate

Juli und August (Schulferien in Großbritannien) stark besucht sein können. Die Insel Wight, die Südküste von Devon (Torquay und Umgebung) und die Isles of Scilly haben ihres milden Golfstromklimas wegen eine längere Saison. Das englische **Wetter** ist bei hartnäckigen Sonnenanbetern sicher nicht ganz zu Unrecht berüchtigt. Mit »lots of weather« ist auf einer Insel im Nordatlantik eben immer zu rechnen. Und doch: So feucht das englische Klima mitunter sein mag, so ist es doch gerade im Süden wegen des Golfstromeinflusses ausgesprochen mild und vornehmlich im westlichen Teil weitgehend frostfrei. In den Küstenbereichen und auf den vorgelagerten Inseln (besonders Lundy) muß immer mit manchmal starkem Wind gerechnet werden.

Unterkunft *(s. auch S. 361)*
Über **Hotels** geben einschlägige Führer der Automobilklubs ebenso Auskunft wie Reisebüros und örtliche Verkehrsämter, die gegen eine kleine Bearbeitungsgebühr auch Buchungen tätigen. »Private Hotel« bedeutet, daß kein Nachtportierdienst besteht, »Half Board« bzw. »Full Board« bezeichnen die angebotenen Verpflegungsmöglichkeiten (Halbpension bzw. Vollpension). »Residential Licence« gestattet den Alkoholausschank an Hotelgäste, und »Tea and Coffee Making Facilities« bezeichnet die im Preis eingeschlossene Möglichkeit, auf dem Zimmer mit bereitgestelltem Tee oder Kaffee außerhalb der Mahlzeiten selbst ein Getränk zuzubereiten.
Eine preiswertere, wenn auch einfachere Unterkunft bieten die **»Guest Houses«** unterschiedlicher Größe und Ausstattung mit **»Bed and Breakfast«** (B & B). Hier geht es auch weniger formell zu, Übernachtung und Frühstück wird auch in manchen »Inns« angeboten, und in ländlichen Gegenden ist »Farmhouse Accommodation« zu empfehlen.

Ferienhäuser oder **Ferienwohnungen** firmieren meist unter der Bezeichnung »Self-Catering Accommodation« oder »Holiday Flats«. Entsprechende Verzeichnisse sind über die British Tourist Authority oder die örtlichen Verkehrsämter erhältlich.
Die *Youth Hostels Association (YHA)* unterhält zahlreiche **Jugendherbergen,** die von Verbandsmitgliedern und Inhabern ausländischer Jugendherbergsausweise ohne Altersbeschränkung genutzt werden können. Sitz der YHA: 8 St. Stephen's Hill, St. Albans/ Hertfordshire.
Die *Young Men's/Women's Christian Association* **(YMCA, YWCA)** unterhält in verschiedenen Orten jugendherbergsähnliche Unterkünfte für junge Leute. Auskunft bei: YMCA, 16 Great Russell Street, London WC1.
Auch mit **Campingplätzen** aller Komfortstufen ist der englische Süden bestens ausgestattet. Campingführer werden von allen Camping- und Caravan-Klubs, vom *Cyclists Touring Club* (Cockerell House, 68 Meadow, Godalming, Surrey GU7 3HS) von den Automobilklubs und der British Tourist Authority jedes Jahr neu herausgegeben.

Literatur: Ausführliche Informationen über Unterkunftsmöglichkeiten bieten folgende Führer der Automobile Association:
– AA Hotels & Restaurants in Britain
– AA Bed and Breakfast in Britain
– AA Camping and Caravaning in' Britain (33,50)
– ETB: Hotels and Guesthouses
– ETB: Farmhouses, Bed and Breakfast
– ETB: Self-Catering Holiday Homes
Die Bücher sind zu beziehen über: The British Bookshop, Börsenstr. 17, 6000 Frankfurt a. M. 1, Tel. (069) 280492.
Über geeignete Unterkünfte für Behinderte informiert: Holiday Care Service, 2 Old Bank Chambers, Station Road, Horley, Surrey RH6 9Hw, Tel. (44) 293774535.

Praktische Tips von A–Z

Angeln hat im englischen Süden, wo
Izaak Walton ›The Compleat Angler‹
schrieb, wie fast überall im Lande
einen besonderen Stellenwert. Während das Angeln im Meer grundsätzlich frei ist, wird für das Angeln in
Flüssen und Seen fast ausnahmslos
eine Erlaubnis benötigt, die, örtlich
unterschiedlich geregelt, in Verkehrsämtern oder bei den Eigentümern bzw.
Pächtern der betreffenden Gewässer
(z. B. Hotels oder Campingplätze) gegen entsprechende Gebühr erhältlich
ist.

Autofahren
In Großbritannien herrscht **Linksverkehr:** links fahren, rechts überholen. Im
Kreisverkehr (Roundabout) gilt rechts
vor links. Überholverbot besteht im
Bereich der flachen Zickzacklinien
zu beiden Seiten der Fußgängerüberwege (Pedestrian Crossing), auf denen Fußgänger absoluten Vorrang
haben.
Eine britische Besonderheit ist die
»Box Junction« (ein mit gelben oder
weißen Streifen umrahmter und mit
Rauten gekennzeichneter Kreuzungsbereich), in die man nur dann einfahren
darf, wenn man sie zügig wieder verlassen kann. Hinweisschild:»Don't enter
box unless exit is clear«.
Geschwindigkeitsbegrenzungen: In
geschlossenen Ortschaften 30 Meilen
(48 km/h), auf Landstraßen 50 Meilen
(80 km/h), auf Autobahnen 70 Meilen
(112 km/h).
Parken ist vor allem in den Städten ein
ständiges Problem. Einfache durchgezogene Linien am Staßenrand bezeichnen ein Parkverbot, und doppelte
durchgezogene Linien stellen ein striktes Halteverbot dar. Offizielle Parkplätze sind zwar mancherorts ziemlich teuer, aber sie sind immer noch billiger
als gebührenpflichtige Verwarnungen
oder die Kosten fürs Abschleppen oder
die vor allem in den größeren Städten
zunehmend verwendeten Stahlklam-
mern, mit denen falsch geparkte Fahrzeuge »festgesetzt« werden.
Hinweisschilder sind für die Autobahnstrecken (Motorway) blau, für die
den Bundesstraßen entsprechenden
A-Straßen grün und für örtliche bzw.
untergeordnete Straßen weiß. Entfernungsangaben in Meilen (mile =
1,6 km).
Kraftstoff wird an den meisten Tankstellen (petrol station/filling station)
trotz fortschreitender Dezimalisierung
noch in Imperial Gallons (4,54 l) abgegeben, wobei folgende Bezeichnungen
gebräuchlich sind:»Regular« oder»2-
Star« (Normalbenzin),»Premium« oder
»4-Star« (Super) sowie»3-Star« (eine
Mischung aus Normal und Super). Dieselkraftstoff wird unter den Bezeichnungen»Diesel« oder»DERV« verkauft.
»Unleaded« bedeutet»bleifrei«.
Der **Reifendruck** wird in psi (pounds
per square inch) gemessen und kann
wie folgt umgerechnet werden (atü/
psi): 1/14; 1,2/17; 1,4/20; 1,6/23; 1,8/
26; 2,0/28,5; 2,2/31,5; 2,4/34,5.
Pannenhilfe leisten die beiden Automobilklubs *RAC (Royal Automobile
Club,* 89 Pall Mall, London SW1) und
AA (Automobile Association, Fanum
House, Basingstoke, Hampshire). In jedem Falle ist ein Auslandsschutzbrief
deutscher Automobilklubs oder Versicherer zu empfehlen. In Notfällen ist die
nächste Polizeistation unter dem **Notruf 999** zu erreichen.
Straßenzustandsberichte sind unter
der Nummer (071) 2468021 zu erfragen.

Baden: Badestrände finden sich an der
englischen Südküste in großer Zahl. Allerdings herrschen oft kilometerlang
»pebble beaches« (Kieselstrände) vor,
insbesondere in den Grafschaften Sussex, auf der Insel Wight und in Dorset.
Besonders beliebte Badebuchten sind
die kleinen und oftmals schwer zugänglichen »coves« in Cornwall. FKK
ist in Großbritannien nicht sehr weit

verbreitet und in der Regel nur an besonders ausgewiesenen Stellen erlaubt.

Banken: Öffnungszeiten: montags bis freitags zwischen 9.30 und 15.30 Uhr, außer an den gesetzlichen Feiertagen Karfreitag (Good Friday), 1. und 2. Weihnachtstag (Christmas Day und Boxing Day) sowie den »Bank Holidays« Ostermontag und Pfingsmontag und dem »Bank Holiday Monday« im August/September.

Brass Rubbing ist das Durchreiben von (vorzugsweise) alten Messinggrabplatten (»Brasses«) in Kirchen und Kathedralen. In vielen Fällen muß eine Erlaubnis vom Pfarrer oder Domschweizer eingeholt (und bezahlt) werden. In einigen Orten gibt es sogenannte Brass Rubbing Centres (z. B. in Chichester), in denen gegen eine Gebühr speziell gefertigte historische Brasse, auf Podesten plaziert, zum Abreiben zur Verfügung stehen.

Diplomatische Vertretungen: Botschaft und Konsulat der Bundesrepublik Deutschland, 21–23 Belgrave Square, London SW1, Tel. (071) 2355033; Botschaft und Konsulat der Republik Österreich, 18 Belgrave Mews West, London SW1, Tel. (071) 2353731; Botschaft der Schweizerischen Eidgenossenschaft, 16–18 Montague Place, London W1H, Tel. (071) 7230701.

Eintrittsgelder: *s. S. 372.*

Elektrische Anschlüsse: Während Rasierapparate problemlos in allen Unterkunftstypen angeschlossen werden können, passen die europäischen Normstecker von Elektrogeräten wie Haartrockner oder Reisebügeleisen nicht in die britischen Dreipol-Steckdosen. Die Benützung solcher Geräte ist nur mit besonderen Adaptern möglich, die *vor der Reise* besorgt werden sollten (Elektro-Fachhandel).

Feiertage sind der Neujahrstag (*New Year's Day;* wenn der 1. Jan. ein Sonntag ist, dann zusätzlich der darauffol-

gende Montag), der Karfreitag (*Good Friday*), der Ostermontag (*Easter Monday*), der Maifeiertag (*Labour Day;* allerdings nur, wenn er auf einen Montag fällt, sonst der erste Montag im Mai), der *Spring Bank Holiday Monday* (letzter Montag im Mai), der *Summer Bank Holiday Monday* (letzter Montag im August) und der 1. (*Christmas Day*) und 2. (*Boxing Day*) Weihnachtstag.

Geschäftszeiten (s. auch Banken): In Großbritannien gibt es kein festes Ladenschlußgesetz. In der Regel sind die Geschäfte zwischen 9 und 18.30 Uhr geöffnet, in Großstädten jedoch durchaus auch länger.

Landkarten: Empfehlenswert sind die Generalkarten von *Ordnance Survey* (OS), die von den meisten Organisationen (u. a. National Trust, Youth Hostels Association) bei der detaillierten Lagebeschreibung zitiert werden. Für den Autofahrer ausreichend ist die »Routemaster Series« (Maßstab 1:250000), deren Blätter 8 (South West England and South Wales) und 9 (South East England) den englischen Süden komplett abdecken. Für Wanderer und Fahrradfahrer eignen sich die Karten der OS Landranger Series of Great Britain (1:50000) bzw. der Pathfinder Series/Outdoor Leisure Map (1:25000). Gutes Kartenmaterial gibt es auch von der Firma Bartholomew.

Notfälle: Notruf 999 für Krankenwagen, Feuerwehr und Polizei.
Bei **Krankheitsfällen** haben auch Besucher das Recht, sich in den Notaufnahmestationen der staatlichen Krankenhäuser kostenfrei behandeln zu lassen. (In Großbritannien regelt der *National Health Service* das öffentliche Gesundheitswesen.) Es empfiehlt sich jedoch der Abschluß einer Auslandskrankenversicherung oder der Erwerb eines Auslandsschutzbriefes der Automobilklubs und Versicherer, der den Krankentransport an den Heimatort regelt.

Maße und Gewichte

1 inch (in.)	= 2,54 cm		1 pound (lb)		
1 foot (ft) = 12 inches	= 30,48 cm		= 16 ounces	= 453,59 g	
1 yard (yd) = 3 feet	= 91,4 cm		1 hundredweight (cwt)		
1 mile (mi)	= 1,609 km		= 112 pounds	= 50,802 kg	
1 league (lea) = 3 miles	= 4,827 km		1 fluid ounce (fl oz)	= 0,0284 l	
1 square inch (sq in)	= 6,452 cm^2		1 gill (gi) = 5 fluid		
1 square foot (sq ft)	= 929,029 cm^2		ounces	= 0,142 l	
1 square yard (sq yd)	= 8361,260 cm^2		1 pint (pt) = 4 gills	= 0,568 l	
1 acre = 4840 square			1 (imperial) quart (qt)		
yards	= 4046,8 m^2		= 2 pints	= 1,136 l	
1 square mile (sq mi)	= 259 ha =		1 (imperial) gallon (gal)		
	2,59 km^2		= 4 quarts	= 4,549 l	
1 ounce (oz)	= 28,35 g				

Öffentliche Verkehrsmittel: Neben den *Eisenbahnen der British Rail* (s. o. *S. 363*) sind die häufig erheblich preisgünstigeren *Busse der National Express Bus Company* zu empfehlen. In allen größeren Städten gibt es Busbahnhöfe (in den Stadtplänen eingetragen), von denen die Busse in teilweise sehr kurzen Abständen starten. Bei regelmäßiger Benutzung der Busse empfiehlt sich der Erwerb einer *BritExpress Card* (Gültigkeitsdauer 30 Tage) *vor* Antritt der Reise (erhältlich in Reisebüros). Information über Fahrpläne, Fahrpreise etc.: National Bus Company, Midland House, 1 Vernon Rd, Edgebaston, Birmingham B16 9SJ.

Öffnungszeiten: *s. S. 372–80.*

Postämter sind in der Regel von 9.30 bis 18 Uhr geöffnet. In kleineren Orten sind sie zwischen 13 und 15 Uhr geschlossen.

Radfahren erfreut sich in Südengland wachsender Beliebtheit. Viele Städte und Ortschaften haben inzwischen Verleihstellen für Fahrräder eingerichtet und organisieren teilweise auch Fahrradtouren. Auskünfte erteilen der *Allgemeine Deutsche Fahrad-Club* (ADFC), Postfach 107747, 2800 Bremen 1 (Tel. 0421-74052) und der *Cyclists' Touring Club*, 69, Meadrow, Godalming, Surrey GU7 3HS (Tel. 0483-417217).

Reiten: Besonders geeignet sind die Downs in Sussex und Hampshire und vor allem der New Forest in Hampshire, wo stellenweise Pferde sogar gegenüber Fahrzeugen »Vorfahrt« haben. Auskunft: *British Horse Society*, British Equestrian Centre, Stoneleigh, Warwickshire CV8 2LR (Tel. 0203-52241).

Souvenirs: Fast überall, wo Touristen erwartet werden, wird in »Craft Shops« Kunstgewerbe angeboten. Die Palette der angebotenen Gegenstände ist sehr breit und ihre Qualität sehr unterschiedlich. Besonders populär sind die Töpfereien, in denen man gelegentlich auch die Herstellung beobachten kann. Daneben werden vor allem Lederwaren, Gold- und Silberschmuck, Gegenstände aus örtlichem Gestein (z. B. Serpentin in Cornwall) und Wollprodukte angeboten.

Sprache: Das Englisch des Südens hat einen weichen Klang und Tonfall und weist in Kent, Surrey und dem nördlichen Sussex manche Anklänge an London auf, was auch auf die vielen Pendler zurückzuführen ist. Im »West Country« überrascht das »amerikanisch« gerollte End-r – das akustische Erbe der Sprache der Pilgerväter, die aus diesem Raum kamen und ihre Sprache nach Amerika mitnahmen. (Zum keltischen »Kornish« *s. S. 358*)

Sprachschulen: Ein großer Teil der Besucher kommt in den Sommermonaten zu den Badeorten und Universitätsstädten des englischen Südens, um dort Sprachkurse zu besuchen. In vielen Orten ist dieser Sprachentourismus einer der wichtigsten Zweige der Fremdenverkehrsindustrie. Informationen sind bei den einzelnen Veranstaltern (die jede Woche in den Reiseseiten der großen Tageszeitungen Deutschlands, Österreichs und der Schweiz inserieren) oder beim *British Council,* Hahnenstraße 6, 5000 Köln 1, erhältlich.

Telefonieren: Das Telefonsystem wird von *British Telecom* betreut, einer halbstaatlichen Gesellschaft, die nach und nach die bekannten roten Telefonzellen durch moderne (und weniger auffällige) ersetzt, in denen mehr und mehr die Telefonkarte zum Einsatz kommt. Das Telefonnetz bietet nahezu unbeschränkte Durchwahlmöglichkeit auch ins Ausland, und alle Telefonzellen sind anrufbar. Die Vorwahl für Großbritannien ist **0044**-Ortsnetzkennzahl *ohne* 0-Teilnehmernummer. Bei Durchwahl **von** Großbritannien ist die Ziffer **010** vorzuwählen, es folgt für Deutschland **49**, für Österreich **43** und für die Schweiz **41**, dann die Ortsnetzkennzahl *ohne* 0 und der Teilnehmeranschluß. Die Vermittlung *(operator)* ist unter der Nr. 100 zu erreichen, und die Notrufnummer ist 999.

Trinkgeld: In den meisten *Hotelrechnungen* ist ein Bedienungszuschlag (service charge) von 10–12½% – in größeren Hotels auch 15 Prozent – bereits enthalten. Sollte dies nicht der Fall sein, so sind ein Trinkgeld von etwa 10–15% der Restaurantrechnung für das Bedienungspersonal und eine freiwillige Leistung für das Zimmerpersonal angemessen. Falls in *Restaurantrechnungen* der Bedienungszuschlag nicht enthalten ist, so ist ein Trinkgeld von etwa 10–15% der Rechnung angemessen.

Gepäckträger: 50–75 Pence pro Koffer.
Taxi: 10–15% des Fahrpreises.
Friseur: £2, plus etwa 50 Pence für den Auszubildenden, der Ihnen die Haare wäscht.

Wandern: Beliebte Wandergebiete sind die Downs in Kent, Surrey und Sussex, die Mittelgebirge des Südwestens (Mendip Hills, Quantock Hills, Brendon Hills), die »Moors« (Bodmin Moor, Dartmoor, Exmoor) und die Klippenwege (Kent, Dorset, Cornwall). Besonders markierte Langstrecken-Wanderwege sind der South Downs Way (130 km) von Eastbourne nach Harting; der Cornwall Coast Path (430 km), entlang der kornischen Küste; der Dorset Coast Path (115 km) von Sandbanks nach Lyme Regis. Auskünfte erteilt die Countryside Commission, Crescent Place, Cheltenham/Gloucestershire GL 50 3RA.
Public Right of Way ist das allgemeine Wegerecht auf Straßen und Wanderwegen, das nicht bereits durch die bloße Existenz eines Weges gegeben ist. Neben den eindeutigen Hinweisen wie »Public Footpath«, »Private Road« oder »No Trespassing« bedeuten so unlogisch klingende Hinweise wie »No Path« oder »No Road«, daß auf diesen durchaus real existierenden Wegen oder Straßen kein Wegerecht besteht und daß die Übertretung des Verbots im Extremfall bestraft werden kann, wenn der Besitzer Anzeige erstattet. Ausführliche *Informationen* über Wanderungen in Südwestengland bieten die von der Britischen Zentrale für Fremdenverkehr *(S. 361)* herausgegebene Broschüre ›Wanderlust‹ und die Faltkarte ›Walking in Britain‹. Detaillierte Informationen außerdem bei: Cornwall Tourist Board, 59 Lemon Street, Truro, Cornwall TR1 2SY, Tel. (0872-74057).

Zeitunterschied: In Großbritannien gilt die Greenwich Mean Time (GMT), die gegenüber der Mitteleuropäischen Zeit (MEZ) 1 Stunde zurück ist. Dies gilt auch für die Sommerzeit.

Essen und Trinken

Wer wie der Autor lange Zeit in Großbritannien gelebt hat, kann über die englische Küche nicht mehr unbefangen schreiben. Deshalb sollen den zahllosen Zitaten über »englisches Essen« hier keine weiteren angefügt werden.
Wer sich während seines Aufenthaltes in Südengland nicht ständig mit »Fish 'n' Chips« oder bei »Chinese Takeaway« versorgen möchte, wird schnell herausgefunden haben, daß Restaurants ein Mittagessen (lunch oder luncheon) zwischen 12 und 14 Uhr servieren und das Abendessen (dinner, evening dinner oder evening meal) zwischen 18 und 21 Uhr anbieten. »Licensed« Restaurants dürfen zu den Mahlzeiten – je nach Umfang ihrer Lizenz unterschiedliche – alkoholische Getränke reichen. In den letzten Jahren ist die Zahl der Gaststätten, die während der Ausschankzeiten komplette Mahlzeiten anbieten, stark gestiegen.

Einige **Spezialitäten des englischen Südens:**
Kent: *Dover Sole* (Seezunge) und *Whitstable Oysters* sind die über Kent und England hinaus geschätzten Besonderheiten. Die zahlreichen Obstsorten des »Garden of England« sind Bestandteil vieler charakteristischer Gebäcke und Süßspeisen, von denen *Kentish Strawberry Trifle* (Erdbeerauflauf) die bekannteste ist. Selten geworden sind die brötchenartigen *Kentish Huffkins*.
Sussex: *Sussex Pond Pudding* ist ein Rosinenkuchen, der ursprünglich in einem mit Mehl bestäubten Tuch gebacken wurde.
Wiltshire: *Bradenham* (aus Chippenham stammender Schinken mit schwarzer Schwarte). *Haunch of Venison* (Rotwildkeule) ist das Traditionsgericht in Salisbury, wo eines der ältesten Häuser diesen Namen trägt. *Wiltshire Lardy Cake* ist ein sehr fetthaltiger Hefekuchen mit hohem Rosinenanteil.

Dorset: *Blue Vinny,* ein stiltonartiger, magerer Hartkäse aus handentrahmter Milch, ist wohl die einzige englische Käsesorte, die nie über ihr Ursprungsland hinausgekommen ist und sich deshalb den Originalcharakter bewahren konnte. Zu Blue Vinny werden häufig *Dorset Knobs*, knusprige Brötchen, gegessen.
Somerset: *Somerset Apple Cake* ist ein sehr saftiger Apfelkuchen, der traditionell in Scheiben geschnitten und mit Butter bestrichen wird, allerdings auch in heißem Zustand zusammen mit Vanillesoße als Nachtisch zu finden ist.
Avon: *Bath Oliver Biscuits* sind von Dr. W. Oliver, dem ersten Kurarzt von Bath, entwickelte trockene Plätzchen, die den Kurgästen als Diät angeboten wurden. *Sally Lunn* heißt ein angeblich von einem Mädchen dieses Namens im 18. Jh. in den Straßen von Bath verkaufter hefehaltiger Teekuchen. *Clifton Puffs* (andernorts als *Eccles Cakes* oder *Coventry Godcakes* bekannt) sind kleine Teekuchen, die Korinthen und Minze enthalten.
Devon: *Devonshire Squab Pie* ist eine Lammfleischpastete, die aus einem Pfingstbrauch in Kingsteinton hervorgegangen ist. *Devonshire Splits* sind süße weiche Brötchen, die mit Erdbeermarmelade und Sahne gefüllt werden. Besteht die Füllung aus Sirup und Sahne, spricht man von *Thunder and Lightning.*
Cornwall: *Cornish Pasty,* die Pastete, die gewissermaßen als transportabler Eintopf aus Kartoffeln, Mehl, Möhren, Zwiebeln und Fleisch(resten) von Bergleuten, Fischern und Bauern zur Arbeit mitgenommen werden konnte, ist heute – in unterschiedlicher Zusammensetzung und Güte – im ganzen Land bekannt und zu haben. Die von außen unsichtbaren Zutaten (Variationsmöglichkeiten) haben das gallige Sprichwort geprägt: »Der Teufel fürchtet sich, nach Cornwall zu kommen, aus Angst, in eine Pasty gebacken zu werden.« Als

bedeutende Fischereigrafschaft hat Cornwall eine große Anzahl Fischpasteten *(Fish Pies)* anzubieten, von denen *Stargazey Pie* (mit Sardinen gefüllt) die bekannteste ist. *Cornish Porter Cake,* ein lange haltbarer Kuchen mit Mandeln, Sultaninen, Korinthen und dem schwarzen *Porter Ale,* ist ein ebenso beliebtes Gebäck wie die walnußgroßen *Cornish Fairlings,* deren besondere Zutaten Sirup und Ingwer sind.

Generelles: In fast allen südenglischen Grafschaften, in denen Milchwirtschaft betrieben wird, ist der *Cream Tea* (z. B. *Devon Cream Tea* oder *Isle of Wight Cream Tea*) ein populärer Teil des Tee-Nachmittags: frische Scones, Butter, Erdbeermarmelade und die feste gelbe Sahne *(clotted cream)* der jeweiligen Grafschaft bilden mit reichlich Tee fast schon eine Mahlzeit für sich.

Der englische Süden ist das Land des *Cider,* der englischen Variante des aus der Normandie stammenden Cidre. Devon und Somerset (bzw. Somerset und Devon...) gelten nicht nur unter Kennern als die besten Cider-Produzenten, während Cider auch in Cornwall, Dorset und Kent hergestellt wird.

Public Houses oder **Pubs** gehören zu den bekanntesten britischen Institutionen. Daß so mancher die gemütliche Kneipe dem ehrwürdigen Club, jener nicht minder bekannten britischen Institution, zuweilen vorzieht, das wußte schon Gilbert Keith Chesterton zu berichten. Am *Jolly Cobblers* in Bristol ist sein berühmt gewordener Kneipenspruch zu lesen:

It is not true to say I frowned,
or ran about the room and roared;
I might have simply sat and snored –
I rose politely in the club
and said, I feel a little bored,
will someone take me to a pub?

Ein gezapftes Bier heißt *draught,* und *Lager* ist nach kontinentalem Vorbild gebrautes helles Bier, das gern auch mit einem Schuß Limonenextrakt als *Lager and Lime* getrunken wird. *Shandy* ist eine Mischung aus Bier und Limonade, und der Whisky »pur« heißt *neat* oder (amerikanisch) *straight.* Jedes Getränk wird gleich bei der Bestellung bezahlt, einen »Deckel« gibt es nicht. Ein Glockenzeichen oder der Aufruf »Last Orders!« bedeutet, daß der Schankschluß naht und noch ein letztes Getränk bestellt werden kann.

Pubs können legal von 11 bis 23 Uhr geöffnet sein, jedoch herrschen trotz der 1989 eingetretenen Liberalisierung die traditionellen Öffnungszeiten vor, die ins Ermessen des Wirts gestellt sind: 11 bis 14.30/15 Uhr und 17 bis 23 (sonntags 22.30 Uhr).

Veranstaltungskalender

Informationen über genaue Festspieltermine, Kartenvorbestellungen etc. sind erhältlich bei der *BTA,* Thames Tower, Black's Rd, London W6 9EL oder unter den angegebenen Rufnummern. Halbjährlich überarbeitet erscheint bei der BTA die Broschüre ›Britain: Events‹, die einzeln bestellt (£ 5) oder für ein Jahr abonniert werden kann (£ 8 für zwei Ausgaben).

Januar
Internationales Schachturnier in Hastings

März
Kanurennen Devizes-Westminster auf dem Kennet-and-Avon Canal und der Themse
Weltweites Clowntreffen in Bognor Regis (Auskunft 02 43 - 86 59 15)
Ostermontag: Dole Distribution in Biddenden
25. März: Dole Distribution in Tichborne

April
Beginn der Pferderennsaison in Brighton (bis Oktober)
Benson and Hedges International Golf

Open, St. Mellion, Saltash (Auskunft 0579-50101)

30.4. Hobby-Horse-Umzug in Minehead

Mai

Brighton International Festival (Konzerte, Ausstellungen, Theater; Auskunft 0273-29801)

Beginn der Opernfestspiele in Glyndebourne (bis Mitte August; Auskunft Tel. 0273-812321; Fax 0273-812783)

Achtung: 1992 und 1993 wg. Restaurierung des Opernhauses keine Veranstaltungen!

Cathedral Classics Summer Festival of Music (jährlich wechselnd in den großen Kathedralen des Landes; bis August; Auskunft 081-6717100)

Exeter Festival (Musik, bildende Künste; Auskunft 0392-265200; bis Juni)

Bath International Festival (Oper, Jazz und bildende Künste; Auskunft 0225-462231; bis Mitte Juni)

Beginn der Theaterfestspiele in Chichester (bis September; Auskunft 0243-781312)

Royal Bath and West Show in Shepton Mallet (eine der ältesten Landwirtschaftsausstellungen des Landes; bis Anfang Juni; Auskunft 0749-823211)

Horse Trials in Badminton (intern. Reitturnier; Auskunft 045421-272)

1.5. Hobby-Horse-Umzug in Padstow Old Ship Royal Escape Race von Brighton nach Fecamp in der Normandie – im Gedenken an die Flucht Karls II. im Jahre 1651 (Auskunft 0273-29001)

Surf-Meisterschaften in Newquay (Auskunft 0637-873182)

Juni

Beginn der Freilichttheatersaison im Minack Theatre, Porthcurno (bis September; Auskunft 0736-810694)

Derby in Epsom (Auskunft 03727-26311)

Sevenoaks Summer Festival (alle Kunstformen; Auskunft 0732-455133)

Bournemouth Music Festival (bis Anfang Juli; Auskunft 0202-291718)

Dickens-Festival in Broadstairs (Auskunft 0843-63453)

Round the Island Race (Segelregatta mit ca. 1000 Yachten) in Cowes, Isle of Wight (letzter Samstag des Monats)

Three Spires Festival of the Arts in Truro (Musik und bildende Künste; Auskunft 0872-863346)

Glastonbury Festival (Pop und Rock; Auskunft 074989-254)

Oldtimer-Rennen Bristol–Bournemouth (Auskunft 0935-25597)

Schnellbootrennen in Bristol (Auskunft 0272-223535)

Juli

Southern Cathedrals Festival in Salisbury, Chichester und Winchester (sakrale Musik und festliche Messen; Auskunft 0722-336828)

Polo-Wettkämpfe in Egham und Midhurst/Sussex

Beginn der Canterbury Mystery Plays (Aufführungen mittelalterlicher Mysterienspiele; bis Mitte August)

Dressurreitmeisterschaften in Goodwood (Auskunft 0243-774107)

Game Fair (Ausstellungen von Jagdtrophäen, Vorführungen, Schieß- und Angelwettbewerbe etc.) auf Stratfield Saye House

Ende Juli/Anfang August: Cowes Week vor Wight (Int. Segelregatten, u.a. Fastnet Race; Auskunft 071-4932248)

Beginn der Freilichttheateraufführungen auf Lanhydrock House (bis August)

Eselsrennen in Cuckfield (am Summer Bank Holiday)

August

Int. Folklorefestival in Sidmouth/Devon (Auskunft 0395-515134)

Beginn des Arundel Festival (Konzerte, Freilichttheater – u.a. Shakespeare –, Workshops; bis Anfang September; Auskunft 0903-883690)

Dartmouth Royal Regatta

Plymouth Navy Days (Schiffsausstellungen und Vorführungen; Auskunft 0752-555914)

›Cowes Week‹ und ›Admiral's Cup‹, Segelregatta vor Wight (1. Augustwoche; Auskunft 071-4932248 und 0983-295744)

Bristol International Balloon Fiesta (Heißluftballontreffen; Auskunft 0272-223856)
Silk Cut Derby (Springreiten) in Hickstead, West Sussex (Auskunft 0273-834315)
Europäische Offene Golfmeisterschaften in Tadworth, Surrey (Auskunft 081-5429048)

September
Southampton International Boat Show (Auskunft 0703-737311)

Salisbury Festival (Musik, Theater, bildende Künste; Auskunft 0722-238383)

Oktober
Canterbury Festival (Musik, Theater, bildende Künste; Auskunft 0227-472820)
Traditional Cider Barrel Race in Taunton (3. Samstag des Monats)
Int. Damentennisturnier in Brighton

November
Oldtimerrennen von London nach Brighton (1. Sonntag des Monats; Auskunft 0753-682938)

Öffnungszeiten

Hinweise: Alle Einrichtungen, die der vom britischen Umweltministerium unterhaltenen *English Heritage* unterstehen *(EH)*, sind – sofern im folgenden Verzeichnis nicht aufgeführt – zu Standardzeiten geöffnet. Diese sind: Okt–März Di–So 10–16; Apr–Sept tgl. 10–18. Die vom *National Trust (NT)* unterhaltenen Einrichtungen ändern ihre Öffnungszeiten jährlich. Sie werden im jährlich erscheinenden ›National Trust Handbook for Members and Visitors‹ veröffentlicht, das bei Erwerb einer Jahresmitgliedschaft im National Trust (36 Queen Anne's Gate, London SW1H 9AS) kostenlos abgegeben wird. Ähnlich der Jahresmitgliedschaft bei English Heritage (PO Box 43, Ruislip HA4 0XW) ist eine Mitgliedschaft bei NT billiger als die Summe der Einzeltickets, wenn eine größere Besichtigungsreise geplant ist. Ein sehr empfehlenswertes Pauschal-Ticket ist auch der einen Monat oder 15 Tage gültige »Great British Heritage Pass«, der zum freien Eintritt zu den Sehenswürdigkeiten beider Organisationen berechtigt (erhältlich bei der BTA, London, Anschrift *S. 361*, zum Preis von DM 115,– / öS 800,– / sFr 96,– für 1 Monat bzw. DM 75,– / öS 540,– / sFr 65,– für 15 Tage).
Wenn zu im Text beschriebenen Häusern keine Öffnungszeiten angegeben sind, so sind diese in Privatbesitz und nicht zu besichtigen.

Einige im Text nicht erwähnte Einrichtungen, insbesondere Museen, sind zusätzlich unter den jeweiligen Ortsnamen aufgeführt.

KENT

Information: South East England Tourist Board, 1 Warwick Park, Tunbridge Wells, Kent TN2 5TA, Tel. (0892) 40766
Allington: *Castle* tgl. 14–16
Broadstairs: *Bleak House* (Dickens-Museum) Apr–Okt tgl. 14.30–17.30
Canterbury: *Roman Pavement* wg. Restaurierung bis 1993 geschlossen. *Buffs Regimental Museum* Mo–Sa 10–17. *West Gate Museum* Okt–März Mo–Sa 14–16; Apr–Sept Mo–Sa 10–13, 14–17. *Canterbury Heritage – Time Walk Museum* (Stour Street) Nov–Mai Mo–Sa 10.30–16; Juni–Okt Mo–Sa 10.30–16.30, So 13.30–16. *Canterbury Pilgrims' Way* (St. Margaret's Street) Nov–März 9–17.30; Apr–Okt 9–19
Chartwell: s. Westerham
Chatham: *Historic Dockyard* Nov–März Mi, Sa, So 10–16.30; Apr–Okt Mi–So 10–18
Chiddingstone: *Castle* Apr Mi, Sa 14–17.30, So 11.30–17.30; 1. Mai–15. Juni, 15.–30. Sept Mi–Sa 14–17.30, So 11.30–17.30; 15. Juni–15. Sept Di–Sa 14–17.30, So 11.30–17.30; Okt Mi, Sa 14–17.30, So 11.30–17.30

Chilham: *Castle Garden* Apr–Mitte Okt tgl. 11–17
Cobham: *College* Okt–März Mo–Mi, Sa, So 10–16; Apr–Sept Mo–Mi, Fr–So 10–19. *Cobham Hall* Auskunft (047482) 3371
Dover: *Roman Painted House* Apr–Nov Di–So 10–17; Mai–Juni Di–So 10–18; Juli–Aug tgl. 10–18. *Dover Museum* Jan–März Di–So 10–17; Apr–Sept auch So 14–17. *Maison Dieu* Mo–Fr 9–16.30, Sa 9–11.30
Folkestone: *Eurotunnel Exhibition Centre* Sommer Di–So 10–18; Winter Di–So 10–17. *Folkestone Museum* Mo–Di, Do–Fr 9–17.30, Mi 9–13, Sa 9–17. *Battle of Britain Museum* (Hawkinge Airfield) Mai–Sept tgl. 11–17
Hever: *Castle and Gardens* Apr–Okt 12–17
Ightham Mote: s. Sevenoaks
Knole: s. Sevenoaks
Lamberhurst: *Scotney Castle Garden* Apr–Okt Mi–Fr 11–18, Sa–So 14–18. *Bayham Abbey* Apr–Sept tgl. 10–18
Leeds: *Castle* Nov–März Sa–So 12–16; Apr–Okt tgl. 11–17
Maidstone: *Maidstone Museum* Mo–Sa 10–17.30, So 14–17. *Museum of Rural Life* Apr–Mitte Okt Mo–Fr 10–17, Sa 12–17, So 12–18
Margate: *Tudor House* Mai–Sept Di–Sa 10–13, 14–16
Penshurst: *Penshurst Place* Apr–Sept Di–So 13–17.30
Ramsgate: *East Kent Maritime Museum* Okt–März Mo–Fr 11–15.30; Apr–Sept Mo–Fr 11–16, Sa–So 14–17. *Ramsgate Museum* Mo–Mi 9.30–18, Do, Sa 9.30–17, Fr 9.30–20
Reculver: *Roman Fort* Apr–Sept tgl. 10–18
Rochester: *Eastgate House* (The Dickens Centre) tgl. 10–17.30. *Guildhall Museum* tgl. 10–17.30
Royal Tunbridge Wells: *Museum and Art Gallery* (Civic Centre) Mo–Fr 11–17.30, Sa 9.30–17
Sevenoaks: *Ightam Mote* Apr–Okt Mo, Mi–Fr 12–17.30, So 11–17.30. *Knole Palace* Apr–Okt Mi–Sa 11–17, So 14–17

Sissinghurst: *Castle Garden* Apr–Okt Di–Fr 13–18.30, Sa–So 10–18.30
Tenterden: *Smallhythe Place* Apr–Okt Sa–Mi 14–18
Tonbridge: *Castle* ab Sommer 1989 wg. Restaurierung geschl.
Westerham: *Chartwell House* März, Nov Sa, So, Mi 11–16.30; Apr–Okt Di–Do 12–17.30, Sa–So 11–17.30

SUSSEX

Information: Anschrift s. Kent

Alfriston: *Clergy House* Apr–Okt tgl. 11–18
Arundel: *Castle* Apr–Mai, Sept–Okt So–Fr 13–17; Juni–Aug So–Fr 12–17
Bignor: *Roman Villa* März Di–So 10–17; Apr–Mai Di–So 10–18; Juni–Sept tgl. 10–18; Okt tgl. 10–17
Bexhill: *Bexhill Museum* (Egerton Rd) Di–Fr 10–17, Sa, So 14–17. *Museum of Costume and Bygones* (Manor Gardens) Apr–Sept Di–Fr 10.30–13, 14.30–17.30, Sa–So 14.30–17.30
Bodiam: *Castle* Nov–März Mo–Sa 10–Sonnenuntergang; Apr–Okt tgl. 10–18
Bramber: *St. Mary's House* Apr–Sept So, Mo, Do 14–18. *House of Pipes* tgl. 9.30–18.30
Brighton: *Royal Pavilion* Okt–Mai tgl. 10–17; Juni–Sept tgl. 10–18. *Booth Museum of Natural History* (194 Dyke Rd) Mo–Sa 10–17, So 14–17. *Museum and Art Gallery* (Church St) Di–Sa 10–17.45, So 14–17
Burwash: *Bateman's* Apr–Okt Sa–Mi 11–17.30
Chichester: *District Museum* Di–Sa 10–17.30. *Guildhall Museum* Juni–Sept Di–Sa 13–17
Eastbourne: *Martello Tower No. 73* Ostern–Okt tgl. 10–17.30
Fishbourne: *Roman Palace* Dez–Feb So 10–16; März–Apr, Okt tgl. 10–17; Mai–Sept tgl. 10–18; Nov tgl. 10–16
Glyndebourne: *Glynde Place* Juni–Sept Mi–Do und letzter So im Monat 14.15–17; s. auch S. 371
Goodwood: *Goodwood House* Mai–

Juli, Sept So–Mo 14–17; Aug Di–Do 14–17
Harting: *Uppark* Apr–Sept Mi, Do, So 14–18
Hailsham: *Michelham Priory* Apr–Okt tgl.11–17.30 (1991 wg. Restaurierung nur So 13.30–17.30)
Handcross: *Nyman's Garden* Apr–Okt Di–Do, Sa–So 11–19
Hastings: *Castle* Apr–Okt tgl. 10–17. *Hastings Embroidery* (Town Hall) Okt–Apr Mo–Sa 11.30–15.30 Mai–Sept Mo–Fr 10–17, Sa 10–13, 14–17. *Museum and Art Gallery* Okt–März So 15–17; Apr–Sept Mo–Sa 10–13, 14–17. *Fishermen's Museum* Mitte Mai–Sept Mo–Fr 10.30–12, 14.30–17, So 14.30–17
Herstmonceux: *Castle* seit 1989 weg. Restaurierung geschl.
Hove: *The British Engineerium* (Nevill Rd) tgl. 10–17
Lewes: *Castle* Nov–März Mo–Sa 10–17.30; Apr–Okt auch So 11–17.30. *Southover Grange* (Southover Rd) tgl. 8–Sonnenuntergang. *Anne of Cleves House* Apr–Okt Mo–Sa 10–17.30, So 14–17.30. *Barbican House Museum* (High St) Okt–März Mo–Sa 10–17.30; Apr–Okt auch So 11–17.30
Michelham Priory: s. Hailsham
Northiam: *Great Dixter House and Gardens* Apr–Okt Di–So 14–17. *Brickwall House and Gardens* Apr–Sept Sa 14–17
Petworth: *House and Park* Apr–Okt Di–Do, Sa–So 13–17.30
Rodmell: *Monk's House* Apr, Okt Mi, Sa 14–17; Mai–Sept Mi, Sa 14–18
Rottingdean: *The Grange* Mo, Do, Sa 10–17, Di, Fr 10–13, 14–17, So 14–17
Rye: *Lamb House* Apr–Okt Mi, Sa 14–18
Seaford: *Martello Tower No. 74* Nov–Ostern Mo 11–13, 14.30–16.30; Ostern–Okt auch Mi, Sa 14.30–16.30
Sheffield Park: *Garden* Apr–Nov Di–Sa 11–18, So 14–18; Okt 13–Sonnenuntergang
Singleton: *Weald and Downland Open Air Museum* Nov–Mitte März Mi, So 11–16; Mitte März–Okt tgl. 11–17

Uckfield: *Wilderness Wood* (Hadlow Down) tgl. 10–Sonnenuntergang
Uppark: s. Harting
West Dean: *Garden* März–Okt tgl. 11–18

SURREY

Information: Anschrift s. Kent

Chertsey: *Museum* Di, Do 14–17, Mi, Fr, Sa 10–13, 14–17
Clandon: *Clandon Park* Apr–Mitte Okt Sa–Mi 13.30–17.30. *Hatchlands* Apr–Juli, Sept–Mitte Okt Di–Do, So 14–17.30; Aug auch Sa 14–17.30
Claremont: s. Esher
Esher: *Claremont Landscape Garden* Nov–März 9–17; Apr–Okt 9–19
Farnham: *Rural Life Centre* Apr–Sept Mi–So 11–18
Great Bookham: *Polesden Lacey Park* tgl. 11–Sonnenuntergang; *House* März, Nov Sa–So 13.30–16.30; Apr–Okt Mi–So 13.30–17.30
Guildford: *Castle* Apr–Sept 10.30–18 (Castle Grounds ganzjährig). *Guildhall* Juni–Sept Di, Do Führungen 14, 15, 16. *Museum* (Quarry St) Mo–Sa 11–17. *Loseley House* Juni–Sept Mi–Sa 12–17.30
Hatchlands: s. Clandon
Loseley House: s. Guildford
Polesden Lacey: s. Great Bookham

HAMPSHIRE

Information: Southern Tourist Board, 40 Chamberlayne Rd, Eastleigh, Hampshire SO5 5JH, Tel. (0703) 616027

Avington: *Park* Mai–Sept Sa–So 14.30–17.30
Basingstoke: *The Vyne* Apr–Mitte Okt Di–Do, Sa–So 13.30–17.30
Beaulieu: *National Motor Museum* Okt–März Di–So 10–16; Apr–Sept tgl. 10–18. *Palace House* Okt–März tgl. 10–17; Apr–Sept tgl. 10–18
Bishop's Waltham: *Palace* Okt–März tgl. 10–16; Apr–Sept tgl. 10–18
Breamore: *Country Side Museum, Carriage Museum, Breamore House* Apr Di, Mi, So 14–17; Mai–Juli Di–Do, Sa–So 14–17; Aug tgl. 14–17

Chawton: *Jane Austen's House* Jan–
Feb Sa–So 11–16.30; März, Dez Mi–
So 11–16.30; Apr–Okt tgl. 11–16.30
Hurst: *Castle* Okt–März Sa–So
10–16; Apr–Sept tgl. 10–18
Mottisfont: *Abbey* Apr–Sept Mi 14–18
(Park So–Do 14–18)
Netley: *Abbey* Okt–März Sa–So
10–16; Apr–Sept tgl. 10–18
Portsmouth: *Dickens Museum* März–
Okt tgl. 10.30–17.30. *Natural Science
Museum* (Eastern Parade) tgl. 10.30–
17.30. *D-Day Museum* tgl. 10.30–
17.30. *Garrison Church* Apr– Sept tgl.
10–18. *HMS Victoriy* Jan– Feb tgl.
10–17; März–Okt tgl. 10–17.30; Nov–
Dez. tgl. 10.30–17. *Royal Naval Museum* tgl. 10.30–17. *Portchester Castle*
Okt–März Sa–So 10–16; Apr–Sept
tgl. 10–18. *Museum and Art Gallery* tgl.
10.30–17.30. *Southsea Castle* tgl.
10.30–17
Rockbourne: *Roman Villa* Apr–Juni,
Sept–Okt Mo–Fr 14–18, Sa–So
10.30–18; Juli–Aug tgl. 10.30–18
Romsey: *Abbey* tgl. 10–17. *Broadlands* Apr–Sept tgl. 10–17.30
Selborne: *Gilbert White Museum* Apr,
Mai–Sept, Okt Mi–So 11–17.30; Juli–Aug Di–So 11–17.30
Southampton: *Bargate Museum* Di–Fr
10–17, Sa 10–14, So 14–17. *God's
House Tower Museum* Di–Fr 10–12,
13–17, Sa 10–12, 13–16, So 14–17.
Spitfire Museum Di–Sa 10–17, So
12–17. *John Hansard Gallery* (Universität) Mo–Sa 10–18. *Wool House* (Maritime Museum) Di–Fr 10–13, Sa 10–13,
14–16, So 14–17. *City Art Gallery* (Civic Centre) Di–Fr 10–17, Sa 10–16, So
14–17. *Tudor House Museum* Di–Fr
10–17, Sa 10–16, So 14–17
Stratfield Saye: *House* Mai–Sept tgl.
11.30–17
Titchfield: *Abbey* Apr–Sept tgl. 10–18
The Vyne: s. Basingstoke
West Green: *House* Apr–Sept Mi, Do
14–18 (Garten 1991 geschlossen)
Winchester: *Castle and Great Hall*
Nov–Feb Mo–Fr 10–17, Sa–So
10–16; März–Okt tgl. 10–17. *Guildhall
Gallery* Okt–März So 14–17; Apr–

Sept So–Mo 14–17; während Ausstellungen Di–Sa 10–17. *Hospital of St.
Cross* Nov–März Mo–Sa 10.30–
12.30, 14–15.30; Apr–Okt Mo– Sa
9.30–12.30 14–17. *Pilgrims' Hall* (3,
The Close) tgl.10–18. *Westgate Museum* Okt–März Di–Sa 10–17, So
14–16; Apr–Sept Mo–Sa 10–17; So
14–16. *City Museum* Okt–März Di–Sa
10–17, So 14–16; Apr–Sept Mo–Sa
10–17, So 14–17. *Wolvesey Castle*
Apr–Sept tgl. 10–18

WIGHT

Information: Anschrift s. Hampshire

Arreton: *Arreton Manor* (National Radio Museum) Apr–Okt Mo–Fr 10–18,
So 12–18. *Haseley Manor* tgl. 10–18
Bembridge: *Maritime Museum* Apr–
Okt tgl. 10–17.30
Brading: *Isle of Wight Wax Museum
and Animal World* Okt–Apr tgl. 10–17;
Mai–Sept tgl. 10–22. *Morton Manor*
Apr–Okt So–Fr 10–17.30. *Roman Villa*
Apr–Sept So–Fr 10–17.30. *Nunwell
House* Juli–Sept So–Do 10–17; Feiertage im Mai 10–15
Calbourne: *Watermill and Rural Museum* Apr–Okt tgl. 10–18
Cowes: *Osborne House* Apr–Sept tgl.
10–18; Okt. tgl. 10–17. *Norris Castle*
Auskunft (08 93) 29 34 34. *Maritime Museum* (Beckford Rd) Mo–Mi, Fr–Sa
9.30–16.30. *Barton Manor Vineyard*
(Whippingham) Apr Sa–So 10.30–
17.30; Mai–Okt tgl. 10.30–17.30
Godshill: *The Model Village* (High St)
Apr–Juni, Sept tgl. 10–17, Juli–Aug
So–Do 10–21.30, Fr–Sa 10–17
Havenstreet: *Steam Railway* Apr, Sept
So, Do 10.45–16.45; Mai So, Mi, Do
10.45–16.45; Juni–Aug So, Di–Do
10.45–16.45
Newport: *Roman Villa* Apr–Sept
So–Fr 10–16.30. *Quay Centre* Di–Fr
11–17, Sa 11–16, So 14–17
Newtown: *Old Town Hall* Apr–Juni,
Sept So–Mo, Mi 14–17; Juli–Aug So–
Do 14–17
Sandown: *Geology Museum* Mo–Fr
10–17.30, Sa 10–16.30

Shanklin: *Chine* Apr–Mai tgl.
9.30–17.30; Juni–Mitte Sept 9.30–22;
Mitte Sept–Mitte Okt 9.30–16
St. Catherine's Point: *Lighthouse*
Apr–Okt Mo–Sa 13–17
Totland: *The Needles Old Battery* Apr–
Juni, Sept–Okt So–Do 10.30–17;
Juli–Aug tgl. 10.30–17
Ventnor: *Museum of Smuggling and
Botanic Garden* Apr–Sept tgl. 10–18
Yarmouth: *Castle* Apr–Sept tgl. 10–18

DORSET

Information: Ost-Dorset Anschrift s.
Hampshire; West-Dorset: West Country Tourist Board, 37 Southernhay East,
Exeter, EX11QS, Tel. (0392) 76351

Abbotsbury: *Swannery* Apr–Okt tgl.
9–17.30; *Sub-Tropical Gardens* März–
Okt tgl. 10–18
Athelhampton: *Hall* Apr–Juli, Sept–
Okt Mi, Do, So 14–18; Aug So–Do
14–18
Bournemouth: *Big Four Railway Museum* Mo–Sa 10–17. *Russel Cotes Art
Gallery & Museum* (East Cliff) Mo–Sa
10–17. *Shelley Museum* Okt–Mai
Do–Fr 10.30–17, Sa 10.30–13; Juni–
Sept Mo–Sa 10.30–17, Sa 10.30–13.
Transport Museum Auskunft (0202)
21009
Bovington Camp: *Tank Museum* tgl.
10–17
Chard: *Forde Abbey* Ostern–Mitte Okt
So, Mi 14–17.30
Christchurch: *Red House Museum*
Di–Sa 10–17, So 14–17
Clouds Hill: *T. E. Lawrence's Cottage*
Nov–März So 13–16; Apr–Okt Mi–Fr,
So 14–17
Corfe Castle: *Castle* Mitte Feb–Mitte
März tgl. 10–16.30; Mitte März–Okt.
tgl. 10–17.30; Nov–Dez Sa–So 12–
15.30. *Museum* (Town Hall) Apr–Okt
9–17
Dorchester: *County Museum* Mo–Sa
10–17. *Military Museum* Okt–März
Mo–Fr 9–13, 14–17, Sa 10–13; Juli–
Sept Mo–Sa 9–13, 14–17. *Shire Hall*
Mo–Fr 10–17. *Roman House:* Auskunft (0305) 67992

Forde Abbey: s. Chard
Higher Bockhampton: *Hardy's Cottage* Mitte März–Okt Fr–Mi 11–18
Lyme Regis: *Philpot Museum* Apr–Okt
Mo–Sa 10.30–13, 14.30–17, So
14.30–17
Milton Abbas: *Abbey* Ostern, Juli–Aug
tgl. 10–18.30
Over Compton: *Butterfly Farm*
(Compton House) Apr–Okt tgl. 10–17
(vorherige Anfrage empfohlen: 0935-
74608)
Poole: *Guildhall Museum* (Market St)
Mo–Sa 10–17, So 14–17. *Scaplen's
Court Museum* (Old Town Hall) Mo–Sa
10–17, So 14–17. *Compton Acres Gardens* Apr–Okt 10.30–18.30, Juli–Aug
bis Sonnenuntergang. *Aquarium* Okt–
März tgl. 10–17; Apr–Mai, Sept tgl.
9.30–18; Juni–Aug tgl. 9.30–21. *Poole
Pottery* Mo–Sa 10–17. *Brownsea Island* Apr–Okt tgl. 10–20.
Shaftesbury: *Abbey Ruins and Museum* Apr–Okt tgl. 10.30–17.30. *Local
History Museum* (Gold Hill) Apr–Sept
Mo–Sa 10–17, So 14.30–17
Sherborne: *Castle* Ostern–Sept Do,
Sa, So 14–18. *Museum* (Abbey Gate
House) Ostern–Okt 10.30–12.30,
14.30–16.30, So 14.30–16.30
Weymouth: *Guildhall Museum* Auskunft (0305) 785747
Wimborne Minster: *Priest's House
Museum* (23, High St) Apr–Sept Mo–
Sa 10.30–16.30, So 14–16.30. *Kingston Lacy* (Herrenhaus 2 km W Wimborne) Ostern–Okt Sa–Mi *Haus*
12–17.30, *Garten* 11.30–18

WILTSHIRE

Information: West Country Tourist
Board (Anschrift s. Dorset)

Avebury: *Manor House* Ostern–Okt
tgl. 10–18. *Museum* Okt–März Di–So
10–16; Apr–Sept tgl. 10–18
Bradford-on-Avon: *Iford Manor* Mai–
Aug Mi, So 14–17 (nur Garten). *Westwood Manor* Apr–Sept So, Di, Mi
14–17
Bremhill: *Bremhill Court* Auskunft
(0225) 77054

Calne: *Bowood House* März–Nov tgl. 11–18

Chippenham: *Sheldon Manor* Apr–Sept Do, So 12.30–18. *Old Yelde Hall* Mitte März–Okt Mo–Sa 10–12.30, 14–16.30

Corsham: *Corsham Court* Jan–Ostern, Okt–Nov Di–Do, Sa–So 14–16; Ostern–Sept Di–Do, Sa–So 14–18

Clarendon Palace und **Clarendon Park House:** Auskunft (0722) 334956

Devizes: *Museum* (41, Long St) Di–Sa 10–13, 14–17

Lacock: *Lacock Abbey* Ostern–Okt Mi–Mo 13–17.30. *Fox Talbot Museum* März–Okt tgl. 11–17.30

Longleat: *House* Ostern–Sept tgl. 10–18; Okt–März tgl. 10–16. *Safari Park* Apr–Sept tgl. 10–18

Salisbury: *Mompesson House* Apr–Okt Sa–Mi 12–17.30. *The King's House* Okt–März Mo–Sa 10–16; Apr– Sept Mo–Sa 10–17; Juli–Aug auch So 14–17. *Salisbury and South Wiltshire Museum* Okt–März Mo–Sa 10–16; Apr–Sept Mo– Sa 10–17; Juli–Aug auch So 14–17. *Malmesbury House* Apr– Sept Mi, Do 10–17

Sheldon Manor: s. Chippenham

Stourhead: *Garden* tgl. 8–19; *House* März–Okt Sa–Mi 12–17.30

Swindon: *Railway Museum* Mo–Sa 10–17, So 14–17. *Art Museum* Mo–Sa 10–18, So 14–17

Wilton: *Wilton House* Ostern–Mitte Okt Di–Sa 11–18, So 13–18

AVON

Information: West Country Tourist Board (Anschrift s. Dorset)

Badminton: Auskunft (0666) 822143
Bath: *Roman Baths* Apr–Okt tgl. 9–18; Nov–März Mo–Sa 9–17, So 11–17. *Camden Works Museum/Industrial Heritage Centre* Feb–Nov tgl. 14–17; Dez–Jan So–Sa 14–17. *Museum of Costume/Assembly Rooms* März–Okt Mo–Sa 9.30–17.30, So 10–18; Nov–Feb Mo–Sa 10–17, So 11–17. *Fashion Research Centre* Mo–Sa 9.30–17.

Geology Museum Mo–Fr 9–18, Sa 9.30–17. *Herschel House* März–Okt tgl. 14–17; Nov–Feb So 14–17. *No. 1 Royal Crescent* März–Okt Di–Sa 11–17, So 14–17; Nov–Dez Sa, So 11–15. *National Centre of Photography* tgl. 9.30– 17. *Victoria Art Gallery* Mo–Fr 10–18, Sa 10–17. *Holburne of Menstrie Museum* Mo–Sa 11–17, So 14.30–18. *Postal Museum* Nov–März Mo–Sa 11–17; Apr–Okt auch So 14–17. *Museum of English Naive Art* Apr–Okt Mo–Sa 10.30–17.30, So 14–18. *Museum of Bookbinding* (Manvers St) Mo–Fr 9–13, 14–17.30. *Sally Lunn's House* (4, North Parade Passage) Mo–Sa 10–13. *American Museum* (Claverton) Apr– Okt Di–So 14–17. *Beckford's Tower and Museum* (Lansdown) Apr–Okt Sa– So 14–17. *Prior Park* (Widcombe) März–Okt tgl. 10–16. *Carriage Museum und Burrows Toy Museum* Auskunft (0225) 462831

Bristol: *Arnolfini Gallery* tgl. 10–19.30, So 12–19. *Art Gallery* tgl. 10–17. *Georgian House Museum* Mo–Sa 10–13, 14–17. *Harveys Wine Museum* (12, Denmark St) Fr 10–12. *Industrial Museum* (Prince St) Sa–Mi 10–13, 14–17. *Maritime Heritage Centre* Nov–März tgl. 10–17, Apr–Sept 10–18. *Red Lodge* Mo–Sa 10–13, 14–17. *Trinity Almshouse* (Old Market St) Mo–Sa 10–16. *St. Nicholas Church Museum* Mo–Sa 10–17. *Zoo* (Clifton) Mo–Sa 9–18, So 10–18.

Chipping Sodbury: *Horton Court* Apr–Okt Mi,Sa 14–18

Clevedon: *Clevedon Court* Apr–Sept Mi, Do, So 14.30–17.30

Dyrham: *Dyrham Park* Apr–Okt Sa–Mi 12–17.30

Dodington Park: Auskunft (0666) 822143

Horton Court: s. Chipping Sodbury

Weston-super-Mare: *Woodspring Museum* Mo–Sa 10–17. *Helicopter Museum* März–Nov tgl. 10–18.

SOMERSET

Information: West Country Tourist Board (Anschrift s. Dorset)

377

Axbridge: *King John's Hunting Lodge* Ostern–Sept tgl. 14–17
Barrington: *Barrington Court* Apr–Sept Mi 14–17
Beauchamp: *Hatch Court* Juli–Mitte Sept Do 14.30–17.30
Bridgwater: *Admiral Blake Museum* Mo–Sa 11–17, So 14–17
Brympton d'Evercy House: s. Yeovil
Cheddar: *Caves* Okt–Ostern tgl. 10.30–16.30; Ostern–Sept tgl. 10–17.30
Dunster: *Castle* Ostern–Sept Sa–Mi 11–17; Okt Sa–Mi 12–16. *Watermill* Ostern–Juni, Sept So–Fr 11–17; Juli–Aug tgl. 11–17; Okt So–Fr 11–16
Glastonbury: *Somerset Rural Life Museum* Nov–Ostern Mo–Fr 10–17, Sa–So 14.30–17; Ostern–Okt Mo–Fr 10–17, Sa–So 14–18.30
Hatch Court: s. Beauchamp
High Ham: *Stembridge Windmill* Ostern–Mitte Sept Sa, Mo, Mi 14–17
Lytes Cary Manor: s. Somerton
Martock: *Montacute House* Apr–Okt Mi–Mo 12.30–17.30. *Treasurer's House* nur nach schriftl. Voranmeldung (Martock TA 12 6 JL)
Montacute House: s. Martock
Muchelney: *Priest's House* Auskunft (0458) 250672
Nether Stowey: *Coleridge Cottage* Ostern–Sept Di–Do, So 14–17
Pitminster: *Poundisford Park* Mai–Mitte Sept Mi–Do 11–17
Poundisford Park: s. Pitminster
Somerton: *Lytes Cary Manor* Ostern–Okt Mo, Mi, Sa 14–18
Taunton: *Somerset County Museum* Mo–Sa 10–17. *Telecommunication Museum* Auskunft (0823) 274785
Tintinhull: *Tintinhull House Garden* Apr–Sept Mi, Do , Sa 14–18
Wells: *Bishop's Palace* Ostern–Apr Do, So 14–18; Mai–Juli, Sept Mi, Do, So 14–18; Aug tgl. 14–18. *Museum* (8, Cathedral Green) Nov–Apr Mi–So 11–16; Apr–Okt Mo–Sa 10–17, So 11–17.30
Wookey Hole: *Caves* Okt–Feb tgl. 10.30–16.30; März–Sept 9.30–17.30

Yeovil: *Brympton d'Evercy House* Mai–Sept Sa–Mi 14–18

DEVON

Information: West Country Tourist Board (Anschrift s. Dorset)

Arlington Court: s. Barnstaple
Axminster: *Loughwood Meeting House* tgl. 10–18. *Shute Barton* Apr bis Sept Mi, Sa 14–18; Okt Mi, Sa 14–17
Barnstaple: *Arlington Court* Apr–Okt So–Fr 11–18
Berry Pomeroy Castle: s. Totnes
Bicton Park: s. East Budleigh
Brixham: *British Fisheries Museum* Mitte Okt–Apr Di–Sa 9–13, 14–16.15; Mai–Mitte Okt Mo–Sa 9–18, So 10–13, 14–16
Broadclyst: *Killerton House* Apr–Sept Mi–Mo 11–18; Okt Mi–Mo 11–17
Buckfastleigh: *Buckfast Abbey* tgl. 8.30–21
Buckland Abbey: s. Yelverton
Castle Drogo: s. Moretonhampstead
Coleton Fishacre Garden: s. Kingswear
Dartington: *Dartington Hall* Auskunft (0803) 862224
Dartmouth: *Museum* (Butterwalk) Nov–März Mo–Sa 13.15–16; Apr–Okt Mo–Sa 11–17. *Newcomen Lodge* Ostern–Okt Mo–Fr 12–16. *Castle* Okt–März Di–So 10–16; Apr–Sept tgl. 10–18
East Budleigh: *Bicton Park* Ostern–Sept tgl. 10–18
Exeter: *Maritime Museum* Sept–Juni tgl. 10–17; Juli–Aug tgl. 10–18. *Guildhall* Mo–Sa 10–17. *Rougemont House* Mo–Sa 10–17; Juli–Aug auch So 14–17.30. *Royal Albert Memorial Museum* Di–Sa 10–17.30. *Tuckers' Hall* Okt–Mai Fr 10–12.30; Juni–Sept Di, Do, Fr 10–12.30. *St. Nicholas Priory* Di–Sa 10–17.30. *Underground Passages* Auskunft (0392) 265858
Honiton: *Allhallows Museum* März–Sept Mo–Sa 10–17; Okt Mo–Sa 10–16
Kenton: *Powderham Castle* Juni–Sept So–Do 14–17.30

Killerton House: s. Broadclyst
Kingswear: *Coleton Fishacre Garden* Apr–Okt Mi–Fr, So 11–18
Knightshayes Court: s. Tiverton
Loughwood Meeting House: s. Axminster
Lydford: *Gorge* Nov–März tgl. 10.30–16; Apr–Okt tgl. 10.30–18
Moretonhampstead: *Castle Drogo* Apr– Sept Sa–Do 11–18; Okt Sa–Do 11–17
Newton Abbot: *Bradley Manor* Apr–Sept Mi 14–17
Ottery St. Mary: *Cadhay Manor* Juli–Aug Di–Do 14–17.30
Paignton: *Oldway Mansion* Mo–Sa 9–17; im Sommer auch So 14–17
Plymouth: *City Museum and Art Gallery* Di–Sa 10–17.30, So 14–17. *Elizabethan House* Okt–Ostern Di–Sa 10–13, 14–16.30; Ostern–Sept Di–Sa 10–13, 14–17.30. *Merchants' House Museum* Okt–Ostern Di–Sa 10–13, 14–17.30; Ostern–Sept auch So 14–17. *Prysten House* Ostern–Okt Mo–Sa 10–16. *Saltram House* Apr–Sept So–Do 12.30–18; Okt 12.30–17. *»The Armada Experience«* (The Barbican) Nov–Mitte März Sa–So 10–17; Mitte März–Okt tgl. 10–17
Powderham Castle: s. Kenton
Saltram House: s. Plymouth
Shute Barton: s. Axminster
Tiverton: *Castle* Ostern–Sept So–Do 14.30–17. *Knightshayes Court* Apr–Sept Sa–Do 13.30–18; Okt Sa–So 13.30–17
Torquay: *Bygones Museum* (Fore St) Okt–Mai tgl. 10–17; Juni–Sept tgl. 10–18, 19–22. *Museum* (529, Babbacombe Rd) Okt–Ostern Mo–Fr 10–16.45; Ostern–Sept Mo–Sa 10–16.45; Mitte Juli–Sept auch So 13–16.45. *Kent's Cavern* Auskunft (0803) 294059, *Torre Abbey* Apr–Okt tgl. 10–14.30. *Compton Castle* Ostern–Okt Mo, Mi, Do 10–12.15, 14–17
Totnes: *Castle* Okt–März Di–So 10–16; Apr–Sept tgl. 10–18. *Guildhall* Apr–Sept Mo–Fr 10–13, 14–17. *Berry Pomeroy Castle* Auskunft (0803) 863397

Widecombe-in-the-Moor: *Church House* Juni–Mitte Sept Di, Do 14–17
Yelverton: *Buckland Abbey* Nov–März Mi, Sa–So 14–17; Apr–Sept Fr–Mi 10.30–17.30; Okt Fr–Mi 10.30–17

CORNWALL

Information: West Country Tourist Board (Anschrift s. Dorset)

Antony House: s. Torpoint
Bodmin: *Museum* Apr–Sept Mo–Sa 10–16. *Lanhydrock House* Apr–Sept Di–So 11–18; Okt Di–So 11–17
Bolventor: *Potters' Museum (Jamaica Inn)* Apr–Okt 10.30–Sonnenuntergang
Boscastle: *Witches' House* Ostern–Okt tgl. 10–17
Camborne: *School of Mines Geological Museum* Mo–Fr 9–17
Camelford: *North Cornwall Museum and Gallery* Apr–Sept Mo–Sa 10.30–17
Cotehele House: s. Saltash
Falmouth: *Art Gallery* Mo–Fr 10–16.30. *Maritime Museum* tgl. 10–16. *Pendennis Castle* Okt–März Di–So 10–16; Apr–Sept tgl. 10–18
Fowey: *Museum* und *Noah's Ark* Auskunft (072683) 3616
Godolphin House: s. Helston
Helston: *Godolphin Hall* Mai–Juni Do 14–17; Juli, Sept Di, Do 14–17; Aug Di 14–17, Do 10–13, 14–17. *Folk Museum* Mo, Di, Do–Sa 10.30–13
Isles of Scilly: *Tresco Abbey Gardens* tgl. 10–16. *Isles of Scilly Museum* (St. Mary's, Church St) März–Okt Mo–Sa 10–12, 13.30–16.30; Mai–Mitte Sept auch 19.30–21
Lanhydrock House: s. Bodmin
Mevagissey: *Folk Museum* Apr–Sept Mo–Sa 11–17, So 12–17
Newlyn: *Art Gallery* Mo–Sa 10–17
Padstow: *Prideaux Place* Ostern, Juni– Sept So–Do 13.30–17
Penzance: *Egyptian House* Jan–März Mo–Di, Do–Sa 10–16; Apr–Dez Mo–Sa 9–17. *Penlee House* Mo–Fr 10.30–16.30, Sa 10.30–12.30. *St. Michael's Mount* Nov–März je nach Wetter; Apr–Okt Mo–Fr 10.30–17.45.

Trengwainton Garden März, Okt Mi–Sa 11–17; Apr–Sept Mi–Sa 11–18
Polperro: *Museum of Smuggling* Ostern–Okt tgl. 10–17
Porthcurno: *The Minack Theatre* Apr–Sept tgl. 10–17.30; Okt tgl. 10–17
Redruth: *Cornish Engines* Apr–Sept tgl. 11–18; Okt tgl. 11–17
Saltash: *Cotehele House* Nov–März nur Garten; Apr–Okt Sa–Do 11–18
Scilly: *Tresco Abbey Valhalla Figurehead Collection* Apr–Okt tgl. 10–16
St. Austell: *Wheal Martyn Museum* Auskunft (0726) 850362
St. Ives: *Barbara Hepworth Museum* Okt–März Mo–Sa 10–16.30; Apr–Juni, Sept Mo–Sa 10–17.30; Juli–Aug Mo–Sa10–18.30, So 14–18. *Penwith Galleries* Di–Sa 10–13, 14.30–17. *St. Ives Museum* (Wheal Dream) Ostern, Mitte Mai–Sept tgl. 10–17
St. Michael's Mount: s. Penzance
Tintagel: *Castle* Mitte Okt–März Di–So 10–16; Apr–Sept tgl. 10–18. *Old Post Office* Apr–Sept tgl. 11–18; Okt tgl. 11–17
Torpoint: *Antony House* Apr–Okt Di–Do 14–18; Juni–Aug auch So 14–18
Trelissick: s. Truro
Trengwainton: s. Penzance
Truro: *County Museum and Art Gallery* Mo–Sa 9–17. *Trelissick Garden* März, Okt Mo–Sa 11–17, So 13–17; Apr–Sept Mo–Sa 11–18, So 13–18

Verzeichnis der Farbtafeln

Namenregister

Sackville, Familie s. a. Dorset 100
Sackville, Thomas 100
Sackville-West, Victoria 45, 50
Salvin, Anthony 49
Sanderson, James 153
Sandham, H. W. 122
Sandys of The Vyne, William Sandys, 1. Lord 116, 121, 146
Sassoon, Siegfried 224
Schopenhauer, Johanna 46, 81, 207, 209, 220, 244, 250, 254
»Scipio Africanus« 254
Scott, Sir George Gilbert 25, 30, 37, 39, 41, 47, 84, 153, 161, 215, 241, 340, 355
Scott, Sir Giles Gilbert 113
Scott, John Oldrid 47
Scott, Sir Walter 101, 115
Sederbach, Victor 232
Seffrid II., Bischof von Chichester 84
Seldon, John 96
Selkirk, Alexander 252, 279
Selwood, John 274
Sergison, Familie 98
Sexburga, Königin von Kent 35
Seymour, Sir Edward 312
Seymour, Jane 168, 312
Shaftesbury, Anthony Ashley Cooper, 1. Earl of 183
Shaftesbury, Anthony Ashley Cooper, 3. Earl of 183
Shakespeare, William 14, 116, 121, 141
Sharpe, Thomas 144
Shaw, George Bernard 156
Sheffield, Familie 99–100
Sheffield, John Baker, Holroyd, 1. Earl of 99
Shelley, Familie 133
Shelley, Sir Bysshe 80, 98
Shelley, Mary 178, 244
Shelley, Percy Bysshe 80, 97, 98, 161, 178, 179, 244
Shenstone, William 230
Sheridan, Richard Brinsley 110, 244
Shovell, Sir Cloudesley 40, 350

Sickert, Walter 341
Siddall, Elizabeth 64
Sidney, Sir Philip 47, 48, 219
Sidney, Sir William 47
Silkstede, Thomas 128
Simeon, Sir John 167
Simeon, Sir Richard 167
Simnel, Lambert 13
Simon of Apulia, Bischof von Exeter 302
Singer, Isaac M. 309
Singer, Paris 309
Singh, Bhai Ram 173
Sivell, Thomas 153
Skelton, John 87
Slater, William 84
Smirke, Sir Robert 66, 252, 253, 254
Smith, Augustus 350, 351
Solinus 349
Somerset, Caroline Isabella 248
Somerset, John 261
Somerset, Charles Seymour, 6. Duke of 95, 96
Sorley, Charles 224
Southey, Robert 251
Spence, Sir Basil 76
Spencer, Sir Stanley 122
St. Aldhelm of Malmesbury 228
St. Aubyn, Familie 345
St. Aubyn, Sir John 345
St. Aubyn, Juliana 345
St. Barbe, Familie 145, 146
St. Nicholas, Joan 25
St. Patrick 333
St. Petroc, Missionar 310
St. Piran, Missionar 333
St. Swithun, Bischof von Winchester 128
St. Wilfrid, Missionar 84, 141
Stacpoole, Henry de Vere 161
Staël-Holstein, Anne Louise Germaine, Baronne de 112
Stapledon, Sir Richard 302
Stapledon, Walter 301, 302
Steele, Richard 113
Stephen, König 35, 141
Stephenson, George 33

Stevenson, Robert Louis 68, 178, 252, 344
Stevenson, Thomas 68
Stone, Reynolds 100
Stone, William 182
Story, Edward 88
Strabon 349
Street, George Edmund 22, 138, 148, 186, 250, 336
Stuart, Gilbert 320
Stubbs, George 92, 242, 320
Sturge, F. W. 293
Sugar, Hugh 268
Surrey, Henry Howard, Earl of 81
Sutherland, Graham 209, 227
Sweyn, König 10
Swift, Jonathan 114
Swinburne, Algernon Charles 161

Talbot, John Ivory 231
Talbot, William Henry Fox 204, 232
Talleyrand-Périgord, Charles Maurice de 112
Tankerville, Earls of 93
Talman, William 93, 247
Tapps-Gervis, Sir George 178
Taylor, Sir Simon 233
Temple, Sir William 114
Tennyson, Alfred, 1. Baron 114, 151, 164, 165, 166, 167, 256, 272, 308
Tennyson, Lady Emily 164
Thackeray, William Makepeace 46, 113, 165, 244, 256
Thetcher, Thomas 129
Thornhill, Sir James 196
Thornycroft, Hamo 132
Thornycroft, Mary 173
Tichborne, Sir Roger 133
Tintoretto, Jacopo Robusti, gen. 229
Tizian 209
Tolkien, J. R. R. 178
»Tolpuddle-Märtyrer« 190, 319
Trecarrel, Sir Henry 329
Trenwith, Otho 342
Tudor, Margaret 121

Orts- und Objektregister

Plan- und Objektnummern **Fettdruck in eckigen Klammern**; wichtige Textstellen *kursiv*, weitere Textstellen normal.

Abbotsbury **[33]** 198, *199*
Abinger Hammer **[18]** *110*
Albury **[18]** *109*
Alfriston **[11]** *69*
Allington Castle **[5]** *42*
Altarnun **[57]** 323, *329*
Alton Priors 224
Alum Bay **[27]** 151, *166*
Amberley **[15]** *97*
Amesbury **[38]** *220*
Antony House **[56]** *326, 327*, 355
Appuldurcombe House **[26]** *159, 160*
Arlington Court **[49]** *291*
Arreton **[26]** *158, 159*
Arundel **[13]** *81*, 96, 355
Ascot 91, 104
Ashburton 313
Ashway 286
Athelhampton **[32]** *192*
Avebury **[39]** 7, 205, 224, *225, 226*
Avington Park **[21]** *133*
Axbridge **[44]** *262*
Aylesford **[5]** *42*

Badbury Rings **[30]** *182*
Badminton s. Great Badminton
Bailiffscourt **[13]** *81*
Banwell **[43]** *256*
Barfreston **[3]** 17, *33, 34*, 353
Barnstaple **[49]** *290, 291*
Barrington **[46]** *279*
Bath **[42]** *Stadtplan S. 239;* 8, 9, 14, 210, 219, 224, 234, 235, 236, *238–246*, 251, 252, 264, 273, 355
Battle **[10]** 11, 54, *65*
Bayeux 11, 12, 63, 65, 90
Beachy Head **[11]** 54, 55, *68*
Beaulieu **[24]** *149, 150*
Bedruthan Steps **[59]** *333*
Bembridge **[25]** *155, 156*
Bemerton **[37]** *217*
Benenden 62

Bere Regis **[32]** *192, 193*
Berry Head 297
Berry Pomeroy **[53]** *311 f.*
Bexhill **[10]** *64*
Bicton House **[50]** 297
Biddenden **[7]** *50*
Biddestone **[40]** *228*
Bideford **[49]** *293*
Bignor **[15]** 9, 54, 81, *96*
Binstead **[25]** *153*
Birchington **[2]** 26
Bishop's Lydeard **[47]** *281*
Bishop's Waltham **[22]** *140*
Bishopsbourne **[3]** *33*
Bishopstone **[11]** *68, 69*
Blackgang **[26]** *162*
Blackmoor Vale 175, 204
Blagdon **[43]** *257*
Blaise Hamlet **[43]** *255*
Blandford Forum 175
Bodiam Castle **[9]** 12, 54, *62*, 66, 100
Bodmin **[60]** 323, *334*, 336, 337
Bodmin Moor **[57]** 323, *330*, 331
Bognor Regis **[13]** 55, *82*
Bolventor **[57]** *330*
Bonchurch **[26]** *161*
Boscastle **[58]** *330, 331*
Bosham **[14]** *90–91*
Bosworth 13
Botallack Head **[63]** *347*
Bournemouth **[29]** 175, *178, 179*, 180
Bovington Camp **[31]** *188*
Boxgrove Priory **[14]** *92*, 354
Bradford-on-Avon **[41]** 205, *234*
Brading **[25]** 151, *156, 157*
Bramber **[13]** *79*
Bratton 6, 224
Braunton **[49]** *292*
Breamore **[24]** *149*
Bremhill **[40]** *230*
Brent Knoll **[44]** *260–262*, 333
Bridgwater 275

Brighstone **[26]** 151, *163*, 167
Brightling **[10]** 55, *65, 66*
Brighton **[12]** *Stadtplan S. 73;* 33, 55, 63, *72–75*, 82, 106, 355
Bristol **[43]** *Stadtplan S. 249;* 15, 236, *249–255*, 354, 355
Brixham **[52]** 14, 287, 297, 307, *309, 310*
Broad Hinton 224
Broadhalfpenny Down 139
Broadstairs **[2]** 17, 18, *25 f.*
Brookland **[8]** *51, 52*
Brookwood **[18]** 101, *106*
Brownsea Island **[29]** *180*
Bryher **[64]** 349, *352*
Brympton d'Evercy House **[46]** *277, 278*
Buckfastleigh **[53]** *312*
Buckland Abbey **[55]** *320 f.*
Bucklers Hard **[24]** 116, *150*
Budleigh Salterton **[50]** 297
Burghclere **[20]** *122*
Burnham-on-Sea **[44]** *260*
Burwash **[10]** *66*
Bury **[15]** *97*

Cadbury Castle **[46]** 258, *276, 277*
Cadhay Manor 297
Calbourne **[28]** 151, 159, 163, *166, 167*
Calne **[40]** 224, *231*
Camber Castle **[9]** 54, 60, *61*
Camborne **[62]** 326, 340
Cambridge 241
Canterbury **[3]** *Stadtplan Umschlag hinten;* 8, 9, 10, 12, 16, 17, *27–33*, 42, 44, 268, 353, 354
Cape Cornwall 348
Carisbrooke **[28]** 151, *168, 169*
Castle Combe **[40]** 205, *228*
Castle Drogo **[54]** *315*

Abbildungsnachweis:

L. Ander, München: 179, 184, 231, 253. Archiv für Kunst und Geschichte, Berlin: 117, 317. Artemis Verlag, München und Zürich: 12, 25. Bavaria Bildagentur, Gauting: 303; Farbtafeln vor S. 113, vor S. 321. British Tourist Authority, London: 70, 85, 91, 104, 187. Britische Zentrale für Fremdenverkehr, Frankfurt/Main: 309; Farbtafel vor S. 33. English Heritage, London: 23, 196. Geopress/H. Kanus, München: 38, 124. A. Kersting, London: 4, 5, 6, 20/21, 34, 48, 51, 55, 62, 69, 75, 77, 80, 87, 89, 95, 107, 111, 130, 137, 157, 160, 172, 181, 190, 193, 194, 208, 209, 219, 221, 227, 235, 243, 255, 261, 265, 267, 281, 283, 285, 300, 307, 315, 323, 328, 331, 333, 334, 337, 344, 347, 351; Farbtafeln vor S. 17, nach S. 32, nach S. 96, vor S. 97, nach S. 272, vor S. 273, nach S. 304. W. Klammet-Mochel, Germering: 294; Farbtafeln nach S. 16, nach S. 256, vor S. 257, vor S. 305, nach S. 320. Mauritius Bildagentur, Mittenwald: Titelbild. W. Neumeister, München: 126, 127, 210. Bernd Rink, Bad Salzuflen: 11, 13, 30, 63, 103, 131, 145, 147, 165, 169, 240, 355. Wilhelm-Busch-Gesellschaft, Hannover: 15. ZEFA, Düsseldorf: Farbtafel nach S. 112.

Alle Grundrisse, Karten und Stadtpläne wurden von Achim Norweg, München, gezeichnet.

Verlag und Autor danken den Britischen Verkehrsämtern in Frankfurt, London, Tunbridge Wells, Exeter und Eastleigh für ihre jederzeit freundliche Unterstützung.

Die Deutsche Bibliothek – CIP-Einheitsaufnahme
Rink, Bernd:
Südengland : Kunst, Geschichte und Landschaft von
Dover bis zu den Isles of Scilly
Bernd Rink. 2. durchges. Aufl.
München ; Zürich : Artemis & Winkler-Verl. 1991
(Artemis Kunst-&-Reiseführer)
ISBN 3-7608-0788-7

Zweite, durchgesehene Auflage
© 1991 Artemis & Winkler Verlag München und Zürich, Verlagsort München.
Alle Rechte, einschließlich derjenigen des auszugsweisen Abdrucks und
der photomechanischen Wiedergabe, vorbehalten.
Satz: Filmsatz Schröter, München. Druck und Bindung: Pustet, Regensburg
Printed in Germany

ARTEMIS
Kunst- & Reiseführer

PORTUGAL

Europa im Rücken, das Gesicht dem Atlantik zugewandt: Portugal, ein Land mit großer Geschichte, hütet ungeahnte Reichtümer. Dieser Führer beschreibt sie mit großer Kennerschaft. Von Michael Studemund-Halévy, 1991.

ANDALUSIEN

»Al-Andalus«, das maurische Spanien mit den weltberühmten Zentren Granada, Sevilla und Córdoba: noch heute ein Reiseabenteuer und eine Begegnung mit exotischen Welten. Von Gustav Faber, 1991.

NORDSPANIEN

Zwischen Pyrenäen und Atlantikküste: Der Weg nach Santiago de Compostela. Ein Reisebegleiter zu den landschaftlichen und kulturellen Höhepunkten Navarras, Nordkastiliens, Galiciens, Asturiens und des Baskenlandes. Von Erhard Gorys, 1991.

SÜDENGLAND

Schlösser und Landschaftsparks, Kathedralen und Steinkreise, Seebäder und Piratennester: eine Reise durch die uralte Kulturlandschaft zwischen Dover und den Isles of Scilly. Von Bernd Rink, 2. Auflage 1991.

WESTTÜRKEI

Von Troia bis Knidos

Troia, Pergamon, Ephesos, Milet, Priene, Didyma – wie Perlen einer Kette sind die weltberühmten antiken Stätten in der Westtürkei aufgereiht. Eine Reise zu den Wurzeln der abendländischen Kultur. Von Wolf Koenigs, 1991.

SÜDTÜRKEI

Von Kaunos bis Issos

Ein Führer zu den archäologischen Stätten zwischen Taurosgebirge und Mittelmeer, aber auch zu den modernen Badeplätzen an der »türkischen Riviera«, der meistbesuchten Region der Türkei. Von Jörg Wagner, 1991.